D1149867

INITIATION
À L'ÉTHIQUE SOCIALE

LOUIS O'NEILL

INITIATION
À L'ÉTHIQUE SOCIALE

FIDES

Données de catalogage avant publication (Canada)

O'Neill, Louis, 1925-

Initiation à l'éthique sociale

Comprend des réf. bibliogr.

ISBN 2-7621-2006-3

1. Morale sociale.
2. Problèmes sociaux.
3. Idéologie.
4. Structure sociale.
5. Action sociale.
I. Titre.

HM216.O53   1998   170   C98-940559-1

Dépôt légal : 2ᵉ trimestre 1998
Bibliothèque nationale du Québec
© Éditions Fides, 1998

Les Éditions Fides remercient le ministère du Patrimoine canadien du soutien qui leur
est accordé dans le cadre du Programme d'aide au développement de l'industrie de l'édition.

Les Éditions Fides remercient également le Conseil des Arts du Canada et la Société
de développement des entreprises culturelles du Québec (SODEC).

SOMMAIRE

PRATIQUES SOCIALES

EXERCICES

BIBLIOGRAPHIE

INTRODUCTION

Initiation à l'éthique sociale s'adresse d'abord, de façon spécifique, aux étudiants et étudiantes de niveau universitaire (premier cycle) ou pré-universitaire (Cégep). Des lectures et travaux particuliers contribuent à différencier les exigences académiques en fonction du niveau de scolarité de l'étudiant ou de l'étudiante.

Il s'agit d'un traité de base offrant des aperçus schématiques sur des problématiques économiques et sociales abordées sous l'angle éthique. On pourrait qualifier ce traité de *manuel*, même si le vocable revêt pour certains universitaires une connotation péjorative. En fait, les manuels sont d'une grande utilité et aident à l'acquisition de données de base sans lesquelles beaucoup d'étudiants se révèlent incapables de mettre de l'ordre dans leurs idées et de se retrouver dans l'étude de textes aux allures savantes, qu'ils citent en larges tranches sans toujours en comprendre le sens.

La réflexion d'éthique sociale ici proposée chemine en connexion étroite avec ce qu'on désigne sous le nom de *Doctrine sociale de l'Église*. Pour des étudiants en théologie, un tel voisinage n'a rien qui étonne. Mais le procédé apparaîtra non moins pertinent aux yeux d'autres catégories d'étudiants pour peu qu'ils soient informés des raisons de cet arrimage.

La première est la *richesse* de la tradition éthique chrétienne, caractérisée à la fois par la continuité et le changement, et fondement d'une précieuse expertise en humanité ; ce qui ne supprime en rien la liberté de porter un regard critique sur cet héritage judéo-chrétien où les alluvions culturelles occultent parfois le sens premier du message.

Autre motif de pertinence : la *crédibilité*, une crédibilité qui supporte amplement la comparaison avec des démarches éthiques issues d'autres provenances. Ni le courant libéral ni le marxisme ne peuvent prétendre fournir de solution de remplacement à l'éthique sociale chrétienne.

Cette crédibilité s'appuie sur une relative *validité* qui engendre un degré de certitude morale suffisant pour fonder un engagement social de qualité.

Il y a lieu de souligner aussi le caractère *pratique* de la Doctrine sociale. Il s'agit d'une démarche intellectuelle imprégnée de *raison pratique* et axée sur le *bonum faciendum*, l'opérationnel, l'existentiel. Elle ne se perd pas en ratiocinations théoriques interminables. Dans l'optique sociale chrétienne, le temps de l'agir est une dimension du Royaume. La pensée éclaire et fonde l'action et trouve sa pleine signification dans l'agir ici, dans le présent. Elle ne constitue pas par elle-même sa raison d'être. Le Royaume de Dieu fait appel à des ouvriers qui labourent et sèment et ne se contentent pas de crier «Seigneur, Seigneur» ou de se fabriquer un modèle théorique de société idéale devant prendre forme dans un monde utopique.

Les objectifs de la démarche ici proposée sont les suivants :

1) initier à la pensée sociale chrétienne en tant qu'instrument d'évaluation morale et guide pour l'engagement social ;
2) développer la capacité d'analyse critique et d'évaluation éthique face aux idéologies et aux problématiques sociales contemporaines ;
3) stimuler le processus de conscientisation sociale et la volonté d'engagement.

La démarche proposée s'effectue en quatre étapes :

— les assises de la construction sociale ou du projet social ;
— les idéologies ;
— les dossiers ;
— les pratiques sociales.

Le profil de l'éthique est intégré à la section traitant des assises du projet social. La réussite de celui-ci est déjà engagée dans la conception que l'on se fait de l'éthique sociale dans son rapport à des *valeurs* et à des *pratiques*.

On notera le caractère schématique des sections consacrées aux problématiques et aux pratiques sociales. Il y a là place pour des ajouts substantiels. Le professeur-animateur responsable du cours y découvrira un espace propice pour la présentation et l'étude d'autres questions à partir de l'observation des réalités quotidiennes. On estimera peut-être pertinent d'ajouter aux thèmes proposés en puisant dans ses expériences personnelles ou celles d'autres personnes engagées dans l'action sociale. «L'Esprit souffle où il veut» (*Jean* 3,8). La praxis de femmes et d'hommes socialement engagés peut grandement contribuer à illustrer, à bonifier, voire à rectifier les cogitations et les points de vue d'éthiciens patentés et ainsi enrichir une démarche commune où se rejoignent les docteurs du dire et les acteurs du faire.

ASSISES
DU PROJET SOCIAL

1 L'ÉTHIQUE SOCIALE EN SITUATION

« Celui qui agit dans la vérité
vient à la lumière »

(*Jean* 3, 21)

LES STRUCTURES ET LE PROCHAIN

« Le prochain n'est plus uniquement celui que je rencontre, avec lequel je noue des relations personnelles, à qui je puis apporter une aide personnelle. Le prochain peut être aussi le lointain : le prochain peut ne plus être seulement tel individu particulier, mais telle catégorie sociale particulière (par exemple les travailleurs migrants, les catégories professionnelles marginales, etc.). Pour toutes ces raisons, les problèmes de structure prennent une importance croissante dans la réflexion éthique et l'éthique sociale prend une place de plus en plus considérable, alors que la tradition chrétienne avait axé l'éthique tout entière sur des problèmes personnels ou interpersonnels ».

Roger MEHL
Éthique catholique et éthique protestante, p. 40

La première condition d'efficacité de l'action, c'est sa qualité, sa bonté. C'est cette bonté que la connaissance morale cherche à cerner, à déterminer. Ce savoir, en revanche, a besoin de l'action pour accroître sa valeur spécifique, son sens plénier, pour confirmer aussi la validité de ses intuitions et de ses énoncés. Il acquiert une véritable authenticité quand il est la source d'une transformation qualitative des hommes, des groupes, de la société.

Mais le point de départ de cette transformation se situe au niveau de l'intelligence. C'est là que s'ébauche le processus de libération de l'homme. Car l'action qui libère vraiment, c'est celle qui se nourrit de lucidité, procède d'une claire perception des valeurs et des objets, s'appuie sur un choix éclairé de moyens efficaces. Sans la réflexion sur les valeurs, sans l'analyse des situations et l'évaluation critique des moyens, l'homme d'action ressemble à l'aveugle voulant guider un autre aveugle : les deux tombent ensemble dans le fossé (*Matthieu* 15,14).

1. LA CONNAISSANCE MORALE

1.1 Il est utile au départ de rappeler brièvement la nature et les caractéristiques du savoir moral[1] ; ensuite montrer la nécessité, au-delà d'une morale générale, d'élaborer une éthique sociale, axée sur les phénomènes, les comportements et les agirs collectifs.

Pour Aristote et saint Thomas, l'éthique est la science qui considère les actes humains dans leur ordre réciproque et dans leur ordonnance à leur fin. Elle est aussi le savoir qui instaure un ordre dans les opérations de la volonté, dans les actes dont l'homme est principe par son intelligence et sa liberté, et qui engagent l'être humain intégral, sa bonté dite morale. C'est un savoir qui se distingue tant des connaissances théoriques que de l'art et de la technique, mais qui comporte des implications eu égard à ces modes de connaissance en tant que ceux-ci impliquent des décisions libres et des choix[2].

---

1. Pour une étude élaborée de l'éthique générale, voir les ouvrages qui sont consacrés spécifiquement à cette question (*cf.* bibliographie en fin de chapitre).
2. Voir l'introduction de l'*Éthique à Nicomaque*, Commentaire de saint Thomas, leçon I.

La dimension morale surgit et la réflexion morale prend forme quand l'homme, maître de ses décisions et de son agir, s'interroge sur la valeur, les finalités de cet agir, sur le choix des moyens qui s'offrent à lui. La moralité dite objective devient moralité formelle et existentielle quand interviennent la sensibilité et la conscience morales. Dès qu'il y a agir intelligent et conscient, il y a moralité.

1.2 L'éthique vient donner un sens et une direction à l'agir humain. «L'éthique, c'est l'agir en tant qu'il se réfère à un sens, ce sens étant à la fois signification et direction. Ce sont les finalités poursuivies qui donnent du sens à une action. Ce sont les valeurs qui s'expriment à travers les objectifs à atteindre et l'entreprise à mener à bonne fin[3]». L'acte éthique, c'est «un acte de la personne exerçant sa liberté à travers une décision de la conscience[4]». L'éthique interrelie *sens de la vie, liberté* et *responsabilité*[5].

1.3 Selon Lalande (*Vocabulaire technique et critique de la philosophie*), les termes *morale* ou *éthique* englobent trois concepts différents:

a) la morale, en tant que désignant «l'ensemble des prescriptions admises à une époque et dans une société déterminée, l'effort pour se conformer à ces prescriptions, l'exhortation à les suivre.»

b) la morale, en tant que science descriptive de la conduite des hommes, «abstraction faite des jugements d'appréciation que portent les hommes sur cette conduite.» Ici Lalande propose d'utiliser le terme *éthographie* ou *éthologie*. L'expression *sciences morales* recouvre l'objet de connaissance que connote ici le terme *morale*. *Sciences morales* et *sciences humaines* sont des termes en partie convertibles.

c) la morale, en tant que «science qui prend pour objet immédiat les *jugements* d'appréciation sur les actes qualifiés bons ou mauvais. C'est ce que nous proposons d'appeler *éthique*.», dit Lalande.

1.4 Pour certains auteurs (comme Enrique Dussel) les vocables *morale* et *éthique* ne sont pas équivalents. Ils sont même antinomiques. Les morales sont les produits d'une époque, d'une culture, reflétant le plus souvent la culture de la classe dominante. L'éthique, riche d'un enracinement évangélique, transcende et juge les morales. «Jésus s'oppose à ce qui est moralement en vigueur au nom de l'absolu de "l'éthique" qui constitue l'horizon transcendantal et critique de toute morale[6]». «Les *morales* sont relatives: il y a une moralité aztèque, une moralité hispanique, une moralité capitaliste, une moralité socialiste réelle, etc... Chacune d'entre elles justifie sa pratique

3. Hugues PUEL, *L'économie au défi de l'éthique*, Paris, Cujas-Cerf, 1989, p. 9.
4. *Ibid.*, p. 11.
5. Voir Hans JONAS, *Le principe responsabilité*, Paris, Cerf, 1992.
6. Enrique DUSSEL, *Éthique communautaire*, p. 57.

vécue comme étant bonne. L'*éthique*, elle, est une et absolue: elle vaut en *toute* situation et pour *toutes* les époques; l'éthique est sainte[7].»

1.5 Des auteurs conçoivent l'éthique dans un sens restrictif, en opposition à la morale, conçue comme sagesse fondamentale directrice de la conduite humaine. Selon Alain Etchegoyen, on a rejeté la morale parce qu'on l'a confondue avec le moralisme et ses sous-produits. On a créé un vide qu'on tente de remplir de nos jours par des *éthiques de compensation*. De là cette «valse des éthiques» qui répond mal à la demande de morale[8]. Etchegoyen cite en exergue un propos de Michel Serres: «Oui, la morale, dont nous avons si peur que nous nous réfugions désormais derrière le petit vocable étriqué d'éthique, la morale profonde se fonde comme l'ontologie: l'être et l'acte ensemble s'enracinent dans la grandeur[9].»

1.6 Dans les écrits aussi bien que dans le langage, les termes *morale* et *éthique* s'emploient souvent l'un pour l'autre. Le terme *éthique* évoque une résonance plus spécifiquement normative et scientifique. Il a le désavantage de traîner avec lui un léger parfum de pédantisme. Le terme *morale*, en revanche, est plus flou, plus élastique, et souffre d'une certaine dévaluation dans l'esprit de gens qui contestent les normes transmises par la morale traditionnelle.

1.7 On peut donc parler de deux vocables interchangeables, à condition: a) de ne pas confondre la morale avec les normes et pratiques à la mode; b) de ne pas assimiler l'éthique aux «éthiques de compensation».

2. DE L'EXPÉRIENCE À LA PROSPECTIVE

2.1 Avant de proposer des normes, l'éthique doit d'abord s'introspecter, s'autocritiquer, à la manière du futur psychanalyste qui doit d'abord se soumettre lui-même à une psychanalyse. Car le passé, l'histoire, les habitudes, les traditions, les coutumes ont accumulé un bagage de règles morales, ce que Lalande appelle «l'ensemble des prescriptions admises à une époque et dans une société déterminée». Cette morale est véhiculée par les institutions, les pouvoirs politiques, la législation, les Églises, les familles, les individus. Elle jouit généralement d'une présomption favorable auprès des groupes

---

7. *Ibid.*

8. Alain ETCHEGOYEN, *La valse des éthiques*, Paris, Éditions François Bourin, 1991, p. 13ssq.

9. Selon Alain MOUGNIOTTE (*Éduquer à la démocratie*, Paris, Cerf, 1994, p. 31-32), certains pour qui «la morale» serait caduque veulent se donner, à leur goût, une éthique pour régir la vie privée et les relations interpersonnelles. «En revanche elles (les éthiques contemporaines) comportent certaines convergences sur les problèmes sociaux, les relations internationales et les problèmes mondiaux, c'est-à-dire politiques.»

attachés au passé et aux traditions, mais subit souvent la critique des esprits novateurs.

2.2 INVENTAIRE. Face à cet héritage collectif, l'éthique exerce au départ une fonction de récupération. Les coutumes, les traditions, les institutions véhiculent une sagesse et des valeurs. Certaines normes reposent sur une expérience à laquelle on ne doit pas à priori nier une valeur propre sous prétexte que cette expérience ne peut pas toujours appuyer ses conclusions sur des raisonnements d'une clarté cartésienne. En rejetant sans examen le savoir pratique de ceux qui nous ont précédés, nous risquons de reproduire à l'ère contemporaine des erreurs que les Anciens avaient commises et qu'ils s'étaient promis d'éviter à l'avenir. « Ceux qui ne se souviennent pas du passé sont condamnés à le revivre » (André Malraux).

2.3 ÉVALUATION CRITIQUE. Nonobstant le respect dû au passé, il demeure que face à cet héritage, la fonction de l'éthique s'avère principalement *critique*. L'honnêteté intellectuelle exige de ne pas présenter à d'autres comme étant pourvue d'une garantie de *validité morale* ce qui n'a pas été attentivement vérifié, inventorié, évalué à la lumière à la fois d'une métaphysique, du savoir humain actuel et de l'expérience. De plus, il s'est souvent avéré que, sous l'effet de la sclérose intellectuelle, de l'inattention aux signes des temps, de l'ignorance du sens de l'histoire ou de quelque perversion de l'esprit, on a laissé la morale vécue charrier des contradictions et des anti-valeurs. L'invocation des grands principes sert parfois de paravent à des opérations de rationalisation qui portent atteinte à ces mêmes principes — « Appuyons-nous sur les principes, ils finiront bien par céder », dit un adage cynique. Il arrive ainsi que des comportements inadmissibles ou des règles de conduite douteuses jouissent d'une présomption favorable à cause du poids des habitudes, du prestige de la loi, de l'intérêt que trouvent à leur maintien les pouvoirs en place. Les groupes dominants ont avantage à présenter comme norme s'imposant à tous une interprétation morale spécieuse qui sert l'ordre établi.

L'histoire fournit beaucoup d'exemples de situations où l'on décèle une déficience de la fonction critique de la morale. Ainsi les moralistes ont accepté la condamnation de l'onanisme à partir d'un texte biblique cité à contresens (*Lévitique* 38,9-10). Des textes bibliques déformés ont servi à cautionner l'antisémitisme chez les chrétiens[10]. On a eu recours à l'autorité d'Aristote pour légitimer l'esclavage[11]. L'autocratisme du pouvoir s'est souvent appuyé sur une interprétation douteuse du principe de l'origine

10. Voir Jules ISAAC, *L'antisémitisme a-t-il des racines chrétiennes?*, Paris, Éd. Fasquelle, 1960.
11. Par exemple le texte des *Politiques*, L. I, c. 1 (Bekker 1252a) (Thomas d'Aquin, *Comment.*, 1. 1, n. 7).

divine de l'autorité, tel que formulé par saint Paul (*Romains* 13,1), alors que l'exégèse qu'en fait saint Thomas conduit à des conclusions bien différentes[12]. On a prétexté le manque d'éducation morale des masses ouvrières pour justifier une politique de bas salaires[13]. Un économiste moralisant, Milton Friedman, reproche aux plans de sécurité sociale de provoquer un déclin des activités charitables[14]. On a longtemps refusé aux pauvres le droit de vote en soutenant que la propriété foncière était une assurance de sens civique. Pour empêcher les femmes de voter, on a fait appel tantôt à la grandeur de la vocation féminine, incompatible avec les bassesses de la vie politique, tantôt à des déficiences de jugement rendant les femmes inaptes aux choix politiques. Afin de perpétuer le régime colonial, on a invoqué le droit moral à la colonisation, au nom de l'obligation impérative de répandre la civilisation, sans oublier l'argument de l'incapacité des peuples dominés de se gouverner eux-mêmes[15]. C'est au nom de la sauvegarde de la civilisation que les États-Unis ont mené la scandaleuse guerre du Vietnam. C'est en faisant appel à la fraternité et à la solidarité entre pays socialistes que l'URSS a écrasé la tentative de socialisme démocratique amorcé en Tchécoslovaquie et a mené en Afghanistan une guerre impérialiste qui s'est apparentée à une tentative de génocide.

Il convient aussi de souligner l'ambiguïté de la position morale de ceux qui s'inquiètent du phénomène de la violence quand elle est le fait de groupes opprimés, mais qui semblent l'accepter comme une donnée normale et moralement admissible quand celle-ci est le fait de structures oppressives et l'outil des forces dominantes.

Ces exemples et combien d'autres illustrent le besoin d'une attitude morale critique, surtout quand les légitimations morales sont servies par des pouvoirs établis et des groupes sociaux privilégiés.

---

12. Voir les commentaires sur l'Épître aux Romains, dans *In omnes S. Pauli Apostoli Epistolas commentarii*, lib. I, Ad Romanos, ch. XIII.

13. Un cas type de cette mentalité : dans un rapport rédigé en 1848 par des patrons de Mulhouse, honnêtes et pieux calvinistes, on parle à plusieurs reprises de l'immoralité des ouvriers et on affirme que le manque d'éducation morale est la cause la plus commune de leur misère. Dans un autre document, rédigé à la même époque, l'auteur se demande « si la débauche n'est pas une suite de l'aisance dans laquelle l'ouvrier se trouve et de la facilité avec laquelle il peut par son salaire récupérer de folles dépenses ». De là la conclusion qui s'imposait : la morale exige le maintien de bas salaires ! (Rapporté dans PFLIMLIN et UHRICH, *L'Alsace, destin et volonté*, Paris, Calmann-Lévy, 1963, p. 100).

14. Milton FRIEDMAN, *Capitalisme et liberté*, Paris, Robert Laffont, 1971, p. 237.

15. Le manuel de morale de JOLIVET (t. IV, n⁰ 512-515) contient un bref exposé sur le droit de colonisation. Voir aussi J. LECLERCQ, *Le cours de droit naturel*, t. 1, p. 313-315 (4ᵉ édition). Sur les rationalisations des colonisateurs, voir le texte percutant d'Aimé CÉSAIRE, *Discours sur le colonialisme*, Paris, Éd. Présence africaine, 1955.

2.4 PROSPECTIVE. Outre l'exercice de la fonction critique à l'endroit de la morale vécue, l'éthique propose un idéal (fonction utopique) et des points de repère pour l'action (fonction normative). Ces points de repère sont discernables à partir d'une échelle de valeurs morales. L'énoncé de valeurs suppose le recours à une philosophie, à une idéologie[16], naturelle ou religieuse. En fait, toute morale s'enracine dans une métaphysique ou dans ce qui en constitue l'équivalent[17]. Cet enracinement est un point de départ. De là et en relation avec la réalité concrète et mouvante, l'éthicien cherche de façon incessante et jamais achevée à *composer* l'agir moral dans la perspective d'un engagement concret.

2.5 CRITÈRES ET MAXIMES. Pour guider sa démarche en vue de l'agir, l'éthicien (ou le praticien) a besoin de principes, de *paramètres*. Selon Arthur Rich, ils sont de deux sortes:

1) Les *critères*: ce sont les principes généraux, des «normes d'un type purement prescriptif. Ils expriment dans l'horizon d'une certitude d'expérience précise ce qui doit être valable éthiquement au plan des principes[18]». Ils enracinés dans les valeurs.
    Exemples de critères, selon Rich: créaturalité, distance critique, cohumanité, solidarité avec la création, etc. Le critère basique de la *justice envers l'humain* coiffe ces différents critères[19].

2) Les *maximes*: «ce sont des normes d'un type à la fois prescriptif et analytique. Elles sont prescriptives lorsqu'elles s'inspirent des critères. Elles sont analytiques lorsqu'elles s'appuient sur les connaissances venues des sciences sociales dans l'intérêt de la conformité au réel[20].» Elles sont porteuses d'une certitude relative.
    Exemples de maximes: les maximes bibliques portant sur l'interdiction du prêt à intérêt et l'obligation de travailler[21], le caractère relatif et relationnel des systèmes économiques fondamentaux[22], la nécessité de réguler l'économie de marché, qui est une construction humaine et donc soumise à la responsabilité des citoyens[23]. Critères et maximes font le pont entre les valeurs et les situations. Ils balisent la voie en direction de

---

16. Au sens d'une médiation nécessaire vers l'action. Voir P. BIGO, *L'Église et la Révolution du tiers-monde*, Paris, PUF, 1974, p. 120.
17. Voir les observations sur les valeurs morales.
18. *Éthique économique*, p. 117.
19. Ouvrage cité, p. 183 ssq.
20. Ouvrage cité, p. 117.
21. Ouvrage cité, p. 241-248.
22. Ouvrage cité, p. 502-503.
23. Ouvrage cité, p. 587.

l'agir, sans toutefois garantir une entière certitude; celle-ci demeure *morale*, c'est-à-dire marquée par un certain coefficient de relativité.

3. LA CERTITUDE MORALE

3.1 Les Anciens parlaient de science morale et non seulement de connaissance ou de savoir moral. Pour Aristote et saint Thomas, la morale est une science au sens propre du terme, mais imparfaite. Cette imperfection est compensée par la noblesse de son objet et par l'utilité du savoir lui-même. La relativité de la certitude provient de la matière dont s'occupe l'éthique, à savoir les actions humaines, qui sont variables, inscrites dans des situations historiques elles-mêmes variables, dans un monde en permanente évolution. À la mobilité des intentions, des désirs et des projets s'ajoute la complexité des situations et des contextes concrets de la vie humaine. Pour Aristote, la vérité, en morale, épouse les traits d'une vraisemblance[24]. En usant de la terminologie moderne, il ne répugne pas cependant à attribuer à l'éthique le titre de science, ce terme, dans le vocabulaire d'aujourd'hui, désignant moins le caractère immuable de l'objet étudié que la rigueur de la méthode, de l'analyse et de l'investigation.

3.2 La relative certitude morale reçoit une indispensable confirmation dans le rapprochement entre la réflexion sur les valeurs et l'analyse des situations, le recours aux données concrètes, l'expérience, l'attention à l'existentiel et au vécu, la lecture de l'événement pour en dégager la signification. Un tel savoir, ainsi enrichi par une approche existentielle, *en situation* — ce qui est autre chose que «l'éthique de situation» —, fournit à l'homme et à la femme d'action une base solide pour leur engagement.

3.3 La morale (ou l'éthique) ne peut atteindre l'équivalent d'une technique rationnelle de décision qui éliminerait tout doute, toute perplexité. La raison droite (la *recta ratio* des Anciens) incite à prendre position à cause du devoir d'agir. Intervient un élément de «bon vouloir», difficile à mesurer et qui finalement incite à un choix, théorique ou pratique. La recherche dite d'objectivité ou de certitude absolue, peut cacher, dans les faits, un refus de s'engager.

> Quand des questions humaines essentielles, d'ordre psychologique et moral, sont en jeu, le refus de prendre parti, de s'engager, et la censure de tout sentiment, sous prétexte d'objectivité, n'a rien de scientifique, mais représente au contraire une violation de l'esprit scientifique. Quand les sentiments humains sont une donnée du problème, il est impossible de les

---

24. Voir l'introduction de l'*Éthique à Nicomaque*.

ignorer [...] Il se peut que la sensibilité déforme le jugement. Mais il paraît plus certain que l'insensibilité le déforme encore plus[25].

4. SAVOIR POUR AGIR

4.1 Il n'y a pas lieu de s'affliger du caractère imparfait de la connaissance morale, en tant que génératrice d'une certitude seulement relative. Ce qui importe, c'est la fin en jeu, à savoir le perfectionnement intégral de l'homme et la croissance qualitative des sociétés.

Pour atteindre ce but, la réflexion morale ne peut se limiter à des élaborations théoriques et générales, même si elle doit, dans une étape préliminaire, consolider son enracinement dans une philosophie, une métaphysique, une idéologie. Sa fonction spécifique s'exerce dans la détermination des objectifs à atteindre, l'analyse des situations, l'invention des moyens. Elle va au-delà de la perception d'un ordre donné. Elle compose un ordre à réaliser (mode *compositif*). Ce mode requiert de dépasser le palier des intentions générales et des vœux pieux pour rejoindre celui des options et des projets.

4.2 Le comportement humain à améliorer, c'est avant tout, pour beaucoup de moralistes, celui qui concerne la vie privée et familiale. Cette tendance a prédominé longtemps chez les protestants par suite de l'influence des courants piétistes. Chez les catholiques, l'individualisme religieux a produit un impact similaire, partiellement contrebalancé, à l'ère contemporaine, par l'essor de l'enseignement social de l'Église, les courants issus de l'Action catholique et l'influence de la théologie de la libération.

4.3 Marx a remis en lumière le lien qui existe entre la pensée et l'action, la théorie et la pratique. Il a dénoncé un type de réflexion sapientielle qui ne dérange personne et qui n'aboutit finalement qu'à légitimer le statu quo et le désordre établi. Par son insistance sur l'idée de *praxis*, « science opératoire de la société en tant qu'elle se fait elle-même » (Alain Birou), il a aidé les moralistes à redécouvrir une donnée que l'on avait souvent négligée : la relation étroite qui doit s'établir entre la réflexion du moraliste et le monde à transformer, ce collectif dont le mode d'organisation et l'aménagement influent grandement sur la qualité de vie des personnes et des familles.

4.4 La *praxis*, entendue comme une volonté et un effort de transformation des personnes, de leurs conditions d'existence, du milieu où elles vivent, comporte la recherche de l'efficacité. Il importe dans l'engagement de distinguer le moyen efficace de celui qui ne l'est pas. Non seulement l'option morale doit aboutir à une forme d'action, mais il faut aussi que celle-ci soit

---

25. Kenneth CLARK, *Le ghetto noir*, Paris, Payot, 1966, p. 123.

génératrice de changement. La morale authentique vise l'*opérationnalité*, laquelle doit être une préoccupation particulière de l'éthicien.

5. LE PROGRÈS MORAL

5.1 Dans la critique de la morale vécue, les uns utilisent parfois le passé comme point de comparaison pour condamner le présent. Les prédicateurs font souvent cela, idéalisant les mœurs des ancêtres pour mieux fustiger celles de leurs auditeurs, présents ou éventuels, qu'ils veulent convertir à une vie meilleure. Paradoxalement, ils mettront parfois en garde les agents de changement contre les risques de la nouveauté, en idéalisant, dans cette dernière opération, l'ordre régnant.

Ceux qui proposent des réformes s'appuient sur le passé pour montrer la possibilité d'un progrès des valeurs morales dans la vie collective. Ils veulent montrer qu'un progrès humain et moral est possible. En revanche, ils critiquent les déficiences humaines et morales de l'ordre existant pour mieux inciter leurs auditeurs à engager leurs énergies dans le combat social.

5.2 On peut aborder la notion de *progrès moral* chez l'individu en tenant compte de la valeur des motivations qui inspirent ses choix. C'est dans cette optique que Kohlberg distingue *six stades* dans la perception des règles et des exigences morales :

1) stade de la punition et de l'obéissance morale ;
2) stade du projet individuel et de l'échange ;
3) stade des attentes interpersonnelles et mutuelles, des relations et de la conformité ;
4) stade du maintien de la conscience et du social ;
5) stade des droits premiers, du contrat social ou de l'utilité sociale ;
6) stade des principes éthiques universels[26].

5.3 L'évaluation du progrès moral varie selon les approches et les mentalités. Il est indéniable que l'humanité, dans son ensemble, a enregistré des gains, par exemple en matière de droits et libertés. Ces gains sont officiellement reconnus dans des chartes des droits et libertés, comme la Déclaration des droits de l'homme promulguée par les Nations Unies. On sent bien d'autre part que les gains sont fragiles. Des pays qui proclament les droits de l'homme les foulent aux pieds quotidiennement. La torture, qu'on croyait une perversion d'un autre âge, sévit en plusieurs pays et parfois avec

---

26. Voir *Essays on Moral Development*, vol. 1, New York et San Francisco, Harper and Row, 1981, p. 409 ssq. Voir J. Habermas, *Morale et communication*, Paris, Cerf, 1986, p. 134 ssq.

la connivence de pays démocratiques. Au sein des sociétés dites avancées, on observe l'émergence de comportements qui s'apparentent à du sous-développement moral, v.g. brisure de la cellule familiale, pornographie, drogue, crimes économiques, violence faite aux femmes, obsession de l'avoir, etc.[27]

5.4 À la lumière de l'expérience, le moraliste est enclin à pratiquer une sorte d'*optimisme réaliste*. Les pages sombres dans l'histoire des individus et des collectivités lui rappellent que le progrès moral est incertain et que le monde retourne vite à la barbarie. En revanche, l'exemple des saints, des réformateurs sociaux, de gens qui, dans la discrétion, vivent un quotidien de haut niveau éthique, démontre que l'être humain est capable de grandeur, d'honneur, d'altruisme et de solidarité[28].

6. ÉTHIQUE ET DÉONTOLOGIE

6.1 Les termes *éthique* et *déontologie* sont parfois utilisés l'un pour l'autre. Au sens strict, la *déontologie* connote plus directement les normes qui régissent la conduite de certaines catégories de personnes dans l'accomplissement de leurs devoirs professionnels.

6.2 La déontologie professionnelle campe à mi-chemin entre l'éthique générale et l'éthique sociale. Elle vise à guider le comportement moral de catégories d'individus s'adonnant à des activités spécifiques qui font appel à des connaissances techniques particulières et qui, par suite de leurs conditions d'exercice, exigent un niveau élevé de responsabilité morale et de conscience dite professionnelle. Dans cet exercice, la *conscience professionnelle* intervient à titre de norme ultime qui garantit la qualité du service, assurant ainsi la protection des personnes qui y font appel[29].

---

27. « Le travail de prise de conscience n'est jamais acquis : ce n'est pas comme pour les conquêtes scientifiques, les impératifs moraux, eux, sont sans cesse à reconquérir » (Jean-François Six, *Religion, Église et droits de l'homme*, p. 105-106.)

28. Un exemple parmi d'autres d'un héroïsme caché : ces hommes et ces femmes qui, en pleine persécution antisémite en France, ont sauvé, au risque de leur vie, des milliers de Juifs. Ce n'est que cinquante ans après les événements qu'a été révélé au public cet exemple de grande noblesse morale.

Autre exemple de grandeur morale : ces jeunes universitaires allemands, regroupés dans *La rose blanche*, et qui tentèrent d'organiser un mouvement de résistance au nazisme. À l'horreur, ils répondirent par l'honneur et l'héroïsme. Ils payèrent de leur vie le prix de leurs convictions morales (voir Inge SCHOLL, *La rose blanche*, Éditions de Minuit, 1953).

29. Voir *La déontologie professionnelle au Québec*, Cahiers de l'ISSH (Institut supérieur des sciences humaines), Office des professions du Québec, 1977.

6.3 Un code d'éthique gère chaque domaine d'activités professionnelles : droit, médecine, sciences infirmières, notariat, sciences appliquées, géodésie, services social, etc.

6.4 Issue d'une démarche éthique fondée sur la responsabilité individuelle, la déontologie professionnelle tend de plus en plus à devenir une *déontologie ouverte*, c'est-à-dire à intégrer la démarche propre à l'éthique sociale. C'est ainsi que beaucoup de professionnels se préoccupent de l'aspect collectif des problèmes sociaux (l'accessibilité aux soins de santé ou aux services juridiques, la solidarité institutionnelle, etc.).

7. L'ÉTHIQUE SOCIALE

7.1 Une éthique générale ne suffit pas pour étayer convenablement le projet moral de l'homme. Celui-ci ne vit pas seul. Comme le dit Aristote, il est un animal politique. Si cela était déjà vrai dans la petite cité grecque antique, l'énoncé se vérifie plus que jamais dans un monde technique et socialisé, où se multiplient les interdépendances de toutes sortes.

7.2 Les Anciens distinguaient l'*éthique générale* (comme l'*Éthique à Nicomaque* d'Aristote), l'*économie* (sorte d'éthique domestique à peine articulée), et la *politique* (incluant l'éthique socio-économique et l'éthique politique). Dans les milieux chrétiens, où le culte de la famille est à l'honneur, l'*éthique familiale* a connu un grand essor.

7.3 Les observations ici formulées sur l'éthique sociale valent aussi pour les champs de réflexion qui constituent les prolongements de son domaine propre : *éthique du développement, éthique de la paix*. Dans *Sollicitudo rei socialis*[30], Jean-Paul II souligne l'interrelation entre l'éthique sociale et l'éthique du développement ; il fait siens en outre deux aphorismes de Paul VI : « La question sociale est devenue mondiale » et « Le développement est le nouveau nom de la paix ».

7.4 L'essor de l'individualisme religieux au cours des derniers siècles, tant chez les catholiques que chez les protestants, a favorisé le développement d'une morale familiale et intimiste, axée sur la vie privée et où les problématiques collectives étaient réduites à la portion congrue. Quand s'est posée la question sociale, beaucoup de moralistes n'y ont vu qu'une extension du champ des problèmes posés à la conscience individuelle. La théologie morale, au début, a peu bougé. Elle a empilé la question sociale sur le tas de vieux outils qu'elle traînait, et elle a continué son chemin comme avant. Il restait à ceux que ces questions nouvelles préoccupaient plus que d'autres de

---

30. *Sollicitudo rei socialis*, n° 9.

se tailler un champ de recherche marginal, que la morale traditionnelle regardait de loin, avec condescendance, mais sans deviner que c'était surtout de ce jardin dont elle aurait dû s'occuper.

Il suffit d'ouvrir l'un quelconque des innombrables traités de théologie morale à part quelques rares exceptions, pour faire cette pénible constatation. La théologie morale, qui devrait traiter, dans une perspective scientifique, des grands problèmes moraux à la lumière de la foi, se désintéresse pratiquement de cet immense chantier qui devrait être son propre terrain. Il y a là une *lourde responsabilité des moralistes qui ont déserté la tâche la plus immédiate et urgente* qui s'offrait à eux. Par exemple, alors que, durant tout le siècle dernier, s'est posée de façon aiguë la fameuse question sociale, la théologie morale officielle n'a pratiquement rien voulu en savoir ; ou plutôt elle a ramené le problème, quand elle l'a abordé, aux dimensions de sa problématique qui était celle de l'âge précédent, la problématique individualiste, ou simplement interindividuelle, et cela dans une perspective essentiellement juridique, s'intéressant surtout *au point de vue des possédants*[31].

7.5 En éthique sociale, les socialistes et les marxistes ont souvent joué le rôle de précurseurs et de catalyseurs. Ils ont mis en lumière à la fois la dimension sociale de l'homme et la liaison étroite qui s'établit entre l'homme et les structures. «La découverte du socialisme, c'est que les principaux problèmes d'éthique sociale sont des problèmes de structure de la société[32]». Cette approche nouvelle a influé sur la façon de penser de ceux que préoccupent les problèmes de morale. Néanmoins, selon André Biéler, «il n'est encore visible nulle part que cette conscience nouvelle des rapports sociaux ait pénétré de façon décisive dans le christianisme, au point de lui faire produire une éthique qui dépasse résolument celle de l'ère pré-capitaliste et pré-industrielle[33]». Il faut reconnaître cependant que l'enseignement social de l'Église a contribué à corriger en partie cette grave lacune. Comparé à la mentalité qui prévaut chez beaucoup de chrétiens ordinaires, un tel enseignement apparaît souvent avant-gardiste.

7.6 DÉFINITION. S'inspirant de Karl Mannheim, Alain Birou (*Vocabulaire pratique des sciences sociales*) décrit l'éthique sociale comme étant «une partie

---

31. J. M. AUBERT, *Pour une théologie de l'âge industriel*, p. 10. En note, p. 11, l'auteur donne le résultat de l'inventaire qu'il a fait du traité *Institutiones Theologiae moralis* de Genico-Salmans (12e édition). Chez cet auteur, le traité de la justice comprend 200 pages. De ce nombre, il en consacre 60 à la restitution, 80 aux contrats, 16 à la succession héréditaire, 27 au droit de propriété (surtout aux modes juridiques de l'acquérir) et *6 pages au contrat de travail*. Il serait intéressant de dresser le même inventaire chez Merckelbach, Aertnys-Damen, etc.

32. Roger MEHL, *Pour une éthique sociale chrétienne*, p. 11.

33. Cf. *Calvin, Prophète de l'ère industrielle*, p. 10-11.

de la philosophie sociale qui s'applique à dégager les règles et les normes qui doivent guider la vie sociale à tous les niveaux, et particulièrement les relations et les rapports entre les divers groupes qui composent une société. C'est une discipline normative qui se base sur un sens de l'homme en société et sur des buts communs que doit réaliser l'existence sociale». Pour sa part, Roger Mehl la définit comme étant «la réflexion critique sur les structures sociales existantes et l'action collective en vue de la réforme de ces structures ou la mise en place de structures nouvelles, en s'inspirant d'une anthropologie[34]». De ces définitions ressort une spécificité de l'éthique sociale qui va au-delà d'un simple prolongement de l'éthique individuelle. On ne nie pas le jeu des libertés et des choix individuels, mais ce qu'on veut souligner, c'est leur imbrication dans ce réseau de produits de l'homme (opérations) que sont les institutions, les lois, les aménagements collectifs, au point que c'est principalement par des décisions collectives que l'homme poursuit et atteint son bien moral. L'éthique sociale ne juge pas opérationnel le dicton «si chacun était vertueux, la société serait meilleure». Car l'expérience montre que les finalités collectives, les structures, les institutions conditionnent en grande partie l'efficacité des bons désirs et des bons comportements individuels.

7.7 Arthur Rich décrit l'*éthique sociale* comme une discipline qui «a affaire spécifiquement à cet aspect de la responsabilité qui est lié à la médiation des relations fondamentales par les institutions sociales à l'intérieur desquelles elles se situent concrètement[35]». Il la décrit aussi comme «une éthique de la médiation ou de la structuration sociale[36]»; ou encore comme «la théorie et la pratique de l'existence responsable de l'homme en relation avec les autres et avec l'environnement; cette relation n'a pas un caractère immédiat mais elle passe par la médiation des institutions sociales[37]».

Rich insiste sur la liaison indispensable qui doit s'établir entre l'éthique personnelle et l'éthique sociale. Les structures peuvent rendre inopérantes les bonnes intentions personnelles. En revanche, la qualité morale des individus affecte aussi le fonctionnement des structures. Voilà pourquoi, selon Rich, «l'éthique sociale ne peut assumer sa responsabilité dans toute son ampleur que si elle parvient à intégrer la visée éthique personnelle[38]».

---

34. Roger MEHL, *Pour une éthique sociale chrétienne*, p. 14.
35. *Éthique économique*, p. 81.
36. Ouvrage cité, p. 82.
37. Ouvrage cité, p. 87.
38. Ouvrage cité, p. 82-83.

8. LA MORALITÉ STRUCTURELLE

8.1 Structure et institution. Les deux termes sont souvent utilisés conjointement, par exemple dans l'expression violence structurelle et institutionnelle. On désigne, dans des cas de ce genre, des types de fonctionnement social ou encore des comportements et des agirs qui s'appuient sur des bases relativement stables. Les deux termes se prêtent à des interprétations confuses. Les significations varient selon les écoles de pensée, comme notent les deux auteurs dont s'inspirent les remarques qui suivent, à savoir : Alain Birou, *Vocabulaire pratique des sciences sociales* (Éditions ouvrières, 1966) et André Lalande, *Vocabulaire technique et critique de la philosophie* (PUF, 1960).

Nous retenons, aux fins de la présente exploration, quelques définitions pertinentes.

Structure
— « Mode d'agencement d'un ensemble de choses, de parties ou de forces qui sont réunies de façon à constituer un tout spécifique »

Birou

— « La forme de cohérence d'un ensemble et son hétérogénéité par rapport à d'autres »

Birou

— « Disposition des parties qui forment un tout, par opposition à leurs fonctions »

Lalande

— « Un tout formé de phénomènes solidaires, tels que chacun dépend des autres et ne peut être ce qu'il est que dans et par sa relation avec eux »

Lalande

Structure sociale
— « Un ensemble ou une totalité sociale composée de parties organisées plus ou moins interdépendantes et reliées entre elles de façon durable »

Birou

— « Dimension relativement établie d'une réalité qui, conjoncturellement, est dynamique et historique »

Birou

Institution
— « Structure partielle de la société, différente du groupe et jouant une fonction propre dans la vie sociale »

Birou

L'expression *aménagement structurel* coiffe à la fois les structures et les institutions. Ces dernières apparaissent comme des appareils opératoires prolongeant l'impact des structures.

Exemples

a) des structures relativement stables commandent les rapports économiques Nord-Sud, qui fonctionnent par le biais d'institutions telles le Fonds monétaire international;

b) l'OTAN forme une structure établissant un cadre pour le fonctionnement de diverses institutions. On peut considérer l'OTAN comme un réseau d'institutions politiques, juridiques et militaires, ce qui est le propre d'une structure.

L'expression « structure partielle », pour désigner une institution, souligne de façon satisfaisante la distinction entre certaines structures et certaines institutions. Néanmoins, il demeure difficile de cerner cette distinction, comme le montrent les divergences qui font surface entre les auteurs quand arrive le moment de définir lesdites réalités sociales.

8.2 RELATIONS COURTES ET RELATIONS LONGUES. L'aménagement des structures, produits de l'agir humain, qui souvent dans leurs effets échappent à son pouvoir, conditionne la qualité morale de la vie et élargit l'espace de la responsabilité personnelle[39]. Tout en reconnaissant l'importance et la validité du comportement individuel dans les relations interpersonnelles (*relations courtes*), il importe de discerner que souvent les finalités morales qui motivent les individus connaissent leur achèvement par des gestes collectifs, des décisions techniques, des réformes promulguées par les lois (*relations longues*)[40].

---

39. Pour H. LEFEBVRE, l'aliénation issue des structures atteint tous les agents sociaux dans leurs comportements, aussi bien les possédants que les autres. Le problème n'est donc pas d'abord de déceler les « mauvais patrons », mais de briser les mauvaises structures.
« Loin d'être seulement théorique (métaphysique, religieuse et morale) elle (l'aliénation) est aussi et surtout pratique, à savoir économique, sociale et politique. Sur le plan réel, elle se manifeste par le fait que des êtres humains sont livrés à des forces hostiles qui cependant ne sont que les produits de leur activité, mais retournées contre eux et les emportant vers des destins inhumains, crises, guerres, convulsions de toutes sortes. » (H. LEFEBVRE, *Le marxisme*, Paris, PUF, 1960, p. 4041). On décèle ici l'extrême contraire de l'option individualiste. La personne n'est pas responsable individuellement de ses décisions et de son agir. Tout s'explique par le collectif, les structures. On dénonce l'aliénation. En fait, on en construit une nouvelle, plus brutale et déshumanisante.
40. Sur la distinction entre *relations courtes* et *relations longues*, voir Paul RICŒUR, *Le Socius et le prochain*, dans *Histoire et vérité*, Paris, Seuil, 1955. Voir aussi Roger MEHL, *Pour une éthique sociale chrétienne*, p. 57 ssq. L'amour et pas seulement la bureaucratie peut trouver sa place dans les relations longues, souligne Mehl. On peut par exemple aider directement

8.3 Un témoignage éloquent relatif à la moralité structurelle se dégage de la vie et de l'expérience du P. Lebret. Cet homme que ses antécédents socio-culturels auraient orienté vers des formes traditionnelles de défense des valeurs (il fut à un moment donné, tenté par l'aventure vichyste), discerne, au fur et à mesure des tentatives et des expériences où il s'engage, l'impact des aménagements sociaux et des institutions sur les individus. Inébranlablement attaché à des valeurs fondamentales: personne humaine, famille, petites communautés, solidarité, il découvre que les meilleurs projets humains et moraux se confrontent tôt ou tard avec des forces économiques et les lois du système. Il réalise que la croissance qualitative des hommes, la montée humaine, intégrale et solidaire, est un idéal dont l'achèvement ne peut dépendre seulement des énergies morales individuelles ou d'activités qui ne mettraient pas en question l'ordre établi. «J'ai compris, à la fin de ma vie, disait-il, que la miséricorde passe par les structures[41]».

8.4 Dans des circonstances tout à fait autres se révèle non moins éclairant le témoignage de Dietrich Bonhoeffer. Théologien et mystique, il chemine longtemps dans un univers spirituel axé sur la conversion personnelle et l'intériorité religieuse. Mais la perversion institutionnelle incarnée dans l'hérésie national-socialiste lui apparaît comme un obstacle incontournable qu'on ne peut plus feindre d'ignorer. Sa lutte spirituelle se tourne contre le mal institutionnalisé. Il participe à un complot visant à éliminer Hitler. L'opération échoue. Arrêté, il sera exécuté peu de temps avant la fin de la guerre[42].

8.5 L'altruisme, la générosité, l'ascèse trouvent dans les problèmes de morale structurelle l'occasion de s'exercer pleinement. L'engagement social offre un terrain privilégié à l'exercice de vertus qu'une éthique intimiste tend à centrer trop exclusivement sur les relations interpersonnelles. D'autre part, les individus inspirés par de hautes motivations demeurent les plus aptes à déceler les limites humaines et morales des institutions, les déficiences dans les réformes entreprises; les plus capables du courage nécessaire pour remettre en question un aménagement collectif périmé ou pour recommencer après un échec; les plus pourvus de cette sensibilité qui, au plus vif des luttes et des combats, incite à ne pas perdre de vue l'essentiel: les personnes et leur destin, les valeurs de dépassement.

---

telle personne âgée dans le besoin. C'est la relation courte, le contact interpersonnel, le geste de présence, toujours valable, parfois indispensable. On peut aussi militer en faveur d'une législation qui accroît les pensions de vieillesse. Ce geste anonyme (relation longue) exprime aussi l'amour.

41. Sur l'itinéraire du P. Lebret, voir Thomas SUAVET, *Actualité de L. J. Lebret*, Paris, Éditions Ouvrières, coll. Économie et Humanisme, 1967. Aussi *L'économie au service des hommes*, textes choisis et présentés par François HALLEY, Paris, Cerf, 1968.

42. Voir Mary BOSQUANET, *Vie et mort de Dietrich Bonhoeffer*, Casterman, 1970.

8.6 Certains péchés, les plus lourds dans leurs effets sur le mieux-être des hommes, s'infiltrent à travers les structures et par le truchement des institutions. Saint Thomas disait que les rois, quand ils sont vertueux, sont destinés à une béatitude plus grande que les hommes ordinaires. Et quand ils font le mal, les conséquences et la responsabilité sont également plus grandes[43]. C'est-à-dire que le pouvoir, l'organisation, l'institution accroissent la possibilité autant de mal que de bien. La foi chrétienne nous parle de péché originel. Il faut y ajouter la notion de *péché structurel*, c'est-à-dire la négation de bien, le désordre qui s'incarne, de par la volonté des hommes ou par leur négligence, dans l'organisation de la vie sociale. Ces *péchés structurels* résultent souvent de *péchés d'omission*. En bloquant des réformes souhaitables et possibles, en retardant la correction des injustices, en laissant se détériorer les situations au lieu d'intervenir, on favorise le maintien du désordre établi, la montée des tensions sociales, les crises et les affrontements qui font proliférer la haine, les rancœurs, le désespoir.

8.7 Dans l'encyclique *Sollicitudo rei socialis* (n. 36), Jean-Paul II utilise le concept de « structure de péché », notion axiale dans la théologie de la libération. À Puebla, le pape avait parlé du « conflit structurel » entre riches et pauvres. Dans *Laborem exercens* (n. 11), il est question du conflit entre le travail et le capital, ce qui s'apparente à l'idée de conflit structurel[44].

8.8 Hugues Puel critique le recours à ce nouveau paradigme. Ce qui ne veut pas dire, ajoute-t-il, qu'on nie « la dimension sociale et collective de la responsabilité du chrétien[45] ».

8.9 Les réticences face à l'utilisation des concepts « structure de péché », « péché collectif », etc. s'expliquent par des motifs tels que: a) la hantise d'une influence marxisante; b) la peur de la mise en veilleuse de la responsabilité personnelle; c) la crainte que l'on mésestime l'influence de l'éthique personnelle sur la qualité de l'engagement social.

9. AU CARREFOUR DES SCIENCES HUMAINES

9.1 L'éthique est un savoir de généraliste qui s'appuie d'une part sur une théorie des valeurs, d'autre part sur une connaissance du réel vécu, des éléments concrets qui conditionnent l'agir humain. Elle a donc besoin de l'apport des autres sciences humaines: sociologie, politicologie, économie, psychologie, histoire, anthropologie. Elle traite des mêmes réalités que ces

---

43. Voir *De regimine principum*, lib. I, ch. 9-11, *passim*.
44. Voir *Théologies de la libération*, documents et débats, Cerf-Centurion, 1985, p. 202.
45. *Le supplément*, n° 176, p. 131.

sciences (identité d'objet matériel), mais sous un angle spécifique (différenciation par l'objet formel).

Cet apport est indispensable au moraliste. Autrement, son effort pour insérer les valeurs dans l'existence risque d'être vain. En éthique sociale particulièrement, la réflexion morale doit cheminer en étroite connexion avec ces sciences, sous peine d'aboutir à des énoncés vagues et à des projets dépourvus d'efficacité.

> L'éthique sociale a pour préalable une connaissance de la réalité sociale. Seule une telle connaissance nous permet de saisir les liens complexes entre les faits et nous permet, dans une large mesure, d'entrevoir les conséquences proches et lointaines d'une réforme de structures. En d'autres termes, les motivations éthiques de l'action sociale ne sont pas suffisantes à garantir l'efficacité et le caractère bénéfique de celle-ci[46].

9.2 L'éthique intègre l'apport des sciences humaines et des savoirs en général. Elle fait sien, à l'époque moderne, le mode de procéder auquel eut recours saint Thomas quand il intégra l'aristotélisme à la réflexion théologique. Ce travail d'intégration et d'approbation du savoir moderne (autant que cela peut se faire) impose au moraliste un *devoir d'extension de compétence*.

Le processus est bidirectionnel. Les sciences humaines et l'éclairage résultant de l'analyse des problématiques et des conjonctures alimente la réflexion morale; celle-ci, en retour, projette un regard critique sur les nouveaux éclairages à partir des paramètres que fournit l'approfondissement des valeurs.

Arthur Rich souligne que la conformité au réel fait partie des règles de l'évaluation éthique, cette conformité étant évaluée par les sciences humaines. En contrepartie, il rappelle que les exigences de justice font aussi partie de la conformité au réel. «Ce qui n'est pas conforme à la réalité ne peut pas véritablement rendre justice à l'humain et ce qui contredit la justice envers l'humain ne peut pas être véritablement conforme à la réalité[47].»

9.3 Un problème particulier se pose quand les sciences humaines, franchissant leurs limites propres, débordent sur le terrain de la morale. Parfois cela se fait ouvertement et sciemment. L'expert (économiste, sociologue ou autre) se transforme en moraliste. Il est des cas où l'opération se révèle particulièrement féconde. Marc Oraison, médecin et psychanalyste, Vance Packard, François Perroux et John Galbraith, économistes, René Dumont, agronome et écologiste, ont contribué grandement à renouveler l'approche morale de certains problèmes.

---

46. Roger MEHL, *Pour une éthique sociale chrétienne*, p. 15-16.
47. *Éthique économique*, p. 96.

9.4 Marx, philosophe, sociologue et économiste, est aussi moraliste. Il ambitionne même d'absorber le domaine de la morale, d'une part en démystifiant les systèmes de morale à la mode, d'autre part en créant un nouveau système de valeurs incorporé à une vision globale de l'homme et de la société. Chez lui, l'éthique constitue un volet majeur d'un savoir qui cherche à englober tout l'homme et son devenir.

9.5 Chez beaucoup d'experts en sciences humaines, on affirme vouloir se maintenir à l'écart du domaine des jugements de valeur et pratiquer une rigoureuse neutralité. Une telle attitude est souhaitable et sans doute réalisable aussi longtemps que l'expert se cantonne dans son domaine propre, en recourant aux méthodes et aux instruments de travail qui caractérisent sa discipline. En pratique, la neutralité devient plus fragile au moment où l'expert tend à donner à ses conclusions une valeur normative pour la conduite humaine. C'est alors qu'interviennent les valeurs, la philosophie que chacun porte en soi et dont l'influence s'exerce de façon subtile, à l'insu parfois de l'expert lui-même. Devant un tel phénomène, le moraliste ferait preuve de naïveté en obtempérant sans discuter aux énoncés qui se présentent drapés dans le manteau de la froide neutralité et ornés de l'étiquette de la garantie scientifique. Au moins doit-il vérifier si d'autres experts, non moins impartiaux ni moins scientifiques, ne proposent pas des conclusions et des lignes d'action différentes. Car la neutralité et l'objectivité scientifique, dans les sciences de l'homme, sont relatives. Le chercheur, d'une certaine façon, fait partie de son champ de recherche. Il étudie un milieu humain, des comportements collectifs, des données économiques, des phénomènes psychologiques, alors que lui-même appartient à un milieu, véhicule une mentalité, s'identifie à un groupe économique, reflète une tradition et adhère à certaines valeurs (ou antivaleurs), s'enracine, par ses idéaux et son affectivité, dans un inconscient collectif. Devant l'argument matraque de l'objectivité, le moraliste ne doit pas obtempérer trop vite, mais exercer son sens critique avec sérénité.

L'histoire fournit à ce sujet de précieuses indications. Pensons à la façon dont plusieurs scientifiques allemands ont «objectivement» fourni au racisme ses fondements prétendument indiscutables. L'exemple soviétique montre l'extraordinaire gymnastique intellectuelle dont furent capables des savants quand le pouvoir réclamait d'eux des conclusions «objectives» et politiquement souhaitées. Des économistes capitalistes ont longtemps présenté comme inéluctables l'exploitation des travailleurs, la pauvreté et les récessions économiques, jusqu'au moment où d'autres experts (Keynes, Galbraith) ont décidé de jeter à terre ces raisonnements dits indiscutables. D'autres économistes considèrent comme non moins inéluctable l'écart croissant des revenus entre pays riches et pays pauvres. On connaît la propension de plusieurs adeptes de cette science à entériner, au moyen d'une laborieuse gymnastique, les bizarreries des appareils de production, lesquelles ont comme résultat d'enrichir les plus riches et d'appauvrir les plus pauvres. Des sociologues analysent le phénomène de la pauvreté comme si l'explication de cette pauvreté se trouvait toujours du côté des pauvres eux-mêmes sans mettre en question des structures oppressives. Autrement dit, les corollaires de nature éthique qui se dégagent d'énoncés d'allure scientifique ont souvent comme caractéristique de jouer en faveur des pouvoirs établis, d'un ordre social existant, des groupes privilégiés. Une objectivité aussi insolite doit inciter le moraliste à beaucoup de circonspection.

10. ÉTHIQUE SOCIO-ÉCONOMIQUE

10.1 Le social est vaste. Pour Aristote, il est inclus dans le politique. Mais on peut aussi considérer le politique comme l'achèvement du social, le lieu où se décident et s'élaborent les aménagements sociaux. Il constitue alors l'objet privilégié d'une réflexion éthique particulière.

10.2 Le social inclut la santé, l'éducation, la culture, les loisirs, l'urbanisme, même certains problèmes d'éthique familiale (régulation des naissances, avortement, etc.), qui, par suite de leurs répercussions sur la vie collective, non seulement débordent sur le social mais rejoignent le politique.

10.3 Néanmoins, l'éthique sociale tend à privilégier la problématique socio-économique, c'est-à-dire les problèmes économiques dans leurs implications sociales, immédiates ou lointaines. Ce qui n'exclut pas des problèmes tels que la santé, l'éducation, etc., ne serait-ce que par le fait que, d'une part, le coût des réformes dans ce secteur affecte la vie économique et que, d'autre part, la décision d'effectuer des changements implique des coûts. L'appréciation de ces coûts est fonction de la philosophie économique de chacun.

10.4 Plusieurs raisons expliquent la primauté accordée à l'éthique socio-économique :

10.4.1 Ce qu'on a appelé la question sociale découle des bouleversements économiques engendrés par la révolution industrielle. Un nouveau régime économique a entraîné de nouveaux rapports sociaux (ce qui ne veut pas dire que tous les changements sociaux s'expliquent par les changements économiques). L'avènement de l'économie nouvelle a soulevé de multiples questions morales : droit de propriété des biens de production, droit au travail, juste salaire, droit de grève, etc.

10.4.2 On est devenu plus conscient de la connexion intime qui existe entre l'activité économique et les problèmes politiques, sociaux, culturels. Certains faits historiques ne trouvent pas une explication suffisante si on ne fait pas intervenir l'incidence économique, par exemple l'essor de l'impérialisme romain, les Croisades, la Réforme, la colonisation, les guerres. De tous temps, l'homme veut d'abord manger, se vêtir, se loger. Le plus-avoir conditionne le plus-être. La hantise du pain quotidien et le goût de s'enrichir aiguillonnent les hommes alors même qu'ils parlent de la défense ou de la promotion de la civilisation, de la grandeur du pays ou de l'Empire, du devoir de lutter contre les infidèles ou les hérétiques, de la nécessité de combattre les contre-révolutionnaires, etc.

10.4.3 Avec l'avènement du capitalisme (incluant la période pré-capitaliste), la quête du pain quotidien se transforme en obsession de la possession, du profit et de l'enrichissement illimité. L'acquisition de biens matériels devient une activité sociale privilégiée et hautement considérée. Il en résulte inévitablement une importance accrue des questions éthiques à contenu économique.

10.4.4 Marx assume la primauté économique postulée par la pensée libérale. Il la durcit. Il voit dans l'activité productrice l'essence de l'homme et dans l'économie l'axe fondamental de la vie sociale et politique. Il crée un nouvel « économisme », encore plus hermétique et brutal que celui qu'il voulait supprimer.

10.4.5 Dans un monde technique et dans une société d'abondance, l'économie se fait plus envahissante que jamais. Elle tend à s'ériger en savoir par excellence et en suprême activité, dominant les autres savoirs et les autres activités (science architectonique). Aux yeux d'Aristote, cela serait apparu comme une perversion de l'esprit et le summum de l'hérésie politique.

10.5 L'ÉCONOMIE HUMAINE. Il ne faut pas s'étonner que l'éthique accorde une attention spéciale aux questions socio-économiques. Il y a lieu de se demander, avec François Perroux, Galbraith, Lebret, Aubert et d'autres, s'il est possible d'inscrire des préoccupations humaines et éthiques à l'intérieur des projets économiques, ou si l'on doit se résigner à reconnaître, comme le soutient Milton Friedman, que la seule responsabilité sociale de l'homme d'affaires, c'est « d'utiliser ses ressources et s'engager dans des activités desti-nées à accroître ses profits, et cela aussi longtemps qu'il pratique une con-currence ouverte et libre, sans tromperie, ni fraude[48] ». Il y a lieu de s'in-terroger aussi sur le genre de rapports qui existent et sur ceux qui devraient s'établir entre le pouvoir économique et le pouvoir politique. Cette question est cruciale, car elle conditionne l'instauration d'une authentique démocratie. Enfin, il faut se demander s'il est possible de construire une économie vraiment humaine, donc subordonnée aux besoins réels de l'homme et aux valeurs qui garantissent un développement intégral solidaire de l'humanité.

Qui dit vie économique dit vie sociale. Le but auquel elle tend par sa nature même et que les individus doivent également poursuivre dans les diverses

---

48. Dans *Capitalisme et liberté*, p. 169.

formes de leur activité, c'est de mettre d'une façon stable, à la portée de tous les membres de la société, les conditions matérielles requises pour le développement de leur vie culturelle et spirituelle. Ici donc il n'est pas possible d'obtenir quelque résultat sans un ordre extérieur, sans des normes sociales, qui visent à l'obtention durable de cette fin, et le recours à un automatisme magique est une chimère non moins vaine pour la vie économique que dans tout autre domaine de la vie en général[49].

11. CONSERVATISME ET RÉFORMISME

11.1 Le besoin premier ressenti dans l'existence, c'est de survivre et de subsister. D'abord faire durer ce qui existe, ce qui vit. Voilà pourquoi les hommes sont plus naturellement conservateurs que réformistes. La permanence du monde qui leur est familier s'impose, de prime abord, comme une condition de survie des personnes et des groupes. Cette attitude prévaut aussi à l'égard des valeurs morales qui apparaissent comme la garantie de stabilité d'un tissu social toujours fragile. *L'éthique de l'ordre* offre l'assurance d'une continuité sans laquelle l'avenir ne semble pouvoir réserver que de mauvaises surprises.

11.2 Les moralistes (aussi bien Confucius, Marc Aurèle qu'Aristote et saint Thomas) ont recueilli l'expérience des générations et l'ont enrichie d'une systématisation intellectuelle. Leur premier souci, tout en gardant un œil ouvert sur l'avenir, fut de protéger les conquêtes morales de l'homme en devenir. Leurs successeurs se sont souvent contentés de transmettre et de répéter ce savoir, sans toujours percevoir les changements de situation et le besoin d'adaptation. Si les hommes sont conservateurs, il faut reconnaître que souvent les moralistes les aident à le demeurer.

11.3 Les religions non chrétiennes, du moins les plus répandues, offrent l'image d'une éthique de continuité, où les traditions jouent un rôle magistériel. Le christianisme a exercé une fonction éthique plus propice au changement. Le Christ lui-même a bouleversé l'ordre moral existant, tout en affirmant qu'il ne faisait qu'accomplir, au sens plénier, la Loi ancienne. Dans la vie des Églises, l'action rénovatrice du christianisme a varié selon les époques. Car la tradition chrétienne est un mélange de foi et de religion. Quand la foi prédomine, l'esprit est au changement. Quand la religion l'emporte, l'éthique de l'ordre impose sa suprématie. Si, au cours de l'histoire, beaucoup de changements sociaux se sont produits à l'encontre des groupes religieux, il faut l'imputer moins à la foi chrétienne qu'à la gangue de sclérose

---

49. Pie XII, *Discours aux membres du Congrès des échanges internationaux*, 7 mars 1948. Documentation catholique, n° 1016 (9 mai 1948), p. 625.

religieuse qui l'enfermait prisonnière et provoquait l'irritation des réformateurs sociaux.

11.4 Il semble manifeste que de nos jours s'impose la primauté de l'éthique du changement, sans qu'il soit nécessaire pour cela de mépriser les acquis du passé. Premièrement, comme moyen de contrebalancer l'influence toujours considérable des courants conservateurs et traditionalistes. Ensuite, parce que plus que jamais les hommes, dans leurs interrogations morales, ont besoin de réponses élaborées en fonction d'un monde en mutation, d'un univers en devenir. Les projets de promotion qualitative des hommes n'ont de chance de mordre sur la vie que s'ils intègrent des éléments de prospective.

11.5 «Dieu a fait les choses dans le temps pour que l'homme, mûrissant en elles, donne son fruit» (saint Irénée). L'attention aux signes des temps[50] accroît l'efficacité de l'éthique. Une *éthique du changement* peut assurer mieux, en fait, la sauvegarde, le développement et une authentique continuité des valeurs morales qu'une fidélité littérale, intransigeante et conservatrice. Dans un monde en mutation, on doit repousser plus que jamais la tentation de coudre des pièces neuves à de vieux vêtements ou de mettre du vin neuf dans de vieilles cruches (*Marc* 2,22)[51].

11.6 La bonne volonté des hommes marque souvent un retard par rapport aux situations. C'est nuire au progrès moral que d'aggraver ce retard par une vision éthique trop axée sur le passé et insuffisamment prospective. Et les retards, l'histoire le montre bien, sont coûteux. Le statu quo menace la vie. Que de drames on aurait pu éviter, de poids inutiles dont on aurait libéré des épaules courbées, d'espoirs qu'on aurait réconfortés, de libérations plus vite acquises, si la réflexion et l'exigence éthique avaient été moins routinières, plus radicales, plus attentives aux signes des temps. Le conservatisme rassure les esprits timorés et les privilégiés. Mais il ralentit la marche de l'humanité vers le plus-être. Il compromet les projets de montée collective des hommes. À l'ère industrielle, où les changements techniques accélèrent le mouvement de l'histoire, la morale doit se révéler plus innovatrice et créatrice qu'auparavant, sous peine de manquer à sa mission.

---

50. Sur l'utilisation de ce concept dans la pensée chrétienne contemporaine, voir *Pacem in terris* et la *Lettre du cardinal Roy à l'occasion du dixième anniversaire de Pacem in terris*; voir aussi M. D. CHENU, «Histoire du salut et historicité de l'homme dans le renouveau de la théologie» dans *La théologie du renouveau*, Montréal, Fides, 1968, t. I, p. 21 ss.
51. Il faut reconnaître d'autre part que ce qui apparaît comme une éthique nouvelle n'est parfois qu'un retour à des choses essentielles qu'on avait plus ou moins oubliées. Ainsi, *la nouvelle éthique de la paix*, qui remet en lumière des données fondamentales de la tradition judéo-chrétienne au sujet de la primauté de la vie, l'unité de la famille humaine, la non-violence, etc. (Voir chapitre 21.)

11.7 Quand certains auteurs (par ex. Dom Helder Camara) parlent de «conversion culturelle», ils incluent dans ce syntagme la «conversion morale», au sens d'une perception corrigée du *bonum faciendum* en situation. C'est dans la même optique que d'autres parlent de «revirement moral»[52].

12. OBSERVATIONS COMPLÉMENTAIRES

12.1 La démarche éthique ici proposée s'inspire largement de la Doctrine sociale de l'Église, dont il sera question plus loin (voir chapitre 3). Néanmoins, elle s'en distingue sous certains aspects.

Elle puise librement à d'autres sources. On doit reconnaître par exemple que l'accent mis sur la moralité structurelle doit beaucoup à la théologie protestante et aussi aux courants apparentés à la théologie de la libération. Une telle notion fait son entrée dans le discours officiel par la porte de côté, comme on peut le constater en lisant *Sollicitudo rei socialis* (voir n. 36). De même, c'est au philosophe et théologien Paul Ricœur que l'on doit la fort utile distinction entre les *relations longues* et les *relations courtes*.

12.2 En matière contingente, les nuances et les divergences ont leur place. Elles ouvrent la porte à la coexistence de probabilités morales également légitimes. Ainsi en fut-il des jugements que l'on pouvait porter sur le socialisme modéré au temps de Pie XI, ou encore du préjugé favorable que ce pape semble avoir entretenu à l'égard du corporatisme.

12.3 Les nuances et divergences peuvent même atteindre des questions considérées comme plus fondamentales. Par exemple, c'est un fait connu que de nombreux penseurs, chrétiens et non chrétiens, reconnus pour leur maturité morale et leur droiture intellectuelle, adoptent, au sujet de la question démographique, des positions qui divergent en partie du discours officiel. La chose est inévitable, puisque l'argument d'autorité ne peut conférer une certitude additionnelle à laquelle la matière morale ne se prête pas, si ce n'est dans le domaine des grands principes. Il demeure que, pour le croyant catholique, le discours officiel envoie un signal qu'on ne peut se permettre de prendre à la légère.

12.4 Les chrétiens ordinaires et les militants sociaux abordent les questions sociales à partir d'un créneau particulier qui leur permet une lecture située des problématiques. Cette expertise enrichit l'éclairage du discours officiel, y apporte des nuances, y ajoute des éléments complémentaires.

Exemple : l'encyclique *Centesimus annus* pourfend avec vigueur le «socialisme réel» et formule des critiques plutôt timides sur le «capitalisme

---

52. Voir, entre autres, la Lettre des évêques américains : *Le Défi de la paix : la promesse de Dieu et notre réponse* dans *Documentation catholique*, n° 1856 (24 juillet 1983), p. 761.

réel», tout en signalant la nette distinction entre capitalisme débridé et capitalisme régulé et encadré. Or, dans les faits, on constate une forte tendance hégémonique du capitalisme financier débridé. Il convient donc ici de dépasser et d'enrichir le discours officiel en portant un regard critique sur les dérapages de l'économie néo-libérale, le «*capitalismo horribile*» que le pape lui-même a dénoncé après la publication de *Centesimus annus*[53].

12.5 La pratique de la liberté chrétienne élargit l'espace de la réflexion morale. Elle l'enrichit aussi. Quand les problèmes sont graves, il faut consulter tout le monde, dit la Règle de saint Benoît[54]. Or les problèmes actuels de l'humanité sont dramatiques. L'Église, «*peuple de Dieu en marche*», possède une vaste expertise, partagée inégalement par tous ses membres. La communication librement exercée de ce savoir et de cette expertise est libératrice et salvatrice. Vouloir l'étouffer, c'est prétendre contraindre l'Esprit, qui «souffle où il veut» (*Jean* 3,8).

12.6 Une identique liberté caractérise les rapports avec des non-chrétiens et des non-croyants qui participent au combat social en s'appuyant sur les mêmes valeurs humaines, et sont en recherche d'une éthique sociale bien proche de la pensée sociale chrétienne; des gens chez qui les préoccupations sociales sont nettement plus évidentes que chez un grand nombre de pratiquants dominicaux.

12.7 La recherche d'opérationnalité, dont il a été question précédemment, s'inscrit dans la ligne du *devoir social*. Elle exige qu'on dépasse le domaine de la réflexion théorique pour aborder le monde en mouvance, le monde du contingent, là où militent les hommes et les femmes de bonne volonté qui croient possible de «renouveler la face de la terre».

La réflexion théorique est noble, utile, voire indispensable. Mais on ne peut s'en contenter et réduire la démarche existentielle à des vœux pieux. Le savoir dont la finalité spécifique est la croissance humaine, le plus-être humain, doit rejoindre la condition humaine. C'est l'une des significations que véhicule la belle maxime de Jean-Paul II: «L'homme est la route de l'Église[55]».

Afin de renforcer cette dimension concrète et existentielle, ceux qui s'adonnent à la réflexion éthique trouveront grand profit à observer «les signes des temps», c'est-à-dire le déroulement des événements et l'évolution des problématiques. Ainsi, on ne peut parler du droit au travail sans observer le processus de suppression des emplois provoqué par le progrès technologique et utilisé à ses fins par le capitalisme financier. On ne peut non plus

---

53. Entrevue avec le journaliste Jas Gawronski. (Voir *Libération*, 2 novembre 1993.)
54. Voir Antoine DUMAS, *La règle de saint Benoît*, Paris, Cerf, coll. Foi vivante, 1977.
55. *Centesimus annus*, n°s 53 ssq.

discourir sur le socialisme sans tenir compte de la révolution spectaculaire dont ont été le théâtre les pays d'obédience communiste en Europe de l'Est. Ni prétendre œuvrer efficacement en faveur de la paix et tout ignorer du commerce des armes auxquels se livrent des entreprises dans son propre pays.

13. PISTES DE RECHERCHE

13.1 STRUCTURE DE PÉCHÉ. Le vocable «péché» en étonne beaucoup pour qui un tel concept est étrange et étranger. Il étonne encore plus quand on parle de «structure de péché». Il élargit l'espace de l'interrogation éthique. Un approfondissement des paradigmes *structure de péché* et *moralité structurelle* peut conduire à rendre plus opérationnel l'engagement social et à prendre conscience de l'incontournable dimension politique de la plupart des grandes questions sociales.

Il serait pertinent de redécouvrir (ou de découvrir) cet étrange phénomène qu'est le péché et l'étroite connexion qui relie la responsabilité personnelle et les «manques d'être» que sont les péchés collectifs infiltrés dans les structures et les institutions.

13.2 LE PRIVÉ ET LE PUBLIC. La réflexion éthique peut longtemps se tenir à l'intérieur des frontières du privé. Mais elle risque ainsi de perdre une partie de son efficacité, car il advient des situations où, comme dit L.J. Lebret, «la miséricorde passe par les structures». On peut montrer par des cas types que cette éthique personnelle, quand elle sort de son repli, peut grandement contribuer à valoriser l'action sociale et politique. Au temps de l'Empire romain, les apologètes chrétiens se préoccupaient de démontrer que les exigences morales auxquelles les adeptes de l'enseignement de Jésus se soumettaient faisaient d'eux des citoyens exemplaires. Il faut voir à quelles conditions les qualités morales vécues dans le privé pourraient jouer le rôle de levain dans la pâte propice à la construction sociale (*cf.* chapitre 4, sur les vertus sociales).

13.3 L'ÉTHIQUE VÉCUE. Il existe un instinct moral, une sagesse morale qui fait que des non-spécialistes, des citoyens ordinaires discernent l'essentiel des normes morales et savent éviter des dérapages dans lesquels sombrent à l'occasion de grands esprits. Il suffit de suivre certains débats sur des questions d'éthique pour constater que le sens moral commun n'est pas nécessairement fonction du blason académique.

14. LECTURES

— Sur l'éthique générale, souvent appelée *morale fondamentale*, voir
l'ouvrage de Pierre GAUDETTE, *Les fondements de l'agir moral* (notes de
cours), Québec, 1988. On lira avec profit, dans la traduction française,
les commentaires de saint Thomas d'Aquin sur l'introduction à l'*Éthique
à Nicomaque* et l'introduction aux *Politiques* d'Aristote. À recommander
aussi la *Somme théologique*, Ia — 2ae, Q.I. (Cerf, 1984).

— Pour une présentation schématique et de style classique sur la définition,
l'objet et la méthode de la morale, voir JOLIVET, *Traité de philosophie*,
T. IV, *Morale*, Paris, Emmanuel Vitte, 1960, n. 1-28, (p. 7-45).

— Sur l'éthique générale et les grandes questions sociales, on pourra consulter avec profit la série d'ouvrages de Jacques LECLERCQ, particulièrement la collection *Leçons de droit naturel* (Namur, Wesmael-Charlier,
1955). À noter : T.I — *Le fondement du Droit et de la Société*, T.2 - *L'État
ou la politique* ; T.3 — *La famille* ; T.4 — *Les droits et devoirs individuels*. À
souligner aussi l'ouvrage intitulé *Les grandes lignes de la philosophie morale*
(Publications universitaires de Louvain).

14.1 AUTRES SUGGESTIONS

AUBERT, J. M., *Pour une théologie de l'âge industriel*, Paris, Cerf, 1971. La
révolution industrielle exige des aménagements économiques et sociaux
nouveaux. La théologie sociale doit en tenir compte. Pour être opérationnelle, la réflexion éthique se doit d'être *en situation*. Les nouvelles problématiques (travail et capital, profit, technique) entrent dans la composition de
l'agir moral.

BAUM, Gregory, « Structures de péché » dans *Seul ou avec d'autres ?*, Actes du
28e Congrès de la Société canadienne de théologie, Montréal, Fides, 1992,
p. 221-235.

CLARK, Kenneth, *Le ghetto noir*, Paris PBP, Robert Laffont, 1966. Beaucoup
de réflexions percutantes sur l'urgence d'élaborer une réflexion morale qui
suscite des changements, au lieu de se contenter de planer dans l'univers
serein des principes. L'auteur montre comment le refuge dans la théorie et
l'appel à l'objectivité ne sont parfois que des paravents dont se servent ceux
qui fricotent de beaux énoncés ou se complaisent dans d'innocentes
ruminations sociologiques, mais qui, dans les faits, ont pris parti de cœur et
d'esprit pour l'ordre établi et les privilégiés de ce monde.

Coll., *Entre la réalité et les valeurs*, *l'éthique économique*, Le Supplément,
n° 176, Paris, Cerf, mars 1991. À noter le texte d'Hugues PUEL (p. 5-18) sur

le discours de l'Église en éthique économique. Du même auteur, une analyse critique du paradigme «structure de péché» (p. 125-133).

DUSSEL, Enrique, *Éthique communautaire*, Paris, Cerf, 1991. Pour cet auteur, la véritable éthique est évangélique. Elle est transmise, approfondie et vécue par les communautés de croyants. À partir des grands paramètres issus de cette éthique, l'auteur propose une réflexion critique sur diverses questions d'actualité : le travail, le capital, les transnationales, la course aux armements, la lutte des classes, la violence et la révolution, l'écologie, etc. Un chapitre clé : l'éthique de la libération comme théologie fondamentale (p. 213 ssq).

Un ouvrage susceptible d'aider à renouveler et à actualiser l'éthique sociale et à en démontrer la pertinence dans «le monde de ce temps».

ETCHEGOYEN, Alain, *La valse des éthiques*, Éditions François Bourin, 1991. Face au phénomène de la multiplication des éthiques, «éthiques de compensation», l'auteur propose la redécouverte de la morale fondamentale, qui est autre chose que le moralisme ou un ensemble de diktats moraux décrochés du réel. À l'encontre de l'opération de «démoralisation», qui a consisté à faire le procès sans appel de la morale, Etchegoyen propose un enracinement dans la véritable éthique qui s'identifie à la sagesse morale dans ses composantes essentielles. À noter les applications intéressantes qui sont faites de la vraie morale retrouvée aux problèmes concernant l'entreprise, la communication et la recherche biomédicale.

Réflexion terminale à méditer : «Quand d'autres devaient reconstruire un pays en ruine, nous pourrons, nous tous, reconstruire une morale désolée» (p. 242).

FOURASTIÉ, Jean, *Essais de morale prospective*, Paris, Gonthier, 1966. Un monde technique rend vétuste une partie de l'éthique traditionnelle. Il a besoin d'un nouvel apport moral. Réflexions sur ce que pourrait être cette morale prospective.

JONAS, Hans, *Le principe responsabilité*, Paris, Cerf, 1990. L'auteur est préoccupé par ce qu'il appelle «le vide éthique», c'est-à-dire l'incapacité des morales traditionnelles de répondre aux nouveaux défis, particulièrement ceux que suscite le pouvoir technologique. Il plaide en faveur d'une éthique opérationnelle dans un monde où l'avenir de la nature et celui de l'homme sont menacés. Le principe responsabilité (voir p. 115 ssq) constitue la pierre d'angle de cette éthique qui se veut une réponse adéquate aux défis de l'heure.

LEBRET, L. J., *L'économie au service des hommes* (textes choisis et présentés par François Malley), Paris, Cerf, 1968. Des textes qui aident à mieux comprendre la connexion entre la réflexion morale et l'action. Dans les ouvrages tels que *Civilisation*, *Principes pour l'action*, *Action, marche vers Dieu*, on retrouve la même insistance sur l'engagement, la praxis.

MEHL, Roger, *Pour une éthique sociale chrétienne*, Cahiers théologiques n° 56, Neuchatel, Éd. Delachaux et Niestlé, 1967. Spécificité de l'éthique sociale. Embarras de la conscience chrétienne devant l'éthique sociale. Fondements et caractère analogique de l'éthique sociale.

Sur ce caractère analogique, l'auteur note qu'il s'agit de «modeler, dans la conscience des exigences de renouvellement de ce Royaume, des institutions et des relations humaines qui correspondent à ce que nous avons saisi, *hic et nunc*, de ces exigences et qui puissent exprimer dans le concret notre attente de ce Royaume» (p. 54).

MORAZAIN, André et SALVATORE PUCELLA, *Éthique et politique*, Montréal, Éd. Renouveau pédagogique, 1988. Quelques thèmes: définition de l'éthique, les valeurs, éthique et idéologies politiques, le libéralisme, le socialisme, etc. Apologie de l'utilitarisme: une démonstration plaisante, mais pas convaincante.

ORAISON, Marc, *Une morale pour notre temps*, Paris, Fayard, 1964. L'auteur a contribué beaucoup au renouvellement de la réflexion morale dans l'Église. Une thèse publiée dans les années 1950, sur la notion de culpabilité, avait semé une bienfaisante épouvante dans l'enclos serein où les moralistes patentés prenaient leurs ébats. Depuis lors, la théologie morale a récupéré Marc Oraison comme l'un des siens. Le fait que l'auteur soit en même temps prêtre, médecin et psychanalyste accroît indéniablement la valeur de son apport dans le domaine de la morale.

Quelques thèmes à noter: comment situer la morale (p. 23-58); ce qu'est devenue la morale (p. 59-92); la vie morale est toujours en situation (p. 129-156).

PUEL, Hugues, *L'économie au défi de l'éthique*, Paris, Cerf-Cujas, 1989. Économie et éthique (p. 9-16); l'argent et ses monnaies (p. 55-62); économie humaine et développement solidaire (p. 135-139).

PUEL, Hugues, «Éthique et économique» dans *Actualiser la morale* (publié sous la direction de Rodrigue Bélanger et Simone Plourde), Paris, Cerf, 1992, p. 165-180.

RICH, ARTHUR, *Éthique économique*, Genève, Labor et Fides, 1994. À noter la première partie sur les fondements de l'éthique sociale. La médiation institutionnelle (p. 68-75); définition de l'éthique sociale (p. 81-83); l'éthique économique (p. 83-84); l'éthique sociale dans le contexte des sciences sociales (p. 87-119). Voir aussi les passages déjà signalés sur les critères et les maximes.

* * *

Plusieurs journaux et revues, et des émissions de radio et de télévision contribuent à stimuler et à enrichir la réflexion et la discussion sur des problématiques sociales. À souligner de façon particulière *Le Devoir*, *Le Monde*, *Le Monde diplomatique*, *l'Actualité religieuse*, *Nouvelles CSN*, etc.

Les salles de lecture des bibliothèques universitaires et des cégeps mettent à la disposition des étudiants une grande variété de journaux et de périodiques fournissant une documentation propre à aider la réflexion éthique à se mettre en situation.

2 LES VALEURS SOCIALES

« Ce qui est digne d'être recherché
est ce que tout le monde appelle valeur. »

(LE SENNE)

RÉCIPROCITÉ DES DROITS ET DEVOIRS

« Dans la vie en société, tout droit conféré à une personne par la nature crée chez les autres un devoir, celui de reconnaître et de respecter ce droit. Tout droit essentiel de l'homme emprunte en effet sa force impérative à la loi naturelle qui le donne et qui impose l'obligation correspondante. Ceux qui, dans la revendication de leurs droits, oublient leurs devoirs ou ne les remplissent qu'imparfaitement risquent de démolir d'une main ce qu'ils construisent de l'autre. »

JEAN XXIII,
Pacem in terris, n° 30

La volonté de bien et le dynamisme moral visent des objectifs qui *qualifient* l'existence, lui impartissent un mieux-être, une *valeur*. La préoccupation de l'engagement social authentique est de préserver ce mieux-être, ces valeurs, d'en faciliter et d'en promouvoir la croissance. La pratique sociale vise à être *opérationnelle*, en fonction d'un progrès qualitatif des individus et des groupes. Cette volonté va jusqu'à inciter certains à rechercher des transformations sociales radicales. « Une théologie de la révolution n'est autre chose qu'un des aspects de la théologie de la charité[1]. »

Mais tout changement n'est pas en lui-même un bien. Certaines perturbations sociales témoignent d'un progrès, d'autres ouvrent la voie à la régression sociale. En outre, les réformes sont inégalement coûteuses et il n'est pas certain que l'humanité enregistre un progrès quand des transformations sont effectuées à un coût humain exorbitant. Il est donc impératif d'évaluer la qualité des changements recherchés et leur coût prévisible. Il y a nécessité par conséquent de cerner le mieux possible les finalités de la pratique sociale à partir de critères possédant la qualité de *valeurs collectives*, c'est-à-dire valant comme *fondements* de la vie en société et *critères de jugement* qui interviennent dans la vie des personnes, des familles et des sociétés, dans la perspective d'un plus-être humain.

Ce débat fondamental reprend, dans une perspective et une terminologie spécifiques, l'interrogation classique et millénaire sur les motivations de l'agir humain, le bien et le mal, le bonheur, les objectifs de la vie en société, etc. Il est toujours actuel. Ainsi observe-t-on au sein des sociétés modernes (par ex. le Québec) la recherche d'un consensus sur des valeurs et des droits fondamentaux (le droit à la vie, le droit à la santé, les droits collectifs, etc.). Sur la façon dont l'organisation de la vie sociale peut favoriser l'épanouissement des personnes et la poursuite du bonheur, les théories concordent en partie; elles divergent sur les moyens d'atteindre certains objectifs et sur les priorités à déterminer entre ceux-ci. Pour la tradition augustinienne explicitée par saint Thomas, la stabilité de l'ordre social appuyée sur la

---

1. Joseph COMBLIN, *Théologie de la pratique révolutionnaire*, Paris, Éd. universitaires, 1974, p. 21.

pratique de la justice constitue l'élément de base du bonheur collectif. À diverses étapes de l'histoire, l'accent portera occasionnellement sur d'autres points : le règne de la raison, la poursuite du progrès technique, la croissance économique, les libertés civiles, les libertés individuelles, les libertés démocratiques, etc. Ces objectifs divers sont, dans les faits, interreliés. Les connexions deviennent plus apparentes quand on dresse le tableau de l'ensemble des valeurs morales collectives.

1. PROFIL

1.1 Tous ont une perception au moins confuse qu'il existe dans la vie des choses qui *valent* d'être recherchées. En définir la nature exacte demeure une opération difficile. Une telle définition n'est, au fait, pas rigoureusement indispensable, puisque, derrière un langage divergent, parfois ambigu, on discerne un certain consensus, du moins en ce qui a trait à ce qu'on appelle *les valeurs fondamentales*[2].

Subjectivement, le terme valeur désigne « le caractère des choses consistant en ce qu'elles sont plus ou moins estimées ou désirées par un sujet ou, plus ordinairement, par un groupe de sujets déterminés » (Voir Lalande, *Vocabulaire technique et critique de la philosophie*). Objectivement, le terme désigne le « caractère des choses consistant en ce qu'elles méritent plus ou moins d'estime » (*Ibid.*).

Dans une optique d'éthique sociale, les valeurs sont les biens, les réalités dont la recherche et la possession accroissent la qualité humaine des personnes et des groupes. Elles englobent les moyens, les structures, les institutions, les aménagements qui concourent à la conquête et la conservation des biens qui assurent le mieux-être de l'homme vivant en société.

1.2 La *perception des valeurs* varie en fonction de divers facteurs, par exemple :

— le progrès des connaissances ;
— l'éveil du sens moral et la qualité de l'éducation ;
— les différenciations culturelles ;
— l'impact des traditions ;
— les influences religieuses ;
— la rectitude morale ;
— l'impact des facteurs psycho-affectifs, etc.

---

2. Voir Roger MEHL, *De l'autorité des valeurs*, Paris, PUF, 1957, p. 105 ssq. Aussi MORAZAIN et PUCELLA, *Éthique et politique*, p. 8-12 et 17-24.

1.3 L'adhésion aux valeurs peut être :

a) *nominale* : souvent celle qui prédomine dans les discours officiels, ce qu'en anglais on appelle le *lip service*. À cette catégorie appartiennent des professions de foi envers la démocratie, les droits de l'homme et les libertés, et que se permettent même des régimes autoritaires et répressifs.

b) *conceptuelle* : il s'agit d'une acceptation de principe des valeurs sociales, doublée d'une intention générale de les respecter et de les promouvoir, mais en autant que cela soit conciliable avec la poursuite d'intérêts économiques ou politiques particuliers. Ainsi le cas d'hommes politiques ou hommes d'État qui reconnaissent les principes inscrits dans la Déclaration des droits de l'homme de 1948 tout en les mettant en veilleuse lorsque sont en jeux des intérêts économiques immédiats (ententes commerciales lucratives, ventes d'armes, etc.)

c) *réelle* : celle dont font preuve avec fermeté des organismes humanitaires, les groupes qui militent contre la torture et l'oppression, des pasteurs au service des classes populaires, des évêques qui dénoncent les abus de régimes dictatoriaux, etc.

2. DISCERNEMENT DES VALEURS

Valeurs, droits et devoirs sont interreliés. Les valeurs commandent des devoirs, alimentent des revendications, fondent des droits et des devoirs. On peut arriver à un consensus relatif sur les *valeurs sociales* par diverses voies. Nous en soulignons quatre : la réflexion de l'esprit sur la nature humaine ; les grandes chartes ; l'attention aux signes des temps ; l'éthique de la discussion.

3. REGARD SUR L'HOMME

3.1 La réflexion sur l'être humain et ce qui le définit en lui-même et dans ses finalités conduit à une mise en lumière de valeurs morales spécifiques qui émanent de la *nature humaine* en tant qu'*assise à multiples créneaux*.

3.2 L'assise métaphysique inclut la vie, la personne et son devenir, la personne libre et responsable. À partir de cette perception on parle de : respect de la vie et droit à la vie, qualité de la vie, liberté, responsabilité, devoirs corrélatifs aux droits, valeurs de dépassement.

Au centre de cette assise morale se situe la *personne libre et responsable*, nantie d'une triple dignité :

a) *innée*: issue de la nature propre de l'être humain doué d'intelligence et de liberté;

b) *affirmée*: comportant la revendication des droits et libertés;

c) *assumée et acquise*: celle de la personne responsable qui se prend en charge, agit conformément aux valeurs morales, actualise ses virtualités humaines, témoigne de raison et de mesure dans sa conduite, actualise sa dignité de personne libre et responsable.

Dans l'optique chrétienne, la personne est nantie d'une dignité surajoutée en tant que créée à l'image de Dieu, appelée au salut et rachetée par le Verbe devenu homme. « L'homme est la seule créature sur terre que Dieu ait voulue pour elle-même et pour lequel Dieu a son projet, savoir la participation au salut éternel » (*Centesimus annus*, n° 53). Une ancienne prière liturgique parle de la nature humaine « créée de façon admirable et rétablie dans sa dignité première de façon encore plus admirable ». C'est ainsi que la personne humaine engagée dans l'histoire, dans la lutte pour sa survie, son développement, sa croissance humaine, culturelle et morale devient « la route de l'Église ».

3.3 L'assise *sociale* confirme l'objectif de croissance solidaire, fonde l'égale dignité des personnes et appelle l'organisation politique. De là l'émergence de valeurs particulières: développement intégral et solidaire, justice, amitié, égalité des droits, civisme, engagement politique.

3.4 L'assise *économique* (*homo materialis*) fonde la légitimité des biens matériels et de leur possession, l'utilité de la technique, les objectifs de croissance matérielle. De là, on parlera de: propriété privée, efficacité économique, économie humaine, primauté du travail sur le capital, droit au travail, plancher de ressources, justice distributive.

3.5 L'assise *culturelle* fonde le savoir, la beauté, l'art et légitime le droit à la vérité, à l'éducation, l'accessibilité aux biens culturels, le droit à l'information.

3.6 L'assise *spirituelle* sous-tend la verticalité et l'ouverture à la transcendance. Elle fonde le droit à un espace religieux, à la liberté religieuse et au pluralisme positif.

4. LES GRANDES CHARTES

De grands documents historiques marquent certaines étapes de l'histoire (par ex. la *Magna Carta* de 1215). À l'époque contemporaine, deux grandes déclarations sont prépondérantes: la Déclaration universelle des droits de

---

3. Sur *Pacem in terris*, voir Louis O'NEILL, « *Pacem in terris*: l'actualité d'un message de paix » dans *L'Église canadienne*, vol. 21, n° 15 (7 avril 1988), p. 455-459.

l'homme (1948) (annexe I) et l'encyclique *Pacem in terris* (1963[3]). À noter, dans les contextes québécois et canadien, la Charte québécoise des droits et libertés de la personne (annexe II) et la Charte canadienne des droits et libertés (annexe III).

5. ÉVENTAIL DES VALEURS SELON *PACEM IN TERRIS*

5.1 L'encyclique *Pacem in terris* est axée sur l'objectif de la *paix construite*. Elle entérine la Déclaration des droits de l'homme de 1948, appuie l'action des Nations Unies en faveur de la paix et propose un *guide des valeurs* dont le respect et la promotion sont essentielles à l'édification d'une paix durable.

5.2 Cet éventail des valeurs inclut:

— la personne humaine, nantie d'une inaliénable dignité et sujet de droits et de devoirs;
— le droit à la vie, le respect de l'intégrité physique, le droit aux moyens nécessaires pour mener une existence décente;
— la vérité, la justice, la solidarité et la liberté, considérées comme piliers de la vie sociale et de la paix entre les nations;
— les libertés civiles, le droit et le devoir de participer à la vie politique;
— le concept d'autorité-service: l'autorité est un ministère avant d'être un pouvoir;
— l'État au service de la personne;
— l'économie au service de la personne;
— la juste répartition des pouvoirs;
— l'établissement d'une autorité mondiale, etc.

5.3 À noter que la proposition de Jean XXIII sur les valeurs sociales vise inséparablement le double objectif de la paix sociale à l'intérieur des nations et entre les nations.

6. SIGNES DES TEMPS

6.1 Il s'agit ici d'une démarche existentielle fondée sur l'observation de la réalité et les impératifs mis en lumière par des situations concrètes parfois dramatiques. On privilégie le réflexe du Bon Samaritain qui pallie la démarche conceptuelle lente à produire des résultats. *Pacem in terris* et *Octogesima adveniens* s'apparentent à cette approche axée sur l'urgence d'agir.

6.2 L'attention aux *signes des temps* incite par exemple à combattre pour la *dignité* et la *liberté* des personnes en faisant campagne contre la torture, contre les abus des régimes policiers et totalitaires, les lois d'exception, l'hypertrophie de l'État. Elle aide à discerner dans la promotion des peuples dominés, la libération de la femme et la promotion des travailleurs des points de repère pour l'engagement social. Elle éveille aux dangers recélés par la course aux armements et la menace de guerre nucléaire, et perçoit les signes incitant à situer au premier plan la lutte pour la paix. Face à la crise économique, elle perçoit l'urgence d'approfondir le projet d'une économie au service des travailleurs et celle de combattre les injustices structurelles.

6.3 En bref, cette démarche n'ambitionne pas de mettre un terme aux longs débats sur le droit naturel, le relativisme moral, les nuances entre écoles de pensée, etc. Mais elle invite à l'action, à préférer les engagements qui urgent. Elle s'inscrit dans la ligne de pensée qui veut que «celui qui agit dans la vérité vient à la lumière» (*Jean* 3, 21).

6.4 Il demeure que la diversité des opinions sur les valeurs ne rend ni vaine ni superflue la réflexion sur les fondements objectifs de l'engagement social. En effet, la vérité morale exerce un impact sur la validité et l'efficacité des aménagements sociaux et la réussite des réformes entreprises. Des erreurs d'aiguillage résultant d'une approche éthique boiteuse ou confuse peuvent entraîner un gaspillage d'énergies et des retombées négatives dont le coût humain et social risque d'être élevé.

7. ÉTHIQUE DE LA DISCUSSION

7.1 La démarche ici proposée consiste à établir un consensus par voie d'échange, de mise en commun, de confrontation d'opinions diverses. «Au lieu d'imposer à tous les autres une maxime dont je veux qu'elle soit une loi universelle, je dois soumettre ma maxime à tous les autres afin d'examiner par la discussion sa prétention à l'universalité. Ainsi s'opère un glissement : le centre de gravité ne réside plus dans ce que chacun peut souhaiter faire valoir, sans être contredit, comme étant une loi universelle, mais dans ce que tous peuvent unanimement reconnaître comme une norme universelle[4].» Le consensus pratique exigé par l'urgence et les signes des temps est ici renforcé par une volonté consciente et commune, fondée sur la conviction et précisée au moyen du dialogue entre gens de bonne volonté. C'est ce que vise l'*éthique de la discussion*, telle que formulée par Jürgen Habermas[5].

7.2 Alain Etchegoyen fait observer que cette éthique suppose une communication «qui respecte une démarche du "convaincre", qui ne soit pas obtenue par la force, que ce soit par voie du raisonnement déductif, par le

---

4. Thomas McCarty, *The critical Theory of Jürgen Habermas*, Cambridge, MIT Press, 1978. Cité par Habermas dans *Morale et communication*, p. 88-89.

5. Jürgen Habermas, *Morale et communication*, Paris, Cerf, 1986, p. 63 ssq.

truchement de preuves empiriques ou par une flatterie rhétorique[6]». « Si tous les nœuds importants de la communication sont parasités par la rhétorique, il n'est pas d'accord possible et chaque conscience perd ses repères[7]. »

7.3 Il y a un fossé qui sépare l'éthique de la discussion proprement dite et les débats à contenu éthique auxquels se livrent des habitués du micro et de la télévision et où les arguments utilisés s'inspirent souvent de la mode et de l'arbitraire. L'éthique de la discussion présuppose chez les intervenants de la culture, le souci de la vérité et la droiture morale.

8. LES ANTIVALEURS

8.1 Il existe des apparences de bien, des objectifs moralement erronés, des perversions de l'activité sociale. L. J. Lebret parle d'*antivaleurs*. Cette désignation n'exclut pas le fait que, en certains cas, ces antivaleurs puissent être considérées de bonne foi comme des valeurs réelles. À titre d'exemple, on pourrait considérer comme antivaleurs, à la lumière de l'anthropologie chrétienne :

— les inégalités prônées comme conditions de progrès ;
— l'économisme, qu'il soit d'inspiration libérale ou marxiste ;
— la suppression des libertés civiles et des droits de la personne au nom de la sécurité d'État ou de « la lutte contre l'impérialisme » ;
— le redressement de l'économie sur le dos des démunis ;
— la prolétarisation morale et spirituelle dans les sous-cultures de consommation ;
— la liberté sexuelle aux dépens des êtres sans défense, des enfants, etc. ;
— la violence en tant que médiation normalisée dans les rapports entre les individus, les groupes sociaux et les nations ;
— la croissance économique qui détruit l'environnement, les ressources naturelles.

8.2 La distinction entre les *valeurs* et les *antivaleurs* se situe au cœur même de la problématique sociale, du moins dans la perspective de ceux qui relient étroitement les idées de progrès et de bien moral. Elle guide Jean-Paul II dans sa réflexion sur le développement (voir par ex. *Sollicitudo rei socialis*, n°s 27-34 et 35-40).

---

6. Alain Etchegoyen, *La valse des éthiques*, p. 189.
7. Ouvrage cité, p. 190.

9. OBSERVATIONS COMPLÉMENTAIRES

9.1 Nul doute que le *consensus* sur les valeurs sociales et les droits humains marque une étape majeure dans l'histoire de l'humanité. La Déclaration de 1948 constitue une avancée historique significative. Selon Jean XXIII, elle est une des grandes réalisations de l'ONU (*Pacem in terris*, n° 142).

Les artisans du consensus profitèrent d'un temps de grâce. On avait encore présents à l'esprit les horreurs de la guerre, la barbarie des camps de concentration, les fruits néfastes des idéologies totalitaires. On rappelle, dans le préambule de la Déclaration, que «la méconnaissance et le mépris des droits de l'homme ont conduit à des actes de barbarie qui révoltent la conscience de l'humanité et (que) l'avènement d'un monde où les êtres humains seront libres de parler et de croire, libérés de la terreur et de la misère, a été proclamé la plus haute aspiration de l'homme».

«Libérés de la terreur et de la misère»... Optimistes, ceux qui ont rédigé le document. D'autres horreurs ont succédé à celles qu'on dénonçait dans l'après-guerre: le Vietnam, le génocide cambodgien, la Bosnie, le Rwanda, le Zaïre, le Chili de Pinochet et les dictatures militaires en Amérique latine, en Afrique, en Birmanie et ailleurs. Le progrès humain et moral est sans cesse menacé par la résurgence de la violence armée, de la torture, etc.

Nonobstant ces drames, la Déclaration de 1948 représente un progrès pour l'humanité, une victoire pour la communauté internationale. Victoire fragile, mais réelle.

9.2 De nouveaux obstacles compromettent la croissance humaine des collectivités et le consensus sur les valeurs sociales. L'un de ces obstacles est le choc des cultures et les antagonismes qui en découlent.

D'une part, la mode est au pluralisme et à l'accueil des différences. D'autre part, naît le sentiment d'incompatibilités incontournables auxquelles s'ajoute le risque d'une régression sociale. Culture commune, oui, mais à quelles conditions?

On ne peut revenir en deçà de la Déclaration des droits de 1948. On ne peut donc accepter un consensus qui se réaliserait aux dépens de la négation de certains principes, comme le respect de l'intégrité physique, l'égalité des sexes, le rejet du racisme, la liberté d'opinion, la tolérance religieuse, le refus de la mutilation sexuelle, de la torture, de l'esclavage. On ne peut non plus entériner l'exploitation éhontée des travailleurs agricoles ou industriels, l'exploitation physique ou sexuelle des enfants, etc.

L'éthique de la discussion a beaucoup à faire dans ces divers domaines.

9.3 Hans Küng propose l'élaboration et la promulgation d'une *éthique planétaire*, sans laquelle il sera impossible, selon lui, d'instaurer la paix dans le monde. Et impossible d'établir un tel consensus sans la rencontre des religions. L'éthique de la communication trouve à s'exercer dans le rapprochement entre les grandes traditions religieuses.

On peut presque parler ici d'un revirement historique. Car les religions ont souvent alimenté les antagonismes culturels et les conflits tant militaires que politiques. Les guerres de religion ont semé la haine et la destruction au cœur des sociétés. Les courants intégristes représentent une distorsion des héritages religieux et une menace pour les droits personnels et collectifs.

Une première démarche consiste — du moins pour des chrétiens — à retrouver l'essentiel de l'héritage religieux, par exemple discerner la filiation existant entre le message de Jésus et les valeurs sociales inscrites dans la Déclaration des droits de l'homme des Nations Unies. Une découverte qui aidera à se libérer de la tentation intégriste et à mieux apprécier la haute qualité humaniste de l'anthropologie chrétienne.

9.4 Une autre menace, voilée et sournoise, pèse sur les valeurs sociales. Elle découle de la manière de voir issue de l'idéologie économiste triomphante. Selon cette optique, on tend à ne considérer que la dimension économique des réalités au point d'escamoter les aspects humains et éthiques. On ne nie pas les droits humains, mais on est tenté de les ignorer ou de les mettre en veilleuse, quand le fait de les invoquer semble être devenu un obstacle au commerce international et à la recherche du profit.

Voilà qui aide à comprendre pourquoi des hommes politiques et des hommes d'affaires qui pratiquent une adhésion conceptuelle (voir 1.2) aux valeurs sociales et aux droits de la personne en arrivent parfois à signer des accords politiques ou des ententes commerciales avec des despotes, des tyrans et des gérants de goulags, prétextant que «le doux commerce», comme on disait jadis, saurait convertir leurs vis-à-vis en interlocuteurs civilisés. En attendant cette conversion, des milliers de petites gens subissent des sévices de toutes sortes, croupissent dans les prisons ou fabriquent dans des camps de travail des produits d'exportation vendus à des prix inégalés, dans un contexte de libre concurrence.

Antivaleurs converties en valeurs : les conséquences humaines et éthiques de cette mutation peuvent s'avérer catastrophiques pour l'avenir de l'humanité.

10. PISTES DE RECHERCHE

10.1 VALEURS ET CHOIX DE SOCIÉTÉ. L'allure abstraite du discours sur les valeurs risque de faire perdre de vue des conséquences pratiques qui peuvent influer lourdement sur la qualité de vie des individus et des collectivités. Les discussions sur les droits de la personne, le respect de la vie, le droit au revenu minimal, l'universalité des soins de santé, la politique familiale, le droit au travail, etc., affectent la croissance humaine des individus et la qualité de la vie collective. La connexion entre *valeurs* et *structures* s'avère axiale et capitale. Il sera éclairant d'analyser comment cela transparaît dans les débats de l'heure.

10.2 Droits humains : discours et pratiques. L'ère moderne est celle de l'affirmation des droits humains. La Déclaration des Nations Unies de 1948 est un modèle du genre. La pratique est loin de toujours refléter les énoncés solennels. Exercice révélateur : à l'aide de rapports d'Amnistie internationale, des recherches de *Pax Christi* ou de rapports des Nations Unies (comme ceux de l'UNICEF), dresser la liste des pays qui ont adhéré à la Déclaration de 1948, mais qui s'en moquent quotidiennement en portant atteinte aux droits humains.

10.3 Église et droits humains. Les prises de position du Magistère romain en faveur des droits humains se sont multipliées au cours des dernières années. Cette insistance fait contraste avec des affirmations ou des comportements datant d'un passé moins récent.

Nul doute que ce qu'on appelle les droits de l'homme[8] trouvent un appui autant dans l'anthropologie chrétienne que dans la raison. Reste à expliquer pourquoi des droits universellement reconnus aujourd'hui et proclamés par les Églises chrétiennes (liberté religieuse, liberté de pensée et d'opinion, égalité des citoyens, égalité des sexes, droits démocratiques, etc.) ont fait jadis l'objet de dénonciations et de condamnations.

Les libertés et droits démocratiques sont l'objet d'un traitement hautement favorable dans *Centesimus annus*. Une question demeure en suspens : quelle place réserver à ces droits et libertés au sein de l'appareil ecclésial[9] ?

10.4 Droits individuels et collectifs. La mentalité bourgeoise, imprégnée d'individualisme, a marqué fortement la formulation des droits et libertés. Elle imprègne la Déclaration de 1789. Or l'histoire nous apprend que les droits en question perdent en partie leur signification pour ceux qui ne disposent pas de moyens pour les concrétiser. Pour avoir une portée significative, certains droits requièrent d'être *réalisés* collectivement et institutionnellement. Le droit à la santé risque de devenir illusoire pour qui

---

8. Droits de l'homme, droits humains, droits de la personne : des paradigmes substantiellement équivalents. À noter que l'expression *droits de la personne* se distingue de *droits de l'individu* en ce sens qu'elle connote spécifiquement la dignité humaine en tant que fondement d'un droit moral et juridique.

9. Sur cette question, voir Hans Küng, *Liberté du chrétien*, Paris, Cerf, coll. Foi vivante, 1991, p. 51-89 ; aussi Louis O'Neill, « L'Église et les valeurs démocratiques » dans *Prêtre et pasteur*, Montréal (avril 1992), p. 203-211.

est pauvre et n'a pas les moyens de se payer des services de santé. Avec l'assurance-santé, son droit devient réel, tangible. De même, des droits culturels deviennent réalité là où une assise institutionnelle leur donne les moyens de s'inscrire dans la réalité. Par exemple, la Charte de la langue française au Québec a concrétisé pour des citoyens ordinaires le droit de vivre et de travailler en français. Il peut arriver cependant que cet exercice collectif de droits impose une contrainte à des droits ou à des privilèges individuels.

11. LECTURES

JEAN XIII, *Pacem in terris*. L'édition de l'Action populaire (Spes) contient des observations éclairantes sur les sources de la Déclaration des droits de l'homme de 1948 et sur les apparentements entre l'encyclique et ladite Déclaration.

Coll., *Les droits de l'homme, ce que dit le pape*, Le Sarment, Fayard, 1990. Extraits de discours et déclarations de Souverains Pontifes sur les droits de l'homme. Historique, fondements philosophiques et théologiques des droits de l'homme, droits de l'homme et droits de Dieu.

COLLANGE, Jean-François, *Théologie des droits de l'homme*, Paris, Cerf, 1989. Genèse des Déclarations. La liberté dans l'histoire. À la conquête de l'égalité et de la solidarité. Agir pour les droits de l'homme.

DE KONINCK, Thomas, *De la dignité humaine*, Paris, PUF, 1995. Approche philosophique d'une grande profondeur sur la personne humaine et son caractère unique. À noter de façon particulière le texte liminaire et les chapitres 1 et 3.

GAUDETTE, Pierre, *Les fondements de l'agir moral*, Sainte-Foy, Université Laval, 1990, p. 78-93.

HABERMAS, Jürgen, *Morale et communication*, Paris, Cerf, 1986, p. 63 ssq. Chapitre 3 : notes programmatiques pour fonder en raison une éthique de la discussion. Sur la théorie d'Habermas, voir Alain ETCHEGOYEN, *La valse des éthiques*, Paris, François Bourin, 1991, p. 167 ssq.

KÜNG, Hans, *Projet d'éthique planétaire*, Paris, Seuil, 1991. Au nom du principe d'universalisation, Hans Küng propose une éthique planétaire, essentielle à la survie de l'humanité. L'élaboration de cette éthique exige le rapprochement des confessions chrétiennes et la paix religieuse, affirme l'auteur. Car pas de paix religieuse sans dialogue entre les religions. On retrouve ici, en substance, la théorie de *l'éthique de la discussion*. Il nous faut chercher ensemble, dit Hans Küng, « une vision éthique entre le fanatisme de la vérité et l'oubli de la vérité ».

MOUGNIOTTE, Alain, *Éduquer à la démocratie*, Paris, Cerf, 1994. À noter p. 23-53, sur l'éducation aux valeurs de la démocratie.

ROUSSEAU, Félicien, *La croissance solidaire des droits de l'homme*, Montréal, Bellarmin, coll. Recherches, n° 29, 1982. Aux sources de la loi naturelle (p. 21-101); la promotion de la personne du pauvre (p. 224-270); la promotion de la personne de l'enfant et de la femme (p. 270-312).

ROUSSEAU, Félicien, *L'avenir des droits humains*, *Québec*, Anne Sigier et Presses de l'Université Laval, 1996. L'Église et la promotion de « droits proprement humains » (p. 329-359).

SIMON, René, *Morale*, Beauchesne, 1961, p. 87 ssq.

Six, Jean-François, *Religion, Église et droits de l'homme*, Paris, Desclée de Brouwer, 1991. Présentation sous la forme d'un dialogue, d'une conversation, à la manière d'une *éthique de la discussion*. L'auteur analyse et essaie d'expliquer les dérives de l'Église, dans le passé, face à la question des droits de l'homme. On constate que c'est non sans difficulté que la reconnaissance des droits humains et des libertés démocratiques a fait son chemin au sein de la pensée sociale catholique.

Le grand virage : Vatican II. L'auteur mentionne à peine l'apport axial de *Pacem in terris*. À noter le thème de réflexion proposé en guise de conclusion, à savoir que l'Église doit balayer devant sa porte. « Mieux l'Église réalisera en son sein même les droits de l'homme, mieux elle pourra parler des droits de l'homme au-dehors et exercer une poussée pour que ceux-ci soient de plus en plus appliqués, de plus en plus réels » (p. 124).

ANNEXE I

Déclaration universelle
des droits de l'homme
(Assemblée générale des Nations Unies, 1948)

CONSIDÉRANT que la reconnaissance de la dignité inhérente à tous les membres de la famille humaine et de leurs droits égaux et inaliénables constitue le fondement de la liberté, de la justice et de la paix dans le monde,

CONSIDÉRANT que la méconnaissance et le mépris des droits de l'homme ont conduit à des actes de barbarie qui révoltent la conscience de l'humanité et que l'avènement d'un monde où les êtres humains seront libres de parler et de croire, libérés de la terreur et de la misère, a été proclamé la plus haute aspiration de l'homme,

CONSIDÉRANT qu'il est essentiel que les droits de l'homme soient protégés par un régime de droits pour que l'homme ne soit pas contraint, en suprême recours, à la révolte contre la tyrannie et l'oppression,

CONSIDÉRANT qu'il est essentiel d'encourager le développement de relations amicales entre nations,

CONSIDÉRANT que dans la Charte les peuples des Nations Unies ont proclamé à nouveau leur foi dans les droits fondamentaux de l'homme, dans la dignité et la valeur de la personne humaine, dans l'égalité des droits des hommes et des femmes, et qu'ils se sont déclarés résolus à favoriser le progrès social et à instaurer de meilleures conditions de vie dans une liberté plus grande,

CONSIDÉRANT que les États Membres se sont engagés à assurer, en coopération avec l'Organisation des Nations Unies, le respect universel et effectif des droits de l'homme et des libertés fondamentales,

CONSIDÉRANT qu'une conception commune de ces droits et libertés est de la plus haute importance pour remplir pleinement cet engagement,

L'ASSEMBLÉE GÉNÉRALE PROCLAME LA PRÉSENTE DÉCLARATION DES DROITS DE L'HOMME comme l'idéal commun à atteindre par tous les peuples et toutes les nations afin que tous les individus et tous les organes de la société, ayant cette Déclaration constamment à l'esprit, s'efforcent, par l'enseignement et l'éducation, de développer le respect de ces droits et libertés et d'en assurer, par des mesures progressives d'ordre national et international, la reconnaissance et l'application universelles et effectives, tant parmi les populations des États Membres eux-mêmes que parmi celles des territoires placés sous leur juridiction.

ARTICLE PREMIER

Tous les êtres humains naissent libres et égaux en dignité et en droits. Ils sont doués de raison et de conscience et doivent agir les uns envers les autres dans un esprit de fraternité.

ARTICLE 2

Chacun peut se prévaloir de tous les droits et de toutes les libertés proclamés dans la présente Déclaration, sans distinction aucune, notamment de race, de couleur, de sexe, de langue, de religion, d'opinion politique ou de toute autre opinion, d'origine nationale ou sociale, de fortune, de naissance ou de toute autre situation.

De plus, il ne sera fait aucune distinction fondée sur le statut politique, juridique ou international du pays ou du territoire dont une personne est ressortissante, que ce pays ou territoire soit indépendant, sous tutelle, non autonome ou soumis à une limitation quelconque de souveraineté.

ARTICLE 3

Tout individu a droit à la vie, à la liberté et à la sûreté de sa personne.

ARTICLE 4

Nul ne sera tenu en esclavage ni en servitude : l'esclavage et la traite des esclaves sont interdits sous toutes leurs formes.

ARTICLE 5

Nul ne sera soumis à la torture ni à des peines ou traitements cruels, inhumains ou dégradants.

ARTICLE 6

Chacun a le droit à la reconnaissance en tous lieux de sa personnalité juridique.

ARTICLE 7

Tous sont égaux devant la loi et ont droit sans distinction à une égale protection de la loi. Tous ont droit à une protection égale contre toute discrimination qui violerait la présente Déclaration et contre toute provocation à une telle discrimination.

ARTICLE 8

Toute personne a droit à un recours effectif devant les juridictions nationales compétentes contre les actes violant des droits fondamentaux qui lui sont reconnus par la constitution ou par la loi.

ARTICLE 9

Nul ne peut être arbitrairement arrêté, détenu ou exilé.

ARTICLE 10

Toute personne a droit, en pleine égalité, à ce que sa cause soit entendue équitablement et publiquement par un tribunal indépendant et impartial, qui décidera, soit de ses droits et obligations, soit du bien-fondé de toute accusation en matière pénale dirigée contre elle.

ARTICLE 11

1. Toute personne accusée d'un acte délictueux est présumée innocente jusqu'à ce que sa culpabilité ait été légalement établie au cours d'un procès public où toutes les garanties nécessaires à sa défense lui auront été assurées.

2. Nul ne sera condamné pour des actions ou omissions qui, au moment où elles ont été commises, ne constituaient pas un acte délictueux d'après le droit national ou international. De même, il ne sera infligé aucune peine plus forte que celle qui était applicable au moment où l'acte délictueux a été commis.

ARTICLE 12

Nul ne sera l'objet d'immixtions arbitraires dans sa vie privée, sa famille, son domicile ou sa correspondance, ni d'atteintes à son honneur et à sa réputation. Toute personne a droit à la protection de la loi contre de telles immixtions ou de telles atteintes.

ARTICLE 13

1. Toute personne a le droit de circuler librement et de choisir sa résidence à l'intérieur d'un État.

2. Toute personne a le droit de quitter tout pays, y compris le sien, et de revenir dans son pays.

ARTICLE 14

1. Devant la persécution, toute personne a le droit de chercher asile et de bénéficier de l'asile en d'autres pays.

2. Ce droit ne peut être invoqué dans le cas de poursuites réellement fondées sur un crime de droit commun ou sur des agissements contraires aux buts et aux principes des Nations Unies.

ARTICLE 15

1. Tout individu a droit à une nationalité.

2. Nul ne peut être arbitrairement privé de sa nationalité ni du droit de changer de nationalité.

ARTICLE 16

1. À partir de l'âge nubile, l'homme et la femme, sans aucune restriction quant à la race, la nationalité ou la religion, ont le droit de se marier et de fonder une famille. Ils ont des droits égaux au regard du mariage, durant le mariage et lors de sa dissolution.

2. Le mariage ne peut être conclu qu'avec le libre et plein consentement des futurs époux.

3. La famille est l'élément naturel et fondamental de la société et a droit à la protection de la société et de l'État.

ARTICLE 17

1. Toute personne, aussi bien seule qu'en collectivité, a droit à la propriété.

2. Nul ne peut être arbitrairement privé de sa propriété.

ARTICLE 18

Toute personne a droit à la liberté de pensée, de conscience et de religion ; ce droit implique la liberté de changer de religion ou de conviction ainsi que la liberté de manifester sa religion ou sa conviction, seule ou en commun, tant en public qu'en privé, par l'enseignement, les pratiques, le culte et l'accomplissement des rites.

ARTICLE 19

Tout individu a droit à la liberté d'opinion et d'expression, ce qui implique le droit de ne pas être inquiété pour ses opinions et celui de chercher, de recevoir et de répandre, sans considérations de frontières, les informations et les idées par quelque moyen d'expression que ce soit.

ARTICLE 20

1. Toute personne a droit à la liberté de réunion et d'association pacifique.

2. Nul ne peut être obligé de faire partie d'une association.

ARTICLE 21

1. Toute personne a le droit de prendre part à la direction des affaires publiques de son pays, soit directement, soit par l'intermédiaire de représentants librement choisis.

2. Toute personne a droit à accéder, dans des conditions d'égalité, aux fonctions publiques de son pays.

3. La volonté du peuple est le fondement de l'autorité des pouvoirs publics ; cette volonté doit s'exprimer par des élections honnêtes qui doivent avoir lieu périodiquement, au suffrage universel égal et au vote secret ou suivant une procédure équivalente assurant la liberté du vote.

ARTICLE 22

Toute personne, en tant que membre de la société, a droit à la sécurité sociale ; elle est fondée à obtenir la satisfaction des droits économiques, sociaux et culturels indispensables à sa dignité et au libre développement de sa personnalité, grâce à l'effort national et à la coopération internationale, compte tenu de l'organisation et des ressources de chaque pays.

ARTICLE 23

1. Toute personne a droit au travail, au libre choix de son travail, à des conditions équitables et satisfaisantes de travail et à la protection contre le chômage.

2. Tous ont droit, sans aucune discrimination, à un salaire égal pour un travail égal.

3. Quiconque travaille a droit à une rémunération équitable et satisfaisante lui assurant ainsi qu'à sa famille une existence conforme à la dignité humaine et complétée, s'il y a lieu, par tous autres moyens de protection sociale.

4. Toute personne a le droit de fonder avec d'autres des syndicats et de s'affilier à des syndicats pour la défense de ses intérêts.

ARTICLE 24

Toute personne a droit au repos et aux loisirs et notamment à une limitation raisonnable de la durée du travail et à des congés payés périodiques.

ARTICLE 25

1. Toute personne a droit à un niveau de vie suffisant pour assurer sa santé, son bien-être et ceux de sa famille, notamment pour l'alimentation, l'habillement, le logement, les soins médicaux ainsi que pour les services sociaux nécessaires; elle a droit à la sécurité en cas de chômage, de maladie, d'invalidité, de veuvage, de vieillesse ou dans les autres cas de perte de ses moyens de subsistance par suite de circonstances indépendantes de sa volonté.

2. La maternité et l'enfance ont droit à une aide et à une assistance spéciales. Tous les enfants, qu'ils soient nés dans le mariage ou hors du mariage, jouissent de la même protection sociale.

ARTICLE 26

1. Toute personne a droit à l'éducation. L'éducation doit être gratuite, au moins en ce qui concerne l'enseignement élémentaire et fondamental. L'enseignement élémentaire est obligatoire. L'enseignement technique et professionnel doit être généralisé; l'accès aux études supérieures doit être ouvert en pleine égalité à tous en fonction de leur mérite.

2. L'éducation doit viser au plein épanouissement de la personnalité humaine et au renforcement du respect des droits de l'homme et des libertés fondamentales. Elle doit favoriser la compréhension, la tolérance et l'amitié entre toutes les nations et tous les groupes raciaux ou religieux, ainsi que le développement des activités des Nations Unies pour le maintien de la paix.

3. Les parents ont, par priorité, le droit de choisir le genre d'éducation à donner à leurs enfants.

ARTICLE 27

1. Toute personne a le droit de prendre part librement à la vie culturelle de la communauté, de jouir des arts et de participer au progrès scientifique et aux bienfaits qui en résultent.

2. Chacun a droit à la protection des intérêts moraux et matériels découlant de toute production scientifique, littéraire ou artistique dont il est l'auteur.

ARTICLE 28

Toute personne a droit à ce que règne, sur le plan social et sur le plan international, un ordre tel que les droits et libertés énoncés dans la présente Déclaration puissent y trouver plein effet.

ARTICLE 29

1. L'individu a des devoirs envers la communauté dans laquelle seule le libre et plein développement de sa personnalité est possible.

2. Dans l'exercice de ses droits et dans la jouissance de ses libertés, chacun n'est soumis qu'aux limitations établies par la loi exclusivement en vue d'assurer la reconnaissance et le respect des droits et libertés d'autrui et afin de satisfaire aux justes exigences de la morale, de l'ordre public et du bien-être général dans une société démocratique.

3. Ces droits et libertés ne pourront, en aucun cas, s'exercer contrairement aux buts et aux principes des Nations Unies.

ARTICLE 30

Aucune disposition de la présente Déclaration ne peut être interprétée comme impliquant pour un État, un groupement ou un individu un droit quelconque de se livrer à une activité ou d'accomplir un acte visant à la destruction des droits et libertés qui y sont énoncés.

ANNEXE II
Charte québécoise des droits et libertés de la personne
(partie I)

CHAPITRE C-12
CHARTE DES DROITS ET LIBERTÉS DE LA PERSONNE

Préambule

CONSIDÉRANT que tout être humain possède des droits et libertés intrinsèques, destinés à assurer sa protection et son épanouissement;

Considérant que tous les êtres humains sont égaux en valeur et en dignité et ont droit à une égale protection de la loi;

Considérant que le respect de la dignité de l'être humain et la reconnaissance des droits et libertés dont il est titulaire constituent le fondement de la justice et de la paix;

Considérant que les droits et libertés de la personne humaine sont inséparables des droits et libertés d'autrui et du bien-être général;

Considérant qu'il y a lieu d'affirmer solennellement dans une Charte les libertés et droits fondamentaux de la personne afin que ceux-ci soient garantis par la volonté collective et mieux protégés contre toute violation;

À ces causes, Sa Majesté, de l'avis et du consentement de l'Assemblée nationale du Québec, décrète ce qui suit:

PARTIE I
LES DROITS ET LIBERTÉS DE LA PERSONNE

CHAPITRE I
Libertés et droits fondamentaux

Droit à la vie.
1. Tout être humain a droit à la vie, ainsi qu'à la sûreté, à l'intégrité et à la liberté de sa personne.

Personnalité juridique.

Il possède également la personnalité juridique.

_____

1975, c. 6, a. 1; 1982, c. 61, a. 1.

Droit au secours. Secours à une personne dont la vie est en péril.
2. Tout être humain dont la vie est en péril a droit au secours. Toute personne doit porter secours à celui dont la vie est en péril, personnellement ou en obtenant du secours, en lui apportant l'aide physique nécessaire et immédiate, à moins d'un risque pour elle ou pour les tiers ou d'un autre motif raisonnable.

_____

1975, c. 6, a. 2.

Libertés fondamentales.
3. Toute personne est titulaire des libertés fondamentales telles la liberté de conscience, la liberté de religion, la liberté d'opinion, la liberté d'expression, la liberté de réunion pacifique et la liberté d'association.

1975, c. 6, a. 3.

Sauvegarde de la dignité.
4. Toute personne a droit de sauvegarde de sa dignité, de son honneur et de sa réputation.

1975, c. 6, a. 4.

Respect de la vie privée.
5. Toute personne a droit au respect de sa vie privée.

1975, c. 6, a. 5.

Jouissance paisible des biens.
6. Toute personne a droit à la jouissance paisible et à la libre disposition de ses biens, sauf dans la mesure prévue par la loi.

1975, c. 6, a. 6.

Demeure inviolable.
7. La demeure est inviolable.

1975, c. 6, a. 7.

Respect de la propriété privée.
8. Nul ne peut pénétrer chez autrui ni y prendre quoi que ce soit sans son consentement exprès ou tacite.

1975, c. 6, a. 8.

Secret professionnel. Divulgation de renseignements confidentiels.
9. Chacun a droit au respect du secret professionnel.

Toute personne tenue par la loi au secret professionnel et tout prêtre ou autre ministre du culte ne peuvent, même en justice, divulguer les renseignements confidentiels qui leur ont été révélés en raison de leur état ou profession, à moins qu'ils n'y soient autorisés par celui qui leur a fait ces confidences ou par une disposition expresse de la loi.

Devoir du tribunal.
Le tribunal doit, d'office, assurer le respect du secret professionnel.

1975, c. 6, a. 9.

Exercice des libertés et droits fondamentaux.
9.1 Les libertés et droits fondamentaux s'exercent dans le respect des valeurs démocratiques, de l'ordre public et du bien-être général des citoyens du Québec.

Rôle de la loi.
La loi peut, à cet égard, en fixer la portée et en aménager l'exercice.

1982, c. 61, a. 2.

1.1 DROIT À L'ÉGALITÉ DANS LA RECONNAISSANCE ET L'EXERCICE DES DROITS ET LIBERTÉS

Discrimination interdite.

10. Toute personne a droit à la reconnaissance et à l'exercice, en pleine égalité, des droits et libertés de la personne, sans distinction, exclusion ou préférence fondée sur la race, la couleur, le sexe, la grossesse, l'orientation sexuelle, l'état civil, l'âge sauf dans la mesure prévue par la loi, la religion, les convictions politiques, la langue, l'origine ethnique ou nationale, la condition sociale, le handicap ou l'utilisation d'un moyen pour pallier ce handicap.

Motif de discrimination.

Il y a discrimination lorsqu'une telle distinction, exclusion ou préférence a pour effet de détruire ou de compromettre ce droit.

1975, c. 6, a. 10 ; 1977, c. 6, a. 1 ; 1978, c. 7, a. 112 ; 1982, c. 61, a. 3.

Harcèlement interdit.

10.1 Nul ne doit harceler une personne en raison de l'un des motifs visés dans l'article 10.

1982, c. 61, a. 4.

Publicité discriminatoire interdite.

11. Nul ne peut diffuser, publier ou exposer en public un avis, un symbole ou un signe comportant discrimination ni donner une autorisation à cet effet.

1975, c. 6, a. 11.

Discrimination dans formation d'acte juridique.

12. Nul ne peut, par discrimination, refuser de conclure un acte juridique ayant pour objet des biens ou des services ordinairement offerts au public.

1975, c. 6, a. 12.

Clause interdite.

13. Nul ne peut, dans un acte juridique, stipuler une clause comportant une discrimination.

Nullité.

Une telle clause est réputée sans effet.

1975, c. 6, a. 13.

Bail d'une chambre dans un local d'habitation.

14. L'interdiction visée dans les articles 12 et 13 ne s'applique pas au locateur d'une chambre située dans un local d'habitation, si le locateur ou sa famille réside dans le local, ne loue qu'une seule chambre et n'annonce pas celle-ci, en vue de la louer, par avis ou tout autre moyen public de sollicitation.

1975, c. 6, a. 14

Lieux publics accessibles à tous.
15. Nul ne peut, par discrimination, empêcher autrui d'avoir accès aux moyens de transports ou aux lieux publics, tels les établissements commerciaux, hôtels, restaurants, théâtres, cinémas, parcs, terrains de camping et de caravaning, et d'y obtenir les biens et les services qui y sont disponibles.

1975, c. 6, a. 15.

Non-discrimination dans l'embauche.
16. Nul ne peut exercer de discrimination dans l'embauche, l'apprentissage, la durée de la période de probation, la formation professionnelle, la promotion, la mutation, le déplacement, la mise à pied, la suspension, le renvoi ou les conditions de travail d'une personne ainsi que dans l'établissement de catégories ou de classifications d'emploi.

1975, c. 6, a. 16.

Discrimination par bureau de placement interdite.
18. Un bureau de placement ne peut exercer de discrimination dans la réception, la classification ou le traitement d'une demande d'emploi ou dans un acte visant à soumettre une demande à un employeur éventuel.

1975, c. 6, a. 18.

Renseignements relatifs à un emploi.
18.1 Nul ne peut, dans un formulaire de demande d'emploi ou lors d'une entrevue relative à un emploi, requérir d'une personne des renseignements sur les motifs visés dans l'article 10 sauf si ces renseignements sont utiles à l'application de l'article 20 ou à l'application d'un programme d'accès à l'égalité existant au moment de la demande.

1982, c. 61, a. 5.

Culpabilité à une infraction.
18.2 Nul ne peut congédier, refuser d'embaucher ou autrement pénaliser dans le cadre de son emploi une personne du seul fait qu'elle a été déclarée coupable d'une infraction pénale ou criminelle, si cette infraction n'a aucun lien avec l'emploi ou si cette personne en a obtenu le pardon.

1982, c. 61, a. 5 ; 1990, c. 4, a. 133.

Égalité de traitement pour travail équivalent.
19. Tout employeur doit, sans discrimination, accorder un traitement ou un salaire égal aux membres de son personnel qui accomplissent un travail équivalent au même endroit.

Différence basée sur expérience non discriminatoire.
Il n'y a pas de discrimination si une différence de traitement ou de salaire est fondée sur l'expérience, l'ancienneté, la durée du service, l'évaluation au mérite, la quantité de production ou le temps supplémentaire, si ces critères sont communs à tous les membres du personnel.

1975, c. 6, a. 19.

Distinction fondée sur aptitudes non discriminatoire.
20. Une distinction, exclusion ou préférence fondée sur les aptitudes ou qualités requises par un emploi, ou justifiée par le caractère charitable, philanthropique, religieux, politique ou éducatif d'une institution sans but lucratif ou qui est vouée exclusivement au bien-être d'un groupe ethnique est réputée non discriminatoire.

(non en vigueur) Distinction ou préférence réputées non discriminatoires.
De même, dans les contrats d'assurance ou de rente, les régimes d'avantages sociaux, de retraite, de rente ou d'assurance ou dans les régimes universels de rente ou d'assurance, est réputée non discriminatoire une distinction, exclusion, ou préférence fondée sur des facteurs de détermination de risque ou des données actuarielles fixés par règlement.

1975, c. 6, a. 20; 1982, c. 61, a. 6.

CHAPITRE II
DROITS POLITIQUES

Pétition à l'Assemblée.
21. Toute personne a droit d'adresser des pétitions à l'Assemblée nationale pour le redressement de griefs.

1975, c. 6, a. 21.

Droit de voter et d'être candidat.
22. Toute personne légalement habilitée et qualifiée a droit de se porter candidat lors d'une élection et a droit d'y voter.

1975, c. 6, a. 22.

CHAPITRE III
DROITS JUDICIAIRES

Audition impartiale par tribunal indépendant.
23. Toute personne a droit, en pleine égalité, à une audition publique et impartiale de sa cause par un tribunal indépendant et qui ne soit pas préjugé, qu'il s'agisse de la détermination de ses droits et obligations ou du bien-fondé de toute accusation portée contre elle.

Huis clos.
Le tribunal peut toutefois ordonner le huis clos dans l'intérêt de la morale ou de l'ordre public.

Huis clos.
En outre, lorsqu'elles concernent des procédures en matière familiale, les audiences en première instance se tiennent à huis clos, à moins que le tribunal, à la demande d'une personne et s'il l'estime utile dans l'intérêt de la justice, n'en décide autrement.

1975, c. 6, a. 23; 1982, c. 17, a. 42.

Motifs de privation de liberté.
24. Nul ne peut être privé de sa liberté ou de ses droits, sauf pour les motifs prévus par le loi et suivant les procédures prescrites.

1975, c. 6, a. 24.

Abus interdits.
24.1 Nul ne peut faire l'objet de saisies, perquisitions ou fouilles abusives.

1982, c. 61, a. 7.

Traitement de personnes arrêtées.
25. Toute personne arrêtée ou détenue doit être traitée avec humanité et avec le respect dû à la personne humaine.

1975, c. 6, a. 25.

Régime carcéral distinct.
26. Toute personne détenue dans un établissement de détention a droit d'être soumise à un régime distinct approprié à son sexe, son âge et sa condition physique ou mentale.

1975, c. 6, a. 26.

Séparation des détenus attendant l'issue de leur procès.
27. Toute personne détenue dans un établissement de détention en attendant l'issue de son procès a droit d'être séparée, jusqu'au jugement final, des prisonniers qui purgent leur peine.

1975, c. 6, a. 27.

Information sur motifs d'arrestation.
28. Toute personne arrêtée ou détenue a droit d'être promptement informée, dans une langue qu'elle comprend, des motifs de son arrestation ou de sa détention.

1975, c. 6, a. 28.

Information à l'accusé.
28.1 Tout accusé a le droit d'être promptement informé de l'infraction particulière qu'on lui reproche.

1982, c. 61, a. 8.

Droit de prévenir les proches.
29. Toute personne arrêtée ou détenue a droit, sans délai, d'en prévenir ses proches et de recourir à l'assistance d'un avocat. Elle doit être promptement informée de ces droits.

1975, c. 6, a. 29; 1982, c. 61, a. 9.

Comparution.
30. Toute personne arrêtée ou détenue doit être promptement conduite devant le tribunal compétent ou relâchée.

1975, c. 6, a. 30; 1982, c. 61, a. 10.

Liberté sur engagement.
31. Nulle personne arrêtée ou détenue ne peut être privée, sans juste cause, du droit de recouvrer sa liberté sur l'engagement, avec ou sans dépôt ou caution, de comparaître devant le tribunal dans le délai fixé.

1975, c. 6, a. 31.

Habeas corpus.
32. Toute personne privée de sa liberté a droit de recourir à l'habeas corpus.

1975, c. 6, a. 32.

Délai raisonnable.
32.1 Tout accusé a le droit d'être jugé dans un délai raisonnable.

1982, c. 61, a. 11.

Présomption d'innocence.
33. Tout accusé est présumément innocent jusqu'à ce que la preuve de sa culpabilité ait été établie suivant la loi.

1975, c. 6, a. 33.

Témoignage interdit.
33.1 Nul accusé ne peut être contraint de témoigner contre lui-même lors d'un procès.

1982, c. 61, a. 12.

Assistance d'avocat.
34. Toute personne a droit à une défense pleine et entière et a le droit d'interroger et de contre-interroger les témoins.

1975, c. 6, a. 35.

Défense pleine et entière
35. Tout accusé a droit à une défense pleine et entière et a le droit d'interroger et de contre-interroger les témoins.

1975, c. 6, a. 34.

Assistance d'un interprète.
36. Tout accusé a le droit d'être assisté gratuitement d'un interprète s'il ne comprend pas la langue employée à l'audience ou s'il est atteint de surdité.

1975, c. 6, a. 36; 1982, c. 61, a. 13.

Non-rétroactivité des lois.
37. Nul accusé ne peut être condamné pour une action ou une omission qui, au moment où elle a été commise, ne constituait pas une violation de la loi.

1975, c. 6, a. 37.

Chose jugée.
37.1 Une personne ne peut être jugée de nouveau pour une infraction dont elle a été acquittée ou dont elle a été déclarée coupable en vertu d'un jugement passé en force de chose jugée.

1982, c. 61, a. 14.

Peine moins sévère.
37.2 Un accusé a droit à la peine la moins sévère lorsque la peine prévue pour l'infraction a été modifiée entre la perpétration de l'infraction et le prononcé de la sentence.

1982, c. 61, a. 14.

Protection de la loi.
38. Aucun témoignage devant un tribunal ne peut servir à incriminer son auteur, sauf le cas de poursuites pour parjure ou pour témoignages contradictoires.

1975, c. 6, a. 38; 1982, c. 61, a. 15.

CHAPITRE IV
DROITS ÉCONOMIQUES ET SOCIAUX

Protection de l'enfant.
39. Tout enfant a droit à la protection, à la sécurité et à l'attention que ses parents ou les personnes qui en tiennent lieu peuvent lui donner.

1975, c. 6, a. 39; 1980, c. 39, a. 61.

Instruction publique gratuite.
40. Toute personne a droit, dans la mesure et suivant les normes prévues par le loi, à l'instruction publique gratuite.

1975, c. 6, a. 40.

Enseignement religieux ou moral.
41. Les parents ou les personnes qui en tiennent lieu ont le droit d'exiger que, dans les établissements d'enseignement public, leurs enfants reçoivent un enseignement religieux ou moral conforme à leurs convictions, dans le cadre des programmes prévus par la loi.

1975, c. 6, a. 41.

Institutions d'enseignement privées.
42. Les parents ou les personnes qui en tiennent lieu ont le droit de choisir pour leurs enfants des établissements d'enseignement privés, pourvu que ces établissements se conforment aux normes prescrites ou approuvées en vertu de la loi.

1975, c. 6, a. 42.

Vie culturelle des minorités.
43. Les personnes appartenant à des minorités ethniques ont le droit de maintenir et de faire progresser leur propre vie culturelle avec les autres membres de leur groupe.

1975, c. 6, a. 43.

Droit à l'information.
44. Toute personne a droit à l'information, dans la mesure prévue par la loi.

1975, c. 6, a. 44.

Assistance financière.

45. Toute personne dans le besoin a droit, pour elle et sa famille, à des mesures d'assistance financière et à des mesures sociales, prévues par la loi, susceptibles de lui assurer un niveau de vie décent.

1975, c. 6, a. 45.

Conditions de travail.

46. Toute personne qui travaille a droit, conformément à la loi, à des conditions de travail justes et raisonnables et qui respectent sa santé, sa sécurité et son intégrité physique.

1975, c. 6, a. 46; 1979, c. 63, a. 275.

Égalité des époux.

47. Les époux ont, dans le mariage, les mêmes droits, obligations et responsabilités.

Direction conjointe de la famille.

Ils assurent ensemble la direction morale et matérielle de la famille et l'éducation de leurs enfants communs.

1975, c. 6, a. 47.

Protection des personnes âgées.

48. Toute personne âgée ou toute personne handicapée a droit d'être protégée contre toute forme d'exploitation.

Protection de la famille.

Toute personne a aussi droit à la protection et à la sécurité que doivent lui apporter sa famille ou les personnes qui en tiennent lieu.

1975, c. 6, a. 48; 1978, c. 7, a. 113.

CHAPITRE V
DISPOSITIONS SPÉCIALES ET INTERPRÉTATIVES

Réparation de préjudice pour atteinte illicite à un droit.

49. Une atteinte illicite à un droit ou à une liberté reconnue par la présente Charte confère à la victime le droit d'obtenir la cessation de cette atteinte et la réparation du préjudice moral ou matériel qui en résulte.

Dommages exemplaires.

En cas d'atteinte illicite et intentionnelle, le tribunal peut en outre condamner son auteur à des dommages exemplaires.

1975, c. 6, a. 49.

Droit non supprimé.

50. La Charte doit être interprétée de manière à ne pas supprimer ou restreindre la jouissance ou l'exercice d'un droit ou d'une liberté de la personne qui n'y est pas inscrite.

1975, c. 6, a. 50.

Portée de disposition non augmentée.

51. La Charte ne doit pas être interprétée de manière à augmenter, restreindre ou modifier la portée d'une disposition de la loi, sauf dans la mesure prévue par l'article 52.

1975, c. 6, a. 51.

Dérogation interdite.

52. Aucune disposition d'une loi, même postérieure à la Charte, ne peut déroger aux articles 1 à 38, sauf dans la mesure prévue par ces articles, à moins que cette loi n'énonce expressément que cette disposition s'applique malgré la charte.

1975, c. 6, a. 52 ; 1982, c. 61, a. 16.

Doute d'interprétation.

53. Si un doute surgit dans l'interprétation d'une disposition de la loi, il est tranché dans le sens indiqué par la Charte.

1975, c. 6, a. 53.

Couronne liée.

54. La Charte lie la Couronne.

1975, c. 6, a. 55.

Matières visées.

55. La Charte vise les matières qui sont de la compétence législative du Québec.

1975, c. 6, a. 55.

« tribunal »

56.1 Dans les articles 9, 23, 30, 31, 34 et 38, dans le chapitre III de la partie II ainsi que dans la partie IV, le mot « tribunal » inclut un coroner, un commissaire-enquêteur sur les incendies, une commission d'enquête et une personne ou un organisme exerçant des fonctions quasi judiciaires.

« traitement » et « salaire ».

2. Dans l'article 19, les mots « traitement » et « salaire » incluent les compensations ou avantages à valeur pécuniaire se rapportant à l'emploi.

« loi ».

3. Dans la Charte, le mot « loi » inclut un règlement, un décret, une ordonnance ou un arrêté en conseil pris sous l'autorité d'une loi.

1975, c. 6, a. 56 ; 1989, c. 51, a. 2.

ANNEXE III
Charte canadienne

— Attendu que le Canada est fondé sur des principes qui reconnaissent la suprématie de Dieu et la primauté du Droit:

GARANTIE DES DROITS ET LIBERTÉS
-1. *La Charte canadienne des droits et libertés* garantit les droits et libertés qui y sont énoncés. Ils ne peuvent être restreints que par une règle de droit, dans des limites qui soient raisonnables et dont la justification puisse se démontrer dans le cadre d'une société libre et démocratique.

LIBERTÉS FONDAMENTALES
-2. Chacun a les libertés fondamentales suivantes: a) liberté de conscience et de religion; b) liberté de pensée, de croyance, d'opinion et d'expression, y compris la liberté de presse et des autres moyens de télécommunication; c) liberté de réunion pacifique; d) liberté d'association.

DROITS DÉMOCRATIQUES
-3. Tout citoyen canadien a le droit de vote et est éligible aux élections législatives fédérales ou provinciales. -4. (1) Le mandat maximal de la Chambre des communes et des assemblées législatives est de cinq ans à compter de la date fixée pour le retour des brefs relatifs aux élections générales correspondantes. (2) Le mandat de la Chambre des communes ou celui d'une assemblée législative peut être prolongé respectivement par le parlement ou par la législature en question au-delà de cinq ans en cas de guerre, d'invasion ou d'insurrection, réelles ou appréhendées, pourvu que cette prolongation ne fasse pas l'objet d'une opposition exprimée par les voix de plus du tiers des députés de la Chambre des communes ou de l'assemblée législative. -5. Le Parlement et les législatures tiennent une séance au moins une fois tous les douze mois.

LIBERTÉ DE CIRCULATION ET D'ÉTABLISSEMENT
-6. (1) Tout citoyen canadien a le droit de demeurer au Canada, d'y entrer ou d'en sortir. (2) Tout citoyen canadien et toute personne ayant le statut de résident permanent au Canada ont le droit: a) de se déplacer dans tout le pays et d'établir leur résidence dans toute province; b) de gagner leur vie dans toute province. (3) Les droits mentionnés au paragraphe (2) sont subordonnés: a) aux lois et usages d'application générale en vigueur dans une province donnée, s'ils n'établissent entre les personnes aucune distinction fondée principalement sur la province de résidence antérieure ou actuelle; b) aux lois prévoyant de justes conditions de résidence en vue de l'obtention des services sociaux publics. (4) Les paragraphes (2) et (3) n'ont pas pour objet d'interdire les lois, programmes ou activités destinés à améliorer, dans une province, la situation d'individus défavorisés socialement ou économiquement, si le taux d'emplois dans la province est inférieur à la moyenne nationale.

GARANTIES JURIDIQUES
-7. Chacun a droit à la vie, à la liberté et à la sécurité de sa personne; il ne peut être porté atteinte à ce droit qu'en conformité avec les principes de justice fondamentale. -8. Chacun a droit à la protection contre les fouilles, les perquisitions ou les saisies abusives. -9. Chacun a droit à la protection contre la détention ou l'emprisonnement arbitraire. -10. Chacun a le droit, en cas d'arrestation ou de détention: a) d'être informé dans les plus brefs délais des motifs de son arrestation ou de sa détention; b) d'avoir

recours sans délai à l'assistance d'un avocat et d'être informé de ce droit ; c) de faire contrôler, par *habeas corpus*, la légalité de sa détention et d'obtenir, le cas échéant, sa libération. -11. Tout inculpé a le droit : a) d'être informé sans délai anormal de l'infraction qu'on lui reproche ; b) d'être jugé dans un délai raisonnable ; c) de ne pas être contraint de témoigner contre lui-même dans toute poursuite intentée contre lui pour l'infraction qu'on lui reproche ; d) d'être présumé innocent tant qu'il n'est pas déclaré coupable, conformément à la loi, par un tribunal indépendant et impartial à l'issue d'un procès public et équitable ; e) de ne pas être privé sans juste cause d'une mise en liberté assortie d'un cautionnement raisonnable ; f) sauf s'il s'agit d'une infraction relevant de la justice militaire, de bénéficier d'un procès avec jury lorsque la peine maximale prévue pour l'infraction dont il est accusé est un emprisonnement de cinq ans ou une peine plus grave ; g) de ne pas être déclaré coupable en raison d'une action ou d'une omission qui, au moment où elle est survenue, ne constituait pas une infraction d'après le droit interne du Canada ou le droit international et n'avait pas de caractère criminel d'après les principes généraux de droit reconnus par l'ensemble des nations ; h) d'une part de ne pas être jugé de nouveau pour une infraction dont il a été définitivement acquitté, d'autre part de ne pas être jugé ni puni de nouveau pour une infraction dont il a été définitivement déclaré coupable et puni ; i) de bénéficier de la peine la moins sévère, lorsque la peine qui sanctionne l'infraction dont il est déclaré coupable est modifiée entre le moment de la perpétration de l'infraction et celui de la sentence. -12. Chacun a le droit à la protection contre tous traitements ou peines cruels ou inusités. -13. Chacun a droit à ce qu'aucun témoignage incriminant qu'il donne ne soit utilisé pour l'incriminer dans d'autres procédures, sauf lors de poursuites pour parjure ou pour témoignages contradictoires. -14. La partie ou le témoin qui ne peuvent suivre les procédures, soit parce qu'ils ne comprennent pas ou ne parlent pas la langue employée, soit parce qu'ils sont atteints de surdité, ont droit à l'assistance d'un interprète.

DROITS À L'ÉGALITÉ

-15. (1) La loi ne fait exception de personne et s'applique également à tous, et tous ont le droit à la même protection et au même bénéfice de la loi, indépendamment de toute discrimination, notamment des discriminations fondées sur la race, l'origine nationale ou ethnique, la couleur, la religion, le sexe, l'âge ou les déficiences mentales ou physiques. (2) Le paragraphe (1) n'a pas pour effet d'interdire les lois, programmes ou activités destinés à améliorer la situation d'individus ou de groupes défavorisés, notamment du fait de leur race, de leur origine nationale ou ethnique, de leur couleur, de leur religion, de leur sexe, de leur âge ou de leurs déficiences mentales ou physiques.

LANGUES OFFICIELLES DU CANADA

-16. (1) Le français et l'anglais sont les langues officielles du Canada ; ils ont un statut et des droits et privilèges égaux quant à leur usage dans les institutions du Parlement et du Gouvernement du Canada. (2) Le français et l'anglais sont les langues officielles du Nouveau-Brunswick ; ils ont un statut et des droits et des privilèges égaux quant à leur usage dans les institutions de la Législature et du gouvernement du Nouveau-Brunswick. (3) La présente charte ne limite pas le pouvoir du Parlement et des législatures de favoriser la progression vers l'égalité du statut ou de l'usage du français ou de l'anglais. -17. (1) Chacun a le droit d'employer le français ou l'anglais dans les débats et travaux du Parlement. (2) Chacun a le droit d'employer le français ou l'anglais dans les débats et travaux de la législature du Nouveau-Brunswick. -18. (1) Les lois, les archives, les comptes rendus et les procès-verbaux du Parlement sont imprimés et publiés en français et en anglais, les deux versions des lois ayant également force de loi et celle des autres documents ayant la même valeur. (2) Les lois, les archives, les comptes rendus et les procès-verbaux de la Législature du Nouveau-Brunswick sont imprimés et publiés en français et en anglais, les deux versions ayant également force de loi et celle des autres documents ayant la même valeur. -19. (1) Chacun a le droit d'employer le français ou l'anglais dans toutes les affaires dont sont saisis les tribunaux établis par le Parlement et dans tous les actes de procédure qui en découlent. (2) Chacun a le droit d'employer le français et l'anglais dans toutes les affaires dont est saisi le Parlement du Nouveau-Brunswick et dans tous les actes de procédure qui en découlent. -20. (1) Le public a, au Canada, droit à l'emploi du français ou de l'anglais pour communiquer avec le siège ou l'administration centrale des institutions du Parlement ou du gouvernement du Canada ou pour en recevoir les services; il a le même droit à l'égard de tout autre bureau de ces institutions là où, selon le cas, a) l'emploi du français ou de l'anglais fait l'objet d'une demande importante; b) l'emploi du français et de l'anglais se justifie par la vocation du bureau. (2) Le public a, au Nouveau-Brunswick, droit à l'emploi du français ou de l'anglais pour communiquer avec tout bureau des institutions de la législature ou du gouvernement pour en recevoir les services. -21. Les articles 16 à 20 n'ont pas pour effet, en ce qui a trait à la langue française ou anglaise ou à ces deux langues, de porter atteinte aux droits, privilèges ou obligation qui existent ou sont maintenus aux termes d'une autre disposition de la Constitution du Canada. -22. Les articles 16 à 20 n'ont pas pour effet de porter atteinte aux droits et privilèges, antérieurs ou postérieurs à l'entrée en vigueur de la présente charte et découlant de la loi ou de la coutume, des autres langues que le français ou l'anglais.

DROITS À L'INSTRUCTION DANS LA LANGUE DE LA MINORITÉ

-23. (1) Les citoyens canadiens: a) dont la première langue apprise et encore comprise est celle de la minorité francophone ou anglophone de la province où ils résident; b) qui ont reçu leur instruction, au niveau primaire, en français ou en anglais au Canada et qui résident dans une province où la langue dans laquelle ils ont reçu cette instruction est celle de la minorité francophone ou anglophone de la province, ont, dans l'un ou l'autre cas, le droit d'y faire instruire leurs enfants, au niveau primaire et secondaire, dans cette langue. (2) Les citoyens canadiens dont un enfant a reçu ou reçoit son instruction, au niveau primaire et secondaire, en français ou en anglais au Canada ont le droit de faire instruire tous leurs enfants, au niveau primaire et secondaire, dans la langue de cette instruction. (3) Le droit reconnu aux citoyens canadiens par les paragraphes (1) et (2) de faire instruire leurs enfants, aux niveaux primaire et secondaire, dans la langue de la minorité francophone ou anglophone d'une province: a) s'exerce partout dans la province où le nombre des enfants des citoyens qui ont ce droit est suffisant pour justifier à leur endroit la prestation, sur les fonds publics, de l'instruction dans la langue de la minorité; b) comprend, lorsque le nombre de ces enfants le justifie, le droit de les faire instruire dans des établissements d'enseignement de la minorité linguistique financés sur les fonds publics.

RECOURS

-24. Toute personne, victime de violation ou de négation des droits ou libertés qui lui sont garantis par la présente charte, peut s'adresser à un tribunal compétent pour obtenir la réparation que le tribunal estime convenable et juste, eu égard aux circonstances. (2) Lorsque, dans une instance visée au paragraphe (1), le tribunal a conclu que des éléments de preuve ont été obtenus dans des conditions qui portent atteintes aux droits et libertés garantis par la présente charte, ces éléments de preuve sont écartés s'il est établi, eu égard aux circonstances, que leur utilisation est susceptible de déconsidérer l'administration de la justice.

DISPOSITIONS GÉNÉRALES

-25. Le fait que la présente charte garantit certains droits et libertés ne porte pas atteinte aux droits et libertés -ancestraux, issus de traités ou autre- des peuples autochtones du Canada, notamment: a) aux droits et libertés reconnus par la Proclamation royale du 7 octobre 1763 ; b) aux droits ou libertés existants issus d'accords sur les revendications territoriales ou ceux susceptibles d'être acquis. -26. Le fait que la présente charte garantit certains droits et libertés ne constitue pas une négation des autres droits ou libertés qui existent au Canada. -27. Toute interprétation de la présente charte doit concorder avec l'objectif de promouvoir le maintien et la valorisation du patrimoine multiculturel des Canadiens. -28. Indépendamment des autres dispositions de la présente charte, les droits et libertés qui y sont mentionnés sont garantis également aux personnes des deux sexes. -29. Les dispositions de la présente charte ne portent pas atteinte aux droits ou privilèges garantis en vertu de la constitution du Canada concernant les écoles séparées et autres écoles confessionnelles. -30. Dans la présente charte, les dispositions qui visent les provinces, leur législature ou leur assemblée législative visent également le Yukon, les Territoires du Nord-Ouest ou leurs autorités législatives compétentes. -31. La présente charte n'élargit pas les compétences législatives de quelque organisme ou autorité que ce soit.

APPLICATION DE LA CHARTE

-32. (1) La présente charte s'applique: a) au Parlement et au gouvernement du Canada, pour tous les domaines relevant du Parlement, y compris ceux qui concernent le territoire du Yukon et les Territoires du Nord-Ouest ; b) à la législature et au gouvernement de chaque province, pour tous les domaines relevant de cette législature. (2) Par dérogation au paragraphe (1), l'article 15 n'a d'effet que trois ans après l'entrée en vigueur du présent article. -33. (1) Le Parlement ou la législature d'une province peut adopter une loi où il est expressément déclaré que celle-ci où l'une de ses dispositions a effet indépendamment d'une disposition donnée de l'article 2 ou des articles 7 à 15 de la présente charte. (2) La loi ou la disposition qui fait l'objet d'une déclaration conforme au présent article et en vigueur a l'effet qu'elle aurait sauf la disposition en cause de la charte. (3) La déclaration visée au paragraphe (1) cesse d'avoir effet à la date qui y est précisée ou, au plus tard, cinq ans après son entrée en vigueur. (4) Le Parlement ou une législature peut adopter de nouveau une déclaration visée au paragraphe (1). (5) Le paragraphe (3) s'applique à toute déclaration adoptée sous le régime du paragraphe (4).

Titre

-34. Titre de la présente partie: *Charte canadienne des droits et libertés.*

3

LA PENSÉE SOCIALE CHRÉTIENNE

« L'enseignement et la diffusion
de la doctrine sociale
font partie de la mission
d'évangélisation de l'Église. »

(Jean-Paul II,
Sollicitudo rei socialis, n° 41)

OBJET DE L'ENSEIGNEMENT SOCIAL

« L'objet premier de cet enseignement social est la dignité
personnelle de l'homme, image de Dieu, et de ses droits
inaliénables. L'Église a progressivement explicité son
enseignement dans les divers domaines de l'existence, social,
économique, politique, culturel, et cela en fonction des besoins.
La finalité de cette doctrine de l'Église — qui propose sa
vision propre de l'homme et de l'humanité —
est toujours la promotion et la libération intégrale de la
personne humaine, dans ses dimensions terrestre et
transcendante, en contribuant ainsi à la construction du
Royaume ultime et définitif, sans pour autant confondre le
progrès temporel avec la croissance du Royaume de Dieu. »

Document final de la Conférence de Puebla, n° 475

Dans l'étude de la question sociale en Occident et dans les efforts accomplis pour trouver des solutions, les Églises chrétiennes ont joué un rôle important. Les observations qui suivent concernent surtout l'apport de l'Église catholique. Mais il ne faudrait pas sous-estimer la contribution des autres communautés chrétiennes, surtout au plan pratique (approche pastorale) : multitude d'initiatives, d'œuvres, d'efforts en vue d'améliorer les conditions de vie ouvrière et d'instaurer un ordre social plus conforme à la justice.

À partir de Léon XIII, on parle, en milieux catholiques, de *doctrine sociale de l'Église*. De nos jours, on préfère souvent l'expression *enseignement social* à celle de *doctrine*, dont la coloration magistérielle et impérative détonne un peu dans une matière affectée d'un coefficient élevé de contingence[1]. On parle aussi de *pensée sociale chrétienne* : celle-ci prend forme non seulement à travers un enseignement officiel, mais aussi à partir d'expériences, d'événements. Elle nourrit une praxis, mais est également alimentée par elle. Elle s'inspire de la vie et des expériences de groupes chrétiens dynamiques autant que du discours officiel.

L'attention prêtée par l'Église à la question sociale sous-tend une longue histoire, dont il est éclairant de connaître les tournants principaux. Peu à peu a pris forme un ensemble doctrinal dont l'impact a été considérable en Occident et rejoint le Tiers-Monde. De cet apport nous chercherons à dégager les grands axes théoriques et les traits caractéristiques. Nous en préciserons aussi les limites et les ambiguïtés et nous en soulignerons l'utilité dans la structuration d'une praxis sociale aboutissant à une promotion qualitative des individus et des groupes.

L'enseignement social de l'Église apporte à l'éthique sociale un éclairage particulier et une dimension nouvelle, sans que l'éthique sociale perde sa spécificité à titre de philosophie sociale.

Une relative distanciation perdure entre les deux modes de connaissance, et ce pour trois raisons : 1) dès qu'elle pénètre dans le territoire de la mouvance humaine, la démarche éthique se caractérise par un certain coefficient d'approximation, ce qui incite à pondérer les énoncés provenant de

---

1. Le document *Orientations* (Rome, 1988) identifie les syntagmes « Doctrine sociale » et « enseignement social » (p. 6).

l'approche théologique; 2) l'éthique sociale intègre dans sa démarche les apports d'autres courants chrétiens (tel le réformisme social protestant) et ceux des sciences humaines, dont les conclusions débordent l'aire du discours religieux; 3) eu égard à des conclusions qui relèvent de principes seconds de la morale, la liberté chrétienne s'attribue une marge de réserve, de discrétion; elle recherche un consensus qui s'inscrit dans la mouvance de la foi et des pratiques sociales chrétiennes sans nécessairement refléter littéralement le discours officiel.

1. GENÈSE DE LA DOCTRINE SOCIALE

1.1 DE TOUS TEMPS, UNE DOCTRINE. Selon Pie XII, «l'Église, société universelle des fidèles de toute langue et de tous les peuples, a sa doctrine sociale propre, profondément élaborée par elle dès les premiers siècles jusqu'à l'époque moderne et étudiée, dans son développement progressif, sous tous les angles et tous les aspects[2].» Mais ce n'est que récemment, constate Émile Marmy, «que cette doctrine sociale s'est explicitée et s'est constituée en une synthèse proprement dite, dégagée pour elle-même — mais non séparée — de l'ensemble philosophico-théologique dans lequel, durant les âges précédents, elle était intégrée et se trouvait implicitement contenue[3].»

1.2 LA LOI ANCIENNE. Les dix commandements forment l'assise de la Loi ancienne. S'y ajoutent un grand nombre de préceptes dont plusieurs ont une dimension sociale: l'égalité entre les membres du Peuple de Dieu; la destination commune des biens; le droit des pauvres; l'interdiction du prêt à intérêt; les droits de l'étranger, de l'orphelin, de la veuve; le droit des esclaves; le juste salaire; l'année sabbatique; l'année jubilaire, etc.

Certaines de ces règles morales (comme le prêt à intérêt, le principe égalitaire) auront une influence qui dure encore de nos jours. Le prêt à intérêt perverti en usure est redevenu de nos jours objet de débats. Quant au principe égalitaire, il est, selon John K. Galbraith, «la conception sociale la plus importante léguée par le christianisme»; or ses racines sont vétéro-testamentaires.

1.3 LES PROPHÈTES. La préoccupation majeure, chez les Prophètes, est de rappeler les exigences de l'Alliance du peuple élu avec Yahvé. La première de ces exigences concerne les rapports de solidarité, de justice et d'humanité. Il s'agit d'une doctrine sociale inséparable de la doctrine religieuse. «La justice a un rapport étroit avec la vocation d'Israël, non pas en ce sens qu'elle

---

2. PIE XII, Allocution, 22 février 1944.
3. Émile MARMY, *La communauté humaine selon l'esprit chrétien*, «Introduction», p. XII.

serait limitée aux seuls juifs, elle est au contraire universelle et l'étranger en a le bénéfice, mais en ce sens qu'elle est l'essence même de la communion vitale avec Dieu[4]».

1.4 L'ÉVANGILE. Dans l'optique de l'Incarnation, la Bonne Nouvelle du Royaume prend forme dès maintenant, dans l'histoire des individus et des sociétés. Jésus formule une manière de concevoir l'existence humaine, une manière de se comporter en ce monde où s'amorce le Royaume. Le Royaume de Dieu est déjà présent là où des hommes et des femmes incarnent l'image du Verbe.

L'homme de Nazareth est un citoyen ordinaire, faisant preuve d'autorité, mais gardant ses distances face aux puissances en place. Il met en garde contre le pouvoir de l'argent, défend les droits des plus faibles, se préoccupe du pain quotidien, guérit les malades, dénonce les structures oppressives, incluant celles qui reflètent une perception fausse de la loi religieuse. Son comportement inspirera les choix sociaux et économiques de millions de croyants à travers les siècles.

1.5 L'ÉGLISE DES ORIGINES. Les premières communautés chrétiennes sont composées de petites gens : pêcheurs, laboureurs, tisserands, esclaves, etc. On y pratique le partage, la solidarité entre Églises ; certains vont jusqu'à pratiquer la mise en commun des biens privés (*Actes* 4,32-34). Saint Jacques dénonce le danger des richesses et défend les droits des travailleurs (*Jacques* 5,1-6). Saint Paul enseigne la noblesse du travail manuel et le devoir de travailler pour gagner son pain quotidien (*1 Thessaloniciens* 4,11-12 ; *2 Th.*, 3,8-10). L'idée de vivre sans travailler ou de vivre aux dépens des autres est étrangère à la tradition chrétienne des premiers temps.

1.6 LE DISCOURS DES PÈRES. Même si, à partir de l'ère constantinienne, l'Église obtient la reconnaissance sociale et jouit de multiples faveurs, les obligations de justice, le devoir de partage, les mises en garde au sujet des dangers de la richesse et les expériences de pauvreté volontaire continuent d'occuper une large place dans la vie des communautés chrétiennes. Les Pères de l'Église n'ont cessé de mettre en lumière la dimension sociale de l'Évangile. Il y a là un trait caractéristique qui inspirera les générations suivantes[5].

1.7 LE MONDE DE LA CHRÉTIENTÉ. L'ère médiévale est le théâtre d'un approfondissement du message social de l'Évangile. On cherche à préciser les exigences de justice en intégrant à la tradition chrétienne les apports des penseurs grecs et latins. Les corporations et les confréries contribuent à mettre en lumière la valeur *travail* et à faire des travailleurs des membres à

---

4. Pierre BIGO, *La doctrine sociale de l'Église*, p. 14
5. Pierre BIGO, ouvrage cité, p. 27-34.

part entière de la Cité chrétienne. Des initiatives de toutes sortes (fondations, œuvres de charité) se multiplient dans le but d'impartir au message chrétien le maximum d'efficacité. La vision chrétienne de la société comme lieu de partage et de solidarité imprègne la culture et les comportements et contribue à adoucir les mœurs, à *civiliser*.

Alors que le monde de la chrétienté se désintègre peu à peu sous l'impact de forces dissolvantes, les pratiques sociales se perpétuent, se renouvellent et se diversifient. Innombrables, les fondations religieuses vouées au service des pauvres, des groupes défavorisés, des malades, des enfants abandonnés, etc. Une tendance qui va croissant à mesure que le capitalisme pré-industriel et le capitalisme industriel sauvage créent de nouvelles formes d'exploitation et d'enrichissement qui vont de pair avec de nouvelles formes de pauvreté et de misère.

1.8 Le monde des choses nouvelles. Le XIXᵉ siècle, c'est un monde différent (et il est regrettable que Grégoire XVI et Pie IX s'y soient comportés comme s'ils avaient vécu un siècle plus tôt). L'ordre ancien, déjà gravement ébranlé par la Révolution française, continue de s'effriter sous la poussée des idées démocratiques, du libéralisme économique et du progrès technique. Des problèmes socio-économiques inédits par leur dimension et leur gravité (comme l'émergence du prolétariat industriel), provoquent des interrogations, des remises en question et la recherche fébrile de solutions nouvelles. C'est vraiment l'époque des «*rerum novarum*». La théologie traditionnelle, affaiblie dans son organisation et appauvrie dans son armature intellectuelle, se révèle inapte à affronter cet univers non familier. Par surcroît, les énergies chrétiennes sont accaparées par les problèmes internes, dont la survie des États pontificaux et l'école chrétienne. Une partie de l'élite chrétienne vit en marge du monde réel. Elle demeure nostalgiquement attachée à l'ordre ancien.

1.9 Un aggiornamento. Dans ce contexte, le coup de barre donné par Léon XIII prend l'allure d'une opération choc. Sans doute le vénérable pontife demeure-t-il grandement attaché, intellectuellement et affectivement, à l'ordre ancien[6]. Mais une attention vive aux signes des temps contribue à modifier son optique. Il perçoit que le progrès de la foi dépend de la réponse que les chrétiens sauront donner aux graves problèmes socio-économiques. Il est à l'écoute des minorités agissantes (surtout les catholiques sociaux) qui cherchent comment rendre l'Évangile présent dans le monde de la vie économique. Il est inquiété par la montée des courants nouveaux (tels que le

---

6. Ce qui demeure apparent dans son approche des problèmes et dans son langage, par exemple dans l'encyclique *Quod apostolici muneris* (28 décembre 1878) qui marque le début de son pontificat, et même dans l'encyclique *Rerum novarum*.

socialisme) qui, dira-t-il, proposent des remèdes pires que le mal qui afflige les travailleurs. La réorientation qu'il propose de l'activité des chrétiens, paraît, avec le recul du temps, modérée, prudente, presque timorée. Mais dans le contexte d'une Église repliée sur la défensive et déphasée par rapport à la véritable problématique de l'époque, cela équivalait à un nouveau départ, à un aggiornamento. En orientant les chrétiens dans le sens de l'histoire, le vieux pontife les libérait de l'asphyxie spirituelle où les emprisonnaient la mentalité de ghetto, l'attachement à l'ordre ancien et le conservatisme social. C'est donc à bon droit qu'on attribue à Léon XIII l'essor de ce qui désormais s'appellera la doctrine sociale de l'Église.

2. POINTS DE REPÈRE

2.1 Composantes. L'armature essentielle de cette doctrine se trouve dans les documents pontificaux traitant principalement de questions économiques, sociales et politiques (encycliques, allocutions, lettres). Certains documents particulièrement significatifs, publiés par des évêques, complètent l'armature de base. Les études de théologiens et de moralistes, les réflexions et les réalisations concrètes de chrétiens et de non-chrétiens ont contribué à préciser cet enseignement, à y introduire des correctifs, à réajuster des orientations.

À l'exception de certains postulats fondamentaux, l'enseignement social chrétien est sujet à une constante évolution, laquelle est stimulée par la multiplicité et la diversité des pratiques d'inspiration chrétienne. Pour beaucoup de militants chrétiens, l'enseignement social apparaît comme *un réseau de points de repère* plutôt qu'un encadrement ou un corridor marquant les limites de la liberté de manœuvre. À leurs yeux, l'enseignement guide la pratique, mais il est aussi guidé par elle[7].

2.2 Certains documents du magistère romain[8] en matière sociale ont acquis une notoriété particulière. Ils forment les grandes articulations de l'enseignement social. Rédigés en vue de répondre à une situation donnée,

---

7. Un exemple de cette perspective : l'essor de la théologie de la libération, issue de la praxis sociale chrétienne en Amérique latine. (*cf.* 2.5) Voir Joseph Comblin, *Théologie de la Révolution*, Paris, Éd. universitaires, 1970. Voir aussi le numéro spécial de *Concilium* (nᵒ 96, juin 1974) consacré à cette question. On y trouve des indications bibliographiques intéressantes. La revue a consacré à ce dossier un autre cahier spécial en 1986.

8. Sous ce vocable, il convient d'inclure les déclarations conciliaires et synodales, de même qu'un texte dans le genre de celui qui a été publié par le cardinal Roy, président de la Commission pontificale Justice et paix, à l'occasion du 10ᵉ anniversaire de *Pacem in terris*. Sous la forme d'une lettre adressée au pape, il s'agit en fait de l'expression de la pensée pontificale elle-même.

ils contiennent habituellement un rappel de principes, une évaluation de situations concrètes et des directives ou des suggestions pour l'action. De caractère directif à l'origine, ils ont tendance de nos jours à revêtir une allure plutôt indicative, le commandement laissant place à une activité de conscientisation et de discernement.

C'est avec tout son dynamisme que l'enseignement social de l'Église accompagne les hommes dans leur recherche. S'il n'intervient pas pour authentifier une structure donnée ou proposer un modèle préfabriqué, il ne se limite pas non plus à rappeler quelques principes généraux: il se développe par une réflexion menée au contact des situations changeantes de ce monde, sous l'impulsion de l'Évangile comme source de renouveau, dès lors que son message est accepté dans sa totalité et dans ses exigences. Il se développe aussi avec la sensibilité propre de l'Église, marquée par une volonté désintéressée de service et une attention aux plus pauvres. Il puise enfin dans une expérience riche de plusieurs siècles qui lui permet d'assumer, dans la continuité de ses préoccupations permanentes, l'innovation hardie et créatrice que requiert la situation présente du monde[9].

2.3 INVENTAIRE. Parmi les documents où se retrouvent les constantes de l'enseignement social catholique et qui en même temps témoignent de son évolution, quelques titres sont particulièrement à retenir.

2.3.1 *RERUM NOVARUM* (15 mai 1891). La parution de cette encyclique marque un tournant. Léon XIII dénonce les abus du libéralisme et les injustices dont sont victimes les travailleurs. Il rejette d'autre part la solution socialiste, telle qu'il la perçoit, et vante les avantages de la propriété privée. Il préconise la collaboration et non la lutte des classes. L'encyclique prône le droit et le devoir d'intervention de l'État dans la vie économique, avant tout en faveur des défavorisés et des indigents. Léon XIII préconise l'association professionnelle qui regroupe soit patrons et ouvriers, soit ouvriers seuls. Il conclut en rappelant que la première réforme qui s'impose, c'est la restauration des mœurs chrétiennes[10].

2.3.2 *QUADRAGESIMO ANNO* (15 mai 1931). À l'occasion du quarantième anniversaire de *Rerum novarum*, Pie XI, après avoir rendu hommage à Léon XIII, pousse plus loin l'investigation. Il insiste sur l'aspect social de la propriété privée et les droits des travailleurs. Il reprend à son compte l'affirmation de Léon XIII à savoir que «le travail manuel est la source unique

---

9. *Octogesima adveniens*, n° 42, texte de l'Action populaire, Éd. ouvrières.

10. *Singulari quadam* de Pie X (septembre 1912) sur le syndicalisme confessionnel et le syndicalisme mixte et la *Lettre de la Sacrée Congrégation du Concile au cardinal Liénard* (5 juin 1929) sur le droit des travailleurs à s'organiser en syndicats autonomes (différents des syndicats patronaux) sont des relais majeurs entre *Rerum novarum* et *Quadragesimo anno*.

d'où provient la richesse des nations», et propose des critères visant à déterminer le juste salaire. Il estime que la restauration de l'ordre social requiert des réformes structurelles (les corporations) et une réforme des mœurs. Tout en dénonçant les abus du capitalisme, il affirme que le système, quoique vicié, n'est pas mauvais en soi. Il reconnaît des mérites au socialisme modéré, mais l'estime néanmoins incompatible avec la foi chrétienne. Il conclut en affirmant qu'une complète rénovation de l'esprit chrétien doit accompagner la restauration sociale tant désirée[11].

2.3.3 DIVINI REDEMPTORIS (19 mars 1937). Cette encyclique de Pie XI forme la partie principale d'une trilogie dont les deux autres éléments sont *Non abbiamo bisogno* (29 juin 1931), au sujet de certains comportements du fascisme italien et *Mit brennender Sorge* (14 mars 1937) contre le nazisme. Dirigé contre le communisme athée, *Divini Redemptoris* est le plus élaboré et le plus connu des trois documents.

La prise de position contre le communisme est radicale. «Le communisme est intrinsèquement pervers et l'on ne peut admettre sur aucun terrain la collaboration avec lui de la part de quiconque veut sauver la civilisation chrétienne». En plus de la condamnation du communisme comme doctrine et comme praxis, le document rappelle certaines données de l'enseignement social chrétien sur le rôle de l'État, le juste salaire, les associations professionnelles et le corporatisme. À noter des observations intéressantes sur la pastorale sociale et sur l'attention que les milieux chrétiens doivent accorder aux problèmes socio-économiques.

2.3.4 LA SOLENNITÀ (1er juin 1941). Ce radio-message de Pie XII, transmis à l'occasion de la Pentecôte, marque le cinquantième anniversaire de *Rerum novarum*. Il proclame le principe de la *destination universelle des biens*[12], posé comme antérieur et supérieur au principe de propriété privée. De là l'insistance sur la justice distributive, sans laquelle le vrai but de l'économie nationale ne peut être atteint. À noter aussi un rappel sur la dignité du travail, les droits des travailleurs et l'urgence de mettre la propriété privée au service de la famille[13].

2.3.5 BENIGNITAS (24 décembre 1944). Radio-message de Pie XII, transmis à l'occasion de la fête de Noël. Pour la première fois dans l'histoire, un

---

11. À souligner, comme prolongement de *Quadragesimo Anno*, l'encyclique *Nova impendet* (2 octobre 1931) et *Caritate Christi compulsi* (3 mai 1931), au sujet de la crise économique et de ses conséquences morales et spirituelles.
12. Déjà énoncé formellement dans la lettre encyclique *Sertum lætitiæ* (1er novembre 1939).
13. À l'occasion de lettres, discours et allocutions, Pie XII a traité à plusieurs reprises de problèmes de morale sociale. Voir l'énumération des documents dans Robert KOTHEN, *L'enseignement social de l'Église*, Louvain, Éd. Warny, 1949, «Introduction», p. 14-18.

document pontifical exprime une préférence marquée pour la démocratie comme forme de gouvernement. «Éduqués par une amère expérience, dit le pape, ils (les peuples) s'opposent avec une répulsion toujours plus grande au monopole d'un pouvoir dictatorial, incontrôlable et intangible. Ils réclament un système de gouvernement qui soit plus compatible avec la dignité et la liberté des citoyens». En fait, l'Église-institution elle-même a été aussi «éduquée par une amère expérience» et regrette sans doute sa demi-collusion avec les fascismes. On s'aperçoit qu'à force d'insister sur le pouvoir qui vient d'en haut, on a négligé le sort des citoyens ordinaires qui vivent en bas. Sur le problème du pouvoir politique et ses dangers, le document de Pie XII reflète une attitude d'esprit nouvelle.

La démocratie qui semble avoir la préférence du pape est de caractère élitiste. La distinction entre *masse* et *peuple* trahit une certaine méfiance envers les mouvements populaires et les aspirations égalitaires. Mais nonobstant ces réserves, l'option globale et claire et marque un tournant dans la vie de l'Église.

2.3.6 *MATER ET MAGISTRA* (15 mai 1961). Publiée à l'occasion du soixante-dixième anniversaire de *Rerum novarum*, cette encyclique de Jean XXIII contient un rappel de points de doctrine déjà exposés dans les documents antérieurs et propose une approche moins traditionnelle et plus ouverte sur les grandes questions socio-économiques. Il est certain, par exemple, qu'en entérinant la distinction entre *socialisme* et *socialisation*, le pape ouvrait la voie à une attitude moins rigide à l'égard des courants socialistes. L'attention portée au problème agricole, au développement du tiers-monde et au problème démographique invite à un élargissement des préoccupations sociales. À noter aussi de brèves considérations sur la rémunération du travail, l'auto-financement, la cogestion, les réformes de structures dans les entreprises et les formes nouvelles de propriété.

L'unité un peu artificielle de l'encyclique et son mélange de demi-audace et de réserve seraient attribuables, semble-t-il, à un compromis de dernière heure entre les experts, les uns progressistes et les autres conservateurs, qui ont collaboré à la rédaction du document.

2.3.7 *PACEM IN TERRIS* (11 mai 1963). Peu de temps avant sa mort, Jean XXIII a publié cette encyclique qui, plus que la précédente, reflète sa propre vision des problèmes sociaux. De tous les documents pontificaux, c'est sans aucun doute celui qui a reçu l'accueil le plus chaleureux et unanime au sein de l'opinion publique mondiale. Chez les chrétiens catholiques, il a suscité un intérêt mitigé, si on compare cet intérêt par exemple à celui que provoquera plus tard la publication de *Humanæ vitæ*.

Faisant appel au droit naturel, composante de base de l'anthropologie chrétienne dont s'inspire l'enseignement social catholique, le document propose un ensemble de normes dont l'application favoriserait l'instauration d'une paix véritable. Il recourt, pour fins de démonstration, au concept des *signes des temps*, utilisé comme instrument de perception du sens de l'histoire, occasion d'une relecture des valeurs et moyen de percevoir mieux le projet de Dieu à travers l'évolution de l'humanité. À titre d'exemple de *signes des temps*, signalons : la promotion économique et sociale des travailleurs, la libération de la femme et la libération des peuples colonisés.

À noter des considérations fort éclairantes sur les piliers de la paix, le ministère de l'autorité, le refus de la guerre, l'urgence du désarmement, la collaboration entre catholiques et non-catholiques, la mission des organismes internationaux en faveur de la paix, etc.

2.3.8 *GAUDIUM ET SPES* (7 décembre 1965). La constitution pastorale *Gaudium et Spes* (l'Église dans le monde de ce temps) est un des documents les plus importants promulgués par Vatican II. Il est le fruit d'efforts laborieux et sa rédaction a donné lieu à de vifs affrontements entre la majorité conciliaire attentive à l'aggiornamento et la minorité traditionaliste. On y trouve un exposé sur la condition humaine dans le monde d'aujourd'hui et des considérations sur la dignité de la personne humaine, la vocation de l'homme dans l'aménagement du monde, le rôle des chrétiens dans le temporel. Au nombre des problèmes déclarés prioritaires, le document mentionne la famille et le mariage, la promotion culturelle des masses, les tâches de développement, la réorganisation de la vie sociale et la participation à la vie politique. En finale, il est question de paix et de coopération internationale.

Optimisme, volonté d'incarnation et d'engagement, solidarité avec tous les hommes de bonne volonté, attention au Royaume de Dieu qui se construit ici-bas à travers l'histoire : tels sont les traits caractéristiques de ce grand document ecclésial.

2.3.9 *POPULORUM PROGRESSIO* (26 mars 1967). Jean XXIII avait abordé brièvement les problèmes du tiers-monde dans *Mater et magistra*. « La question sociale est devenue mondiale », déclare Paul VI à qui revient le mérite, dans *Populorum progressio*, d'élargir les frontières de la problématique sociale, continuant ainsi l'ouverture esquissée dans *Gaudium et Spes*. Il importe de souligner que cette encyclique entérinait les efforts et les travaux de nombreuses équipes de militants où L. J. Lebret a joué un rôle d'éclaireur et de leader.

Le thème du développement intégral et solidaire (tout l'homme et tous les hommes) constitue l'idée maîtresse du document. Certains passages ont donné lieu à des débats qui ne sont pas encore clos, par exemple celui sur la distinction entre réformisme et révolution, ou encore celui sur l'inaptitude du libéralisme économique à résoudre le problème du sous-développement.

La parution de cette encyclique a stimulé la réflexion chrétienne au sujet des problèmes de développement, de libération et quant à l'urgence d'une transformation radicale des structures socio-économiques. De nos jours, les prises de position de *Populorum progressio* peuvent paraître dépassées. Mais cet apparent décalage n'enlève rien à l'importance historique du document. C'est « l'encyclique de la Résurrection », disait François Perroux, qui ajoutait : « La lettre encyclique que nous saluons est l'un des plus grands textes de l'histoire humaine ; il rayonne d'une sorte d'évidence rationnelle, morale et religieuse[14]. »

2.3.10 *OCTOGESIMA ADVENIENS* (14 mai 1971). Ce document a été publié à l'occasion du quatre-vingtième anniversaire de la parution de *Rerum novarum*. Il prend la forme d'une lettre adressée par Paul VI au cardinal Maurice Roy, président de la Commission pontificale *Justice et paix*. L'exposé procède moins par voie de directives précises que par l'énoncé de suggestions. On cherche plus à orienter la réflexion et la recherche personnelles qu'à proposer des solutions déjà trouvées. Par exemple, au lieu d'imposer a priori un modèle de pensée et un comportement face au marxisme et au socialisme, on tient compte de l'expérience des militants chrétiens et on suggère une attitude où interviennent à la fois l'esprit d'accueil et le sens critique.

Une caractéristique dominante du document est l'encouragement donné à l'engagement politique. On insiste particulièrement sur la dimension spirituelle que peut revêtir un tel engagement.

À souligner aussi d'autres thèmes d'actualité : idéologies et liberté humaine, discernement chrétien, renaissance des utopies, interrogation des sciences humaines, ambiguïté du progrès.

2.3.11 L<small>A JUSTICE DANS LE MONDE</small> (voir DC, 2 janvier 1972, p. 12-18). Ce document revêt une valeur historique peut-être plus par le fait que sa préparation a donné lieu à beaucoup de travaux et de recherches au sein des Églises locales que par son contenu, qui dépasse peu les considérations générales et les vœux pieux. Cette position générale peut se résumer ainsi : « l'Église, en tant que communauté religieuse et hiérarchique, n'a pas de solution concrète d'ordre social, politique ou économique pour la justice dans le monde. Mais sa mission comporte la défense et la promotion de la dignité et des droits fondamentaux de la personne humaine » (cf. p. 15).

À noter un thème qui offre un intérêt particulier : celui des *injustices sans voix* (migrants, réfugiés, chrétiens persécutés, victimes de la torture, prisonniers politiques, etc.). « Notre action, disent les Pères du Synode, doit se porter en premier lieu vers ces hommes et ces nations, qui, à cause de diverses formes d'oppression et à cause du caractère actuel de notre société, sont victimes d'injustice silencieuse et sont même privés de la possibilité de se faire entendre » (p. 13-14).

---

14. Journal *La Croix* (19 avril 1967). Les réflexions de François Perroux sur l'encyclique sont reproduites en annexe de Vatican II, t. III (coll. Unam Sanctam, n° 65c) p. 201-212.

2.3.12 LETTRE DU CARDINAL ROY (titre officiel : Réflexions du cardinal Maurice Roy à l'occasion du 10ᵉ anniversaire de *Pacem in terris* du pape Jean XXIII). Ce document, publié le 11 avril 1973, équivaut à une lettre encyclique pontificale. Dans une première partie, l'auteur dresse le bilan de *Pacem in terris*. Il trace ensuite une nouvelle problématique de la paix, résultante de conditions historiques nouvelles (À noter le passage important sur la nécessité de combattre l'impérialisme économique). Au sujet des critères d'une vraie paix, il suggère d'ajouter celui du progrès et du changement à ceux mentionnés par Jean XXIII, i.e. vérité, justice, amour, liberté. Reprenant la théorie des *signes des temps* esquissée par Jean XXIII et développée par *Gaudium et Spes*, l'auteur énumère quelques critères d'application. À noter, dans la dernière partie de l'exposé, des réflexions sur *la paix dans l'Église*.

On a reproché au document de promouvoir, à l'instar de *Pacem in terris*, une conception *statique* de la paix et d'oublier le rôle fondamental des *compromis* dans les décisions concrètes prises pour mettre fin à un état de conflit. D'autres ont déploré l'analyse trop générale et abstraite de la question ; selon eux, le document sous-estime le fait qu'en pratique le chemin qui mène à la paix ne peut faire l'économie de certains conflits (luttes de classes, conflits entre peuples dominateurs et peuples dominés, etc.).

2.3.13 *LABOREM EXERCENS* (14 septembre 1981). Publiée à l'occasion du 90ᵉ anniversaire de *Rerum novarum*, l'encyclique de Jean-Paul II sur le travail s'inscrit dans la continuité de l'enseignement officiel, mais introduit une démarche et un style nouveaux. L'expérience pastorale de l'auteur l'a rendu familier avec le monde du travail dans les régimes socialistes. Il connaît bien d'autre part la situation des travailleurs dans les pays d'économie libérale. Au-delà des confrontations idéologiques et politiques, il a choisi de privilégier les personnes elles-mêmes, c'est-à-dire les travailleurs, leur dignité, la valeur à la fois humaine, spirituelle et économique de leur apport à la vie des familles et des nations. Pour lui, « le travail est une clé, et probablement la clé essentielle de toute la question sociale ». Cette encyclique prestigieuse illustre remarquablement bien comment l'anthropologie chrétienne peut aider à mieux cerner et interpréter les réalités socio-économiques qui nous confrontent.

2.3.14 *SOLLICITUDO REI SOCIALIS* (30 décembre 1987). Datée officiellement de décembre 1987, quoique rendue publique seulement en février 1988, ce magistral document souligne le vingtième anniversaire de la parution de *Populorum progressio*.

Reprenant le thème de Paul VI : « la question sociale est devenue mondiale », Jean-Paul II explicite la formule en deux directions : 1) tous les problèmes sont interreliés, toutes les problématiques sociales sont apparentées ; 2) toutes les consciences sont interpellées et chacun doit se sentir concerné par la question du développement intégral et solidaire des peuples. En déclarant que la question sociale a acquis une dimension mondiale, l'encyclique de Paul VI se propose avant tout de signaler un fait d'ordre moral, qui a son fondement dans l'analyse objective de la réalité. Selon les paroles mêmes de l'encyclique, «chacun doit prendre conscience de ce fait, précisément parce que cela touche directement la conscience, qui est la source des décisions morales» (n° 9).

Les deux décennies qui vont de Paul VI à aujourd'hui témoignent de certains succès dans le domaine du développement, mais globalement il faut avouer que l'entreprise se solde par un *échec*. La cause première de cet échec, dit Jean-Paul II, est d'ordre *moral*. On est parti d'une définition étriquée du développement pour ensuite se fourvoyer dans l'économisme, escamotant les balises fondamentales que sont la liberté (incluant la liberté religieuse), la justice distributive, le devoir de solidarité, la dimension spirituelle de la personne. Ce que l'on décèle, quand on fait le diagnostic du sous-développement, c'est l'impact d'un mal moral, résultant de nombreux péchés qui produisent des «structures de péché». S'imposent donc de nouvelles attitudes, avant tout une forme de conversion qui conduira à promouvoir un ensemble de valeurs humaines et morales, indispensables à l'instauration des réformes et des changements qui traceront la voie à une authentique libération des peuples.

Outre l'insistance sur la dimension morale, l'apport majeur de *Sollicitudo rei socialis* aura été d'interrelier la réflexion qui porte sur la problématique sociale d'ici et celle qui concerne les pays du tiers-monde et le devoir de coopération internationale.

2.3.15 *CENTESIMUS ANNUS* DE JEAN-PAUL II (1er mai 1991) propose une relecture, fort éclairante, de *Rerum novarum* à la lumière de l'histoire, plus particulièrement de la conjoncture présente. Il est intéressant de noter à cet égard qu'un chapitre du document porte comme titre *L'année 1989*.

L'histoire, nous dit le pape, a confirmé la validité des jugements portés par Léon XIII sur le libéralisme, le socialisme (avant tout ce qui s'appellera plus tard le marxisme-léninisme), la propriété privée, les droits des travailleurs, le juste salaire, le devoir d'intervention de l'État en matière sociale, etc. Parmi les «choses nouvelles» dont nous sommes témoins, la plus spectaculaire est sans doute la faillite des régimes marxistes. Jean-Paul II, porte un jugement pondéré sur cet échec, s'employant surtout à diagnostiquer les vices conceptuels du système et ses failles morales. En revanche, il insiste sur le danger qu'il y aurait de conclure que le capitalisme libéral constitue désormais la voie d'avenir. Si on parle de l'initiative privée, de la responsabilité de l'entreprise considérée comme une «société de personnes», d'accord. «Mais si par "capitalisme" on entend un système où la liberté dans le domaine économique n'est pas encadrée par un contexte juridique ferme qui la met au service de la liberté humaine intégrale et la considère comme une dimension particulière de cette dernière, dont l'axe est d'ordre éthique et religieux, alors la réponse est nettement négative. » (nᵒ 42)

Les « hommes de bonne volonté » auxquels s'adresse Jean-Paul II sont placés devant un monde marxiste en déclin et un appareil capitaliste capable de performances sectorielles, mais inapte à réaliser une croissance humaine marquée au coin de la justice et de la solidarité. Ce qu'on lit dans *Centesimus annus* sur la fonction sociale de la propriété, la finalité éthique de l'activité économique et le devoir de solidarité, actualise la vision sociale proposée par Léon XIII et offre des amorces de solution face à la nouvelle problématique qui prend forme à l'aube du XXIᵉ siècle.

2.4 DOCUMENTS COMPLÉMENTAIRES. Aux grands textes les plus significatifs et les plus connus du Magistère s'ajoutent un grand nombre d'allocutions, de radio-messages, de lettres à des Églises locales (par ex. le discours de Paul VI à Medellin) qui apportent des précisions supplémentaires, des nuances, des correctifs.

Certaines prises de position, émanant d'évêques agissant isolément ou de groupes d'évêques, contribuent aussi à faire progresser l'enseignement officiel. Ainsi la lettre des évêques du Québec, en 1950, sur le problème ouvrier[15] ou la déclaration de l'épiscopat français, en 1972, sur la participation des chrétiens à la construction du socialisme. Il importe aussi de souligner l'apport théorique et pratique de plus en plus considérable des évêques d'Amérique latine : par exemple celui d'un Dom Helder Camara, évêque de Recife au Brésil, et les évêques, qui, à la manière de Dom Batista Fragoso, continuent son combat en faveur d'une révolution culturelle et structurelle. À noter, sur la paix et sur la justice économique, la contribution majeure des évêques américains[16].

2.5 LA THÉOLOGIE DE LA LIBÉRATION. Elle a pris son essor à partir d'une réflexion théologique et spirituelle amorcée au sein de communautés chrétiennes dans le Tiers-Monde, particulièrement en Amérique latine. Elle résulte de l'arrimage entre la réflexion de théologiens et des pratiques sociales expérimentées dans les communautés de base. Ce courant nouveau se caractérise par une relecture actualisée du message biblique jointe à une analyse critique des « structures de péché », c'est-à-dire des aménagements socio-économiques générateurs d'injustices et d'inégalités. Elle alimente une grande variété de mouvements sociaux, certains étant qualifiés de révolu-

---

15. Les messages des évêques canadiens, publiés à l'occasion de la Fête du travail, ont eu parfois un retentissement considérable, comme la déclaration de 1970 sur la libération, celle de 1972 sur la justice distributive. À souligner aussi le message de janvier 1983 sur la misère économique et le chômage, qui a réveillé quelques politiciens endormis.

16. Voir *Le défi de la paix : la promesse de Dieu et notre réponse*, juin 1983. DCN, nᵒ 1856, 15 juillet 1983. Aussi, *Justice économique pour tous*, Paris, Cerf, 1988.

tionnaires. Grâce à la théologie de la libération (on peut aussi parler d'une pluralité de théologies de la libération), l'Église latino-américaine, traditionnellement conservatrice et réactionnaire, est devenue, dans plusieurs pays, une force sociale réformatrice de première importance. Elle a exercé une influence tangible dans les changements politiques survenus aux Philippines, à Haïti, au Nicaragua et ailleurs.

2.6 LA PENSÉE SOCIALE CHRÉTIENNE. Les documents officiels du Magistère constituent la partie centrale, le nœud de la *pensée sociale chrétienne*, mais ils ne l'englobent pas entièrement. Comme le souligne J. M. Aubert, « il revient à l'Église tout entière d'actualiser socialement la Parole de Dieu[17] » D'ailleurs, beaucoup de prises de position officielles sont l'aboutissement des travaux, des études, des expériences vécues de chrétiens en situation, de membres actifs de l'*Église peuple de Dieu*. Sans les efforts des catholiques sociaux (surtout français et allemands), *Rerum novarum* n'aurait sans doute pas vu le jour. Sans L. J. Lebret et ses équipes de militants, *Populorum progressio* n'aurait pas revêtu ce caractère de plaidoyer vivant, en langage direct, axé sur une action immédiate au service des peuples du tiers-monde.

La théologie sociale se situe au carrefour des courants d'idées et des mouvements qui traversent l'Église de haut en bas et de bas en haut. Elle a comme tâche d'accueillir et d'interpréter aussi bien l'horizontalité que la verticalité, de se tenir à l'écoute « du vent qui souffle où il veut », c'est-à-dire tenir compte de tous les espaces humains et idéologiques où vit et lutte le peuple de Dieu, l'humanité en recherche consciente ou inconsciente de Jésus-Christ. Il s'ensuit que le travail des intellectuels chrétiens ne peut se réduire à celui de transmetteurs unidirectionnels de messages venus de l'appareil ecclésiastique, ou à celui d'apologètes inconditionnels soucieux de colmater les brèches ou les faiblesses du réseau idéologique officiel. Ils ont aussi à écouter, recueillir, critiquer et interpréter ce qui émane de la praxis quotidienne des croyants (et des non-croyants) en situation. Ce faisant, ils contribuent à faire progresser la pensée sociale chrétienne et à accroître l'efficacité de l'enseignement officiel, empêchant celui-ci de tourner dans le vide à l'instar d'un moteur non embrayé.

3. CARACTÉRISTIQUES[18]

3.1 FONDEMENTS. Deux piliers soutiennent l'édifice idéologique qui forme la charpente de la doctrine sociale catholique : la Révélation et le Droit

---

17. J. M. AUBERT, *Pour une théologie de l'âge industriel*, t. I, p. 47.
18. *Orientations* (ch. III, IV, et C) décrit les trois éléments qui constituent la doctrine sociale : a) principes permanents ; b) critères de jugement ; c) directives d'action.

naturel[19]. L'éthique sociale protestante ne reconnaît pas la doctrine du droit naturel. En pratique, les valeurs qu'elle défend et promeut sont en fait souvent celles-là mêmes que l'Église catholique affirme être de droit naturel[20]. Dans la pensée catholique, le concept de droit naturel apparaît comme le relais essentiel qui permet aux valeurs proclamées dans la Révélation de s'incarner dans le monde en changement. Héritage de la pensée thomiste, il combine l'idéal de continuité et l'ouverture au changement.

> On peut dire en gros que dans la pensée d'un saint Thomas (qui est à la source de la pensée pontificale moderne), le droit naturel constitue le lien nécessaire entre la loi divine (essentiellement celle annoncée par Jésus-Christ) et la réalité humaine (précisée par tous les droits positifs, civils ou canoniques). Ce lieu permet de connaître et d'accomplir la Parole salutaire de Dieu (en soi appelée loi éternelle) au sein même de l'histoire humaine concrète et de la vie morale de chacun[21].

3.2 UNE NORME SOUPLE. De même que la Révélation se prête à une relecture incessante en fonction des perceptions spirituelles et des signes des temps, ainsi le droit naturel est-il soumis à une certaine évolution. La mutation est *objective*, parce que l'homme, agent de sa propre évolution, modifie les conditions de son existence (chez lui la nature intègre de façon intrinsèque l'esprit et la liberté); elle résulte aussi de la *connaissance* que l'homme acquiert de sa propre nature[22].

Il va de soi qu'on doit s'attendre à une mutabilité encore plus grande quand il s'agit de l'évolution des conditions collectives de vie. Le caractère dit *naturel* de l'organisation sociale et en effet beaucoup plus relatif que celui qui affecte l'homme dans sa réalité individuelle ou dans sa vie familiale. Quand on affirme, par conséquent, que la doctrine sociale est «fixée définitivement et de façon univoque quant à ses points fondamentaux[23]» cela doit s'entendre *de la fixité de points de repère essentiels dans une mouvance permanente*. En fait, l'histoire de la doctrine sociale témoigne à la fois d'une remarquable continuité et d'une constante évolution. (voir SRS, n° 3)

L'évolution est décelable dans le contenu, la méthode d'analyse et le langage.

---

19. Sur le droit naturel, voir le chapitre sur les valeurs morales.
20. Sur la position protestante, voir l'ouvrage de Roger MEHL, *Pour une éthique sociale chrétienne*.
21. J. M. AUBERT, *Pour une théologie de l'âge industriel*, t. I, p. 364.
22. Sur la mutabilité de la loi naturelle, voir saint Thomas d'Aquin, *Somme théologique*, Ia, 2ae, Q. 94. Voir aussi J. LECLERCQ, *Leçons de droit naturel*, t. I, p. 8-88.
23. PIE XII, *Allocution aux membres du Congrès de l'action catholique italienne*, 29 avril 1945 (BP. VII, p. 90). «L'Église, en ce qui concerne les choses essentielles, n'a pas besoin de supprimer une seule ligne de sa doctrine sociale» (Radio-Message, 2 septembre 1956. *Documentation catholique*, n° 1235 (septembre 1956), p. 1243).

3.2.1 Évolution continue. On a beau parler de doctrine immuable, il ne fait nul doute, par exemple, que la pensée de Jean XXIII et de Paul VI sur le socialisme n'est pas celle de Léon XIII. Au sujet de la démocratie, Pie XII prend ses distances avec Pie X (tout en rendant hommage à son prédécesseur, comme cela convient!). Jean XXIII parle de l'aspiration à l'égalité naturelle entre les hommes comme d'un *signe des temps*, alors que Léon XIII soutenait que c'est la nature «qui, en effet, a disposé parmi les hommes des différences aussi multiples et profondes (...), différences nécessaires d'où naît spontanément l'inégalité des conditions comme des individus[24]». Il est apparent aussi que l'image de la vocation «naturelle» de la femme chez Pie XII et Jean XXIII diffère de celle qu'on trouve chez leurs prédécesseurs[25].

3.2.2 Les méthodes d'analyse. La méthode caractéristique des documents les plus anciens est principalement déductive. Avec Jean XXIII la méthode inductive joue un rôle prépondérant. Le recours aux *signes des temps* contribue à modifier l'attitude d'esprit face aux changements sociaux.

Dans l'évaluation morale des idéologies ou des phénomènes sociaux on décèle aussi un changement d'approche. Dans le cas du marxisme, par exemple, on évolue du rejet global à la récupération partielle (comme dans *Octogesima adveniens* et *Sollicitudo rei socialis).*

3.2.3 Le langage. Celui-ci se ressent de l'époque, aussi de l'idée que les pasteurs se font de leur rôle. Chez Léon XIII, aussi chez Pie XI et Pie XII, l'expression est paternelle et aristocratique. Les formules trahissent une assurance, une possession sereine et tranquille de la vérité qu'on retrouve beaucoup moins chez Jean XXIII et Paul VI. Chez ce dernier, le langage directif cède la place à la suggestion et au dialogue. On a l'impression que le pape attend des autres chrétiens un complément à sa propre réflexion. La doctrine se transforme en une méditation sur l'événement à laquelle sont conviés les chrétiens engagés sur le terrain du combat social.

3.3 Constantes. Nonobstant cette évolution et cette mobilité, il demeure qu'on peut discerner, au sein de l'immense réservoir idéologique que constitue la doctrine sociale, des lignes continues, des constantes. Énumérons-en quelques-unes :

1. primauté de la personne humaine et de sa dignité ;
2. exigence d'un minimum de biens matériels pour le développement humain et le progrès spirituel ;
3. solidarité entre les communautés humaines ;
4. primauté de la famille face à l'État ;

---

24. *Rerum novarum* n° 447 (Édition Marmy).
25. Sur l'évolution de la doctrine sociale et les aspects de *continuité* et de *développement*, voir *Orientations*, n°s 11-12.

5. respect de l'autorité et de l'ordre social;
6. primauté du bien commun;
7. principe de la destination universelle des biens;
8. légitimité et utilité de la propriété privée;
9. caractère impératif de la justice sociale éclairée par la charité;
10. communauté d'intérêts entre les classes et rejet de la lutte des classes;
11. dignité du travail et des travailleurs;
12. droit et devoir des travailleurs de se regrouper en associations professionnelles;
13. devoir de l'État d'intervenir en matière sociale, à la lumière du principe de subsidiarité;
14. promotion de la paix et du développement, celui-ci étant considéré comme « le nouveau nom de la paix »;
15. priorité de la réforme des mœurs et du retour aux valeurs spirituelles, postulées comme conditions essentielles d'une réforme sociale authentique.

3.4 EXÉGÈSE. Plusieurs des constantes idéologiques véhiculées par la doctrine sociale font partie de l'ordre des valeurs reconnues, tout au moins théoriquement, dans les sociétés occidentales. L'interprétation qui est donnée de l'une ou de l'autre d'entre elles peut cependant varier considérablement selon les milieux, les mentalités, les circonstances historiques. Les affirmations sur la propriété privée, la famille et l'autorité se prêtent à des interprétations tantôt « progressistes », tantôt conservatrices. D'autres s'équilibrent et se complètent (par exemple la destination universelle des biens et la propriété privée). La tentation est fréquente d'utiliser les énoncés en fonction de choix idéologiques particuliers. En certains cas, il peut arriver que l'invocation d'un principe ait comme but implicite le désamorçage de son contenu dynamique.

C'est ce qui se produit parfois dans le rappel de la primauté du bien commun, qui conduit à rejeter, au nom d'une valeur abstraitement proclamée, le droit de réaliser un changement bénéfique bien précis et concret (réforme sociale, revendication salariale, réparation d'une injustice collective, etc.), le « bien commun » étant alors identifié au statu quo. Comme le souligne Roger Mehl, « le bien commun peut devenir et est en fait souvent devenu le paravent du conservatisme social[26] ».

Néanmoins, ce serait pécher par simplisme que de nier l'utilité des normes d'action sociale proposées par l'Église sous prétexte qu'elles donnent lieu à des interprétations déformantes. Il importe en revanche de mettre en lumière leur signification fondamentale en fonction d'une éthique du

---

26. Roger MEHL, *Pour une éthique sociale chrétienne*, p. 71.

changement. À ce point de vue, un travail considérable reste à accomplir. Une entreprise complémentaire et également urgente devra viser à libérer les affirmations clés de l'enseignement officiel d'alluvions historiques qui rendent difficile leur conversion en concepts opératoires valables pour un agir social efficace[27].

4. LE BILAN DE L'ENSEIGNEMENT SOCIAL

4.1 APOLOGIE DE *RERUM NOVARUM*. Dans la première partie de l'encyclique *Quadragesimo anno*, Pie XI fait le bilan de *Rerum novarum* et souligne les heureux effets du coup de barre donné par Léon XIII. Par exemple :

— mise en valeur des implications sociales du message évangélique ;
— élaboration d'une « science sociale catholique » ;
— essor de la pastorale ouvrière ;
— multiplication d'œuvres de bienfaisance et de charité ;
— nouvelle conception du rôle de l'État en matière sociale ;
— appui aux législations sociales ;
— appui aux revendications des travailleurs ;
— émergence d'un droit du travail ;
— encouragement au syndicalisme, etc.

On peut dire « que l'Encyclique de Léon XIII s'est révélée, avec le temps, la Grande Charte qui doit être le fondement de toute activité chrétienne en matière sociale. Qui ferait peu de cas de cette Encyclique et de sa commémoration solennelle montrerait qu'il méprise ce qu'il ignore, ou ne comprend pas ce qu'il connaît à moitié, ou, s'il comprend, mérite de se voir jeter à la face son injustice et son ingratitude[28]. »

4.2 ÉVALUATION. Il demeure difficile, en fait, de mesurer l'impact de l'enseignement social catholique. Certains bons effets attribués aux encycliques résultent de facteurs multiples. La mise en lumière de la condition ouvrière fut l'œuvre des socialistes et de minorités agissantes catholiques avant d'être celle du magistère romain. De même, venu à l'histoire avec quelque retard, le syndicalisme chrétien a dû faire du rattrapage avant de rejoindre les syndicalismes socialiste ou neutre. On doit souligner d'autre part qu'en beaucoup de pays des catholiques n'avaient pas attendu le feu vert de la papauté pour s'engager dans le combat social.

---

27. Voir plus loin les remarques sur les limites et les lacunes de la doctrine sociale.
28. *Quadragesimo anno*, n° 42.

Même si le jugement porté par Pie XI sur les résultats positifs de l'œuvre sociale de Léon XIII pourrait donner l'impression d'un processus subtil de récupération, il n'en demeure pas moins que le bilan de l'enseignement social de l'Église, tant de Léon XIII à Pie XI que de Pie XI à aujourd'hui, apparaît très favorable. Outre les résultats positifs soulignés par Pie XI, il convient d'inscrire au crédit de cet enseignement plusieurs autres retombées heureuses.

4.2.1 Tout modéré qu'il soit dans ses objectifs et sa formulation, cet enseignement a contribué à libérer beaucoup de chrétiens du piège du conservatisme social. L'action sociale et syndicale a atténué le volet traditionaliste que l'on considérait, chez des non-catholiques et chez beaucoup de catholiques, comme l'image de marque du catholicisme romain.

4.2.2 Cet enseignement a obligé les écoles de théologie à sortir des sentiers battus et à dépoussiérer le champ de recherche de la théologie morale. Beaucoup reste à faire cependant pour que la théologie sociale soit reconnue comme partie formelle et intégrale du domaine de la morale et pour qu'on lui reconnaisse son « caractère éminemment théologique[29] ».

4.2.3 Les prises de position des papes et des évêques en matière sociale ont eu souvent un effet stimulant autant chez les intellectuels chrétiens que chez les militants engagés dans l'action directe sur le terrain. Ceux qui ont intégré cet enseignement (parfois avec des réserves et des critiques) dans leur démarche intellectuelle personnelle se sont ainsi donné un système de pensée cohérent, un appui théorique précieux, une source stimulante pour l'action.

Face à la tradition intellectuelle capitaliste libérale et à son ennuyeuse orthodoxie confortablement assise sur le pouvoir de l'argent, on ne trouve en fait que trois ensembles idéologiques convenablement articulés : le marxisme (avec ses variantes), le socialisme humaniste et la pensée sociale chrétienne. Les recherches, les travaux et les initiatives concrètes que cette dernière a inspirés se comparent avantageusement aux retombées positives que certains croient devoir porter au crédit des deux premiers.

4.2.4 On a pu déceler, surtout en ces dernières années, dans les milieux chrétiens, un déplacement progressif, quoique lent, des pôles de sensibilité morale. L'éthique individualiste et intimiste éclipse moins aisément l'éthique sociale. La préoccupation d'inventer des moyens concrets pour instaurer la justice complète les pieuses considérations générales. La sensibilité spirituelle tend de plus en plus à s'incarner dans un engagement social et politique concret. Plusieurs facteurs ont favorisé cette évolution de la mentalité chrétienne. Parmi eux, il ne fait nul doute que l'enseignement social de l'Église a exercé une influence majeure.

---

29. *Orientations*, n° 5.

4.2.5 Même si l'attitude des militants chrétiens face à l'enseignement social a changé de façon tangible, passant d'une adhésion inconditionnelle à un accueil parfois très critique, cet enseignement constitue toujours un point de repère précieux pour l'action. Les éléments qui prêtent à discussion exercent aussi une pression stimulante, en obligeant à pousser plus loin la réflexion et à remettre en question des certitudes personnelles trop hâtivement coulées dans le béton.

4.2.6 Un regard porté sur l'histoire des Églises locales ajoute des éléments concrets au bilan de l'enseignement social catholique. Il est indéniable par exemple que cet enseignement a eu une influence considérable sur la vie religieuse et sociale dans des pays comme l'Italie, la France, l'Allemagne, la Belgique. Au Québec, multiples sont les réalisations qui, de près ou de loin, se rattachent à cet enseignement: Semaines sociales, syndicalisme catholique, coopératives et caisses populaires, paroisses de colonisation, actions collectives en faveur des défavorisés, opérations-dignité, etc.

4.2.7 Il ne faudrait pas oublier, dans le bilan concerné, l'impact de l'enseignement social catholique dans le Tiers-Monde. On retrouve son influence sous les formes les plus diverses: l'action sociale des missionnaires, des micro-réalisations innombrables axées sur le développement, le travail de conscientisation et de politisation des milieux opprimés, l'enseignement et l'éducation, l'aide médicale, les mouvements axés sur la révolution structurelle, etc. Quelques-unes de ces initiatives dépassent les intentions et les options que l'on trouve formulées dans les encycliques, incluant *Populorum progressio*. Cependant, en maints cas, elles ne font que rejoindre l'intention évangélique fondamentale dont les encycliques proposent une des lectures possibles, laquelle, toute respectable et prioritaire qu'elle soit, n'épuise pas la signification du message premier et laisse place à d'autres interprétations, complémentaires et parfois partiellement divergentes.

5. LIMITES ET AMBIGUÏTÉS

5.1 ZONES GRISES. À lire certains commentaires des documents pontificaux, on croirait que la doctrine sociale de l'Église s'est développée sans hésitation et de façon rectiligne, en suivant une trajectoire où les étapes s'ajoutent harmonieusement les unes aux autres, selon un cheminement clairement prévisible, sans ambiguïtés ni contradictions.

La réalité est tout autre. Que l'on parle soit des textes officiels de l'Église, soit de prises de position face à des conjonctures particulières, soit de l'ensemble des éléments qui composent la pensée sociale catholique, des difficultés surgissent quand il s'agit de discerner l'objet formel de la doctrine ou d'évaluer la validité des méthodes et des solutions proposées, ou encore la certitude morale attachée à tel ou tel énoncé.

Aussi prestigieux que soit l'enseignement social catholique et aussi louables qu'apparaissent les intentions de ses auteurs, il est inévitable qu'on se trouve confronté, dans une entreprise de cette envergure, à des limites, à des lacunes et à des ambiguïtés.

5.2 LES FRONTIÈRES DU SPIRITUEL. Le message de l'Église est formellement et premièrement spirituel et religieux. «C'est à l'éternelle félicité et non pas à une prospérité passagère seulement que l'Église a reçu mission de conduire l'humanité.» (QA, n° 45). Donc, elle ne se reconnaît pas le droit d'intervenir sans raison dans les choses temporelles. Mais où finit le spirituel et où commence le temporel? Question complexe où les hommes d'Église eux-mêmes entretiennent des vues quelque peu divergentes.

Une analyse de la pensée sociale, de Léon XIII à nos jours, permet de déceler plusieurs variantes dans les réponses.

5.2.1 La mission de l'Église est spirituelle, dit-on, mais elle ne peut se désintéresser des questions temporelles chaque fois que la morale est concernée, car la morale doit se subordonner l'ordre social et l'ordre économique.

5.2.2 La doctrine de l'Église contient des solutions spirituelles et morales indispensables à la *restauration* de l'ordre social, dont le passé chrétien fournit une maquette, un idéal. Donc existe, déjà tracé, un projet social chrétien.

5.2.3 Il faut *instaurer un ordre social* nouveau dans un monde en changement, en puisant les solutions dans la doctrine de l'Église. (Le projet social chrétien est à inventer).

5.2.4 Le projet chrétien, c'est d'instaurer un ordre *naturel* juste, une société (naturelle) conforme à la justice (spécificité *naturelle* du projet).

5.2.5 La vocation des chrétiens, c'est de chercher avec d'autres comment bâtir une société plus juste (l'idée d'un projet propre à l'Église s'estompe).

5.2.6 La spécificité chrétienne, c'est de témoigner, individuellement et collectivement, au nom de l'Évangile, dans un monde en attente d'un ordre social meilleur, sans prétendre posséder un projet social particulier ou des solutions exclusives.

5.2.7 Au cours de cette évolution, la pensée sociale officielle, originellement détentrice sereine de la vérité et impérative, se transforme en force animatrice, tel un levain dans la pâte. Parallèlement, on laisse tomber le projet spécifique de société chrétienne pour s'intégrer à l'effort commun de ceux qui veulent modifier en mieux la société. On en arrive à jumeler le témoignage évangélique avec des activités techniques et profanes, les deux types d'intervention étant parfois l'œuvre des mêmes individus et des mêmes groupes.

En fait, ni pour les porte-parole de l'enseignement officiel, ni pour les chrétiens qui livrent le combat dans la plaine, la délimitation des frontières du spirituel n'est une affaire claire. Aux yeux de beaucoup de chrétiens «de gauche», la dichotomie spirituel-temporel apparaît anachronique. Ce qui compte pour eux, c'est l'esprit et non la lettre, *la substance profonde du geste posé et l'intention qui l'anime,* non pas sa matérialité ou sa configuration extérieure.

Ainsi, certains qualifieront de *formellement spirituel et évangélique* le fait de : encourager un mouvement de contestation en faveur des pauvres ; mener un combat politique contre des pouvoirs économiques oppresseurs ; aider des travailleurs faiblement rémunérés à se syndiquer ; lutter contre le racisme ; conscientiser des groupes opprimés pour qu'ils deviennent aptes à prendre en charge leur propre libération ; etc.

En revanche, selon cette même optique, on considérera comme révélateur d'un *esprit temporel et séculier* le fait de : sympathiser avec des forces politiques et économiques réactionnaires en retour de l'appui qu'elles fournissent à des activités religieuses ; s'opposer à des réformes urgentes parce que ceux qui les proposent ne se préoccupent pas de valeurs religieuses ; employer à des dépenses d'apparat des ressources financières indispensables à la réalisation de projets urgents de développement ; s'abstenir, sous prétexte qu'on exerce une fonction religieuse, de prendre position dans des conflits politiques ou économiques où la justice est concernée ; laisser croupir des croyants dans un christianisme routinier au lieu de les déranger dans leurs habitudes et de les acheminer vers une foi moins sécurisante et plus authentique, etc.

Des auteurs posent comme limite de l'intervention de l'Église l'autonomie de la société civile dans les choses temporelles et affirment que l'action de l'Église se limite à la formation des consciences. «Une société, affirment Calvez et Perrin, qui se permet d'enseigner — fût-ce avec une autorité souveraine — que ce qui est le contenu de la morale et du droit naturel, ne peut aussi se permettre d'agir à l'égard des autres sociétés que par la formation des consciences — ce pour quoi elle a une mission et une prérogative inaliénables —; en particulier, elle ne peut pas agir par des moyens politiques, elle s'interdit toute intervention de caractère directement politique[30]».

Ce point de vue apparaît désuet. Il s'appuie sur la théorie du respect réciproque des ordres : l'ordre ecclésiastique et l'ordre civil. Il oublie que l'intervention sur les consciences est, elle aussi, quoi qu'on veuille, parfois lourde d'implications politiques. Enfin, il ignore la perspective selon laquelle

---

30. CALVEZ et PERRIN, *Église et société économique,* t. I, p. 89.

la critique d'inspiration chrétienne peut conduire à mettre en question tel pouvoir politique, tel ordre politique déterminé. Dans un cas pareil, ou bien l'Institution remplit sa fonction critique jusqu'au bout — et il y a conflit — ou bien elle s'abstient de le faire et alors elle trahit sa mission.

On peut toutefois esquiver le dilemme en affirmant que le rappel des grands principes généraux regarde la hiérarchie et que la critique de tel aménagement politique précis (avec les risques inhérents à un tel engagement) concerne les laïcs[31].

Il importe enfin de souligner que *la formation des consciences* résulte non seulement d'un enseignement mais aussi des gestes que l'on pose. Or en maintes conjonctures, les initiatives concrètes ont des répercussions politiques et mettent les représentants de l'Institution en conflit, soit avec l'État soit avec les forces sociales et économiques dominantes. Il devient fort difficile, en de tels cas, de prétendre délimiter les frontières du spirituel et du temporel.

Quelques exemples: les interventions de Dom Camara, au Brésil, ont une portée politique notoire. La non-intervention morale des évêques portugais, durant 40 ans, a eu un effet politique direct en contribuant à la consolidation du régime de Salazar. Le rôle joué par Mgr Charbonneau, lors de la célèbre grève de l'amiante au Québec, en 1949, avait aussi des implications politiques. Et que dire des interventions de Jean-Paul II dans la vie politique de la Pologne ! Autant de conjonctures où la distinction entre le temporel et le spirituel s'estompe dans le brouillard.

5.3 LES LIMITES DE COMPÉTENCE. Le problème de la délimitation des frontières du spirituel rejoint celui de la compétence de l'Église-Institution dans le domaine social. De prime abord, elle semblerait illimitée. «C'est avec assurance que nous abordons ce sujet et dans toute la plénitude de Notre droit», déclare Léon XIII dans *Rerum novarum*. Et il ajoute: «La question qui s'agite est d'une nature telle, qu'à moins de faire appel à la religion et à l'Église, il est impossible de lui trouver jamais une solution.» Pie XI, dans *Quadragesimo anno*, précise qu'il s'agit d'une compétence qui ne s'étend pas au domaine technique mais néanmoins, par le truchement des implications morales, soumet «également à Notre Suprême autorité l'ordre social et l'ordre économique».

---

31. On retrouve l'équivalent de cette position dans l'ouvrage de Gérard DION et Louis O'NEILL, *Le chrétien en démocratie*, Montréal, Éd. de l'Homme, 1961, p. 24-30. Cette thèse repose sur la théorie de la coexistence de deux sociétés (Église et État), chacune supérieure à l'autre dans son genre. Elle reflète une lecture déphasée du donné ecclésial et une vision de l'Église qu'on pourrait qualifier de pré-conciliaire.
On décèle une tentative de clarification similaire dans le document *Orientations*, n° 59, p. 63 et 67.

Car, s'il est vrai que la science économique et la discipline des mœurs relèvent, chacune dans sa sphère, de principes propres, il y aurait néanmoins erreur à affirmer que l'ordre économique et l'ordre moral sont si éloignés l'un de l'autre, si étrangers l'un à l'autre, que le premier ne dépend en aucune manière du second. Sans doute, les lois économiques, fondées sur la nature des choses et sur les aptitudes de l'âme et du corps humain, nous font connaître quelles fins, dans cet ordre, restent hors de la portée de l'activité humaine, quelles fins au contraire elle peut se proposer, ainsi que les moyens qui lui permettront de les réaliser; de son côté la raison déduit clairement de la nature des choses et de la nature individuelle et sociale de l'homme la fin suprême que le Créateur assigne à l'ordre économique tout entier.

Mais seule la loi morale nous demande de poursuivre, dans les différents domaines entre lesquels se partage notre activité, les fins particulières que nous leur voyons imposées par la nature ou plutôt par Dieu, l'auteur même de la nature, et de les subordonner toutes, harmonieusement combinées, à la fin suprême et dernière qu'elle assigne à tous nos efforts. Du fidèle accomplissement de cette loi, il résultera que tous les buts particuliers poursuivis dans le domaine économique, soit par les individus, soit par la société, s'harmoniseront parfaitement dans l'ordre universel des fins et nous aideront efficacement à arriver comme par degrés au terme suprême de toutes choses, Dieu qui est pour lui-même et pour nous le souverain et l'inépuisable bien[32].

Dans les documents plus récents, on ne trouve plus de ces affirmations claironnantes sur la compétence et le droit d'intervention qu'on rencontrait dans les textes d'autrefois. En fait, elles sont devenues superflues: car un paradoxe du monde sécularisé libéral[33], c'est de reconnaître à tout le monde, donc autant aux leaders religieux qu'aux autres, le droit de s'exprimer et de prendre position sur les graves questions qui agitent la vie sociale. Parfois le monde ordinaire espère mais attend en vain ce genre d'intervention des porte-parole religieux.

Il faut souligner d'autre part que la compétence affirmée par l'Église n'a jamais prétendu être exclusive. «L'Église, dit Pie XII, n'a jamais pensé qu'elle pouvait à elle seule résoudre la question sociale[34]». Ce travail doit s'effectuer en collaboration avec d'autres agents sociaux: «Sans l'Église, la question sociale est insoluble; mais à elle seule, l'Église ne peut non plus la

---

32. *Quadragesimo anno*, n°s 46-47.
33. Il en va tout autrement dans l'univers sécularisé totalitaire marxiste, où le pouvoir persécute avec un zèle religieux ceux qui expriment des opinions hétérodoxes.
34. Allocution du 2 septembre 1956, au 71e Katholikentag allemand, *Documentation catholique*, 1956, p. 1243.

résoudre. Il lui faut la collaboration des forces intellectuelles, économiques et techniques des pouvoirs publics[35]. »

Le problème de l'évaluation de la compétence se pose aussi en fonction du contenu de la doctrine sociale. Les documents concernés sont de nature pastorale. On y trouve des analyses de situations, des postulats fondamentaux, des emprunts aux sciences de l'homme, des déductions, des jugements moraux, des directives et des suggestions ayant trait à l'action à entreprendre. Cet éventail implique, par la nature même des choses, un contenu d'inégale portée.

Il va de soi qu'on doit traiter avec respect de tels documents. Mais nonobstant l'intention des auteurs et les formulations utilisées, ces documents ne peuvent dépasser les coefficients de validité et de certitude possibles en matière morale, pondérés en fonction des types variés d'énoncés. Ainsi, on ne peut traiter sur le même pied le rappel d'un principe moral, une considération historique, une hypothèse empruntée aux sciences de l'homme, une affirmation de caractère technique et une directive pratique.

5.4 LIMITES MÉTHODOLOGIQUES. La doctrine sociale s'exprime dans un discours théologique à finalité pastorale. Réponse historique à un problème historique, elle combine les méthodes propres du discours théologique avec les apports de l'histoire, de la philosophie, de la sociologie, de l'économie. Elle utilise les sciences humaines comme instrument, en visant un objectif qui déborde l'ensemble de ces disciplines. Son foyer d'attirance est une sorte de *milieu approximatif*, au carrefour des sciences humaines. Une telle entreprise, à la fois indispensable et bénéfique, est marquée de lacunes inévitables et appelle d'incessantes retouches[36].

Le champ de vision de l'enseignement social est axé sur *une voie médiane*, qui tend à exclure les extrêmes et à inclure une pluralité de solutions intermédiaires. Procédé non dépourvu d'avantages, mais qui laisse place à beaucoup d'approximations.

---

35. Message du 11 mars 1951, *Documentation catholique*, 1951, p. 393-394. À noter ici, le caractère élitiste du texte. La solution vient par en haut. Ce que les notables religieux ne peuvent réaliser, les notables politiques l'assument. Dans un cas comme dans l'autre, le salut ne peut venir du monde ordinaire.

36. Comme nous l'avons souligné antérieurement, cette façon qu'a l'enseignement social de marcher sur les plates-bandes des disciplines particulières et de les utiliser à son escient tout en les débordant ne manque pas d'agacer les scientifiques. Pourtant, tout savoir de nature philosophique procède ainsi. En fait, ce qui irrite aussi des scientifiques, c'est que plusieurs parmi eux cachent dans leur valise une petite « philosophie des valeurs » qu'ils distillent subtilement à travers leurs exposés « objectifs ». Or, il arrive que la « philosophie sociale chrétienne » contredise les philosophies particulières implicites. D'où les tiraillements et les « irritants ».

5.5 Du souhait à l'efficacité. L'ambiguïté persiste quand on cherche à mesurer l'intention d'efficacité qui sous-tend l'effort doctrinal de l'Église en matière sociale. Les résultats impressionnants obtenus ne peuvent en effet empêcher de s'interroger sur ce qu'aurait pu être la puissance transformatrice de cet enseignement si on avait tenu plus compte de certains critères d'efficacité, par exemple: un langage qui franchisse mieux la rampe; une approche éthique qui aurait carrément inclus la critique des structures et des institutions; une sensibilité qui fasse écho plus vite à l'événement; moins de ménagement à l'égard des forces réactionnaires et des pouvoirs établis; une option préférentielle en faveur de l'éthique du changement et moins d'attachement à l'éthique de l'ordre.

Les groupes chrétiens sont voués à travailler avec des moyens pauvres, des moyens simples: travail patient de persuasion et de conscientisation, prédication, littérature chrétienne, formation de militants, usage occasionnel des moyens de communication sociale, cercles d'études, conférences, etc[37]. Mais ces techniques, parfois artisanales, sont néanmoins porteuses d'efficacité quand elles transmettent un message précis, une pensée vigoureuse et incarnée dans l'histoire, une volonté de changement, un calibrage suffisant d'audace évangélique.

La même remarque s'applique aux déclarations et aux prises de position des Églises locales. On était volontiers attentif aux paroles de Dom Helder Camara, parce qu'il avait quelque chose de sérieux à dire et qu'il n'hésitait pas à le dire en toute simplicité et avec courage. La franchise et le courage manifestés par les évêques canadiens dans leur message de janvier 1983 ont touché les esprits et les cœurs. De même, l'important document (une sorte d'encyclique) des évêques américains sur la paix (1983) a largement dépassé les frontières du monde catholique. De même aussi le comportement audacieux et insolite de Jacques Gaillot, ex-évêque d'Évreux, démis de ses fonctions par le Saint-Siège.

On peut s'interroger sur l'effort accompli, à l'intérieur des communautés chrétiennes, pour faire passer dans la réalité les messages et les orientations d'en haut. Pie XII souhaitait que tous les chrétiens contribuent à donner à la doctrine sociale de l'Église son maximum d'efficacité. Il faut avouer qu'un tel objectif demeure encore étranger aux préoccupations de milliers de chrétiens.

---

37. Moyens souvent très humbles, mais dont il ne faut pas sous-estimer l'importance. Gramsci était impressionné par la diversité et l'efficacité de moyens de diffusion de la pensée religieuse catholique en Italie: «On ne s'expliquerait pas, disait-il, la position conservée par l'Église dans la société moderne si on ne connaissait pas les efforts quotidiens et patients qu'elle accomplit pour le développement continu de sa propre section de la structure matérielle de l'idéologie.» Cité par Hugues PORTELLI dans *Gramsci et la question religieuse*, p. 196.

6. MESSAGE CHRÉTIEN ET PRAXIS

6.1 UNE ANTHROPOLOGIE ET UNE MYSTIQUE. Il n'est pas superflu de prendre conscience des ambiguïtés et des limites de l'enseignement social de l'Église. Mais à trop prêter attention à cet aspect du problème on risque de perdre de vue l'essentiel : *la richesse de l'anthropologie chrétienne dont s'inspire la Doctrine sociale, qui en propose une interprétation située, en fonction des problématiques contemporaines.* Ces données anthropologiques sont un des fondements de la civilisation occidentale ; elles révèlent une partie de la richesse de la tradition judéo-chrétienne.

À toutes les époques cette tradition a inspiré d'innombrables initiatives : luttes contre la faim, la maladie et la pauvreté ; combat pour la justice ; éducation populaire et effort d'humanisation de la vie quotidienne ; invention de nouveaux modèles d'organisation sociale ; tentatives en vue d'instaurer la paix entre les peuples ; etc.

Le message évangélique se situe au cœur de cette tradition, avec la vie, les paroles et les gestes de Jésus homme libre[38], d'où découlent les grands leitmotivs spirituels, à portée morale, dont des millions de croyants se sont inspirés à travers les âges.

Soulignons : la perspective créationnelle, l'Incarnation, la libération, la conversion.

6.1.1 LA PERSPECTIVE CRÉATIONNELLE. Le monde qui a été créé et le monde en devenir sont des réalités inséparables du plan divin. Le développement de l'humanité s'intègre à l'intérieur de l'économie du salut. L'homme appelé par Dieu est un être *matériel, collectif* et *historique*. La temporalité est la médiation obligatoire pour rejoindre des réalités éternelles[39].

6.1.2 L'INCARNATION. L'avènement du Fils de Dieu scelle définitivement le rapprochement entre le surnaturel et les réalités terrestres. Jésus sauveur instaure une relation indestructible entre l'avènement du Royaume et la matérialité de l'homme, la nourriture, le travail, le pain quotidien, l'amour humain, la recherche du bien-être et du mieux-être. Les mystères de *l'Incarnation*, de la *Rédemption* et de la *Résurrection* s'intègrent à l'histoire personnelle et collective des hommes, dont la vie, les luttes, les échecs et les espoirs sont transformés par cette irruption du surnaturel et enrichis d'une signification qui transcende le temps présent.

---

38. Selon l'expression de Christian DUQUOC, dans son remarquable ouvrage *Jésus, homme libre*, Paris, Cerf, 1974.
39. Voir là-dessus, M. D. CHENU, *Théologie de la matière*, Paris, Seuil, coll. Foi Vivante, 1959 ; aussi l'ouvrage de Jean MOUROUX, *Le sens chrétien de l'homme*, Paris, Aubier, 1953.

... S'il (Jésus) est reconnu Fils, sur le fondement de la Résurrection, ce n'est pas malgré sa vie terrestre, c'est en elle, car c'est en elle seule que nous est rendu saisissable le sens de sa filiation divine. Ce n'est ni dans le déploiement de la puissance réduisant à néant ses adversaires, ni dans la majesté du Jugement garantissant la justice, ni dans la gloire insoupçonnée de Dieu nous remplissant d'une terreur sacrée, mais dans une personnalité, une autorité, une liberté d'homme, dans le pardon, dans le parti pris pour les rejetés, qu'il est Fils de Dieu. Ce qui importe, c'est que Dieu soit reconnu précisément là, et non dans la puissance irrésistible, la terreur sacrée, la permanence de l'ordre. La réalité de Dieu ne nous est pas accessible en elle-même, elle nous est rendue visible dans un visage humain, celui du Fils, Jésus[40].

Dans le christianisme, l'homme ne peut devenir fils de Dieu qu'en agissant comme homme authentique; c'est d'un même mouvement que l'homme retrouve son être humain et acquiert son être divin[41].

Un penseur marxiste, Roger Garaudy, reconnaît l'importance de l'impact social du christianisme lorsque celui-ci, échappant à la religiosité qui détourne le croyant de la réalité, manifeste son enracinement dans le mystère de l'Incarnation et son prolongement dans la Rédemption et la Résurrection.

Avoir la foi, si je cherche à déchiffrer l'image chrétienne, c'est percevoir dans leur identité la résurrection et la crucifixion. Affirmer le paradoxe de la présence de Dieu dans Jésus crucifié, au fond du malheur et de l'impuissance, abandonné de Dieu, c'est libérer l'homme des illusions du pouvoir et de l'avoir. Dieu n'est plus l'empereur des Romains ni cet homme dans sa beauté et sa force qu'il était pour les Grecs. Ce n'est pas une promesse de puissance. C'est cette certitude qu'il est possible de créer un avenir qualitativement nouveau seulement si l'on s'identifie à ceux qui, dans le monde, sont les plus dépouillés et les plus écrasés, si on lie son sort au leur jusqu'à ne concevoir d'autre victoire réelle que la leur[42].

6.1.3 LA LIBÉRATION. Il est parfois arrivé, dans les milieux chrétiens, qu'on ait présenté la libération spirituelle comme un idéal se réalisant dans un univers séparé, dans une région intemporelle de l'intériorité. On parlait de libération du péché, mais celle-ci semblait une réalité confinée à un univers intimiste et individualiste avec des ramifications peu significatives au sein de la vie en société. Dans cette optique, on conciliait aisément l'idéal de libération spirituelle avec la résignation ou la soumission face aux injustices,

40. Christian DUQUOC, *Jésus, homme libre*, p. 124-125.
41. Joseph COMBLIN, «Liberté et libération, concepts théologiques» dans *Concilium*, n° 96 (juin 1974), p. 85.
42. Roger GARAUDY, *L'alternative*, p. 125-126.

aux inégalités, aux épreuves de la vie quotidienne. C'est non sans raison qu'on a reproché à cette voie spirituelle d'être un opium pour le peuple.

Mais on peut concevoir tout autrement le projet de libération spirituelle. Dans une économie du salut axée sur l'Incarnation, la libération spirituelle ne se sépare pas des divers processus historiques (surtout quand ils sont inspirés par la foi chrétienne) par lesquels les hommes cherchent à échapper à la misère et à l'oppression et tendent vers un niveau plus élevé d'humanité, vers une qualité meilleure de vie, à la fois matérielle, morale et spirituelle.

> Le champ de la liberté humaine, c'est la vie en société. L'homme est libre « avec » d'autres hommes et dans ses rapports avec eux. Il est libre dans son action avec eux sur la nature. Il s'agit donc de faire apparaître le lien entre l'Esprit et le champ de la liberté : tel est l'objet du message chrétien. Le reste est spéculation philosophique relativement gratuite[43].

Au moment de sa venue sur terre, le Christ a refusé de confondre sa mission avec le combat politique entrepris par les notables juifs contre l'occupation romaine, non parce que son message était indifférent à ce genre de réalité, mais parce qu'il la dépassait et l'englobait dans une finalité supérieure. En revanche, Jésus sème les germes d'une pensée libératrice au plan social. Il prend fait et cause pour les petites gens, les exploités, les victimes à la fois du despotisme étranger et du cléricalisme indigène. Il dénonce l'oppression que les riches exercent sur les pauvres. Il critique les pouvoirs, aussi bien religieux que civils, qui mettent sur les épaules des hommes des poids trop lourds. Le projet messianique annoncé par les prophètes et incarné en Jésus parle de dos courbés qu'il faut redresser, de prisonniers à libérer, d'oppressions à liquider. La libération du péché (n'oublions pas les péchés structurels) entraîne une libération de tout l'homme. Le message chrétien est allergique à toutes les formes d'esclavage et d'oppression, quelles qu'elles soient.

6.1.4 LA CONVERSION. S'il est un leitmotiv qui, de prime abord, ne semble pas véhiculer une forte charge de dynamisme social, c'est bien celui de la conversion. C'est qu'on a souvent, dans la tradition spirituelle intimiste, réduit la conversion à l'instauration de rapports nouveaux entre l'individu et Dieu. Il y a là sans doute une étape fondamentale, qui génère chez le croyant un état moral et spirituel nouveau, caractérisé par une volonté de bien et de progrès. Mais le concept biblique de *metanoia* déborde le stade intimiste. Il implique un changement qui, appuyé sur le renouveau de l'esprit et du cœur, affecte les actes par lesquels le croyant entre en relation avec les autres.

---

43. Joseph COMBLIN, « Liberté et libération, concepts théologiques » dans *Concilium*, n° 96 (juin 1974), p. 87.

Changement qui rejoint la personne dans son rôle social et dans ses attitudes à l'égard des structures et des institutions. Il implique une *conversion de mentalité* (conversion culturelle) et de *comportement*. La véritable conversion oblige le croyant à vérifier la qualité et les effets de son insertion dans la vie sociale. Nonobstant les propos sur le droit au pluralisme social et politique, il n'est pas indifférent qu'un croyant soit un agent de changement social ou un frein au progrès.

Vu dans cette perspective, le concept biblique de *conversion* débouche sur celui de *nouveauté* et de *changement*, deux thèmes qui se situent au cœur de l'annonce messianique. Le Royaume de Dieu n'est pas localisé dans le passé : il est *actuel* et en *devenir*. La religiosité rend prisonnier du passé ; la foi rend accueillant à l'avenir, aux nouveaux départs, aux changements. « Voici, je fais toutes choses nouvelles » (*Apocalypse* 21, 5).

> ... Naître de nouveau ne veut pas dire mourir pour qu'un autre puisse naître, mais bien recommencer tout par la base. La nouveauté biblique est un nouveau départ : renouveler, c'est effacer tout ce qui est devenu vieux, sclé-rosé, périmé, mort, pour recommencer avec de la vie. C'est donc une reconversion totale en vue de recommencer[44].

6.2 FIDÉLITÉ ET PROSPECTIVE. La formulation de la pensée sociale chré-tienne à un moment donné de l'histoire ne dispense pas les chrétiens de l'effort visant à retrouver, au-delà des alluvions culturelles et des vicissitudes historiques, l'essentiel du message, les grands leitmotivs dont nous venons de montrer brièvement l'impact dynamique. Il faut décaper la tradition chré-tienne authentique ; retrouver, dans l'héritage commun, les points de repère en vue d'un engagement social efficace ; rétablir le lien entre l'éthique personnelle et les impératifs de l'éthique structurelle ; mettre en lumière les corrélations entre l'espérance chrétienne et les lignes d'action inspirées par une éthique du changement.

La fidélité à la doctrine sociale de l'Église implique une double opéra-tion : l'une de *ressourcement*, par un retour à l'essentiel du message, en le dégageant des adjonctions caduques ; l'autre *d'exploration et de dépassement*, pour être efficacement présent face aux événements et aux situations.

L'opération-ressourcement offre une meilleure garantie contre les déra-pages que les mises en garde officielles ; l'opération-dépassement est indis-pensable pour permettre aux croyants d'exercer une influence motrice sur l'évolution sociale au lieu d'être à la remorque des autres et réduits aux opérations de rattrapage.

Le passé de l'Église montre qu'elle a su, à plusieurs reprises, jouer le rôle de moteur de l'histoire. Rien n'empêche que le phénomène se répète. Il suffit

---

44. Joseph COMBLIN, *Théologie de la révolution*, p. 217.

que les chrétiens, au lieu de s'accrocher au passé, tournent résolument leurs regards vers l'avenir et prennent conscience de la vocation qui leur est indiquée par toute la tradition biblique : celle d'agents de changement et d'artisans d'un monde nouveau.

6.3 AU-DELÀ DES IDÉOLOGIES. Les paragraphes de l'encyclique *Octogesima adveniens* consacrés aux idéologies (n°s 26-30) se prêtent à des utilisations fort différentes. De soi, l'invitation à dépasser les idéologies, les idées toutes faites organisées en système et qui prétendent avoir réponse à tout, est fort opportune. Le conseil vaut d'ailleurs non seulement pour un croyant, mais pour tout esprit libre, soucieux de vérité et d'authenticité. D'autre part, l'attitude critique face aux idéologies trouve à s'exercer même à l'égard de la doctrine sociale, étant donné « que le christianisme historique porte en son sein des réflexions et des pratiques qui relèvent de l'idéologie[45]. »

On a parfois recours au texte de Paul VI sur les idéologies pour légitimer la neutralité et le non-engagement dans les conflits sociaux. Le penseur chrétien jouirait d'une sorte de vision panoramique. Conscient de la contingence des choses et des vicissitudes de l'histoire, il regarderait de haut les partisans des idéologies et les représentants d'intérêts conflictuels se chamailler dans la plaine, son rôle à lui étant d'interpréter l'événement et de distribuer à gauche et à droite les conseils de justice et de modération.

Ce genre d'exégèse comporte un risque considérable : prêter une façade commode aux partisans du désordre établi, fournir un alibi à une option conservatrice qui ne veut pas dire son nom.

En fait, si on restitue les réflexions de Paul VI sur l'idéologie dans leur contexte, on s'aperçoit bien qu'elles ne peuvent servir à cautionner cette exégèse. Le document, dans son ensemble, est une invitation à l'engagement, aux prises de positions concrètes et non la légitimation d'un dépassement théorique masquant l'appui à un ordre social déphasé et allergique aux réformes.

Le dépassement des idéologies peut s'entendre dans un sens positif et prospectif. À partir de l'étape critique qui englobe tous les systèmes de pensée, incluant le christianisme social dans son aspect idéologique, on met en relief les constantes nanties d'une valeur opérationnelle. De là on amorce un processus non d'abstraction et de déracinement (*au-delà* dans le sens de *vers le haut*), mais d'exploration d'idées et de solutions nouvelles (*au-delà* dans le sens de *en avant*).

Le progrès de la pensée sociale chrétienne dépend de cet effort de dépassement idéologique. Au lieu de se manifester par la répétition monotone de

_____

45. Lettre *Octogesima adveniens*, note introductive, p. 89 (L'Action populaire. Éd. ouvrières). Sur l'idéologie, voir p. 86-90.

vagues énoncés généraux, la fidélité prend le visage de l'analyse critique, de la prospective et de l'invention. Elle joint ainsi l'orthodoxie (au sens profond du terme) et l'orthopraxie.

6.4 TÂCHES URGENTES. Dans cette optique, certaines tâches s'avèrent particulièrement importantes et urgentes :

1- démystifier le libéralisme et le néolibéralisme dans leur prétention à incarner l'image sécularisée du réformisme chrétien.

2- accélérer le processus de distanciation entre les communautés chrétiennes et les forces économiques allergiques aux réformes sociales.

3- refuser le piège du dogmatisme marxiste tout en intégrant des composantes idéologiques positives de la doctrine de Marx.

4- continuer le travail de découverte des racines communes et des affinités entre la pensée sociale chrétienne et le socialisme non marxiste.

5- approfondir le projet d'insérer dans l'ordre social la dimension spirituelle dont il a été amputé par suite de vicissitudes historiques.

6- redéfinir, avec un regard neuf et sous l'éclairage des valeurs sociales chrétiennes fondamentales, les règles de l'agir éthique face aux questions de l'heure : droit au travail, changements structurels, les nouveaux prolétariats, les droits de la personne, etc.

7- élaborer l'utopie[46] d'un modèle social d'inspiration évangélique où, au lieu de se contenter de récupérer les gains historiques obtenus par d'autres forces sociales, on veut cheminer à l'avant-garde et participer directement à la découverte « des terres nouvelles et des cieux nouveaux ».

6.5 LA PÉDAGOGIE DE L'ACTION. S'il est vrai que la doctrine officielle de l'Église formule beaucoup de mises en garde, elle comporte un nombre encore plus grand d'invitations à l'action. Dans les documents plus récents, l'engagement est décrit comme étant moins la réponse obéissante à des directives venues d'en haut que l'aboutissement normal d'une prise de

---

46. Sur le sens positif de l'utopie, noter ces réflexions de *Octogesima adveniens* : « ... cette forme de critique de la société existante provoque souvent l'imagination prospective, à la fois pour percevoir dans le présent le possible ignoré qui s'y trouve inscrit et pour orienter vers un avenir neuf ; elle soutient ainsi la dynamique sociale par la confiance qu'elle donne aux forces inventives de l'esprit et du cœur humains ; et, si elle ne refuse aucune ouverture, elle peut aussi rencontrer l'appel chrétien. L'Esprit du Seigneur, qui anime l'homme rénové dans le Christ, bouscule sans cesse les horizons où son intelligence aime trouver sa sécurité, et les limites où volontiers son action s'enfermerait ; une force l'habite qui l'appelle à dépasser tout système et toute idéologie. Au cœur du monde demeure le mystère de l'homme qui se découvre fils de Dieu au cours d'un processus historique et psychologique où luttent et alternent contraintes et liberté, pesanteur du péché et souffle de l'Esprit. » (*Octogesima adveniens*, n° 37).

conscience personnelle, chez les croyants, de responsabilités incombant à chacun d'eux, dans le domaine social.

... Il ne suffit pas de rappeler des principes, d'affirmer des intentions, de souligner des injustices criantes et de proférer des dénonciations prophétiques : ces paroles n'auront de poids réel que si elles s'accompagnent pour chacun d'une prise de conscience plus vive de sa propre responsabilité et d'une action effective. Il est trop facile de rejeter sur les autres la responsabilité des injustices, si on ne perçoit pas en même temps comment on y participe soi-même et comment la conversion personnelle est d'abord nécessaire. Cette humilité fondamentale enlèvera à l'action toute raideur et tout sectarisme ; elle évitera aussi le découragement en face d'une tâche qui apparaît démesurée. L'espérance du chrétien lui vient d'abord de ce qu'il sait que le Seigneur est à l'œuvre avec nous dans le monde, continuant en son Corps qui est l'Église — et par elle dans l'humanité entière — la Rédemption qui s'est accomplie sur la Croix et qui a éclaté en victoire au matin de la Résurrection. Elle vient aussi de ce qu'il sait que d'autres hommes sont à l'œuvre pour entreprendre des actions convergentes de justice et de paix ; car sous une apparente indifférence, il y a au cœur de chaque homme une volonté de vie fraternelle et une soif de justice et de paix, qu'il s'agit d'épanouir[47].

La participation aux activités sociales et politiques, aux combats livrés ici et là en vue d'instaurer un ordre social plus conforme à la justice, contribue non seulement à manifester et à vérifier la validité des principes et des théories, mais aussi à les soumettre à un éclairage nouveau qui en facilite la compréhension et l'approfondissement.

Dépourvus de recettes et de solutions qui les rendraient supérieurs aux autres, les chrétiens retirent de la praxis un éclairage qui les aide à mieux se positionner et à cerner avec plus de rigueur les objectifs qu'il importe d'atteindre. Par la praxis, ils élucident le contenu du message qui motive leur engagement initial. Militants de combats où les enjeux sont parfois obscurs et l'issue souvent incertaine, ils acquièrent une lucidité et une expérience qui les aident à mieux déceler les voies nouvelles à explorer. Ils trouvent dans l'engagement de multiples occasions de manifester leur foi et leur espérance. Enfin, la participation aux luttes sociales concrétise et monnaye en efficacité l'énorme potentiel de bon vouloir, la générosité souvent débordante et le désintéressement qui imprègnent les groupes et les communautés réunis autour d'un projet de vie chrétienne fervente.

---

47. Encyclique *Octogesima adveniens*, n° 48.

7. OBSERVATIONS COMPLÉMENTAIRES

UNE THÉOLOGIE ENGAGÉE. L'illustration la plus spectaculaire de l'engagement social chrétien est sans doute celle donnée par la *théologie de la libération*. «L'option préférentielle pour les pauvres» inspire et anime un vaste courant de théologie et de pratiques sociales qui est en train de transformer l'image de l'Église en Amérique latine et dans plusieurs pays du Tiers-Monde.

La connexion intime entre la théorie et la pratique (praxis) alimente une approche théologique et sociale qui transforme des communautés chrétiennes jusque là passives et résignées en des lieux de fermentation spirituelle et sociale. Quelques chefs de file : Rubem A. Alves, Leonardo Boff, Enrique Dussel, Gustavo Gutierrez, Pablo Richard, etc.

Les rapports sont parfois tendus entre certains porte-parole de la théologie de la libération et les instances romaines. Un tel phénomène ne constitue pas un précédent historique. Il étonne encore moins de nos jours, à une époque où le concept d'Église peuple de Dieu contrebalance celui d'Église-Institution qui prédominait jusqu'ici et favorisait des rapports verticaux unidirectionnels entre la hiérarchie et les simples croyants, fussent-ils théologiens. On peut s'attendre à des rapprochements et à des consensus, voire à des rapatriements de données théologiques et éthiques. De cela un exemple nous est donné dans *Sollicitudo rei socialis (SRS)*, lorsque Jean-Paul II assume et utilise le paradigme «structure de péché» (n° 36).

8. PISTES DE RECHERCHE

8.1 LA DIMENSION SOCIALE DE LA FOI. Le document *Orientations* (voir le point suivant «Lectures») prescrit d'assurer un espace idoine à l'enseignement social chrétien dans les maisons de formation religieuse. Nonobstant des progrès tangibles, on doit reconnaître que cet enseignement demeure marginal. En certains lieux, on en est encore à se demander si la théologie sociale est bien de la théologie. Pourtant, Jean-Paul II a clairement affirmé que «l'enseignement et la diffusion de la doctrine sociale font partie de la mission d'évangélisation de l'Église» (SRS, n° 41). Voir aussi CA., n°s 53 ssq).

La situation est encore plus déplorable dans les paroisses de type traditionnel, dont plusieurs sont des hauts lieux du conservatisme social. La manière de voir de militants syndicaux et de responsables de mouvements populaires sans appartenance religieuse définie est souvent plus proche de la pensée sociale chrétienne que celle qui prédomine au sein de communautés de croyants ayant officiellement pignon sur rue.

Question pratique: quel espace ouvrir pour la pensée et les pratiques sociales d'inspiration chrétienne[48]?

8.2 IDÉOLOGIE CONSERVATRICE? Dans la longue introduction au collectif *La grève de l'Amiante* (Éditions Cité Libre), P. E. Trudeau fait le procès du conservatisme social et de la Doctrine sociale chrétienne dans sa version québécoise. Lors du colloque *La question sociale hier et aujourd'hui*, tenu à l'Université Laval en 1991, plusieurs participants se sont appliqués à mettre en lumière les retombées positives de l'enseignement social chrétien au pays du Québec.

Analyse intéressante: comparer les deux évaluations à la lumière de l'histoire et des faits sociaux.

8.3 NOUVEAUX DOSSIERS. L'encyclique *Rerum novarum* a axé la question sociale sur la condition ouvrière. Des documents ultérieurs maintiennent cette approche. Tel est le cas par exemple de *Laborem exercens*. Selon Jean-Paul II, le travail est probablement la clé essentielle de toute la question sociale. Cette prise de position n'est pas exclusive d'autres axes éthiques qui orientent le développement de la Doctrine sociale. À titre d'exemples: le développement intégral et solidaire des peuples, l'environnement et le développement durable, la paix dans le monde. L'expertise en humanité des Églises chrétiennes éclaire l'étude de ces nouvelles problématiques, tout en s'enrichissant de l'approfondissement dont celles-ci sont l'objet de la part de diverses écoles de pensée. Processus bidirectionnel qui s'annonce particulièrement fécond.

9. LECTURES

a) Congrégation pour l'éducation chrétienne, *Orientations pour l'étude et l'enseignement de la Doctrine sociale de l'Église dans la formation sacerdotale*, Rome, 1988. Un rappel du caractère théologique et normatif de la Doctrine sociale, en tant que composante incontournable de la formation théologique.
b) Pour les grandes encycliques sociales, on a avantage à recourir aux éditions commentées, par ex. L'Action populaire (Éditions Spes, Éditions ouvrières[49]). Pour les innombrables discours, allocutions et écrits de Pie XII, voir UTZ, *La documentation sociale de l'Église à travers les siècles. Documents pontificaux du XVe au XXe siècles*, Fond. Humanum, Beauchesne.
c) Dans l'ouvrage *La communauté humaine*, (Fribourg, Paris, Éd. Saint-Paul, 1949), Émile MARMY a regroupé un grand nombre de documents majeurs

---

48. Voir Louis O'NEILL, « Un espace pour la pensée et les pratiques sociales » dans *Évangéliser*, Novalis, 1993, p. 155-161.
49. Sauf indication contraire, les références aux encycliques renvoient aux publications de l'Action populaire.

publiés depuis le Pontificat de Léon XIII. Pour *Gaudium et Spes*, à noter l'excellente édition commentée publiée dans la collection Unam Sanctam (n° 65: 3 tomes), avec la collaboration de Houtart, Chenu, Mouroux, Dubarle, Congar, etc.

d) À signaler: *L'Église et la question sociale, de Léon XIII à Jean-Paul II*, Montréal, Fides, 1991. Dix grands documents pontificaux, incluant *Centesimus annus*. Aussi *Le discours social de l'Église catholique de Léon XIII à Jean-Paul II*, Dossiers de la documentation catholique, Paris, Centurion, 1985.

e) Deux précieux instruments de travail: La *Documentation catholique*, qui publie les documents romains officiels, ceux de l'épiscopat français et d'autres textes revêtant une importance particulière au plan religieux; aussi *L'Église canadienne* (Montréal, Fides), où l'on trouve les textes de l'épiscopat canadien et québécois, ainsi que de l'information et des commentaires de sources diverses sur l'actualité religieuse.

ANTONCICH, Ricardo ET MUNARRIZ, José Miguel, *La doctrine sociale de l'Église*, Paris, Cerf, 1992. Une lecture renouvelée de la pensée sociale chrétienne à la lumière de la théologie de la libération.

AUBERT, J. M., *Pour une théologie de l'âge industriel*, tome I, Paris, Cerf, 1971. (Tome I: Église et croissance du monde.) Ouvrage bien documenté de théologie sociale. L'objectif de l'auteur: réinventer la doctrine sociale à l'intérieur de la théologie sociale. L'axe fondamental de sa réflexion: l'économie industrielle, un signe des temps trop souvent négligé par les moralistes.

À signaler quelques analyses particulièrement intéressantes: l'Église au sein de l'économie pré-industrielle (p. 31-41); le catholicisme social (p. 115-120; 129-131; 141-146); le rôle social de l'Église (p. 285-336); vers une herméneutique du droit naturel (p. 337-387).

AUBERT, Roger, *Le Pontificat de Pie IX, dans histoire de l'Église*, coll. Fliche et Martin, n° 19, Paris, Bloud et Gray. Une lecture pleine d'intérêt, appuyée sur une documentation rigoureuse et qui aide à comprendre par contraste, pourquoi le pontificat de Léon XIII marqua bien le commencement d'un aggiornamento. Homme qui ne manquait ni de grandeur d'âme ni de piété et capable d'opérer certains changements, Pie IX se révèle néanmoins inapte à percevoir la profondeur et la gravité des transformations socio-économiques et politiques de son époque. Il entérina, à son insu, des retards que l'Église tentera, dans la suite, de rattraper.

AUBERT, Roger et Michel SHOOYANS, *De «Rerum novarum» à «Centesimus annus»*, Conseil pontifical Justice et paix, 1991. Deux études précèdent la présentation des encycliques mentionnées. Celle de Roger Aubert jette un éclairage précieux sur les antécédents de *Rerum novarum*, également sur le climat de l'époque, le rôle des catholiques sociaux, les courants d'idées, la prudence et l'audace de Léon XIII. L'analyse de Michel Shooyans s'applique à mettre en relief la fécondité de *Rerum novarum*, dont l'influence est manifeste dans les documents ultérieurs, et ce jusqu'à *Centesimus annus*.

BARTHÉLEMY-MADAULE, Madeleine, *Marc Sangnier*, Paris, Seuil, 1973. Biographie d'un des plus célèbres militants du catholicisme social en France. La condamnation de Marc Sangnier, sous Pie X, illustre l'impact des contraintes socio-culturelles et institutionnelles sur la vie de l'Église.

« On ne rencontre pas deux fois la conjoncture historique », écrit l'auteur en rapportant le souhait qu'avaient formulé Benoît XV et Pie XI que Marc Sangnier reprenne le projet du Sillon, anéanti par le désaveu d'un pape qui confondait l'ordre social chrétien avec la hiérarchie sociale et la division des classes.

« La vie de Marc Sangnier, se demande Madeleine Barthélemy-Madaule, est-elle l'histoire d'une erreur historique ?... Est-elle une tentative qui aurait abouti, si elle avait réussi, à une formation aussi hardie que le marxisme à partir de l'inspiration et de méthodes spirituelles ? Auquel cas l'erreur est imputable à ceux qui ne l'ont pas soutenu, la faute à ceux qui l'ont sciemment réduit à l'impuissance. » (p. 284)

BIELER, André, *Calvin, prophète de l'ère industrielle*, Genève, Labor et Fides, 1964. Bref exposé des fondements et de la méthode de l'éthique calviniste de la société. L'auteur montre comment Calvin a su discerner l'avènement d'une nouvelle société et proposer une voie à la réflexion éthique face à une situation inédite. Mais il reconnaît d'autre part que les héritiers de la pensée de Calvin n'ont pas fait preuve de la même créativité face au phénomène capitaliste. Au lieu de susciter une réflexion vivante, les pasteurs, selon Bieler, se sont contentés « de répéter formellement ce que Calvin avait dit au lieu d'appliquer sa méthode de recherche éthique à une situation socio-économique nouvelle et en pleine évolution ». (p. 51)

BIGO, Pierre, *La doctrine sociale de l'Église*, Paris, PUF, 1965. Pour l'auteur « il n'y a pas de doctrine chrétienne qui n'ait sa source dans l'Écriture et la tradition. La doctrine sociale de l'Église n'échappe pas à cette règle. Beaucoup se la représentent comme une création du magistère, à la fin du XIXᵉ siècle, pour ne pas être dépassé par l'événement. C'est là un schéma inacceptable. Le magistère n'a pas d'autre mission que d'annoncer la parole de Dieu. Et tout l'enseignement doctrinal qui n'aurait pas un lien avec l'unique révélation serait irrecevable » (p. 7, note I). Pour illustrer cet énoncé, la première partie de l'ouvrage est consacrée aux sources premières de la doctrine sociale : les Prophètes, l'Évangile, les Pères, saint Thomas d'Aquin, etc. (p. 7-44). À noter aussi : vue panoramique des encycliques sociales (p. 45-51); les analyses incomplètes ou erronées de l'enseignement social (p. 55-64); civilisation et évangélisation (p. 65-90); l'approche chrétienne des faits sociaux (p. 91-103). En corrélation avec le problème général de l'enseignement social, la conclusion contient beaucoup de réflexions intéressantes. L'auteur signale par exemple «le malentendu tragique entre ceux qui croient être du côté de Dieu parce qu'ils se laissent distancer par l'histoire, et ceux qui croient être du côté du monde parce qu'ils refusent l'absolu...» (p. 530). Il déplore: «l'écart (qui) est immense entre les attitudes pratiques de la masse des chrétiens et les prises de position doctrinales de la hiérarchie, entre les comportements du catholicisme comme groupe social et la mission à lui confier et l'attente du monde.» Et il ajoute: «Les pays les plus chrétiens ne sont pas les plus sociaux. Les hommes qui s'intéressent le plus aux aspects religieux de l'existence sont souvent ceux qui semblent se désintéresser de ces aspects humains.» (p. 536)

CALVEZ ET PERRIN, *Église et société économique*, tome I, Paris, Aubier, 1958. Voir p. 17-140. Doctrine sociale et question sociale, droits de l'Église d'intervenir dans les questions socio-économiques, économie morale et vérité de l'homme, révélation et droit naturel, limites de l'intervention de l'Église, autorité de la doctrine sociale, vue panoramique des principaux documents pontificaux de Léon XIII à Pie XII (pour Jean XXIII, voir le tome II).

Exégèse méticuleuse de la pensée pontificale en matière sociale. Les auteurs s'appliquent à mettre en lumière la nature exacte de la pastorale sociale de l'Église, ses finalités et ses limites. L'interprétation scientifique de certains textes aurait requis une plus grande dose d'esprit critique. Malheureusement le souci apologétique des auteurs contribue à réduire l'intervention de la fonction critique.

CAMARA, DOM Helder, *Le tiers-monde trahi*, Paris, Desclée, 1968. Sans doute l'ouvrage le plus percutant du célèbre et courageux évêque de Recife. Remarquable illustration d'une pastorale axée sur le réel et soucieuse d'efficacité. À noter les considérations, malheureusement trop brèves, sur la révolution structurelle et la révolution culturelle.

Collectif, *La justice sociale comme bonne nouvelle*, Messages sociaux, économiques et politiques des évêques du Québec, 1972-1983, recherche et présentation de Gérard Rochais, Montréal, Bellarmin, 1984.

Collectif, *Théologies de la libération*, Documents et débats, Paris, Cerf, 1985. Un ouvrage de synthèse visant à tracer un profil global de la théologie de la libération, qui apparaît aux yeux de plusieurs comme une Doctrine sociale chrétienne *sui generis*. Les penseurs de la théologie de la libération s'adonnent à une relecture radicale du message chrétien. Les uns considèrent cette relecture comme une déviation du message, d'autres comme une manifestation de fidélité créatrice amorçant un audacieux pas en avant. L'ouvrage ici suggéré fournit des matériaux utiles pour aider à faire son choix dans un débat devenu incontournable.

Collectif, *La question sociale hier et aujourd'hui*, Actes du colloque marquant le centenaire de *Rerum novarum*, Québec, PUL, 1992. Présentation intégrale des grandes conférences, résumés des communications présentées dans les ateliers, résolutions. La présentation des textes reflète les quatre grands axes de réflexion : volet historique, socialisme chrétien et christianisme social, économie et travail, l'interpellation du Tiers-Monde.

COMBLIN, JOSEPH, *Théologie de la révolution*, Paris, Éditions universitaires, 1970. Mise en lumière des aspects révolutionnaires de la pensée sociale chrétienne. À noter particulièrement le chapitre IV (p. 213-270) intitulé « Révolution et christianisme » : les thèmes révolutionnaires du christianisme, les implications politiques du message évangélique, la puissance de transformation du christianisme.

Pour l'auteur, « l'on ne peut traiter comme deux phénomènes séparés la révolution du monde et la rénovation de l'Église ». Et il ajoute : « ... Il ne peut être indifférent à l'Église que les hommes soient opprimés ou non. Il ne peut lui être égal que les cadres de la société pratiquent le mensonge ou non, tuent arbitrairement ou non, et ainsi de suite. Le rôle de l'Église n'est pas de sauver toutes les âmes indifféremment, celles des bourreaux et celles de leurs victimes, celles des riches qui exploitent les pauvres et celles des pauvres qui n'ont même pas le droit de se plaindre. Les contre-révolutionnaires peuvent se sauver par leur inconscience ou leur bonne foi individuelle. Ils peuvent croire que le moment n'est pas venu de passer d'une révolution à une autre. Ils peuvent avoir peur de faire sauter des barrières sociales, parce qu'ils les croient nécessaires au salut de l'ordre. Mais devant le mouvement révolutionnaire qui procède du christianisme, l'Église ne peut être indifférente. Elle laisserait le christianisme développer ses forces de transformation seulement par l'entremise des hérétiques ou des apostats, ce qui est tout de même paradoxal. » (p. 251)

DANIEL-ROPS, Henri, *L'Église et les révolutions*, tome II, Paris, Fayard, 1960. À noter les p. 631-698, où sous le titre *Dieu et l'homme en question*, Daniel-Rops décrit le climat social au XIXe siècle au moment où s'est posée la question sociale. Il décrit quelle fut la réaction des chrétiens face à cette conjoncture nouvelle. Il ne craint pas, dans le style discret et réservé qui est le sien quand il traite de choses ecclésiastiques, de montrer aussi bien l'envers que l'endroit de la médaille, les ombres autant que les lumières. Il souligne le rôle important joué par des minorités agissantes (les catholiques sociaux) dans la préparation de *Rerum novarum*. Du même auteur, «La grande étape du catholicisme social», *Un combat pour Dieu*, Paris, Fayard, 1963, p. 195-269.

DE ROO, Rémi, *À cause de l'Évangile*, Novalis, 1988. Un évêque engagé nous parle de justice sociale. Quelques thèmes : transformer le monde ; cri des pauvres, voix de Dieu ; nouvelle vision, nouvelle mission.

HOUTART, François ET André ROUSSEAU, *L'Église face aux luttes révolutionnaires*, Paris, Éditions ouvrières, 1972. L'Église-Institution face à la Révolution de 1789. Les relations avec l'ordre bourgeois. Attitudes face à la question sociale et aux revendications de la classe ouvrière. Émergence du catholicisme social.

JARLOT, J., *Doctrine pontificale et histoire*, Rome, Presses de l'Université grégorienne, 1964. Un ouvrage bien documenté et particulièrement intéressant pour qui veut connaître le contexte religieux, social et politique dans lequel les grandes encycliques sociales ont pris naissance. L'auteur couvre la période allant de Léon XIII à Benoît XV inclusivement. L'analyse des faits et des documents illustre bien que l'enseignement social chrétien est historiquement situé et que si on ne tient pas compte de ce conditionnement, on risque de donner à certains textes une portée qu'ils n'ont pas.

La tendance de l'auteur est plutôt apologétique. Il semble vouloir légitimer non seulement chaque intervention du magistère, mais aussi les modalités singulières de ces interventions. Il semble oublier que des facteurs institutionnels, socio-culturels et politiques peuvent donner à certaines prises de position une orientation qui n'engage pas nécessairement l'assentiment d'un théologien ou d'un militant social.

KANAPA, Jean, *La doctrine sociale de l'Église et le marxisme*, Paris, Éditions sociales, 1962. Étude critique de la doctrine sociale de l'Église. Celle-ci est observée de l'extérieur et jugée selon une grille d'interprétation marxiste. Certains jugements sévères sont indubitablement injustes et excessifs. On ne peut néanmoins nier que l'auteur réussit, à plusieurs reprises, à détecter avec exactitude d'indéniables lacunes de l'enseignement social catholique.

L'ouvrage se termine par un appel au dialogue et à la confrontation. Celle-ci «montrerait clairement que la convergence des aspirations de tous les travailleurs, et notamment des communistes et des catholiques, permet et nécessite une communauté de perspectives et de solutions — donc une unité des luttes destinées à réaliser celles-ci» (p. 315). Plus loin, il ajoute : «le débat-clef de notre époque ne se situe pas au niveau de l'opposition religion-athéisme, mais au niveau de la lutte politique fondamentale entre la dernière classe exploiteuse de l'histoire et la classe qui, en se libérant, libérera l'humanité tout entière. C'est notre conviction que les chrétiens prendront une part de plus en plus large à ce combat pour la refonte du monde, qu'ils se joindront toujours plus nombreux à cet immense rassemblement que la classe ouvrière est en train d'opérer en elle et autour d'elle, se trouvant des alliés naturels dans toutes les couches de la société pour la lutte nécessaire contre le capital monopoliste qui étouffe littéralement cette société. Et c'est notre conviction aussi qu'ils trouveront dans l'avenir qu'ils auront ainsi contribué à créer, l'accomplissement de ce qu'il y a de plus valable, de plus humain, de plus noble dans leurs propres aspirations.» (p. 317)

Esprit ouvert et libre, Jean Kanapa finira par heurter l'orthodoxie communiste et sera, vers la fin de sa vie, expulsé du P.C.F.

PORTELLI, Hugues, *Gramsci et la question religieuse*, Paris, Anthropos, 1974. Théoricien et militant du communisme italien, l'auteur observe de l'extérieur le phénomène religieux catholique, tel qu'il se présente sous ses yeux en Italie. Le chapitre III, intitulé «le bloc idéologique catholique» (p. 177 ssq.) contient quelques observations critiques sur la Doctrine sociale de l'Église. L'ouvrage contient plusieurs interprétations un peu simplistes sur le rôle de l'Église dans les domaines socio-économique et politique.

PROANO, Leonidas, *Pour une Église libératrice*, Paris, Cerf, 1973. Recueil de textes qui témoigne de la nouvelle mentalité engagée que l'on trouve chez beaucoup de leaders religieux du tiers-monde. Monseigneur Proano, évêque de Riobamba, en Équateur, a pris au sérieux l'appel de Pie XII demandant aux croyants de faire «rendre à la doctrine sociale de l'Église son maximum d'efficience et son maximum de réalisation» (Déclaration du 18 juillet 1947, voir DC 1947, col. 029). Il est bien connu pour ses prises de positions radicales en faveur des pauvres et des petits. Quelques chapitres à souligner : la violence institutionnalisée (p. 31-42) ; la violence économique (p. 69-94) ; le développement et le «désarrolisme» (p. 95-110) ; trois images de l'Église : conservation, modernisation, conversion (p. 137-148).

RÉGNIER, Jérôme, *Cent ans d'enseignement social de l'Église*, Bibliothèque d'Histoire du Christianisme, Desclée, 1991. De *Rerum novarum* à *Centesimus annus*, continuité, évolution, explicitation, c'est ce que veut illustrer l'ouvrage de Jérôme Régnier. L'auteur met en lumière les axes premiers des grandes encycliques, les ajustements doctrinaux inspirés par la lecture des signes des temps, le fil conducteur qui permet de parler d'UNE Doctrine sociale. Fin pédagogue, il sait attirer l'attention sur certains textes auxquels on s'était trop habitué et dont on avait perdu de vue le contenu percutant.

ROCHAIS, Gérard, *La justice sociale comme bonne nouvelle*, Messages sociaux des évêques du Québec de 1972 à 1983, Montréal, Fides, 1984.

LES VERTUS SOCIALES

« Le juste est comme un arbre planté
auprès des cours d'eau : celui-là portera fruit
en son temps et jamais son feuillage ne sèche ;
tout ce qu'il fait réussit. »

(Psaume I,3*)*

LE SENS DES RESPONSABILITÉS

« La dignité de la personne humaine exige que chacun agisse suivant une détermination consciente et libre. Dans la vie de société, c'est surtout de décisions personnelles qu'il faut attendre le respect des droits, l'accomplissement des obligations, la coopération à une foule d'activités. L'individu devra y être mû par conviction personnelle, de sa propre initiative, par son sens des responsabilités, et non sous l'effet de contraintes ou de pressions extérieures. Une société fondée uniquement sur des rapports de forces n'aurait rien d'humain : elle comprimerait nécessairement la liberté des hommes, au lieu d'aider et d'encourager celle-ci à se développer et à se perfectionner. »

JEAN XXIII,
Pacem in terris, n° 34

Parler de vertus, c'est axer sa réflexion sur la personne *sujet* de la vie sociale et *agent de changement*. La personne est antérieure à la société et moteur de transformation de la vie sociale. Elle est à la source des aménagements et des structures, et première responsable de la qualité morale des dites structures.

Vertu : un mot dévalué. Il faut en redécouvrir le sens dynamique : force, aptitude, actualisation d'un potentiel rendant apte à agir pour le bien de façon stable, voire avec une certaine facilité et le sentiment de se valoriser humainement et d'accroître son plus-être personnel. La bonté morale est un meilleur critère de réussite humaine et sociale que la richesse et le prestige. «Que sert à l'homme de gagner le monde entier, s'il se perd ou se ruine lui-même ? » (*Luc* 9,25).

Source d'énergie morale, la *vertu* ajoute une *seconde nature* (connaturalité) à la personne dite vertueuse, qui fait que celle-ci se comporte comme s'il allait de soi (hormis les cas d'accidents de parcours) qu'on agisse selon une rationalité morale, conformément à la justice, avec force et mesure (vertus cardinales).

1. LES VERTUS SOCIALES

1.1 Les vertus sont interdépendantes, connexes. Elles sont toutes néces-saires au bon citoyen. Mais certaines assurent particulièrement la qualité des agirs sociaux, la contribution positive au bien commun et à la vie collective. Ce sont les *vertus sociales*. Elles aident la personne responsable à mieux remplir sa fonction d'*agent de changement*, lui impartissent une énergie qui aide à transiter du vœu pieux à l'opérationnalité.

1.2 Les vertus sociales, particulièrement la justice, confèrent de la rectitude, de la fermeté et de la durabilité aux agirs personnels dans la recherche d'une société meilleure. Une constance qui fait qu'on ne se décou-rage pas devant les obstacles ou à la suite d'un échec. Compter sur ses propres moyens, c'est d'abord compter sur cette énergie intérieure qui caractérise les militants de l'action sociale et les agents de changement. L'exemplarité des vertus sociales est manifeste chez des témoins renommés de la foi qui ont illustré, par de grandes réalisations, la puissance du ferment chrétien: Vincent de Paul, Jean Baptiste de la Salle, François de Montmorency Laval, Marguerite d'Youville, Ozanam, Mère Teresa, Monseigneur Romero, Louis-Joseph Lebret, etc.

1.3 À noter un emploi particulier de l'expression *vertus sociales* pour désigner les *vertus de la sociabilité*, à savoir les vertus annexes de la justice. (*Somme théologique*, 2a 2ae, Q, 101 ssq.)

2. TYPOLOGIE

Les vocables chevauchent les uns sur les autres. Il arrive qu'on exprime avec des mots différents des concepts étroitement apparentés, tels amour, charité, solidarité. Ce dernier vocable sonne plus «laïque» que les deux précédents, mais en partage la signification.

Il convient de souligner les vertus sociales qui de façon particulière qualifient et valorisent l'apport des personnes en fonction de l'engagement social.

2.1 LA PRUDENCE. C'est la sagesse pratique, la qualité première de la personne responsable, celle qui fait de la personne libre la participante de l'agir providentiel dans le monde (*pars providentiæ*). Elle requiert des qualités dites intégrantes (comme la prospective) et s'exprime dans le *discernement*, qualité dont le chrétien doit faire preuve dans le domaine politique (*Octogesima adveniens*, n°s 36,48,49). Elle incarne le *principe responsabilité* que Hans Jonas a mis en relief. Trois étapes dans son fonctionnement: connaissance du réel, évaluation éthique, décision pratique (voir, juger, agir).

La prudence n'a pas bonne presse. Pour certains elle connote l'hésitation, l'atermoiement. Elle serait la caractéristique des esprits timorés. D'autres la confondent avec une astuce douteuse: elle leur semble être la caractéristique d'une personnalité «ratoureuse», le syndrome d'un manque de transparence, voire de droiture.

En réalité, la prudence est un apanage de la personne humaine responsable et engagée. Elle est à la fois *raison droite* et *raison pratique*. En tant que raison droite, elle balise et oriente les bonnes intentions et les bons désirs en fonction d'objectifs valables. En tant que raison pratique, elle fait transiter de l'intention à l'engagement concret en fonction de la *situation*, de la réalité existentielle. Elle oriente en direction de l'efficacité qualitative.

2.2 LA JUSTICE SOCIALE. Elle élargit l'horizon de la volonté générale de justice: elle commande la justice commutative et la justice distributive. Chez saint Thomas d'Aquin, elle prend le nom de *justice légale*. De nos jours, le paradigme *justice sociale* connote surtout les dimensions socio-économiques et politiques. Cette vertu incline à rechercher les paramètres qui déterminent le fonctionnement juste et équitable des institutions et les rapports entre groupes sociaux et entre nations, par exemple dans les échanges commerciaux entre pays riches et pays pauvres. Elle inclut l'analyse structurelle et les rapports que des individus et des groupes entretiennent à travers les systèmes et les institutions. On parlera, dans cette optique, de *justice structurelle* (dimension objective).

2.3 LA PRUDENCE POLITIQUE. C'est une prudence supérieure, dont la pratique est le lot de tous les citoyens éclairés. Dite *gubernative*, elle commande un agir rationnel particulièrement exigeant et lourd de conséquences, celui des décideurs, les gens désignés pour exercer l'autorité. Elle conduit à privilégier le bien commun, à cultiver la lucidité et met la personne en autorité en garde contre la tentation d'abuser de son pouvoir ou de l'utiliser à ses propres fins. C'est une sagesse rare et précieuse.

La *sagesse politique* chez les dirigeants est indispensable pour la recherche du bien commun et le progrès d'une collectivité. En revanche, son absence et les dérives du pouvoir peuvent être catastrophiques. Un premier mérite de la démocratie est moins de choisir les gouvernants que de fournir les moyens de freiner ou de prévenir les dérapages des «malades qui nous gouvernent».

2.4 LE CIVISME. Apparenté à la justice, le civisme incarne le comportement du bon citoyen éclairé, soucieux du bien commun. C'est pratiquer le civisme que de respecter les lois, payer l'impôt, exercer son droit de vote avec intelligence et souci de l'intérêt général, avoir un comportement empreint de civilité, pratiquer l'honnêteté dans les échanges commerciaux, respecter l'environnement, etc.

2.5 L'ALTRUISME. Une version «laïque» de la charité. Comme doctrine, il s'agit d'une «théorie du bien qui pose au point de départ l'intérêt de nos semblables, en tant que tel, comme but de la conduite morale» (Lalande, *Vocabulaire technique et critique de la philosophie*). Comme comportement, on parle d'une disposition consciente, au-delà de l'instinct et des habitudes, conduisant à être attentif aux besoins et aux droits des autres. On parle aussi d'un «sentiment d'amour pour autrui: soit celui qui résulte, instinctivement, des liens qui existent entre les êtres d'une même espèce; soit celui qui résulte de la réflexion et de l'abnégation individuelle» (Lalande, *ibid.*). L'altruisme ouvre la voie à la pratique de la solidarité.

2.6 LA SOLIDARITÉ. Au sens premier, le terme *solidarité* connote un fait, une donnée: celle de l'interdépendance entre des individus, des groupes. La prise de conscience de cette interdépendance fait naître l'idée d'un devoir, lequel s'impose particulièrement à ceux qui auraient tendance à se replier sur des avantages acquis et à ignorer les besoins des autres membres de la communauté humaine. Pour Jean-Paul II, la solidarité est à ce point connaturelle que le véritable développement ne peut être que solidaire. Par conséquent, l'avancée économique et sociale des pays dits développés devient hypothéquée dans son essence si elle s'effectue aux dépens des pays pauvres ou si elle fait abstraction des besoins fondamentaux des collectivités plongées dans le sous-développement (SRS, 9).

2.7 La charité. Vertu capitale, qui, dans une optique chrétienne, englobe l'altruisme et la solidarité et élargit les horizons de la justice. «La charité d'aujourd'hui est la justice de demain» est un aphorisme souvent confirmé par l'histoire. C'est à partir d'un souci inspiré par la charité que de nombreux croyants ont pris conscience d'exigences de la justice, jusque-là passées inaperçues.

Les vertus de charité et de justice se compénètrent. Au temps de Léon XIII, des chrétiens altruistes ne cessaient, par souci de charité, de se pencher sur le sort des «pauvres travailleurs», comme s'il allait de soi que les travailleurs fassent partie des démunis, vu qu'on ne leur accordait que des salaires minables (voir la grande fresque *Germinal*). Léon XIII a modifié la perspective en affirmant que la détermination du salaire relevait de la justice et qu'on ne pouvait se contenter de pallier par des œuvres de charité la misère résultant de conditions salariales injustes.

L'authentique charité, au sens d'une attitude spirituelle générale marquant toute la vie des croyants (*1 Corinthiens* 13,1-13), stimule le sens social et exerce un impact majeur sur la pratique des autres vertus. C'est sous son influence que la foi chrétienne, d'une génération de croyants à l'autre, a inspiré et soutenu des initiatives multiples visant à soulager les misères les plus criantes et à répondre aux besoins les plus urgents. Ce n'est pas simple coïncidence si partout dans le monde on reconnaît le dynamisme des communautés chrétiennes à l'émergence d'œuvres caritatives révélatrices d'une sensibilité humaine particulière, qui contraste avec l'insensibilité païenne que saint Paul dénonçait (*Romains* 1,31).

Nietzsche déplorait cette sensibilité et parlait de l'éthique chrétienne comme d'une «morale d'esclave». À ses yeux, seule comptait la volonté de puissance. «Il n'y a pas, disait-il, d'autre critère de la vérité que l'accroissement du sentiment de puissance.» L'idéologie national-socialiste hitlérienne fera sienne cette vision païenne du monde.

3. L'HOMME JUSTE

3.1 Dans le langage biblique, *l'homme juste* est à la fois celui que la grâce de Dieu justifie, celui qui obéit à la loi (psaume 119) et celui qui, justifié par la foi, pratique la justice envers son prochain et incarne, par sa conduite, le dynamisme des vertus. Ce sont, selon diverses facettes, Job, Jérémie et les autres prophètes, Mattathias et ses fils, Joseph qui refuse l'interprétation légaliste de la Loi et protège la réputation de Marie, Jean le Baptiste qui affronte Hérode, le centurion, les grands saints. C'est Jeanne d'Arc qui risque tout pour la patrie, Thomas More qui refuse de céder aux caprices du Prince, les millions d'hommes et de femmes qui, fidèles aux valeurs de droiture et de solidarité, renforcent la qualité morale du tissu social.

3.2 Homme juste, bon citoyen : les deux paradigmes se rejoignent de façon éminente dans la personne de Jésus homme libre, lui dont la mission transcende le politique mais que la politique rejoint, tente de circonvenir et combat sans pitié. Préfiguration du paradoxe qui caractérise le comportement social de beaucoup de croyants: se conduire en citoyens exemplaires, mais refuser l'idolâtrie du pouvoir et proclamer qu'il faut obéir à Dieu plutôt qu'aux hommes (*Actes* 5, 29).

4. OBSERVATIONS COMPLÉMENTAIRES

4.1 On ne peut mesurer avec rigueur l'impact des vertus sociales sur l'évolution d'une société. On peut néanmoins affirmer que la qualité du tissu humain et moral d'une collectivité conditionne d'une certaine façon le progrès social, incluant la croissance économique dans ses composantes premières. À titre d'exemples: le culte du travail, la conscience professionnelle, l'honnêteté dans les rapports quotidiens. Ces façons d'agir ont des retombées économiques positives.

4.2 Le coût des soins de santé est fonction de la conscience professionnelle des médecins, de la compétence des gestionnaires et du comportement responsable des utilisateurs de services. Le coût de la protection de l'environnement tend à grossir là où les citoyens ordinaires et les propriétaires d'industries se comportent en agents pollueurs. Le vol à l'étalage augmente substantiellement le coût des produits offerts aux consommateurs. Le vandalisme de jeunes étudiants contribue à gonfler la note de frais que les contribuables doivent acquitter pour assurer le fonctionnement des établissements scolaires.

4.3 Max Weber a mis en lumière l'influence des facteurs religieux et éthiques sur la vie économique. L'histoire des Églises chrétiennes confirme en partie cette thèse et illustre l'impact des vertus sociales sur l'organisation de la vie en société. Là où n'apparaît pas cette corrélation, il conviendrait de s'interroger sur le modèle de vie chrétienne proposé aux croyants. On constate en effet l'existence de situations qui semblent témoigner d'un échec partiel de la fonction sociale des Églises. Syndromes: repliement sur des activités religieuses et liturgiques, méconnaissance de problématiques socioéconomiques ou politiques requérant une intervention d'urgence, conservatisme social.

Quelques cas historiques: des communautés chrétiennes allemandes, aussi bien catholiques que protestantes, ont réalisé avec beaucoup de retard la gravité du phénomène nazi ; des évêques argentins ont pactisé avec la dictature militaire et ignoré de graves atteintes aux droits humains ; des élites chrétiennes rwandaises ont sous-estimé la gravité du racisme latent en train d'empoisonner le climat social ainsi que la perversion progressive du pouvoir politique. Dans tous ces cas, on discerne de l'inconscience et des manquements graves à la vertu de prudence. Des cas où les enfants de lumière ont manqué de discernement et ont été largement devancés par les enfants des ténèbres.

4.4 La question des vertus sociales soulève une interrogation particulière sur les rapports entre l'éthique et la politique. Une thèse fort répandue veut que le réalisme politique n'ait pas à tenir compte de considérations éthiques et ne doive obéir qu'à des règles qui lui sont propres, celles-ci ayant comme seul objectif le pouvoir et les avantages que celui-ci confère.

Il est vrai que les bons sentiments ne suffisent pas pour garantir une bonne politique. Mais il est également vrai que les déficiences morales et l'amoralisme sont encore plus néfastes, surtout quand viennent s'ajouter des déficiences physiques ou des troubles de comportement, ce qui advient plus fréquemment qu'on ne croit. (Voir les analyses de Pierre Accoce et Pierre Rentchnick).

5. PISTES DE RECHERCHE

5.1 ÉVANGILE ET VERTUS SOCIALES. Un exercice stimulant : effectuer une relecture de certains textes évangéliques (la multiplication des pains, la parabole du Bon Samaritain, la parabole du Jugement dernier) pour en saisir la pertinence et l'actualité en fonction des vastes problématiques socio-économiques contemporaines.

5.2 ÉTHIQUE ET PROGRÈS SOCIAL. Appliquer la démarche de Max Weber (voir *L'éthique protestante et l'esprit du capitalisme*) à la société québécoise et discerner si les traits, soulignés par Weber comme propres à certains chrétiens, sont discernables dans les comportements des pionniers de la société québécoise (l'accomplissement de la volonté de Dieu dans le travail, la saine gestion des biens matériels, l'austérité et la pratique de l'épargne, etc.) Évaluer l'impact de ces pratiques sur le développement économique et social du Québec.

5.3 LE SENS SOCIAL. Des questions à se poser sur la catéchèse, l'enseignement religieux et la prédication. Est-il vrai que les « chrétiens du dimanche » témoignent d'une intelligence et d'une sensibilité sociale d'une qualité particulière qui dépasse le commun des gens ? Certains estiment que c'est souvent le contraire qui se produit. Comme le montrent certains faits cités plus haut, l'intelligence et la prudence politiques semblent avoir fait défaut aux « chrétiens du dimanche » à des moments cruciaux de l'histoire : une myopie, voire une inconscience qui n'a pas épargné des pasteurs et des théologiens. Ajoutons d'autres exemples à ceux mentionnés plus haut. Des chrétiens ont peu porté attention à des phénomènes tels que la révolution industrielle, l'urbanisation, l'essor de la démocratie, les revendications en faveur des droits de la personne, la libération de la femme, l'explosion démographique dans le Tiers-Monde, etc. Plusieurs semblent incapables de percevoir le lien entre les valeurs évangéliques et des projets de réformes sociales ou, à l'inverse, la contradiction entre le fait de se réclamer de l'Évangile tout en appuyant des politiques conservatrices et rétrogrades.

6. LECTURES

Pie XI, *Quadragesimo anno*, 138-148, sur la réforme des mœurs.

Paul VI, *Octogesima adveniens*, 42-47. Les chrétiens face aux nouveaux problèmes.

Jean-Paul II, *Sollicitudo rei socialis*. Fil conducteur du document : le développement est fondamentalement une question morale. La mésestime des vertus sociales consolide les « structures de péché ».

Accoce, Pierre et Pierre Rentchnick, *Ces malades qui nous gouvernent*, Paris, Stock, 1976. L'impact des déficiences physiques, psychologiques ou morales chez des décideurs politiques. Quelques dossiers révélateurs.

Bigo, Pierre, « *Les dimensions de la justice* », dans *La doctrine sociale de l'Église*, p. 219-235. La justice selon la Tradition : la justice sociale ; justice et rôles ; justice et charité.

Blais, Martin, *L'œil de Caïn*, essai sur la justice, Montréal, Fides, 1994. À force d'insister sur les droits, les lois et les institutions, on oublie que la justice est d'abord une vertu. C'est ce que l'auteur met en lumière en proposant une réflexion éclairante sur la vertu de justice.

Calvez et Perrin, « La justice » et « Charité et justice », dans *Église et société économique*, p. 178-211 et 212-229.

Dumont, René, *Au nom de l'Afrique j'accuse*, Paris, Plon, 1986. L'absence de sens social et le mépris du bien commun sont à inscrire sur la liste des facteurs qui compromettent le développement. À noter que l'incompétence et l'ineptie ont, en maints cas, un impact considérable.

Galbraith, John K., *La république des satisfaits*, Paris, Seuil, 1992. L'esprit réactionnaire, l'individualisme bourgeois, l'autosatisfaction expliquent l'incapacité psychologique et morale de milieux privilégiés d'aborder la question de réformes sociales devenues impératives. Une sensibilité sociale éveillée permettrait de rendre la société américaine plus juste et plus humaine.

JELLOUN, Tahar BEN, *L'homme rompu*, Paris, Seuil, 1994. L'auteur présente sous forme de roman le drame d'un homme intègre et soucieux de justice qui vit dans un monde corrompu et tente de résister aux pressions qui s'exercent sur lui. Le climat ambiant finit par avoir raison de sa résistance. Une illustration de failles morales qui affectent le fonctionnement des appareils administratifs, tant dans les pays avancés que dans le Tiers-Monde.

LEBRET, Louis-Joseph, *Dimensions de la charité*, Paris, Éditions ouvrières, 1958. Plaidoyer pour une charité incarnée et efficace, axée sur le projet de la montée universelle de l'humanité et qui englobe les dimensions socio-économiques et politiques.

LEBRET, Louis-Joseph, *Développement — révolution solidaire*, Paris, Éditions ouvrières, 1966. Réflexion de synthèse sur le développement. L'auteur met en lumière la dimension éthique, souvent négligée au nom de priorités économiques.

SECRÉTAN, Philibert, «Courage et prudence», dans *Initiation à la pratique de la théologie*, t. IV, p. 295-317.

SOLJENITSYNE, Alexandre, *La maison de Matriona*, Paris, Julliard, 1966. Nonobstant le carcan idéologique et bureaucratique d'une société totalitaire, Matriona demeure fidèle à ses convictions spirituelles et morales et fait preuve d'altruisme et de charité jusqu'à la limite de ses forces.

5

LES TRAVAILLEURS, AGENTS ET SUJETS DE LA VIE ÉCONOMIQUE

« Le travail *est une clé*, et probablement
la clé essentielle de toute la question sociale... »

(Jean-Paul II)

INTRODUCTION
1. PROFIL DU TRAVAILLEUR
2. LA SIGNIFICATION DU TRAVAIL
3. LE QUOTIDIEN DU TRAVAILLEUR
4. LE TRAVAIL AU FÉMININ
5. LE NOUVEAU PROLÉTARIAT
6. LES REVENDICATIONS DES TRAVAILLEURS
7. DE L'EXPLOITATION À L'EXCLUSION
8. UNE NOUVELLE CHARTE DU TRAVAIL
9. OBSERVATIONS COMPLÉMENTAIRES
10. PISTES DE RECHERCHE
11. LECTURES

GRANDEUR DU TRAVAIL

« Le travail rend à l'homme sa dignité ; c'est une activité éminemment humaine. Par notre travail, nous grandissons et nous devenons hommes. Par notre travail, nous développons le monde matériel et nous nous développons. On ne doit pas le voir comme une marchandise. D'où la prééminence qu'il faut lui donner sur le capital et l'entreprise. L'homme a le droit de travailler, de chercher à le faire, en accord avec sa dignité et ses capacités et avec une juste rétribution. Il faut découvrir le travail comme une vocation et une mission spéciales, reçues de la nature et de Dieu même. »

Conférence épiscopale de Colombie,
1er avril 1974

Au départ, affirme l'économie libérale, il y a le capital et les investissements d'où résultent la croissance et le progrès. Au départ, répond l'économie humaine, il y a des travailleurs, hommes et femmes, agents et sujets de la vie économique, moteurs de croissance et générateurs de progrès.

Sans les travailleurs, pas de plus-value, pas de croissance, pas de PNB. De ce travail, indispensable au progrès économique, Adam Smith disait qu'il constitue « la source unique de la richesse des nations ». Activité qui est celle de l'entrepreneur, du gestionnaire, des cadres, mais aussi, et non moins essentiellement, celle des non-gradés, cols bleus et cols blancs, hommes et femmes qui accomplissent les tâches d'exécution, louent pour un salaire leur force de travail, aussi bien physique que technique et intellectuelle.

> ... Dans une société régulièrement constituée, il doit se trouver (encore) une certaine abondance de biens extérieurs, « dont l'usage est requis à l'exercice de la vertu ». Or, tous ces biens, c'est le travail de l'ouvrier, travail des champs ou de l'usine, qui en est surtout la source féconde et nécessaire. Bien plus, dans cet ordre de choses, le travail a une telle fécondité et une telle efficacité, que l'on peut affirmer, sans crainte de se tromper, qu'il est la source unique d'où procède la richesse des nations[1].

À quatre-vingt-dix ans d'intervalle, Jean-Paul II reprend la thèse de Léon XIII et pose le travail comme étant l'élément central de la question sociale. À ses yeux, « le travail est une clé, et probablement la clé essentielle de toute la question sociale, si nous essayons de la considérer vraiment du point de vue du bien de l'homme[2] ». Donc le travail avant les idéologies et les systèmes, même si ceux-ci influent considérablement sur l'idée que l'on peut se faire du travail et sur l'aménagement des conditions de vie des travailleurs.

Les réflexions qui suivent se limitent à quelques aspects : le profil du travailleur, la signification du travail, la condition humaine des travailleurs, le travail féminin, les nouveaux prolétariats, les revendications des travailleurs. En conclusion, on soulignera quelques idées clés mises de l'avant dans la prestigieuse encyclique *Laborem exercens*.

---

1. *Rerum novarum*, n° 27. Aussi *L'Église et la question sociale*, p. 25.
2. *Laborem exercens*, n° 3.

1. PROFIL DU TRAVAILLEUR

1.1 Au sens général du terme, le travail désigne toute activité intellectuelle ou physique commandée par l'accomplissement d'une tâche. De façon plus circonscrite, on peut dire qu'il est «l'action intelligente de l'homme sur la matière» (Proudhon). Pour Friedmann, il est «l'ensemble des actions que l'homme, dans un but pratique, à l'aide de son cerveau, de ses mains, d'outils et de machines, exerce sur la matière, actions qui, à leur tour, réagissent sur l'homme, le modifient[3]».

Cette définition inclut tant les activités de direction que d'exécution. Elle recouvre donc aussi bien la gestion financière et la direction d'une entreprise que les tâches d'exécution. En fait, l'usage tend à faire prévaloir une signification plus restreinte, qui englobe les activités distinctes de celle de la responsabilité et de la gérance du capital. Autrement dit, sans nier ni exclure l'activité responsable et souvent très lourde du travail de direction, le terme travailleur désigne l'exécutant: intellectuel, technique, physique, dont l'activité assure le bon fonctionnement des unités de production de biens ou de services.

Dans *Laborem exercens*, Jean-Paul II propose deux définitions du travail :

a)　«tout travail accompli par l'homme, quelles que soient les caractéristiques et les circonstances de ce travail, autrement dit toute activité humaine qui peut et qui doit être reconnue comme travail parmi la richesse des activités dont l'homme est capable et auxquelles il est prédisposé par sa nature même, en vertu de son caractère humain» (Introduction)

b)　activité «transitive, c'est-à-dire prenant sa source dans le sujet humain et tournée vers un objet externe» (n° 4).

Parlant du *travail manuel*, saint Thomas d'Aquin propose une définition qui englobe un large éventail d'activités. «Parce que la main, dit-il, est l'instrument des instruments, on signifie par l'expression *travail manuel* toute activité humaine qui permet à quelqu'un de gagner sa vie» (*Somme théologique*, 2a 2ae, Q. 87, art.3, c). Au Moyen Âge, une telle définition englobait les métiers les plus divers, tel celui de chirurgien exercé par des barbiers. Elle pourrait de nos jours inclure plusieurs occupations aussi bien du secteur tertiaire que des secteurs primaire et secondaire.

---

3. Voir définitions dans A. Birou, *Vocabulaire pratique des Sciences Sociales*.

1.2 Dans cette optique, font partie du monde des travailleurs ceux qui accomplissent un travail manuel ou intellectuel d'exécution, ou encore un travail dit professionnel dépourvu de pouvoir décisionnel.

On a parfois tendance à multiplier les catégories professionnelles pour ennoblir, aux yeux de ceux qui les exercent, certaines tâches (par ex. infirmières, enseignants). Sans rejeter la légitimité d'une telle étiquette valorisante, il demeure que la caractéristique de non-pouvoir décisionnel dans l'organisation du travail légitime l'inclusion dans la catégorie des travailleurs de beaucoup d'agents dits professionnels.

1.3 En revanche, le critère salarié peut, en certains cas, ne pas valoir comme référence à cette catégorie. Le président de Radio-Canada ou le directeur d'un cégep sont des salariés, mais les fonctions qu'ils exercent les distinguent nettement des citoyens qui appartiennent au monde des travailleurs.

1.4 En contrepartie, désigner exclusivement les travailleurs syndiqués comme « le monde ordinaire », équivaut à un usage trop restreint du syntagme. Car « le monde ordinaire », ce sont aussi les travailleurs non-syndiqués, les agriculteurs, les mères de familles, les citoyens de l'âge d'or, les handicapés, etc. En fait, les inspirateurs du syntagme « le monde ordinaire » semblent favoriser cette inclusion et rejeter l'interprétation exclusiviste.

1.5 Il n'est pas toujours aisé de distinguer le « travailleur ordinaire » du « travailleur éminent », celui qui appartient aux grandes catégories professionnelles. Dans le contexte socio-culturel de l'Occident, un médecin, salarié ou non, est considéré comme professionnel au sens fort du terme. Son statut social et économique le distingue non seulement des travailleurs ordinaires mais aussi de plusieurs autres catégories dites professionnelles.

1.6 D'autre part, le professeur d'université, dont le statut économique se rapproche en certains cas de celui de beaucoup de techniciens et de travailleurs spécialisés, est identifié socialement aux catégories professionnelles majeures (médecins, juristes, etc.). Ce sont d'ailleurs souvent les milieux qu'il côtoie et fréquente. S'il manifeste occasionnellement une certaine distance à l'égard de son milieu d'appartenance socio-culturelle, celle qui le sépare du « monde ordinaire » est non moins tangible.

1.7 La littérature syndicale a mis beaucoup d'efforts pour regrouper sous un même chapeau les « travailleurs intellectuels » et le « monde ordinaire ». L'opération a été une réussite incomplète. On pourra toujours se consoler en se disant que l'échec a été encore plus percutant dans les pays d'obédience socialiste, où la « *nomenklatura* » s'est recrutée en bonne partie dans les milieux intellectuels, artistiques et scientifiques.

1.8 Essentiellement, ce qui soulève un questionnement éthique, dans la conjoncture sociale moderne, c'est le *travail* défini et considéré dans ses rapports à la fois *complémentaires* et *antinomiques* avec le *capital*. C'est-à-dire le travail en tant que force économique productive et activité sociale (créativité intellectuelle ou artistique, investissement d'habileté technique, énergie physique, présence humaine éducative et de soutien, investissement de temps de vie) dans des tâches dont la seule rétribution est un salaire et dont les modes d'utilisation sont déterminés par des décideurs économiques au service de l'autre force productive appelée *capital*, dont le *profit* constitue la rétribution. Fondamentalement, la question est de savoir si on doit reconnaître à l'une ou à l'autre de ces deux entités une primauté morale, économique et politique.

2. LA SIGNIFICATION DU TRAVAIL

2.1 Dans l'Antiquité grecque, le travail manuel était méprisé. On est redevable au christianisme d'avoir valorisé les tâches physiques, même les plus humbles et les plus pénibles[4]. Une première forme de valorisation mettait l'accent sur les aspects de pénitence et d'ascèse, en s'inspirant du texte biblique : «À la sueur de ton visage, tu mangeras ton pain» (*Genèse* 3,19).

2.2 Ce type de valorisation, souvent qualifiée de négative, a longtemps prévalu. L'homme du Moyen Âge travaillait dur parce qu'il le fallait. Son désir était de se libérer du travail dès que possible. La grande quantité de congés religieux répondait à une attente populaire[5]. En revanche, les tâches autres que manuelles, surtout la vie désœuvrée des aristocrates ou de certains clercs, apparaissaient comme un idéal et comme un critère du succès aux yeux des petites gens.

2.3 On sait que la Réforme protestante a contribué à la valorisation du travail, et cela pour toutes les catégories sociales, en dégageant de la Bible des motivations positives et optimistes au sujet du travail manuel, de l'activité commerciale, de l'argent et de l'épargne[6]. La culture bourgeoise entérinera et élargira cet apport idéologique. Néanmoins, elle ne rejettera pas l'héritage pessimiste ; elle l'utilisera à l'adresse des travailleurs ordinaires, à qui elle

---

4. Sur la signification du travail à travers l'histoire chrétienne, voir Louis O'Neill, *L'idée de travail* dans *la théologie chrétienne*.

5. Voir Jean Fourastié, *Essai de morale prospective*. — Au moment de la Révolution française, lors de la suppression des fêtes religieuses, le journal *Le Patriote* écrivait : «Au lieu de 52 dimanches et d'un nombre infini d'autres fêtes qui enlevaient au travail et à l'industrie le tiers de l'année, il y aura moins de jours pour le repos et la paresse, ce qui ne contribuera pas peu à multiplier nos ressources.» Cité par R. Pernoud, *Histoire de la bourgeoisie en France*, Paris, Seuil, 1962, t. II, p. 370.

6. Voir Louis O'Neill, «L'Idée de travail dans la théologie chrétienne».

proposera, avec bonne foi sans doute, une imagerie qui a survécu jusqu'à nos jours : celle de l'ouvrier, « le pauvre ouvrier », qui doit accepter son sort avec résignation et compter sur le secours bienveillant des élites. Quoi qu'on fasse, dira-t-on, certaines tâches sont pénibles et abrutissantes, mais cela fait partie des lois de la vie, tout comme les inégalités font partie de l'ordre social.

2.4 Il faut avouer que les chrétiens, ressassant les thèmes du péché, de la pénitence, de la souffrance et de la résignation, ont parfois cautionné cette approche négative et pessimiste qui faisait le jeu des possédants[7]. Heureusement, un autre courant a fait son chemin, plus positif et optimiste. On y retrouve des données dégagées de l'Écriture, des emprunts à Thomas d'Aquin, une récupération partielle de l'approche calviniste et de l'humanisme socialiste[8]. Ce courant, au lieu de présenter le travail manuel et tout travail productif de biens comme un pis-aller, un poids de la fatalité, le lot des pauvres et des résignés, met en lumière d'autres aspects qui, sans ignorer le caractère onéreux de l'effort physique, dépassent ce regard à la fois au ras du sol et fixé sur l'éternité. Dans cette perspective optimiste, d'un optimisme parfois excessif, le travail apparaît comme l'accomplissement de l'homme, le lieu de la créativité, le moyen d'intégration à la vie communautaire, l'occasion pour les travailleurs de se manifester comme agents de transformation et de progrès. Grâce au travail, l'homme domine la nature, la perfectionne, prolonge la création. Il s'élève lui-même et construit le monde.

Le travail humain saisit les choses, les ressuscite d'entre les morts. (K. Marx)

Le génie du plus simple artisan l'emporte autant sur les matériaux qu'il exploite que l'esprit de Newton sur les sphères inertes dont il calcule les distances, les masses et les révolutions. (Proudhon[9])

L'homme est à ce point solidaire du cosmos que sa perfection ne consiste pas à surmonter une existence dans-le-monde, comme une conjoncture assez pesante, mais à réaliser dans ce monde le plein équilibre ontologique

---

7. Voir une série d'exemples donnés par HOUTART et ROUSSEAU dans *l'Église face aux luttes révolutionnaires*, p. 43 ssq. Un homme réputé pourtant réformiste, le révérend père Rutten estimait nécessaire « que l'ouvrier comprenne qu'il doit se résigner à son sort et supporter les conséquences de l'état inférieur dans lequel Dieu l'a placé. Et pour arriver à le convaincre de ces vérités, il faut des arguments que seule la religion peut fournir. » (ouvrage cité, p. 96).

8. Voir *L'idée de travail dans la théologie chrétienne*.

9. Cité par S. WEIL, dans *Oppression et liberté*, p. 141.

et moral de son être. Il s'accomplit lui-même en accomplissant le monde. (M.D. Chenu[10])

L'homme, comme créature spirituelle, appelé à une véritable participation à la vie divine, a aussi pour mission de rendre plus significative cette relation de toute créature à Dieu. C'est le sens profond de sa tâche terrestre de dominer et de soumettre la terre, comme un gérant administrant des biens au nom de leur Auteur. (J.M. Aubert[11])

En faisant passer dans les choses son intelligence et son labeur transformant, l'homme y fait passer aussi la pensée et la puissance de Dieu dont il est l'image et le relais. (J.M. Aubert[12])

Loin d'être pour l'homme une humiliation, et une dégradation, comme l'estimait la société païenne avec l'esclavage, le travail est, au contraire, l'un de ses plus incontestables titres de noblesse. On oublie trop que, même au Paradis Terrestre, le travail était à l'honneur. Sans doute s'accomplissait-il alors dans la facilité et la joie. Ce n'est qu'après la prévarication d'Adam que la terre, à son tour, se rebellant contre l'homme, ne peut être domptée qu'au prix d'un travail opiniâtre. Mais n'y aperçoit-on pas déjà le dessein miséricordieux du Créateur? L'humanité déchue trouvera là, en effet, l'un des principaux éléments de sa réhabilitation, de sa Rédemption. Aussi bien, Jésus-Christ viendra-t-il lui-même rendre au travail toute sa dignité et toute sa vertu jusqu'à «cette intime satisfaction que procure seul le travail tel qu'il a été ennobli et voulu par Dieu» (Pie XII, Message de Noël, 1943). L'apôtre lui-même ne se glorifiait-il pas de son travail manuel: «ministraverunt manus istae»? Enfin, toute l'histoire de l'Église et de la papauté n'est-elle pas inlassable défense et illustration du caractère sacré du travail, une condamnation de toutes les formes anciennes et nouvelles d'asservissement? (Mgr Montini[13])

3. LE QUOTIDIEN DES TRAVAILLEURS

3.1 Les dernières décennies ont été témoins, en Occident, d'une amélioration considérable du sort des travailleurs. La semaine hebdomadaire de travail a été abrégée, les salaires et les avantages sociaux se sont accrus, les services de santé, les conditions de logement, les facilités d'accès à l'éducation et à la culture (incluant radio et télévision) ont connu une remarquable progression.

---

10. Cf. *Théologie de la matière*, p. 22-23.
11. J. M. Aubert, *Morale sociale pour notre temps*, p. 118.
12. *Ibid.*, p. 119.
13. Lettre de Mgr Montini à la XXVIᵉ Semaine sociale du Canada, 7 octobre 1949, Utz, nº 364.

Ce progrès, on le doit au développement technique, à une meilleure productivité, à une opinion publique plus éveillée, à la pression morale exercée par les Églises, à la conscience plus vive qu'ont les travailleurs de leurs droits, aux luttes syndicales.

Mais il y a encore beaucoup à faire pour que le travail à l'usine, au bureau, dans les petites entreprises, dans les mines, se déroule dans des conditions humaines convenables. Outre les problèmes d'hygiène, se posent aussi ceux des cadences, du stress, des tensions nerveuses. De plus, nonobstant une tendance générale au progrès, certains métiers et certains groupes semblent voués plus que d'autres à se prolétariser, à devoir se confiner à une marginalité économique et sociale lourde à supporter. Comme si la Révolution industrielle générait inéluctablement de nouvelles formes d'aliénation.

3.2 La lutte en vue d'humaniser les conditions de vie et de travail en Occident date des débuts du capitalisme industriel, car si celui-ci a réussi une progression rapide, c'est qu'il a exploité et prolétarisé. La phase de croissance spectaculaire qui, en Occident, marque l'ensemble du XIXᵉ siècle, se caractérise par l'accentuation des inégalités sociales, le pompage maximal de la force de travail de l'ouvrier, la compression rigide des salaires. On déplore la misère des « pauvres ouvriers » (car être ouvrier, c'est être pauvre), qu'on attribue parfois au vice, mais avant tout aux exigences dites inéluctables des lois économiques. On déplore, mais on accepte. C'est dans la nature des choses, disait-on, que tant de misère accompagne un tel essor économique. Si les œuvres de charité connaissent une telle ampleur à cette époque, c'est qu'elles essaient de secourir non seulement ceux qui ne disposent d'aucun moyen de vivre, mais aussi des milliers de familles où le travail conjugué du père, de la mère et d'un ou plusieurs enfants ne suffit pas à pourvoir aux besoins élémentaires de nourriture, de vêtements et de logement. La charité devient la vertu de marque des élites dans un monde où la loi de l'offre et de la demande, appliquée brutalement, condamne à la pauvreté des milliers d'ouvriers.

On doit à Proudhon, à Marx, aux socialistes, aux catholiques sociaux, à des romanciers (Dickens, Zola), la révélation de la condition ouvrière aux heures fastes du capitalisme industriel. Certaines enquêtes contribuèrent aussi à secouer l'opinion publique[14]. À une époque plus récente, des chercheurs, des romanciers et des cinéastes ont contribué, au Québec et ailleurs, à mieux faire connaître certains aspects particulièrement pénibles de la condition des travailleurs.

---

14. Telle la célèbre enquête du Dʳ Villermé, en 1840, en France. À noter, au Canada, le rôle de la Commission Royale d'enquête sur les relations entre le capital et le travail (1886-1891).

3.3 On est souvent émerveillé, à l'occasion de la visite d'une usine, par le déroulement impeccable des opérations, la rapidité de la circulation des produits, le rythme accéléré de la production. Cette efficacité comporte néanmoins un coût humain parfois élevé. Dès les débuts du machinisme industriel, on avait noté que la division des tâches, qui en constitue une composante essentielle, avait comme effet de soumettre l'ouvrier à la machine, de situer celui-ci comme asservi, dominé[15]. Adam Smith, favorable au nouveau système de production, n'en niait pas les effets déshumanisants. «Un homme, dit-il, qui passe toute sa vie à s'acquitter de quelques opérations simples, n'a pas l'occasion d'exercer son intelligence. Il devient en général aussi stupide et aussi ignorant qu'une créature humaine puisse le devenir... L'uniformité de sa vie stationnaire corrompt naturellement aussi la vaillance de l'esprit... Elle détruit même l'énergie du corps et le rend incapable d'employer sa force, avec quelque vigueur et persévérance, si ce n'est dans l'occupation de détail à laquelle il est attaché. Il semble donc qu'il n'ait acquis de l'habileté dans un métier particulier qu'aux dépens de ses capacités intellectuelles, sociales et guerrières. Mais dans toute société industrielle et civilisée, la classe ouvrière, c'est-à-dire la grande masse du peuple, doit nécessairement en arriver à cet état[16].»

Le développement et l'amélioration des techniques contribueront à la suppression de tâches exigeant une grande dépense de force physique. Le taylorisme[17], d'autre part, dans son obsession de productivité, créera de nouvelles servitudes et engendrera de nouveaux effets déshumanisants.

3.4 LA FATIGUE OUVRIÈRE. «J'espérais que mon corps s'habituerait à la fatigue, et la fatigue s'accumulait dans mon corps.» (Claire Etcherelli, *Élise ou la vraie vie*, Paris, Denoël, 1967.) Le machinisme industriel, le taylorisme, les gestes répétés où le travailleur est privé de toute participation intellectuelle valable, les cadences accélérées sont à l'origine d'une fatigue d'un caractère particulier, la fatigue industrielle, que Friedmann décrit ainsi : «À

---

15. Voir K. MARX, *Le Capital*, livre 1, ch. 12.

16. Dans *Wealth of nations*, livre V, ch. 1, art. 2. Cité par Marx, *Le Capital*, livre 1, ch. 12.

17. «À l'intérieur du régime capitaliste traditionnel où le travail de l'ouvrier est loué contre un salaire, le taylorisme (de l'ingénieur nord-américain F. W. Taylor, 1856-1915) est un système de rationalisation du travail pour obtenir le maximum de rendement.» A. BIROU, *Vocabulaire pratique des Sciences Sociales*.

Selon Birou, «trois principes fondamentaux caractérisent le taylorisme : l'utilisation de l'outillage au maximum, la suppression des gestes inutiles, l'organisation des tâches».

«Le système de Taylor a été parfois improprement confondu avec «l'organisation scientifique du travail» dont il n'est qu'une première étape balbutiante. Il ne cherchait que l'utilisation la plus poussée de l'ouvrier qu'il jugeait la plus rationnelle. Ce dernier devait suivre ponctuellement les instructions détaillées de son contremaître et se trouvait ainsi, dans la plupart des cas, réduit au rôle de serveur de la machine.»

la diminution du tonus, à l'incoordination croissante des gestes dont la liaison et le rythme se désagrègent, correspond une fatigue bien plus subtile et plus profonde. L'adresse et l'habileté, si elles se maintiennent, ce n'est qu'à coup d'une attention volontaire, épuisante et d'une efficacité toute provisoire. L'intérêt au travail diminue. Avec les formes plus précises d'ennui surgissent des idées obsédantes et, à la longue, des états anxieux et névrotiques. Telle est précisément la forme de fatigue que les psychotechniciens anglais ont décrite sous le nom de fatigue industrielle[18].»

Souvent les effets de cette fatigue s'accumulent. Le même auteur parle alors de fatigue résiduelle. «Pour ce qui touche à la fatigue industrielle, elle nous aide à comprendre (…) que ses effets sont susceptibles de s'accumuler. La réparation apportée par les repos du jour et de la nuit n'est pas suffisante. L'équilibre n'a pas le temps de se rétablir chez l'ouvrier avant que la prochaine séance de travail vienne à nouveau exercer sur lui son action. Les réserves d'énergie n'étant pas récupérées, il s'ensuit un résidu d'effets généraux du travail, organique et psychique; la notion de fatigue résiduelle paraît pratiquement aujourd'hui la plus importante pour l'étude de la mécanisation[19].»

La fatigue industrielle, selon de Dr Serge Couillault, provoque les séquelles suivantes: elle réduit la production du travail des muscles par modifications biochimiques, brise la relation organique entre l'individu et sa tâche, perturbe la capacité normale de jugement face à telle ou telle situation, accroît la sensation de lourdeur et de faiblesse et crée un sentiment d'incapacité face à la tâche à accomplir, diminue les réflexes et la capacité de vigilance, rend vulnérable aux accidents[20]. Le même auteur, expert en médecine du travail, affirme que, contrairement à une opinion très répandue, les ouvriers sujets au stress qui résulte de la fatigue industrielle sont plus souvent atteints que les cadres supérieurs par les maladies du cœur. «Les affections cardio-vasculaires, coronariennes en particulier, apparaissent souvent à la suite de stress psychique. Les travailleurs sans responsabilité y sont plus exposés que d'autres, contrairement à ce que l'on pense en général. En effet, une enquête de L.E. Hindle portant sur les 270 000 membres du personnel de la compagnie Bell, fait ressortir qu'à mesure que l'on s'élève dans la hiérarchie des responsabilités, la mortalité et la morbidité par affections cardio-vasculaires diminuent. Elles sont de 30% moins élevées que chez les ouvriers. Arrivent en tête des affections coronariennes les ouvriers, puis la maîtrise et enfin les managers[21].»

---

18. Georges Friedmann, *Problèmes humains du machinisme industriel*, p. 77.
19. Georges Friedmann, *ibid.*, p. 79.
20. Voir Serge Couillault, *L'humanisation du travail dans l'entreprise industrielle*, p. 35.
21. *Ibid.*, p. 33. Voir aussi *Cœur vaillant, corps usé* publié par la CSN, mai 1996.

De son côté, Paul Chauchard parle de fatigue ouvrière, non moins nerveuse que physique et qui résulte en partie d'une condition ouvrière, laquelle, sous certains aspects, s'est améliorée, mais comporte des caractéristiques qu'on tolère de moins en moins. « Si, dit-il, les modalités de la tâche ouvrière sont extrêmement variées, il existe incontestablement une condition ouvrière bien définie notamment par S. Weil et dont les côtés négatifs comme positifs sont facteurs de fatigue, la fatigue ouvrière, fatigue physique devenant de plus en plus épuisement nerveux de personnes majeures et responsables qui ne supportent plus leurs conditions de travail dans la mesure même où elles se sont améliorées. Et cette fatigue ouvrière ne disparaîtra que par des transformations de la condition ouvrière, des rapports de classes[22]. » En fait, parlant de maladie du travail, on pensait jadis à une fatigue avant tout physique. Maintenant cette fatigue est aussi et surtout nerveuse et mentale.

> Je fais trois mille cinq cents fois par jour le même geste. Je sais que je le ferai demain, dans six mois, dans dix ans. Rentré chez moi, même la télé ne m'intéresse plus. Je ne supporte pas le moindre cri de mes gosses. Je suis usé nerveusement jusqu'à la moelle[23].

Dans certaines tâches, comme l'enseignement, la fatigue nerveuse née de l'écœurement ou de la tension va parfois jusqu'à la névrose. Cette fatigue atteint beaucoup de catégories de travailleurs dits professionnels (*burn out*).

3.5 Métiers anciens, métiers nouveaux. Dans certains cas, le travail à la chaîne a introduit la fatigue industrielle sans supprimer la fatigue physique. Les anciennes conditions pénibles ont parfois survécu aux innovations. On trouve des illustrations de ce problème dans l'industrie automobile, le textile, l'industrie du vêtement, le travail dans les mines.

L'innovation technologique abolit d'anciens métiers et conséquemment des conditions de travail parfois pénibles. Mais on fait alors souvent peu de cas du droit au travail et de l'obligation de fournir à ceux et à celles dont les emplois sont supprimés les moyens de réintégrer le marché du travail, par exemple par le recyclage. Les travailleurs ne rejettent pas l'innovation technologique; ils refusent d'en payer seuls le coût humain et d'en supporter les conséquences parfois lourdes pour les familles. L'innovation technologique doit aider à la valorisation du travail humain et non pas contribuer à la prolétarisation des travailleurs et des travailleuses.

3.6 Le travail nationalisé. La nationalisation des entreprises modifie peu la condition des travailleurs. Être ouvrier chez Peugeot, Renault ou GM

---

22. Paul Chauchard, *La fatigue*, p. 110.
23. Un ouvrier de l'automobile. Cité dans « *Santé à vendre* », document de la CFDT.

aboutit à des avantages et à des servitudes similaires. La nationalisation d'une partie du secteur de l'amiante au Québec n'a pas rendu moins aigus les problèmes de santé et de pollution.

Du privé au public, les gestionnaires se ressemblent, s'échangent les postes, vivent en solidarité au sein d'un même establishment, développent des réflexes identiques face aux revendications syndicales. Il arrive que l'État-patron s'occupe lui-même de donner la preuve, par des comportements anti-syndicaux, que le pouvoir public peut être aussi insensible aux revendications des travailleurs que les entreprises privées les plus brutales.

3.7 LE TRAVAIL SOCIALISÉ. Marx avait prophétisé que la suppression de la propriété privée des moyens de production entraînerait la disparition de l'exploitation des travailleurs et des aliénations dont ils sont les victimes. Aucune expérience socialiste n'a justifié encore un tel espoir. Au contraire, il arrive qu'on retrouve dans les régimes inspirés du dogmatisme marxiste une aggravation de la condition ouvrière qui rappelle les pires temps du capitalisme sauvage. Ont même réapparu, avec Staline, des systèmes de travail obligatoire qui n'ont rien à envier à l'esclavage antique. Il est à noter que dans son analyse de la condition ouvrière Jean-Paul II englobe aussi bien la problématique sociale des pays socialistes que celle des pays capitalistes. Il est manifeste, aux yeux du Souverain Pontife, que les intérêts des travailleurs sont loin de trouver leur compte dans la gestion économique du « parti et du gouvernement des travailleurs ». La crise polonaise a montré clairement que l'establishment communiste était autant sinon plus en conflit avec les travailleurs réels que les entreprises capitalistes les plus rétrogrades.

4. LE TRAVAIL AU FÉMININ

4.1 À l'exception de certaines tâches bien rémunérées[24], les occupations féminines n'ont souvent rien de très reluisant. Les femmes sont des agents actifs de la croissance économique, tant celles qui travaillent au foyer que celles qui occupent des emplois à l'extérieur. Cet apport est sous-estimé et la main-d'œuvre féminine forme parfois une sorte de prolétariat qu'on

---

24. « Le plus souvent, les femmes qui occupent des emplois réputés masculins ou celles qui réussissent brillamment dans ceux-ci ne constituent que des cas exceptionnels ; ce sont les femmes-potiches, les femmes-symboles, dont le nombre se compte sur les doigts d'une main et qui permettent aux hommes de proclamer bien haut que l'ère de la discrimination est révolue, abolies toutes les barrières, et que les femmes ont désormais accès à tous les postes, à toutes les fonctions… À condition qu'elles le méritent et aussi — ce qui n'est pas toujours le cas — qu'elles acceptent de jouer le jeu. » Pierrette SARTIN, *Aujourd'hui, la femme*, Paris, Stock, 1974, p. 106.

exploite sans vergogne, sous le couvert de préjugés, de bons sentiments et de mesures discriminatoires. Heureusement, le syndicalisme réussit des percées visant à mettre fin à cette forme de sexisme socio-économique.

4.2 La femme au travail accomplit souvent deux métiers à plein temps : le travail ménager et la tâche extérieure. En ces cas, la semaine réelle de travail qu'elle supporte dépasse les 80 heures. Aux femmes sont souvent réservées les tâches banales, ennuyeuses, peu propices à la créativité.

> C'est aux femmes (...) que l'on réserve les travaux monotones. Les hommes ont commencé à se révolter contre ces gestes, toujours les mêmes, qu'il faut refaire mille ou deux mille fois par heure, pendant des jours, pendant des années... Aujourd'hui, en France, près d'un million de femmes travaillent à la chaîne et, bon gré mal gré, doivent s'en contenter. Mais les chefs d'entreprise, le C.N.P.F. et certains sociologues (entre autre, Georges Friedmann) n'en continuent pas moins à estimer que les femmes souffrent moins que les hommes de ce genre de tâche. « Elles aiment pouvoir penser à autre chose en travaillant, à ce qu'elles feront le soir pour dîner, à leur vie familiale... Leur centre d'intérêt est ailleurs que dans le travail », ont répondu les employeurs à une enquête organisée par le ministère du Travail sur le thème : « Pour une organisation plus humaine du travail industriel. » Ce qui vient contredire l'expérience des Drs Wisner et Cazamian qui ont interrogé des ouvrières de l'électronique. Les réponses de celles-ci sont éloquentes : « Nous n'en pouvons plus de faire un travail imbécile qu'un gosse de huit ans pourrait faire... Nous n'en pouvons plus d'être des robots obligés d'aller toujours plus vite, d'être obsédées par la prime de rendement, etc[25]. »

> C'est au bas de l'échelle que l'on trouve la majorité des effectifs féminins, qu'il s'agisse de l'industrie ou des services[26].

4.3 À travail égal, elles se voient souvent offrir un salaire inférieur et ce n'est que récemment que les organisations syndicales ont pris au sérieux les revendications féminines pour un traitement égal. « Rares sont les conventions collectives qui favorisent le principe du salaire égal pour un travail égal[27]. »

À la source de la discrimination dont sont victimes les femmes au travail, on discerne les facteurs suivants : la mentalité des employeurs, les valeurs masculines véhiculées par la société, l'attitude des parents, les mythes

---

25. Pierrette SARTIN, *Aujourd'hui, la femme*, p. 208-209.
26. *Ibid.*, p. 202.
27. *Ibid.*, p. 217. Depuis ce constat, la situation, du moins au Québec, a évolué dans un sens favorable.

introduits dans l'éducation des filles, les habitudes de résignation des femmes elles-mêmes[28].

4.4 Dans certaines branches du tertiaire (travail de bureau, services hospitaliers), les femmes assument souvent des responsabilités considérables pour lesquelles d'autres agents économiques sont récompensés. Il est des cas, par exemple, où sans la présence attentive et efficace des infirmières, les lacunes de certains médecins apparaîtraient en plein jour. Et pas aussi rares qu'on ne pense sont les patrons dont le renom de travailleurs acharnés dépend du zèle inépuisable d'une secrétaire compétente et capable de pallier des lacunes nombreuses. Quant aux chances de faire carrière, il arrive souvent qu'un subtil mécanisme de promotion propulse inéluctablement les collègues mâles aux dépens des perpétuelles assistantes dévouées.

« Si les femmes sont moins souvent qualifiées que les hommes dans leur spécialité, en revanche elles ont souvent plus de diplômes qu'eux. Pour un poste équivalent, on leur demande d'ailleurs des qualifications supérieures. Dans ce domaine, bien peu de progrès ont été réalisés au cours de ces dernières années. Les hommes détiennent des postes de commande et favorisent les hommes au détriment des femmes, qui continuent de former une masse de main-d'œuvre sans avenir[29]. »

4.5 De l'avis du Comité des affaires sociales de l'Assemblée des évêques du Québec (message du 1er mai 1984), plusieurs mesures s'imposent afin d'améliorer les conditions du travail rémunéré des femmes (sans ignorer l'apport considérable du travail non rémunéré):

- Reconnaître concrètement le droit au travail, en favorisant le retour sur le marché du travail des femmes qui ont consacré plusieurs années à l'éducation des enfants au foyer.
- Concrétiser le principe de l'égalité par une politique de plein emploi.
- Promouvoir des conditions décentes pour le travail à temps partiel.
- Favoriser un meilleur partage des tâches domestiques entre conjoints.
- Favoriser l'initiation aux nouvelles technologies et ainsi sauvegarder les emplois que les femmes occupent dans le secteur tertiaire.
- Voir à ce que les femmes œuvrant dans les secteurs d'activité ecclésiale jouissent de condition de travail convenables.

---

28. *Ibid.*, p. 229.
29. *Ibid.*, p. 205. À noter cependant des progrès marqués au cours des dernières années: discrimination positive, clauses de conventions collectives qui favorisent l'engagement de personnel féminin, etc.

5. LE NOUVEAU PROLÉTARIAT

Les progrès de l'économie, et la force du syndicalisme dans divers secteurs ont modifié le paysage de la condition ouvrière. Des cols bleus ont accédé à un statut et un style de vie bourgeois. En revanche, des métiers se sont dégradés. De nouvelles catégories de travailleurs ont remplacé les anciens prolétariats.

5.1 Les journaliers, les hommes de petits métiers, les chômeurs saisonniers, les hommes et les femmes peu scolarisés récoltent les miettes du gâteau qui s'appelle le produit national brut. Premières victimes de l'instabilité économique et des changements technologiques, non-syndiqués, ils vivent tantôt de leur travail, tantôt de prestations sociales. Souvent leur sort est aggravé par l'endettement qu'ils ont contracté aux mains des compagnies de prêts.

5.2 Certains groupes ethniques, tels les Amérindiens, Portoricains, Cubains, Noirs, Chicanos, (au Québec, beaucoup de travailleurs francophones) composent une main-d'œuvre nombreuse et bon marché que le capitalisme nord-américain exploite à son gré. C'est une réserve de main-d'œuvre utilisable au besoin[30].

5.3 Un nouveau prolétariat est apparu en Europe occidentale, au lendemain de la Deuxième Guerre mondiale. Son travail acharné a contribué en grande partie à la croissance économique de la France, de l'Angleterre, de la Belgique, de l'Allemagne. Ces contingents de travailleurs venus du Maghreb, d'Afrique Noire, du Portugal, de Turquie, de Yougoslavie, acceptent des emplois mal rémunérés, sont victimes d'exploitation dans le logement, de mesures discriminatoires et de comportements racistes. Ils accomplissent, dans l'Europe moderne, les fonctions de louage de travail et de production de plus-value qu'ont remplies jadis les prolétaires ouvriers du XIXᵉ siècle.

5.4 Dans la description du nouveau prolétariat mondial, il convient de souligner l'existence des immenses populations ouvrières du Tiers-Monde : fellahs, travailleurs agricoles, habitants des immenses bidonvilles d'Asie, d'Afrique et d'Amérique latine, paysans opprimés, ouvriers victimes du capitalisme sauvage (v.g. Brésil). L'ampleur et la gravité des problèmes que connaissent ces travailleurs sont parmi les raisons qui ont incité Paul VI à affirmer, dans *Populorum progressio*, que désormais la question sociale est devenue mondiale.

---

30. « ... la naissance, le milieu social, sont déterminants ; on vous cite toujours l'histoire de quelqu'un qui, partant de rien, est devenu milliardaire, mais l'histoire de tous ceux qui en partant de rien n'arrivent à rien, serait trop longue à raconter. » Alba DE CÉSPEDES, *Sans autre lieu que la nuit*, p. 130.

5.5 Au fait, c'est le concept même de prolétariat qu'il conviendrait de revoir[31]. La réalité prolétarienne va au-delà de la perception qu'en avait Marx[32]. Elle connote des conditions économiques et matérielles spécifiques, mais elle dépasse ce seul point de repère, inspiré de « l'économisme ». Car font aussi partie de la condition prolétarienne des éléments d'ordre culturel, moral et spirituel. Même si l'enseignement social de l'Église en matière sociale a intégré le concept de prolétariat, il a toujours refusé de réduire la question ouvrière à des données économiques et à des facteurs structurels liés au fonctionnement du grand capitalisme industriel.

6. LES REVENDICATIONS DES TRAVAILLEURS

6.1 Les travailleurs ordinaires engagent leurs énergies humaines dans le processus de production de biens et de services. Ils le font pour assurer leur propre survie et celle des familles, cellules de base de la société. Égaux en dignité et théoriquement en droit aux autres catégories sociales, ils réclament de plus en plus de participer activement à la vie économique et sociale et de retirer de cette participation une quote-part équitable. Ils désirent que celle-ci s'accroisse proportionnellement à l'augmentation du produit national et en fonction de besoins prioritaires à satisfaire.

De là découle une multiplicité de revendications. Les unes, suite à de longues luttes, font déjà partie de droits reconnus, au moins en principe. D'autres, plus récentes, canalisent les énergies sur des objectifs nouveaux et influent sur la préparation des législations sociales de demain.

6.2 DROIT AU TRAVAIL. Second par rapport au droit au revenu[33], le droit au travail postule l'obligation pour les gestionnaires de capitaux et les pouvoirs publics de favoriser la participation active des travailleurs à l'activité économique. « Du fait que le travail est un élément essentiel de la vocation de l'homme, le droit au travail est une véritable exigence morale qui demande d'être prise en considération par les responsables de l'économie, avant les droits du capital, et qui peut amener l'État à intervenir pour faire respecter ce droit, qui n'est autre que le droit de tout homme de vivre, lui et les siens, par son travail[34]. »

---

31. Ce que fait par exemple André GORZ dans *Adieux au prolétariat*, Paris, Galilée, 1980.
32. Sur la description de la réalité prolétarienne, voir BRIEFS, Goetz Antony, *Le prolétariat industriel*, Paris, Desclée, 1936.
33. Le *salaire*, c'est la prestation en argent pour services rendus. Le *revenu*, c'est l'ensemble des ressources dont dispose personne ou un travailleur (salaire, allocations familiales, avantages sociaux, etc.).
34. J. M. AUBERT, *Morale sociale pour notre temps*, p. 126-127.

La crainte du chômage tend à faire perdre conscience aux travailleurs du droit qui leur appartient de participer activement à la vie économique. Ils finissent par considérer comme une faveur ce qui leur revient de droit. Si bien qu'ils tolèrent, sans trop rouspéter, des politiques dites créatrices d'emplois dont l'effet le plus manifeste est de permettre à des entreprises de capitaliser à même les fonds publics[35].

6.3 Un salaire équitable est la première façon de reconnaître tangiblement l'apport des travailleurs dans la vie économique. Les économistes libéraux prétendaient fixer le salaire, en droit, au niveau de la subsistance stricte. Les abus du libéralisme provoquèrent des réactions vives tant chez les socialistes que chez les catholiques sociaux. On commença par réclamer un salaire vital décent, pour ensuite réclamer un salaire suffisant pour satisfaire aux besoins de toute la famille. Sans rejeter cette dernière thèse, on préfère plutôt aujourd'hui parler du droit au revenu familial.

6.4 On considère aussi comme un objectif à atteindre pour l'ensemble des travailleurs la fixation d'un salaire minimum décent, déterminé par la loi[36]. Les syndicats s'intéressent de près à cet objectif, grâce auquel les travailleurs non syndiqués peuvent profiter indirectement de l'action que mènent les centrales syndicales en faveur d'une meilleure répartition de la richesse commune, obtenue grâce aux conventions collectives de travail.

6.5 La détermination du salaire à la suite de conventions collectives, d'une grève, de la pression exercée par la loi de l'offre et de la demande ou d'une entente spontanée entre les deux parties, correspond au mode de procéder en régime libéral. La norme qui en résulte peut satisfaire aux exigences de la justice, mais peut aussi ne pas y correspondre. Car, en pratique, elle est issue de rapports de forces. Des travailleurs non syndiqués ou dont le pouvoir de négociation est faible devront se contenter de bas salaires alors que d'autres, situés en position favorable sur le marché du travail, peuvent forcer la partie patronale à dénouer généreusement les cordons de la bourse.

6.6 Des facteurs socioculturels influent aussi sur la détermination du salaire. On est souvent enclin par exemple à surestimer le travail de direction ou des cadres en comparaison avec le travail d'exécution (culte du pouvoir), ou le travail intellectuel face au travail physique (culte du mandarinat). De même, on a tendance à rétribuer plus le travail accompli par des hommes

---

35. «Les ouvriers qui sont demeurés dans les entreprises ont fini par considérer eux-mêmes le travail qu'ils accomplissent non plus comme une activité indispensable à la production, mais comme une faveur accordée par l'entreprise. Ainsi le chômage, là où il est le plus étendu, en arrive à réduire le prolétariat tout entier à un état d'esprit de parasite.» S. WEIL, *Oppression et liberté*, p. 35.

36. Au Québec, cette détermination fait partie d'un ensemble de réglementations dites *normes minimales de travail* (voir 6.12).

(phallocratie). D'autre part, la conjoncture politique ou culturelle peut aussi exercer une influence tantôt favorable, tantôt défavorable. Il a été démontré, par exemple, qu'au Québec le fait d'être anglophone unilingue a été long-temps plus avantageux pour la rémunération du travail que celui d'être francophone, même bilingue (influence du modèle colonial).

6.7 À la demande de salaires décents s'ajoutent d'autres revendications des travailleurs :

— avantages sociaux (fonds de pension, assurance-chômage, sécurité de l'emploi, etc.);
— allocations familiales;
— protection de la santé;
— humanisation du travail;
— participation aux décisions qui affectent l'aménagement des tâches;
— participation aux décisions relatives à l'avenir de l'entreprise;
— politique relative à l'emploi, au logement, au coût de la vie, au crédit, etc.

6.8 Il importe de souligner, au sujet du salariat, que si l'enseignement catholique officiel n'a jamais remis en question la légitimité du régime comme tel, les chrétiens encouragés par ce même enseignement ont mené une lutte incessante pour l'amélioration des salaires et des conditions de travail. Cette lutte fut l'occasion de recherches et d'échanges sur les notions de juste salaire, salaire familial, salaire et revenus, etc. Les interventions pastorales de l'Église portent souvent sur des questions de salaires et de conditions de travail.

6.9 Dans les pays avancés, le syndicalisme a rétabli en partie un rapport d'égalité entre patrons et travailleurs. Le syndicalisme s'avère un mécanisme social essentiel à titre de contrepoids démocratique. Là où il n'a pas réussi à s'implanter, les abus d'autrefois ne tardent pas à resurgir.

6.10 Dans les pays où a dominé le « socialisme réel », le quotidien des travailleurs est apparu souvent plus sombre que dans les pays capitalistes. L'interdiction faite aux travailleurs de se regrouper en syndicats autonomes a laissé une marge de manœuvre considérable aux bureaucrates qui con-trôlaient l'appareil d'État. Nombreux sont les pays communistes où les tra-vailleurs ont été les victimes d'un arbitraire brutal, et ce au nom de la libération du prolétariat.

6.11 Dans de nombreux pays du Tiers-Monde, un capitalisme libéral inhumain impose aux travailleurs des conditions de vie particulièrement pénibles. S'ajoute souvent l'exploitation des enfants. On évalue à plusieurs dizaines de millions les enfants, garçons et filles, soumis à ce qui s'avère être une forme d'esclavage qui dépasse en cruauté les servitudes antiques.

6.12 NORMES MINIMALES. Dans plusieurs pays avancés, surtout là où la social-démocratie fait sentir son influence, les normes minimales de travail que le législateur impose freinent l'exploitation à outrance et protègent certaines catégories plus vulnérables : travailleurs isolés et peu qualifiés, étudiants, femmes, travailleurs occasionnels et saisonniers, travailleurs domestiques, immigrants, etc.

La *Loi sur les normes du travail du Québec* (version amendée du 1er mars 1993) statue de façon particulière sur les points suivants :

- le salaire ;
- la durée du travail : étalement des heures de travail, semaine de travail, heures supplémentaires, etc.
- les jours fériés, les congés payés, les congés annuels payés ;
- les repos, le repos hebdomadaire ;
- les congés pour événements familiaux ;
- les avis de cessation d'emploi ou de mise à pied ;
- la retraite.

Les normes minimales n'éliminent pas tous les abus. Les atteintes à la loi demeurent nombreuses. Isolés, privés de la protection syndicale, menacés par le chômage, les travailleurs dont on abuse n'osent porter plainte et subissent leur sort sans dire un mot. La loi ne peut compenser dans tous les cas pour le manque de sens social d'un employeur. Néanmoins, par sa présence, elle exerce un certain effet préventif et rappelle aux travailleurs que des recours existent contre les abus dont ils sont les victimes.

Chose certaine, il faut éviter d'affaiblir la législation en vigueur sous prétexte d'accroître la compétitivité des entreprises. À la limite, on frôlerait une situation proche de l'esclavage. Vouloir être compétitif en se rapprochant des conditions de travail en vigueur dans certains pays du Tiers-Monde (comme la Chine, la Thaïlande), c'est ouvrir la voie à une régression sociale humainement coûteuse et, en fin de compte, économiquement ruineuse.

7. DE L'EXPLOITATION À L'EXCLUSION

7.1 Caractéristique des sociétés marquées par le progrès technologique : les investissements suppriment les emplois plus souvent qu'ils n'en créent. Le capitalisme moderne s'est approprié la technologie et a ainsi accru de façon fulgurante sa capacité productive. On peut désormais répondre à la demande de biens solvables et en même temps supprimer des emplois. Des milliers d'hommes et de femmes ne sont pas exploités : ils sont tout simplement exclus du marché du travail et de la vie sociale. L'État, employeur direct, amplifie le processus d'exclusion en procédant à des réaménagements des appareils administratifs, qui ont comme effet de réduire considérablement la taille de la fonction publique. On fait de même dans les secteurs dits parapublics : santé, éducation, etc. Si bien que le droit au travail s'effrite. Travailler est devenu un privilège.

7.2 Dans le Tiers-Monde, l'exclusion chemine en parallèle avec l'exploitation. Des collectivités complètes sont exclues des échanges mondiaux. Des appareils étatiques pléthoriques forment un réseau privilégié fondé sur le clientélisme. Des minorités contrôlent un réseau restreint de production et d'échanges dont sont exclues les masses. Celles-ci vivent de miettes. Les plus débrouillards se tirent d'affaire grâce à l'économie informelle. Pour de vastes secteurs de population, le droit au travail est un mythe.

7.3 Les conséquences humaines et morales du chômage et de l'exclusion sont non moins graves que celles qui résultent de l'exploitation[37]. Elles soulèvent un problème éthique majeur qui commande des solutions urgentes. « La fin du travail » que nous annonce Jeremy Rifkin aggrave l'urgence[38].

8. UNE NOUVELLE CHARTE DU TRAVAIL

8.1 L'IDÉOLOGIE ÉCONOMISTE. Aussi bien socialiste que libérale, elle induit naturellement à situer au premier plan les problèmes de matières premières, de production, de marché, de croissance matérielle et quantitative. Dans ce contexte, le profil du travailleur, agent et sujet de l'économie, s'estompe et passe au second rang. La croissance tend à s'imposer comme une fin en soi, alors qu'elle est instrumentale, en fonction des besoins humains, culturels et sociaux des travailleurs, des familles, du monde ordinaire, de ceux qui, pour reprendre l'expression de Pie XII, sont LES SUJETS de la vie économique.

L'encyclique *Laborem exercens*, publiée à l'occasion du 90e anniversaire de *Rerum novarum*[39] remet les choses en place. Elle s'appuie sur une double expérience du monde du travail : celle du monde occidental et capitaliste, et celle acquise au contact de travailleurs soumis à une économie étatique d'inspiration marxiste. De cette théologie du travail, il est utile de rappeler quelques thèmes majeurs[40].

8.2 LE TRAVAIL EST UNE GRANDEUR DE L'HOMME. Il faut voir dans le travail, souligne le pape, « une dimension fondamentale de l'existence de

---

37. Voir chapitre 17, pour une proposition de séminaire sur la pauvreté et l'exclusion sociale.
38. Voir chapitre 16, pour une proposition de séminaire sur le thème « Le travail autrement ».
39. Jean-Paul II avait souhaité rendre public son texte le 15 mai, anniversaire jour pour jour de la publication de l'encyclique de Léon XIII. Mais le texte ne fut publié finalement que le 14 septembre 1981, jour de la fête de l'Exaltation de la Croix. C'est la tentative d'assassinat contre la personne du pape qui fut la cause du délai.
40. Les références renvoient à l'édition Fides, Montréal, 1981.

l'homme sur la terre » (n° 4). Le travail intègre l'homme à la vie sociale et au processus de développement de l'univers… «L'homme, créé à l'image de Dieu, participe par son travail à l'œuvre du Créateur, et continue en un certain sens, à la mesure de ses possibilités, à la développer et à la compléter, en progressant toujours davantage dans la découverte des ressources et des valeurs incluses dans l'ensemble du monde créé.» (n° 25)

8.3 L'HOMME FAIT LA GRANDEUR DU TRAVAIL. «C'est en tant que personne que l'homme est sujet du travail. C'est en tant que personne qu'il travaille, qu'il accomplit diverses actions appartenant au processus du travail : et ces actions, indépendamment de leur contenu objectif, doivent toutes servir à la réalisation de son humanité même; celle d'être une personne.» (n° 6)

«Le fondement permettant de déterminer la valeur du travail humain n'est pas avant tout le genre de travail que l'homme accomplit, mais le fait que celui qui l'exécute est une personne. Les sources de la dignité du travail doivent être cherchées surtout, non pas dans sa dimension objective, mais dans sa dimension subjective.» (n° 6)

8.4 PAR LE TRAVAIL L'HOMME DEVIENT PLUS HOMME. «Par le travail, non seulement l'homme transforme la nature en l'adaptant à ses propres besoins, mais encore il se réalise lui-même comme homme et même, en un certain sens, "il devient plus homme".» (n° 9)

8.5 LE TRAVAIL EST LE FONDEMENT DE LA VIE FAMILIALE. «Le travail est, d'une certaine manière, la condition qui rend possible la fondation d'une famille, puisque celle-ci exige les moyens de subsistance que l'homme acquiert normalement par le travail.» (n° 10) En outre, souligne le pape, la famille est le lieu d'apprentissage du travail, le lieu où l'on apprend à travailler et où l'on prend conscience de l'importance du travail. «La famille est à la fois une communauté rendue possible par le travail et la première école interne de travail pour tout homme.» (n° 10)

8.6 ENSEMBLE, LES TRAVAILLEURS CONSTRUISENT LA NATION. Toute société résulte de l'effort commun des travailleurs, particulièrement la société parfaite, achevée, qu'est la nation. La société nationale «est (…) une grande incarnation historique et sociale du travail de toutes les générations. Le résultat de tout cela est que l'homme lie son identité humaine la plus profonde à l'appartenance à sa nation, et qu'il voit aussi dans son travail un moyen d'accroître le bien commun élaboré avec ses compatriotes, en se rendant compte ainsi que, par ce moyen, le travail sert à multiplier le patrimoine de toute la famille humaine, de tous les hommes vivant dans le monde.» (n° 10)

8.7 LE TRAVAIL PASSE AVANT LE CAPITAL ET LES RESSOURCES MATÉRIELLES. C'est une inversion d'ordre, une perversion qui est commise, chaque fois qu'on réduit l'homme au rôle d'instrument de production, comme un moyen matériel parmi d'autres, alors que les travailleurs sont créateurs de richesses, agents libres et responsables, et antérieurs au capital. La priorité du travail sur le capital est un principe moral. « Ce principe concerne directement le processus même de la production dont le travail est toujours une cause efficiente première, tandis que le capital, comme ensemble des moyens de production, demeure seulement un instrument ou la cause instrumentale.» (n° 12) « Le principe de la priorité du travail sur le capital est un postulat qui appartient à l'ordre de la morale sociale. Ce postulat a une importance clé aussi bien dans le système fondé sur le principe de la propriété privée des moyens de production que dans celui où la propriété privée de ces moyens a été limitée même radicalement.» (n° 14)

8.8 LE CAPITAL EST UN PATRIMOINE COLLECTIF AU SERVICE DU TRAVAIL. Les travailleurs héritent d'un double patrimoine : les ressources naturelles et l'ensemble des moyens de production perfectionnés par les travailleurs des générations précédentes. Tout en travaillant, l'homme hérite du travail d'autrui. À l'origine, il y a eu le travail. Dans la suite du processus, il y a le nouvel apport des travailleurs qui utilisent l'ensemble des moyens de production. Cet ensemble conditionne le travail de l'homme. « Mais nous ne pouvons pas affirmer qu'il soit comme le sujet anonyme qui met en position dépendante l'homme et son travail.» (n° 12)

8.9 LE TRAVAIL HUMAIN DÉPASSE LA SEULE FINALITÉ ÉCONOMIQUE. L'économisme est une erreur « qui consiste à considérer le travail humain exclusivement sous le rapport de sa finalité économique.» C'est du matérialisme pratique, lequel a inspiré historiquement le matérialisme théorique marxiste. « On ne voit pas d'autre possibilité de dépassement de cette erreur si n'interviennent pas des changements adéquats dans le domaine de la théorie comme dans celui de la pratique, allant dans une ligne de ferme conviction du primat de la personne sur la chose, du travail de l'homme sur le capital entendu comme ensemble des moyens de production.» (n° 13)

8.10 LA PROPRIÉTÉ EST AU SERVICE DU TRAVAIL. « La propriété s'acquiert avant tout par le travail et pour servir au travail. Cela concerne de façon particulière la propriété des moyens de production... Ils (ces moyens) ne sauraient être possédés contre le travail et ne peuvent non plus être possédés pour posséder, parce que l'unique titre légitime à leur possession ... est qu'ils servent au travail.» (n° 14)

8.11 L'ÉTAT DOIT APPLIQUER UNE VÉRITABLE POLITIQUE DU TRAVAIL. Le pouvoir politique remplit le rôle d'employeur à la fois direct et indirect. Il doit donc à double titre favoriser la création d'emplois et non pas laisser proliférer le chômage. La mise en application d'une telle politique requiert une collaboration entre États et la surveillance des activités de certains grands pouvoirs financiers, par exemple les sociétés transnationales. C'est d'abord en fonction des droits des travailleurs que doit s'articuler toute l'économie mondiale... «C'est précisément la prise en considération des droits objectifs du travailleur, quel qu'en soit le type: travailleur manuel, intellectuel, industriel ou agricole, etc., qui doit constituer le critère adéquat et fondamental de la formation de toute l'économie, aussi bien à l'échelle de chaque société ou de chaque État qu'à celle de l'ensemble de la politique économique mondiale ainsi que des systèmes et des rapports internationaux qui en dérivent.» (n° 17)

8.12 LA CRÉATION D'EMPLOIS EST UN PROBLÈME FONDAMENTAL. «Le rôle des instances dont on parle ici sous le nom d'employeur indirect est d'agir contre le chômage, qui est toujours un mal et lorsqu'il en arrive à certaines dimensions, peut devenir une véritable calamité sociale.» (n° 18) «En jetant les yeux sur l'ensemble de la famille humaine, répandue sur toute la terre, on ne peut pas ne pas être frappé par un fait déconcertant d'immense proportion: alors que d'une part des ressources naturelles importantes demeurent inutilisées, il y a d'autre part des foules de chômeurs, de sous-employés, d'immenses multitudes d'affamés. Ce fait tend sans aucun doute à montrer que, à l'intérieur de chaque communauté politique comme dans les rapports entre elles au niveau continental et mondial — pour ce qui concerne l'organisation du travail et de l'emploi— il y a quelque chose qui ne va pas, et cela précisément sur les points les plus critiques et les plus importants au point de vue social.» (n° 18)

8.13 À ces énoncés certains objectent qu'il s'agit là d'une démarche fort louable, mais teintée d'idéalisme, et que de toute façon il importe avant tout d'assurer le fonctionnement d'une économie productive et efficace, nonobstant le coût humain élevé de décisions prises au nom de la rationalité économique. Celle-ci, dit-on, impose parfois qu'on doive choisir entre l'efficacité et les besoins et attentes des individus et des familles. Dans cette optique, le travailleur, pourtant premier créateur de la richesse collective, devient une variable économique parmi d'autres, un outil soumis aux aléas qui affectent le déroulement des activités de production.

Le pari de Jean-Paul II, c'est qu'on peut, en fondant l'ensemble des activités économiques sur la primauté du travail et des travailleurs, faire fonctionner *un système qui soit à la fois productif, efficace et humain.* Perspective à la fois utopique et réaliste, en ce sens qu'elle donne prise à un projet réalisable à la condition de croire aux valeurs qui lui sont sous-jacentes et de s'appliquer à les incarner dans la réalité.

9. OBSERVATIONS COMPLÉMENTAIRES

9.1 Les principes de la primauté du travail et du droit au travail et à un revenu décent doivent avoir préséance sur les problèmes d'équilibre budgétaire des gouvernements, et autres tribulations des administrations publiques ou privées. Non pas que ces questions soient sans importance, loin de là. Mais le principe de la primauté de la valeur travail requiert qu'on combatte la tendance spontanée des appareils politiques et administratifs à voir dans les revendications des travailleurs la source première de leurs soucis, et celle non moins spontanée à régler les problèmes d'ensemble de l'économie sur le dos de ces mêmes travailleurs. Il y a là une question de choix de valeurs et d'attitude d'esprit. On saura mieux aborder les conflits de travail, le bien-fondé ou l'absence de bien-fondé de certaines revendications, s'attaquer au problème de la création d'emplois et choisir les stratégies économiques pertinentes, si d'abord on s'est fait une idée juste de la valeur travail, qui s'incarne dans l'effort et l'activité des travailleurs ordinaires, de ceux qui n'ont que ce seul moyen pour participer à la vie sociale, vivre dans la dignité et jouir d'un minimum de liberté.

9.2 Il n'existe pas de fatalité économique qui expliquerait à elle seule les crises économiques, et sur laquelle on n'aurait aucune prise. L'économie, science et technique de production de biens et services, fonctionne à l'intérieur de contraintes matérielles, mais dépend aussi de rapports de forces, de libres décisions, de choix qui se prêtent à une évaluation morale. Ces choix peuvent respecter des valeurs et des finalités humaines, ils peuvent aussi les ignorer. On peut considérer le travailleur comme centre et sujet de l'activité économique, mais on peut aussi le réduire au rôle d'outil, à celui d'une variable parmi d'autres et dont le fonctionnement affecte le coût global des produits.

9.3 Le travail est un devoir et un droit, et non d'abord un privilège et une faveur. Il offre la voie normale qui conduit à l'intégration sociale, à l'exercice des responsabilités familiales et civiles. Il est le lieu premier de mise en valeur du potentiel personnel, le lieu d'accomplissement des virtualités humaines. Quand on prend volontairement le risque d'accroître le chômage et la pauvreté, c'est à toutes ces valeurs qu'on porte atteinte.

9.4 Avant de conclure qu'on ne peut rien faire face aux crises économiques et que l'attitude la plus sage consiste à laisser les choses s'arranger d'elles-mêmes, il importe de considérer le sort de ceux qui sont les plus mal en point pour traverser les crises et attendre des jours meilleurs. Car si pour les uns les blocages de l'économie sont source d'embarras mineurs, pour d'autres ils équivalent à une catastrophe humaine et morale.

9.5 Puisque l'activité économique ne se résume pas à un jeu aveugle de facteurs mécaniques, mais dépend aussi de choix libres, de décisions prises par des agents économiques ou politiques, il s'avère impérieux d'observer et d'évaluer l'échelle de valeurs qui guide ces agents, avant tout ceux dont les choix et les décisions ont un impact crucial sur la vie quotidienne du monde ordinaire.

9.6 Face au reproche d'idéalisme moral et d'irréalisme adressé à ceux qui proclament les exigences d'une économie humaine, il n'est pas dénué d'intérêt de se rappeler que le même reproche fut souvent formulé dans le passé à l'endroit de revendications populaires inspirées de la justice sociale. Par exemple, il s'est déjà trouvé des experts qui, au nom du réalisme ou des exigences d'une saine économie, ont combattu des mesures telles que le salaire minimum, le revenu familial, l'interdiction du travail des enfants dans les mines et les usines, les normes sur la santé et la sécurité au travail, les allocations familiales, l'assurance-santé, etc. Souvent ce qu'on qualifiait jadis d'utopie est devenu partie intégrante de l'organisation de la vie en société.

10. PISTES DE RECHERCHE

10.1 LA CONDITION OUVRIÈRE. Les visites dans les milieux de travail aident à se faire une idée plus précise des conditions de travail prévalant de nos jours. Le contact direct permet de constater tantôt une amélioration considérable des conditions de travail, tantôt la persistance de conditions déplorables.

Une perception passagère et superficielle risque d'être trompeuse. Par exemple, ce n'est pas en séjournant quelques heures dans un centre hospitalier qu'on aura une idée juste des conditions de travail parfois pénibles du personnel infirmier.

Dans plusieurs pays du Tiers-Monde, les conditions de travail sont pires que celles qui prévalaient au temps du capitalisme sauvage en Occident. S'y ajoute un chômage pléthorique, critère et cause du sous-développement.

Plusieurs documents audiovisuels et œuvres cinématographiques ont largement contribué à faire prendre conscience de la vie quotidienne des travailleurs et de leurs familles. Tantôt la question est traitée indirectement (*Indochine*, *Les tisserands du pouvoir*), tantôt elle forme l'objet premier de la préoccupation du réalisateur.

À titre d'exemples :

- Elise ou la vraie vie
- Les raisins de la colère
- Il faut aller parmi le monde pour le savoir
- Germinal
- L'enfance de Maxime Gorki
- Bonheur d'occasion
- Gina
- Le chic Resto Pop

Source utile d'information : filmographie de l'ONF. Voir aussi *Nouvelles CSN*, bimensuel d'information et de conscientisation.

10.2 UN DROIT MENACÉ[41]. Le capitalisme sauvage du XIXᵉ siècle exploitait tous les prolétaires en quête d'un gagne pain, incluant les enfants en bas âge. Grâce au progrès technologique qu'il s'est approprié, le capitalisme moderne est en mesure : a) de se passer d'une large portion de travailleurs potentiels ; b) d'imposer aux autres, sauf là où des forces syndicales militantes sont capables d'intervenir, des conditions de travail arbitraires. Il menace même des gains historiques importants, telle la sécurité d'emploi.

Selon la pensée sociale chrétienne, le capital est au service du travail. Dans les faits, le capital est en mesure de se passer des travailleurs. Il ne prolétarise plus, il évacue la fonction travail (voir André Gorz, *Adieux au prolétariat*). Voir comment le dossier évolue au Québec et au Canada.

10.3 LES TRAVAILLEUSES ANONYMES. Sous des formes diverses, la famille constitue l'assise fondamentale du développement des sociétés. Elle forme l'unité économique de base. C'est la femme, la mère qui est au cœur de cette entreprise de transmission de la vie, englobant de multiples activités économiques, sociales et éducatives.

L'épouse assume souvent des tâches de production et de gestion qui débordent largement la cellule familiale. C'est le cas des femmes d'agriculteurs, gestionnaires d'entreprises agro-alimentaires qui, au Québec comme dans la plupart des pays dits avancés, constituent le secteur le plus important de production de biens et de création d'emplois.

Elle passe souvent inaperçue, cette travailleuse au foyer, qui assume simultanément plusieurs fonctions et qui, pourtant, ne dispose souvent d'aucun revenu propre. Sauf l'aide sociale, pour les plus démunies.

La symbolique rétribution des allocations familiales, constitue une forme de reconnaissance sociale adressée à celle qui assure l'assise familiale. Elle est désormais partiellement supprimée.

Aucun salaire, donc pas de droit de participation à la Régie des rentes. Pénalité additionnelle et inégalité additionnelle.

La revendication d'un revenu, autre que l'aide sociale, pour la femme responsable d'une famille s'appuie sur des arguments d'équité, de justice sociale et de justice distributive.

Un dossier à approfondir pour en dégager les implications pratiques.

11. LECTURES

JEAN-PAUL II, Encyclique *Laborem exercens*, Montréal, Fides, 1981.

AUBERT, J.-M., *Morale sociale pour notre temps*, p. 115-131. Pour une théologie du travail. Droit au travail, au salaire et à la cogestion.

---

41. Voir chapitre 16.

BIGO, Pierre, *Doctrine sociale de l'Église*, Paris, PUF, 1965, p. 314-329. Le juste salaire.

CALVEZ, Jean-Yves, *Développement, emploi, paix*, Paris, Desclée de Brouwer, 1988. Les trois thèmes qui inspirent le titre de ce bref essai sont présentés en succession, comme si leur interconnexion allait de soi. À noter quelques considérations au sujet de l'emploi : valeur humaine et spirituelle du travail, la calamité du chômage, le besoin d'une action concertée contre le chômage, les propositions des évêques français pour l'emploi.

CALVEZ et PERRIN, *Église et société économique*, p. 291-330. Signification du travail, droit au salaire, le travail aliéné.

CECC, *Les coûts humains du chômage*, message du 14 janvier 1980.

CECC, *Le chômage généralisé : un appel à la mobilisation de toutes les forces du pays*, message pastoral, avril 1994.

CHAUCHARD, Dr Paul, *La fatigue*, Paris, PUF, coll. Que sais-je ?, 1959, p. 101 ssq. Sur la fatigue industrielle.

CHENU, M. D., *Pour une théologie du travail*, Paris, Seuil, 1955. Les dimensions spirituelles du travail. Perspectives optimistes.

CHENU, M. D., *Théologie de la matière*, Paris, Seuil, coll. Foi vivante, 1959.

CLARK, K., *Le ghetto noir*, Paris, Payot, 1965. À noter p. 62-83, étude sur le chômage et les conditions de travail chez les Noirs de Harlem.

Collectif, « Crise du travail, crise de civilisation », dans *Théologiques*, Faculté de théologie, Université de Montréal, 1997.

Collectif, *Le travail, quête de sens, quête d'emploi*. Cahiers de recherche éthique, n° 10, Fides, 1984. Série d'études qui abordent de multiples facettes de la réalité du travail. À noter : *L'Église et le travail : Vatican II à nos jours;* aussi *L'idée de travail dans la théologie chrétienne*.

Collectif, *Jalons d'éthique et réflexions sur la crise économique actuelle*, Message de la Commission épiscopale des affaires sociales (Épiscopat canadien), 5 janvier 1983.

Collectif, « Le travail en mutation », *Communauté chrétienne*, n° 150 (nov-déc. 1986). Quelques thèmes : la conscience ou la non-conscience du phénomène de la mutation, la réaction des syndicats, un espace pour les travailleuses, la perception de Jean-Paul II, l'enracinement évangélique du travail.

Collectif, *Sans emploi peut-on vivre ?*, Journées sociales 93, Fides, 1994. Compte-rendu des assises de Chicoutimi. Des pasteurs, des universitaires, des religieux et religieuses, des représentants de groupes populaires, des assistés sociaux mettent ensemble leurs idées et leurs expériences au sujet du travail, du chômage, de l'exclusion sociale. Exposés et synthèse des échanges en ateliers et en plénière. Texte de la déclaration finale.

Couillault, Dr Serge, *L'humanisation du travail dans l'entreprise industrielle*, Paris, de l'Épi, 1973.

De Cespedes, Alba, *Sans autre lieu que la nuit*, roman, Paris, Seuil, 1973. Les métiers de la nuit, les travailleurs sans espoir, les laissés-pour-compte du progrès, les déclassés.

Desrosiers, R. et D. Héroux, *Le travailleur québécois et le syndicalisme*, Montréal, Presses de l'UQAM, 1973, p. 113-137. Résumé du rapport de la Commission royale d'enquête sur les relations entre le capital et le travail (1886-1891).

Dumont, René (avec la collaboration de Charlotte Paquet), *Misère et chômage. Libéralisme ou démocratie*, Paris, Seuil, 1994. À remarquer le dilemme «libéralisme ou démocratie». Du néo-esclavagisme au chômage. La domination libre-échangiste. L'aide au Tiers-Monde n'a pas aboli l'exploitation. Le mal-développement en Amérique latine. Misère et inégalités croissantes en France et dans le Tiers-Monde. En finir avec la domination de l'économie sur le social, l'écologie et le politique. La femme, la grande oubliée des droits de l'homme.

Dumont, René (avec la collaboration de Charlotte Paquet), *Pour l'Afrique, j'accuse*, Paris, Plon, 1986. Plusieurs sections de l'ouvrage, rédigées par Charlotte Paquet, traitent de la condition féminine dans les pays africains.

Etcherelli, Claire, *Élise ou la vraie vie*, roman, Paris, Denoël, 1967. C'est le livre qui a servi d'inspiration à un film célèbre de Michel Drach. Tableau de la condition ouvrière dans l'industrie de l'auto. Aussi quelques aperçus sur le problème du racisme.

Friedmann, Georges, *7 études sur l'homme et la technique*, Paris, Gonthier, 1966.

Friedmann, Georges, *Où va le travail humain?*, Paris, Gallimard, coll. Idées, 1963.

Friedmann, Georges, *Problèmes humains du machinisme industriel*, Paris, Gallimard, 1946.

Gorz, André, *Adieux au prolétariat*, Paris, Éd. Galilée, 1980. Essai percutant qui révèle une évolution tangible dans le cheminement intellectuel de l'auteur, marxiste de bon aloi. Gorz soulève le problème de la redéfinition, devenue nécessaire, du prolétariat. Car le nouveau capitalisme n'a plus

162   INITIATION À L'ÉTHIQUE SOCIALE

besoin des prolétaires (sauf à titre de consommateurs); il peut fonctionner efficacement, du moins à court terme, en laissant sur le pavé des milliers de travailleurs et de travailleuses devenus inutiles. Telle est la nouvelle donne qu'il est urgent de cerner de près.

Quelques thèmes : démystification de la thèse de la vocation messianique du prolétariat, recherche d'une nouvelle signification du travail, la «non-classe» des prolétaires postindustriels.

MARX, Karl, *Œuvres choisies*, Paris, Gallimard, coll. Idées, 1966, (2 tomes). Quelques textes abordent le problème de l'aliénation du travail.

O'NEILL, Louis, «L'idée de travail dans la théologie chrétienne», dans *Le travail, quête de sens, quête d'emploi*, Cahiers de recherche éthique, n° 10, Fides, 1984.

O'NEILL, Louis, «Le travail, un service et un droit», dans *RND* (mai 1994).

ROY, Gabrielle, *Bonheur d'occasion*, roman. Un chef-d'œuvre de la littérature québécoise. La vie d'une famille ouvrière francophone de Montréal, dans les années 1940.

SARTIN, Pierrette, *Aujourd'hui, la femme*, Paris, Stock, 1974.

Steinbeck, John, *Les raisins de la colère*, Paris, Gallimard, 1971. Le célèbre roman a inspiré un film de John Ford. L'odyssée de travailleurs agricoles victimes des exactions d'exploiteurs véreux.

SULLEROT, Évelyne, *Histoire et sociologie du travail féminin*, Paris, Gonthier, 1968. Plaidoyer vibrant et bien documenté en faveur des revendications formulées par les femmes engagées dans l'activité socio-économique.

THOMAS, Albert, *Histoire anecdotique du travail*, Paris, Association «Le souvenir d'Albert Thomas», 1961 (3e édition). Un grand syndicaliste, qui devint le premier président du B.I.T., raconte son enfance ouvrière et certains traits de la vie des travailleurs à travers les âges.

TREMBLAY, Jean-Guy, *Le travail en quête de sens*, Montréal, Paulines, 1990. Les difficultés économiques se manifestent particulièrement à travers une grave crise de l'emploi. Mais Jean-Guy Tremblay estime que dans l'analyse de cette crise, il faut dépasser le palier de l'économique et aborder ceux des valeurs sociales et de l'anthropologie. Face à cette crise complexe, il propose une recherche de solutions inspirée d'une lecture attentive de *Laborem exercens*.

VILLERMÉ, J., *Tableau de l'état physique et moral des ouvriers employés dans les manufactures de coton, de laine et de soie*, (textes choisis et présentés par Yves TYL), Paris, Union générale d'Éditions, coll. 10-18, 1971.

Weil, Simone, *Oppression et liberté*, Paris, Gallimard, 1955. Forte de ses convictions socialistes, l'auteur se préoccupe d'abord des êtres humains, des travailleurs, que les projets révolutionnaires aussi bien que les innovations technologiques oublient trop souvent.

LA PROPRIÉTÉ PRIVÉE

« Tous les croyants ensemble mettaient
tout en commun: ils vendaient leurs propriétés
et leurs biens et en partageaient le prix
entre tous selon les besoins de chacun. »

(Actes 2, 44)

DESTINATION UNIVERSELLE DES BIENS

« Dieu a destiné la terre et tout ce qu'elle contient à l'usage de tous les hommes et de tous les peuples, en sorte que les biens de la création doivent équitablement affluer entre les mains de tous, selon la règle de la justice, inséparable de la charité. Quelles que soient les formes de la propriété, adaptées aux légitimes institutions des peuples, selon des circonstances diverses et changeantes, on doit toujours tenir compte de cette destination universelle des biens. C'est pourquoi l'homme, dans l'usage qu'il en fait, ne doit jamais tenir les choses qu'il possède légitimement comme n'appartenant qu'à lui, mais les regarder aussi comme communes : en ce sens qu'elles puissent profiter non seulement à lui, mais aussi aux autres. »

Gaudium et Spes, n° 69

L'appropriation des biens et leur utilisation tissent la trame de la vie quotidienne. Aristote décrit le fait d'avoir, de posséder des objets, des vêtements comme un trait connaturel à l'homme et comme le fondement d'une catégorie (prédicament) qui concourt à le définir (*habere*). Car l'homme est inséparable de son milieu, il a un besoin permanent de nourriture, de vêtements, d'outils. Il exprime sa personnalité et établit des relations avec les autres au moyen d'objets matériels, par des dons et des échanges. La possession ou le dénuement déterminent le genre de rapports qui le relient à la société dont il fait partie. Liberté formelle ou concrète, sécurité, domination ou asservissement : ces caractéristiques de l'existence résultent en partie de la possession ou de la non-possession de biens matériels. Il est vrai que l'homme ne vit pas seulement de pain, mais il est non moins vrai que le dénuement peut engendrer des conditions de vie infra-humaines.

En société d'abondance, le problème de l'appropriation des biens se pose de façon nouvelle, mais non moins aiguë. Les besoins ressentis se sont accrus et aussi les moyens de les satisfaire. L'augmentation de la productivité oblige à reformuler les questions de partage et de distribution. Mais c'est surtout l'évolution même des moyens de production qui transforme toute la problématique sur la propriété et la propulse au palier politique. Le pouvoir souvent énorme que confèrent le contrôle et la gestion de moyens de production soulève une interrogation morale cruciale, qui supplante la question générale de la légitimité en soi de la propriété privée. S'il convient encore de formuler cette dernière question, c'est en partie comme moyen de mieux circonscrire l'autre.

1. LA PROPRIÉTÉ, RÉALITÉ PLURIFORME

> « Pas plus qu'aucune institution de la vie sociale, le régime de propriété n'est absolument immuable, et l'histoire en témoigne. »
>
> (Pie XI, *Quadragesimo anno*, n° 54)

1.1 L'appropriation de biens pour son usage propre est naturelle à l'homme. Elle correspond à une tendance profonde que l'on décèle tôt chez l'enfant. Cependant, cette constatation ne suffit pas pour fonder un droit naturel, du moins un droit qu'on affirmerait sans nuance. Car le principe de la destination universelle des biens crée aussi un droit que viennent contredire certaines formes d'appropriation. Si la possession est dite naturelle, elle n'engendre néanmoins qu'un droit dérivé et secondaire. L'histoire enseigne d'autre part que les modes d'appropriation varient d'une culture à l'autre et en fonction de circonstances historiques diverses, et dépendent des rapports de classes, de la nature des moyens de production, de facteurs géographiques, etc. Le droit à l'appropriation des biens, que celle-ci soit individuelle ou collective, se distingue donc des formes historiques diverses que revêt la propriété. Le droit requiert de se concrétiser dans un régime spécifique, mais cela ne légitime pas, comme une réalité valant universellement, tel régime de propriété. Une formulation juridique peut aboutir à valoriser le droit des uns, mais à nier en pratique celui des autres. Il peut aussi arriver que par suite de la coexistence de cultures différentes, des droits s'affrontent et se contredisent[1].

1.2 Quelques-unes des formes connues de propriété:

— RÉGIME PASTORAL ET NOMADE (le cas d'Abraham: *Genèse* 13, 2 ss.) C'est de nos jours le régime en vigueur dans beaucoup de tribus du Sahel. La possession qui compte, c'est celle de troupeaux et l'accès à un espace libre pour circuler. La possession du sol ne signifie rien. En revanche, le droit d'accès à des points d'eau est primordial.

— RÉGIME PATRIARCAL OU FAMILIAL: la propriété est attribuée à l'ancêtre ou à l'aîné, les autres ne jouissant que de droits dérivés.

— RÉGIME FÉODAL: y coexistent plusieurs droits sur les mêmes objets, avec limitations réciproques sous le pouvoir éminent du seigneur, du suzerain ou du grand propriétaire.

— ÉTATISME PRIMITIF, par exemple chez les Pharaons. L'intendance de Joseph (*Genèse* 47,13-26) se situe dans ce contexte.

— COLLECTIVISME aux formes multiples: les premières communautés chrétiennes[2], le communisme des Incas du Pérou, le communisme religieux des Réductions du Paraguay, le communisme africain, le collectivisme

---

1. Le cas s'est produit dans les conflits entre Blancs et Amérindiens concernant la possession de troupeaux, l'accession à des territoires de chasse, etc.
Dans l'affrontement entre les Boers et les Bantous, des conflits éclatèrent au sujet de la propriété des troupeaux, les Africains considérant comme leur tout bétail rejoint lors d'une chasse, les Boers exprimant leur droit par le marquage des bêtes. Deux notions d'appropriation qui étaient inconciliables. Voir Marie et Robert CORNEVIN, *Histoire de l'Afrique*, Paris, Payot, 1962.
2. Selon certains auteurs, il s'agit en ce cas, d'une forme primitive de socialisme. Voir entre autres J. M. PAUPERT, *Pour une politique évangélique*, Toulouse, Éd. Privat, 1955.

aux formes variables des communautés religieuses, le collectivisme agraire soviétique, le collectivisme des kibboutz, des Shakers, etc.

— Propriété personnelle (vêtements, outils, meubles, etc.) que l'on retrouve dans tous les régimes, mais sous des modalités diverses.

— Propriété privée exclusive : individuelle, familiale ou collective (par ex. société par actions, coopérative, association à but non lucratif, etc.)

— Propriété publique : étatique (armements, édifices administratifs, etc.); semi-étatique ou nationale (société Radio-Canada, Société des alcools, Hydro-Québec, etc.) administration régionale ou municipale, commission scolaire.

— Propriété semi-publique : elle réunit des traits empruntés à la propriété privée (relative autonomie de la gérance interne) et d'autres qui l'apparentent à la propriété publique (ressources financières, contrôle administratif imposé par l'État). Au Québec, les universités, les hôpitaux, les cégeps se rattachent juridiquement, sinon de facto, à cette catégorie.

— Propriété sociale : ainsi qualifiée à cause de sa finalité spécifique, comme une église, un établissement caritatif. Elle peut être privée ou publique.

1.3 Dans la manière d'exercer le *dominium* sur les choses s'introduit donc une grande diversité, qui résulte de l'histoire, des cultures, des idéologies, souvent de la nature même des activités économiques. De l'énoncé d'un droit naturel à son exercice s'étend une zone qui va de l'essentiel au contingent, du fondamental à l'adaptation aux situations, du réglementaire à la liberté. Et antérieurement à l'énoncé, jouant à la fois un rôle de légitimation et de norme supérieure, s'inscrit le principe de la destination universelle des biens.

2. PRÉDOMINANCE DE LA PROPRIÉTÉ PRIVÉE

2.1 En Occident, avec le développement du capitalisme, un concept de la propriété supplante tous les autres (sans les éliminer) et accède au statut d'*archétype*. C'est celui de la propriété privée, que les théoriciens du libéralisme vont repêcher dans le vieux fonds de la tradition juridique romaine, sous l'étiquette de droit quiritaire et qu'ils refaçonnent pour le conformer à l'idéal qu'ils recherchaient[3]. Ce concept de propriété privée exclusive, qui, selon Pierre Bigo, est inconnu de la tradition chrétienne[4], recevra une consécration officielle dans le Code civil français : « La propriété, dit l'article

---

3. Voir Jean-Philippe Lévy, *Histoire de la propriété*, p. 17.
4. Voir Pierre Bigo, *La doctrine sociale de l'Église*, p. 236.

544, est le droit de jouir et de disposer des choses de la manière la plus absolue, pourvu qu'on n'en fasse pas un usage prohibé par les lois ou par les règlements. »

On remarque que dans cette définition la propriété privée devient *la propriété* en soi, la propriété par excellence, le premier analogue du terme. Le droit y est défini comme absolu et on inclinera de plus en plus, note J.-Philippe Lévy, à « attribuer à cette expression une portée plus grande que ne le voulaient les auteurs du Code. Les épithètes de *droit exclusif* et de *droit perpétuel* viennent renforcer la tendance à surévaluer le caractère *absolu* de la propriété privée[5] ».

2.2 Le Code civil n'inaugure pas un courant, il en est plutôt l'aboutissement, tout comme les lois introduites en Angleterre pour favoriser les *enclosures*. La loi entérine une façon de penser de l'époque, un moment de la civilisation. Face au droit féodal décadent, face aux entraves au commerce et aux contraintes légales qui empêchent les commerçants et les producteurs d'agir à leur guise, l'esprit bourgeois (pas exclusif aux bourgeois, car l'aristocratie anglaise en est imprégnée) réclame un encadrement juridique moins anachronique et plus fonctionnel.

Contre ceux qui sont hommes de condition par la naissance s'affirment ceux qui sont devenus hommes de condition par l'ingéniosité, le travail et l'accumulation du capital. Hommes de condition que la propriété distingue des éclopés du progrès, de ceux à qui font défaut l'ingéniosité, l'habileté dans les affaires et aussi l'inclination à exploiter les autres. Acquérir des biens, perpétuer la lignée des possédants par l'héritage, se faire reconnaître comme citoyen responsable, homme de qualité (*gentleman*) qui prouve son sérieux dans la bonne gestion de ses biens, devenir le bénéficiaire d'une promotion sociale et être jugé digne d'accéder à des charges politiques par suite du succès obtenu dans les activités économiques : ces traits caractérisent une nouvelle mentalité, une nouvelle société. Il apparaît logique que le droit identifie la propriété à la forme historique qui sert d'outil de promotion sociale à une classe qui accapare de plus en plus les leviers de commande. Une fois de plus, le droit n'invente pas, il entérine ce qui est acquis.

2.3 MYSTIQUE DE LA PROPRIÉTÉ. Peu à peu, au cours des derniers siècles, s'est développée, autour de la propriété, une idéologie imprégnée de mystique. Avec la tradition et le respect de l'autorité, la propriété apparaît comme la garantie de l'ordre social, le terrain privilégié des vertus familiales et civiques. Thomas d'Aquin disait qu'un minimum de bien-être est une condition d'exercice des vertus. La nouvelle idéologie fait de la propriété la preuve de l'existence de ces vertus. Au lieu d'être condition de plus-être, le

5. J.-P. LÉVY, ouvrage cité, p. 84-86.

plus-avoir fait présumer la présence du plus-être. On est aux antipodes de la boutade de La Bruyère disant que le peu d'estime que montre la Providence envers la fortune se manifeste dans le choix qu'elle fait de ceux à qui elle la confie.

En revanche, si l'on admet que la pauvreté n'est parfois que le résultat d'une suite d'épreuves et de malheurs, on soupçonne qu'elle prolifère plus facilement là où font défaut les vertus familiales et civiques. L'esprit puritain doute de la vertu des moins nantis. On se méfie des gens « sans feu ni lieu », de ceux qu'un bien fixe, que des obligations matérielles n'obligent pas à vivre dans la stabilité et l'ordre. On reconnaît qu'il y a de bons locataires, mais on est enclin à penser que les propriétaires font de meilleurs citoyens.

3. LÉGITIMITÉ MORALE

3.1 Le débat sur l'appropriation des biens matériels, que ce soit sous forme de propriété, de possession[6] ou d'usufruit[7], a traversé les siècles. On trouve chez Platon une théorie idéaliste du communisme. Pour saint Augustin, saint Thomas et Duns Scot, le véritable *dominium* sur les choses appartient à Dieu, qui en accorde l'usage *à tous les hommes sans distinction* (destination universelle des biens).

Quant à l'appropriation privée, elle dépend, selon saint Augustin, des coutumes et des lois; selon saint Thomas, elle s'effectue en vertu d'un *droit naturel dérivé*, pour raisons d'opportunité, d'efficacité et d'ordre social[8]; pour Duns Scot, elle est une conséquence du péché, c'est-à-dire que sans le péché originel et ses suites, les hommes posséderaient tout en commun[9].

3.2 C'est à l'époque moderne que se développent et s'articulent une théorie générale et la défense de la propriété. Les moralistes dégageront de cette théorie quelques énoncés fondamentaux, avec exemples à l'appui. Ceux

---

6. La possession désigne un état de fait. C'est l'état de celui qui use d'une chose sous son contrôle. Cette possession peut être légitime ou non. Cette légitimité peut être morale ou juridique, ou les deux à la fois. Selon le Droit, la possession se définit comme étant « la détention ou la jouissance d'une chose ou d'un droit que nous tenons ou que nous exerçons par nous-même ou par un autre qui la tient ou qui l'exerce en notre nom ».

7. L'usufruit implique la propriété du produit, du rendement, non de l'instrument de production, comme l'usufruit d'un verger ou d'un champ qu'on a loué, ou encore celui d'un bâtiment loué servant à la fabrication d'objets.

8. Voir *Somme Théologique*, II a, IIae, Q. 66. Voir aussi Q. 118, art. 4. — On retrouve la synthèse de cette doctrine dans les manuels classiques: Merkelbach, Leclerq, Jolivet, Grenier, etc.

9. Pour le résumé des opinions des docteurs médiévaux, voir J.-Pierre LÉVY, *Histoire de la propriété*, p. 56-60.

qui demeurent attachés à la tradition chrétienne équilibrent cet apport de preuves par des correctifs dont l'importance est loin d'être négligeable.

En bref, la défense du principe de la propriété privée s'articule autour des légitimations suivantes:

3.2.1 EFFICACITÉ ÉCONOMIQUE. À l'appui de cet argument on invoque habituellement les indéniables succès de l'économie capitaliste. C'est à elle, dit-on, qu'on est redevable de l'avènement de la société de consommation.

On peut apporter beaucoup d'exemples pour appuyer cet argument. Dans les petites entreprises et dans beaucoup de services, la gestion privée a fait ses preuves. Même dans les régimes socialistes, on a fait une place à la petite entreprise, comme stimulant de l'activité économique générale. Il s'avère aussi que la libre circulation des biens entre les groupes et les individus stimule un dynamisme qui se reflète sur l'ensemble de la vie collective.

Certains appliquent le même raisonnement, sans nuance, à la grande entreprise contemporaine. Il n'est pas certain, néanmoins, que le procédé soit valide. Le sentiment de l'appropriation privée représente, au niveau de la grande entreprise, un facteur moins important que la compétence de la gérance, le développement technologique, les traditions collectives de plus ou moins grande efficacité, partagées tant par les travailleurs que par les cadres et la direction. Vouloir ici expliquer tout par l'appropriation privée ou son absence, c'est verser dans le travers de la *causalité simple*[10].

On utilise l'argument de l'efficacité de la grande entreprise privée pour combattre les nationalisations. C'est une mystification. Dans leur fonctionnement interne, les grandes entreprises, étatisées ou non, obéissent à des impératifs techniques qui ont peu de rapport avec l'appropriation privée des biens de production comme tels. D'autre part, quand la nationalisation s'impose, c'est souvent au nom de motifs qui dépassent les horizons de l'entreprise concernée (rationalité économique globale, planification, lutte contre les féodalités financières, libération de l'emprise coloniale exercée par des sociétés multinationales, etc.).

Les comparaisons visant à mesurer l'efficacité des grandes entreprises, les unes privées, les autres publiques, aboutissent souvent à des conclusions fantaisistes, puisque plusieurs facteurs, en dehors du mode d'appropriation, expliquent le fonctionnement efficace ou inefficace de telle entreprise. Renault (régie d'État) se compare fort bien à Peugeot ou GM (entreprise privée). La SNCF (régie d'État) et Bell Canada (régie privée) se signalent par

---

10. Sur la causalité simple, voir R. K. MERTON, *Éléments de théorie et de méthode sociologique*, Paris, Plon, 1965. Aussi Guy ROCHER, *Introduction à la sociologie*, t. 3, p. 358-359.

la qualité de leurs services. L'Hydro-Québec (régie d'État) est très rentable alors que plusieurs papeteries québécoises (entreprises privées) ont été souvent incapables, en dépit de leur situation privilégiée, d'affronter la concurrence sur le marché international.

3.2.2 USAGE RATIONNEL ET RESPONSABILITÉ. C'est là un argument très ancien, fondé sur l'observation et l'expérience. En général, les hommes ont tendance à respecter et à bien utiliser ce qui appartient en propre à leur clan, à leur famille ou à eux-mêmes.

Néanmoins, il faut encore là introduire des nuances. Certains locataires sont aussi attentifs à prendre soin de la chose louée que s'ils en étaient les propriétaires. En beaucoup d'endroits, grâce au développement de l'éducation civique, les citoyens respectent soigneusement la propriété publique, les équipements collectifs, l'environnement, etc. D'autre part, gaspillage et propriété privée vont parfois de pair.

3.2.3 DIGNITÉ ET SÉCURITÉ. Pour vivre dans la dignité, s'acquitter de leurs responsabilités, se prémunir contre les aléas de l'existence, les individus et les familles ont besoin de ressources dont ils peuvent disposer à leur guise. Un minimum décent est essentiel à la stabilité des familles et à l'éducation des enfants. Dépasser le minimum est également souhaitable pour garantir plus efficacement le mieux-être.

La crise actuelle de la famille est en partie reliée à des facteurs économiques. Les mesures antifamiliales (désindexation des allocations, tickets modérateurs) alourdissent les charges familiales[11].

La propriété privée, en tant que facteur de dignité et de sécurité pour les individus et les familles, soulève la question de l'accession à la propriété et celle du transfert des revenus.

3.2.4 ENCOURAGEMENT AU TRAVAIL. Il est naturel de vouloir profiter de son travail. C'est un argument auquel recourt Léon XIII pour défendre le principe de la propriété privée à l'avantage des travailleurs salariés. Car pour ceux-ci, le salaire, c'est le moyen habituel d'accéder à la propriété. Il sera naturel aussi de rétribuer plus généreusement mais sans excès celui qui assume des responsabilités plus lourdes et s'impose un régime de vie onéreux. Il s'ensuit qu'il sera imprudent de décourager l'inclination au travail soit par des salaires trop bas, soit par une fiscalité non équitable ou trop lourde.

3.2.5 CATALYSEUR DE CRÉATIVITÉ. Dans toute société on rencontre des individus qui manifestent une aptitude spéciale pour l'invention et le changement dans le domaine de la production et de l'échange de biens. Ils ont l'esprit de l'entrepreneur. À l'origine du capitalisme, ils ont joué un rôle

---

11. Voir Louis O'NEILL, *Le prochain rendez-vous*, Québec, Éd. La Liberté, p. 115-117.

important. Pour agir, ils ont besoin d'avoir les coudées franches. Ils savent donner à l'activité économique l'essor dont profitera toute la collectivité. Eu égard à leurs aptitudes, la propriété privée s'avère un précieux stimulant.

L'expérience enseigne qu'il faut reconnaître à ce postulat une validité morale relative, en fonction de situations historiques particulières. Car le dynamisme économique recouvre un éventail disparate. On y trouve l'activité commerciale honnête et utile, mais aussi des techniques raffinées d'exploitation de l'homme par l'homme. Nombreux sont les indices qui font croire que la liberté de l'argent ne garantit pas celle des hommes.

Le droit naturel de propriété ne peut en effet légitimer les bénéfices qu'on en retire dans le cas d'initiatives créatrices réalisées au mépris de toute loi morale. Il serait indécent d'invoquer le droit de propriété et la libre initiative pour légitimer, dans leurs effets, les conquêtes coloniales, le pillage du Tiers-Monde, l'impérialisme économique exercé par les sociétés multinationales, les profits excessifs des compagnies pharmaceutiques, l'exploitation des taudis, la tromperie pratiquée sur le dos des consommateurs, les pratiques abusives de compagnies de prêts, le crime organisé. Pourtant, dans toutes ces réalisations, on décèle de la créativité, de l'imagination, beaucoup d'habileté technique et des retombées économiques subtantielles.

3.2.6 INSTRUMENT DE LIBÉRATION ET DE LIBERTÉ. Les partisans du droit absolu, exclusif et perpétuel de propriété (signifiant avant tout la propriété foncière) désiraient acquérir une liberté réelle. Débarrassé des contraintes anciennes, le propriétaire peut faire valoir son bien. Il acquiert une plus grande sécurité pour les siens. Il devient vraiment un notable. Être propriétaire, au XIXᵉ siècle, c'est l'équivalent d'une profession honorée, un titre qu'on ne craint pas de mettre sur sa carte de visite[12].

Les bourgeois du XIXᵉ siècle avaient raison de relier les mots liberté et propriété. Là où ils erraient, c'est en n'appliquant le principe qu'à leur avantage. Car il est de portée universelle, surtout si au lieu d'identifier la propriété à la propriété foncière et immobilière, on inclut le salaire, les revenus divers, l'argent.

Celui qui est économiquement faible est démuni de liberté. Continuellement assailli par les nécessités immédiates, il se voit contraint de réduire l'aire de son activité. Pas de place dans sa vie pour les activités de dépassement, la participation à la culture, les loisirs. Peu de place pour le risque aussi. Craintif devant le changement, il sera enclin, au plan politique, à appuyer les forces conservatrices qui lui promettent de sauvegarder le peu qu'il possède.

Il en va de même pour la liberté des groupes. Sans ressources matérielles, une association ou un parti ont vite atteint les limites de l'agir possible.

12. Voir là-dessus, J.-P. LÉVY, ouvrage cité, p. 106.

Prompts à défendre leurs privilèges, les milieux nantis n'hésitent pas à investir dans des médias ou dans des mouvements réactionnaires qui veillent à contrer les velléités de réforme. Ils disposent pour cela des ressources nécessaires.

Force oppressive, l'argent peut donc aussi être une force libératrice. Tout dépend de sa répartition et de l'usage qui en est fait. L'acquisition d'un pouvoir économique minimal, par le travail, l'épargne et la solidarité, conditionne l'efficacité de la lutte libératrice contre la pauvreté, l'insécurité et l'exploitation.

3.3 L'analyse des arguments qui précèdent permet de dégager quelques conclusions :

— Qu'on le conçoive comme droit naturel ou invention humaine, le droit de propriété privée, individuel ou collectif, répond à un besoin de l'homme dans sa recherche de mieux-être, de sécurité et de liberté.

— Les énoncés qui formulent et explicitent ce droit reflètent des situations historiques particulières et ne peuvent prétendre recouvrir l'ensemble de la problématique sociale.

— Le droit de propriété apparaît comme un *droit dérivé* (droit naturel second) dont l'aire d'extension et la validité, en chaque situation historique, s'évaluent à la lumière de critères supérieurs : destination universelle des biens, liberté des individus et des familles, justice distributive, harmonie sociale. Autrement dit, *s'impose comme la forme la meilleure d'appropriation, en telle situation historique donnée et eu égard à tel type d'activité économique, celle qui réalise le mieux la promotion intégrale et solidaire des hommes.*

3.3.4 Le principe de propriété privée est parfois invoqué à l'encontre des valeurs qu'il est censé défendre et promouvoir. En contexte capitaliste, il a été l'objet d'une distorsion manifeste. Il importe de lui redonner sa signification fondamentale et de circonscrire sa relative valeur.

4. LE NŒUD DU PROBLÈME

4.1 UN DÉBAT CONFUS. Tout en laissant une place à la propriété publique, les classes possédantes, à partir de la fin du XVIIIᵉ siècle, récupèrent le principe du droit naturel d'appropriation sous l'égide de la seule propriété privée, dans le but de défendre la propriété foncière et celle des instruments de production. On déclare vouloir défendre le droit général à la propriété contre les attaques de ceux qui s'en prennent aux inégalités sociales et à l'exploitation dont sont victimes les travailleurs. Contre l'égalitarisme et l'anarchie, on affirme vouloir sauvegarder l'ordre social.

Mais en y regardant de près, on constate que ce que visaient avant tout les adversaires de la propriété, *c'est l'appropriation privée des instruments de production*. Ils contestent la légitimité morale de la grande entreprise industrielle qui s'enfle démesurément aux dépens des prolétaires. Ils refusent une croissance qui accentue les inégalités. Ils reprochent au régime *de détruire la propriété des travailleurs*, en limitant au strict revenu de subsistance le bénéfice qu'ils retirent de leur participation à l'activité économique.

Mais les possédants embrouillent le débat; ils continuent à identifier le droit naturel de propriété et le régime historique dont ils sont les bénéficiaires. Ils font de ce régime la garantie des libertés individuelles et caricaturent les opposants en les amalgamant sous des étiquettes disparates: anarchisme, communisme, collectivisme, socialisme, etc. En revanche, beaucoup de détracteurs de la propriété versent dans un extrémisme moralement indéfendable.

4.2 L'INTERVENTION DE L'ÉGLISE. Dès le milieu du XIXᵉ siècle, des minorités agissantes au sein de l'Église (par ex. les catholiques sociaux) avaient amorcé le procès des abus de la grande propriété industrielle. Mais la première intervention officielle significative date de Léon XIII, avec *Rerum novarum*. Ce pape de l'aggiornamento social se révèle attentif à la condition ouvrière. Il condamne le libéralisme économique et ses abus. Il revendique pour les travailleurs un salaire décent et l'accès à la propriété. Et parce qu'il veut que le travailleur devienne propriétaire, il s'en prend à ceux qui contestent le droit de propriété privée. La défense de la petite propriété l'incite à réprouver le socialisme, en incluant sous ce terme divers mouvements, les uns modérés, les autres extrémistes, qu'il était difficile de distinguer à l'époque.

> *Les socialistes*, pour guérir ce mal, poussent à la haine jalouse des pauvres contre ceux qui possèdent, et prétendent que toute propriété de biens privés doit être supprimée, que les biens de chacun doivent être communs à tous et que leur administration doit revenir aux municipalités ou à l'État. Moyennant cette translation des propriétés et cette égale répartition entre les citoyens des richesses et de leurs commodités, ils se flattent de porter un remède aux maux présents. Mais pareille théorie, loin d'être capable de mettre fin au conflit, ferait tort à l'ouvrier si elle était mise en pratique. D'ailleurs, elle est souverainement injuste, en ce qu'elle viole les droits des propriétaires légitimes, qu'elle dénature les fonctions de l'État et tend à bouleverser de fond en comble l'édifice social.
>
> De fait, comme il est facile de le comprendre, la raison intrinsèque du travail entrepris par quiconque exerce un art lucratif, le but immédiat visé par le travailleur, c'est de conquérir un bien qu'il possédera en propre et comme lui appartenant; car, s'il met à la disposition d'autrui ses forces et son

industrie, ce n'est pas évidemment pour un motif autre, sinon pour obtenir de quoi pourvoir à son entretien et aux besoin de la vie, et il attend de son travail non seulement le droit au salaire, mais encore un droit strict et rigoureux d'en user comme bon lui semblera. Si donc en réduisant ses dépenses il est arrivé à faire quelques épargnes, et si, pour s'en assurer la conservation, il les a, par exemple, réalisées dans un champ, il est de toute évidence que ce champ n'est pas autre chose que le salaire transformé: le fonds ainsi acquis sera la propriété de l'artisan au même titre que la rémunération même de son travail. Mais qui ne voit que c'est précisément en cela que consiste le droit de propriété mobilière et immobilière?

Ainsi, cette conversion de la propriété privée en propriété collective, tant préconisée par le socialisme, n'aurait d'autre effet que de rendre la situation des ouvriers plus précaire, en leur retirant la libre disposition de leur salaire et en leur enlevant par le fait même tout espoir et toute possibilité d'agrandir leur patrimoine et d'améliorer leur situation[13].

Pie XI dénonce avec vigueur les abus du capitalisme, et cela tant dans *Quadragesimo anno* que dans *Divini Redemptoris*. Il souligne l'aspect social de la propriété privée. Il réalise que les socialistes modérés, à l'époque où il écrit, mettent en question moins la propriété même des moyens de production, qu'«une certaine prépotence sociale que cette propriété, contre tout droit, s'est arrogée et a usurpée.» Tout en défendant le droit à l'appropriation privée des moyens de production, il reconnaît néanmoins l'utilité, en certains cas, de procéder à des nationalisations.

Car il y a certaines catégories de biens pour lesquels on peut soutenir avec raison qu'ils doivent être réservés à la collectivité, lorsqu'ils en viennent à conférer une puissance économique telle qu'elle ne peut, sans danger pour le bien public, être laissée entre les mains des personnes privées[14].

Pie XI est conscient de l'évolution de la propriété. *Deux phénomènes retiennent son attention: la déperdition du pouvoir du propriétaire au profit de gestionnaire et la concentration monopolistique.* Il dénonce la dictature économique, la puissance excessive de ceux qui forment ce qu'on appelle de nos jours la *république des banquiers*.

Ce qui à notre époque frappe tout d'abord le regard, ce n'est pas seulement la concentration des richesses, mais encore l'accumulation d'une énorme puissance, d'un pouvoir économique discrétionnaire, aux mains d'un petit nombre d'hommes qui d'ordinaire ne sont pas les propriétaires, mais les simples dépositaires et gérants du capital qu'ils administrent à leur gré. Ce

---

13. *Rerum novarum*, nᵒˢ 435-436 (Éd. Marmy).
14. *Quadragesimo anno*, nᵒ 123.

pouvoir est surtout considérable chez ceux qui, détenteurs et maîtres absolus de l'argent, gouvernent le crédit et le dispensent selon leur bon plaisir. Par-là, ils distribuent en quelque sorte le sang à l'organisme économique dont ils tiennent la vie entre leurs mains, si bien que sans leur consentement nul ne peut plus respirer[15].

Pie XII rappelle la primauté du principe de la destination universelle des biens[16]. Paul VI reprendra l'énoncé pour l'appliquer aux problèmes du Tiers-Monde[17]. On en retrouve la formulation explicite dans la déclaration conciliaire *Gaudium et Spes*.

> Dieu a destiné la terre et tout ce qu'elle contient à l'usage de tous les hommes et de tous les peuples, en sorte que les biens de la création doivent équitablement affluer entre les mains de tous, selon la règle de la justice, inséparable de la charité. Quelles que soient les formes de la propriété, adaptées aux légitimes institutions des peuples, selon des circonstances diverses et changeantes, on doit toujours tenir compte de cette destination universelle des biens. C'est pourquoi l'homme, dans l'usage qu'il en fait, ne doit jamais tenir les choses qu'il possède légitimement comme n'appartenant qu'à lui, mais les regarder aussi comme communes : en ce sens qu'elles puissent profiter non seulement à lui, mais aussi aux autres[18].

Dans *Mater et Magistra*, Jean XXIII, tout en accordant beaucoup d'attention au processus de socialisation, réaffirme néanmoins le droit de propriété, tout en faisant remarquer que l'appropriation privée peut revêtir de nos jours une grande diversité de formes, comme la capitalisation par le savoir et la compétence technique, les régimes d'assurances et de sécurité sociale. Il souligne le lien qui existe entre l'appropriation privée et la sauvegarde des libertés fondamentales.

> Le droit de propriété privée, même des moyens de production, vaut en tout temps, car il fait partie du droit naturel, suivant lequel l'homme est antérieur à la société, qui doit lui être ordonnée comme à sa fin. Du reste, il serait vain de reconnaître à l'homme une liberté d'action dans le domaine économique sans lui reconnaître aussi la liberté de choisir et d'employer les moyens nécessaires à l'exercice de ce droit. L'expérience et l'histoire l'attestent : là où le pouvoir politique ne reconnaît pas aux particuliers la propriété des moyens de production, les libertés fondamentales sont ou violées ou supprimées. Il est donc évident qu'elles trouvent en ce droit garantie et stimulant[19].

---

15. *Quadragesimo anno*, nᵒˢ 113-114.
16. Radio-Message, Pentecôte, 1941.
17 *Populorum progressio*, nᵒ 22.
18. *Gaudium et Spes*, nᵒ 69.
19. *Mater et Magistra*, nᵒ 109.

Au sujet de la propriété publique, dont il note l'importance croissante, Jean XXIII insiste sur la nécessité d'en confier la gérance à des personnes honnêtes et compétentes.

Notre époque manifeste une tendance à l'extension de la propriété publique. La raison en est à chercher dans les attributions plus étendues que, pour le bien commun, doivent assumer les pouvoirs publics. Cependant, ici encore, il importe de se conformer au *principe de subsidiarité*, mentionné plus haut. L'État et les établissements de droit public ne peuvent étendre leur domaine que dans les limites où manifestement le bien commun l'exige, tout danger étant écarté d'une réduction excessive ou, ce qui serait pire, d'une suppression complète de la propriété des particuliers.

Enfin, on ne saurait passer sous silence que les responsabilités économiques, assumées par l'État et les établissements de droit public, ne peuvent être confiées qu'à des personnes se distinguant par leur compétence, leur honnêteté éprouvée et leur dévouement total au pays. Leur activité doit être l'objet d'un contrôle attentif et constant, pour empêcher que, dans les organes administratifs de l'État, une puissance économique sans limites ne tombe aux mains de quelques hommes, ce qui serait contraire au bien suprême du pays[20].

Jean-Paul II s'inspire de cette même perspective anthropologique et chrétienne. À noter son insistance sur trois aspects:

1. Le travail a préséance sur le capital et les ressources matérielles. La propriété est au service du travail: «Ils (les moyens de production) ne sauraient être possédés pour posséder, parce que l'unique titre légitime à leur possession ... est qu'ils servent au travail » (*Laborem exercens*, n° 12).
2. Le principe de la destination universelle des biens impartit au droit de propriété une «hypothèque sociale». «C'est-à-dire que l'on discerne, comme qualité intrinsèque, une fonction sociale fondée et justifiée précisément par le principe de la destination universelle des biens » (*Sollicitudo rei socialis*, n° 42).
3. La négation du droit à l'initiative économique s'inscrit au nombre des facteurs qui expliquent le sous-développement. La privation d'un tel droit constitue une forme de pauvreté (*ibid.*, n° 15).

4.3 La position officielle de l'Église sur la propriété privée peut se résumer ainsi:

---

20. *Ibid.*, n°ˢ 117-118.

— dénonciation des abus du capitalisme et rappel des exigences évangéliques;
— rejet de la théorie du droit absolu de propriété privée;
— primauté du principe de la destination universelle des biens;
— affirmation générale du droit de propriété, tant celle des instruments de production que celle des biens de consommation;
— rappel de la dimension sociale de la propriété privée;
— proposition de mesures permettant aux travailleurs d'accéder à la propriété privée.

4.4 En pratique, certains milieux chrétiens ont eu tendance à retenir de l'enseignement officiel de l'Église sur la propriété moins les éléments novateurs que les mises en garde et les aspects conservateurs. Beaucoup de ceux qui ont présidé à l'exégèse des documents étaient proches de l'ordre établi. Il en est résulté que dans plusieurs pays les chrétiens ont été enclins à se solidariser avec les défenseurs inconditionnels de la propriété privée.

Mais la situation a évolué. L'expérience du combat social a conduit beaucoup de chrétiens à réviser leur conception de la propriété. En débroussaillant les documents officiels et les commentaires officieux des éléments caducs et des alluvions culturelles qui les alourdissaient, on constate qu'ils proposent une lecture et une analyse qui distinguent l'essentiel de l'accessoire et rejoignent bien le problème moral de fond posé par l'appropriation des biens matériels.

4.5 LES QUESTIONS QU'IL FAUT POSER. Le problème global du droit de propriété est une affaire réglée. Il existe des formes d'appropriation privée dans toutes les sociétés organisées. Il en existe dans les pays socialistes, même en Chine. « Le socialisme le plus utopique ne s'interroge pas sur le caractère privé de la possession quand il s'agit de choses immédiatement nécessaires à l'existence ou au travail personnel[21]. » On doit même ajouter que la propriété privée a été une réalité quotidienne plus tangible dans les pays socialistes développés qu'elle ne l'est au Brésil, en Haïti, au Guatemala, aux Philippines, etc. Dans beaucoup de pays capitalistes (qualifiés de « pays du monde libre »), il existe des millions de prolétaires qui ignorent concrètement ce que signifie la propriété privée. Ils sont démunis de tout. Leur droit d'appropriation est théorique. Tout comme sont théoriques les libertés civiles dont on affirme qu'ils sont les bénéficiaires.

L'*interrogation fondamentale*, en fait, c'est celle qui concerne un certain modèle d'appropriation. On pourrait la détailler ainsi :

---

21. Pierre BIGO, *La doctrine sociale de l'Église*, p. 237.

1. S'il est communément admis qu'il existe une corrélation étroite entre l'appropriation privée limitée et à échelle humaine (petite entreprise, commerce artisanal, micro-services, possession de biens de consommation, revenu décent, etc.) et l'exercice des libertés fondamentales dans une société, peut-on affirmer sans nuance ni réserve l'extension de cette corrélation au niveau de la grande entreprise industrielle? Comment légitimer un pouvoir économique détaché de la propriété et fonctionnant en partie hors de tout contrôle?

2. À partir de quel palier d'appropriation le pouvoir économique monopolistique devient-il un *facteur de destruction de la propriété privée effective* de ceux qui sont asservis à la domination de ce pouvoir et ne conservent qu'un droit d'usage limité et aléatoire (groupes défavorisés, victimes de l'endettement, prolétariats du Tiers-Monde, etc.)?

3. À quelles conditions l'appropriation privée des instruments de production dans la grande entreprise est-elle conciliable avec l'autonomie du pouvoir politique? Jusqu'où peut-on permettre un fonctionnement déréglementé de la grande entreprise (sociétés multinationales par exemple) sans aboutir à la confiscation du pouvoir politique au profit des forces dominantes de la vie économique?

4. Peut-on être indifférent au fait que ces forces dominantes peuvent engendrer ce que Pie XI appelle « la déchéance du pouvoir » (*Quadragesimo anno*, n° 117)?

5. DIFFUSION DE LA PROPRIÉTÉ

5.1 Face au problème de la propriété, certains se placent dans une perspective à long terme. C'est le cas des socialistes d'extrême-gauche. Il rejette en bloc le régime capitaliste de la propriété privée et offrent pour le remplacer une solution globale dont on ne sait pas si elle serait applicable dans une société développée. Des socialistes modérés, plus conscients des contraintes et des exigences de tout régime économique existant et bien concret, estiment qu'on peut de l'intérieur et graduellement transformer en profondeur le régime. Ils acceptent de temporiser, voulant éviter que le coût du changement ne dépasse largement les bénéfices escomptés.

Il ne fait nul doute que des réformes à court terme du régime de propriété privée sont possibles et souhaitables. Les repousser du revers de la main pour s'en tenir à une attitude de rejet radical, c'est d'une part se condamner à l'inefficacité et à l'échec et d'autre part pactiser avec l'injustice. Car c'est un impératif que d'instaurer la justice que l'on peut dans la situation historique que l'on vit. «Justice différée, c'est justice refusée», dit un axiome. On peut retarder un état de choses plus juste soit en adoptant un comportement réactionnaire, comme cela arrive chez des esprits conservateurs, soit, pour un agent de changement social, en se laissant fasciner par les solutions globales au point de négliger les agirs à court terme pouvant déboucher immédiatement sur des résultats concrets.

5.2 C'est dans cette optique d'une réforme à court terme que se pose le problème de la diffusion de la propriété. Car si l'appropriation, individuelle ou collective, est bénéfique aux membres d'une société, il devient impératif de faciliter l'accès à la propriété : c'est-à-dire la possibilité pour les individus et les familles de disposer de biens matériels (biens de consommation durables) et d'équipements collectifs suffisants ; la possibilité d'accroître le potentiel de liberté en disposant de ressources qui protègent contre l'insécurité et l'imprévu ; la possibilité de disposer de ressources qui permettent de se développer et de s'intégrer de façon normale au réseau des relations humaines de son milieu.

Le droit de propriété, oui, mais un droit rendu concret, existentiel, par l'extension de la propriété. Une des contradictions de la position adoptée par les défenseurs inconditionnels de la propriété privée est d'avoir conçu celle-ci comme étant naturellement répartie de façon inégale, les uns pouvant l'accaparer sans vergogne, les autres devant se contenter des miettes. C'est à ces gens que Proudhon s'adressait quand il déclarait : « La propriété, c'est le vol ».

La thèse d'une inégalité naturelle dans le partage des biens matériels escamote à la légère le problème de l'inégalité résultant de l'histoire, des extorsions légalisées, des oppressions multiples dont les gens défavorisés furent victimes au cours des siècles. Rien de naturel dans la pauvreté des paysans, des prolétaires, des Noirs d'Amérique. C'est faire injure à Dieu, auteur de la nature, que de mettre sur le compte de celle-ci l'inégalité qui résulte de la spoliation et des abus.

5.3 Critères. Dans l'élaboration d'une praxis visant à étendre le dominium du plus grand nombre possible d'hommes sur les biens nécessaires à un mieux-être, on doit tenir compte des critères suivants :

5.3.1 La destination universelle des biens. La réponse à des besoins essentiels collectifs prévaut sur l'appropriation privée. Répartir équitablement l'avoir, c'est l'investir d'une dimension qualitative.

5.3.2 L'appropriation est pluriforme. Un salaire, un revenu minimal, une assurance, un bien-fonds, l'accessibilité à un service communautaire, l'acquisition d'une capacité de produire : autant de moyens par lesquels l'homme cesse d'être prolétaire, c'est-à-dire déraciné, démuni de tout, victime sans défense des aléas de l'existence.

5.3.3 L'acquisition relève d'abord de l'initiative. Il est naturel que l'homme responsable veuille d'abord par lui-même, en solidarité avec d'autres qui ressentent les mêmes besoins, poser les gestes qui amorcent ou accroissent son dominium sur les choses qui l'entourent. De là découle le principe de subsidiarité : les instances supérieures, ou dont l'aire d'action est plus vaste, ne remplacent les centres de décision proches des individus que s'il y a déficience ou incapacité chez ceux-ci. « Diriger, surveiller, stimuler, contenir, selon que le comportent les circonstances ou l'exige la nécessité » : c'est ainsi que *Quadragesimo Anno* décrit le principe de subsidiarité. Favoriser la propriété, requiert qu'on aide une population, un milieu à se prendre en mains, à assumer son destin économique. Une activité économique extra-déterminée et téléguidée peut enrichir à court terme, mais aliéner et déposséder à long terme. C'est ce qui arrive lorsqu'un pouvoir colonisé confie le développement économique à des entreprises étrangères plutôt que de faire appel à des ressources humaines et techniques indigènes, là où la chose est possible.

5.3.4 LE POUVOIR DE DÉCISION, FORME D'APPROPRIATION. Le pouvoir sur les choses, ce n'est pas seulement celui de les consommer, c'est aussi celui de participer aux décisions qui en règlent la production et la répartition. La propriété est le lieu de la liberté quand un grand nombre de personnes concernées assument la responsabilité d'en déterminer la structure et l'aménagement. C'est une forme de colonialisme que de réduire des agents sociaux au rôle de consommateurs passifs, dépourvus du pouvoir de décider quoi que ce soit sur les finalités et les priorités de la vie économique.

À noter que l'exercice de ce pouvoir trouve sa voie, en maints cas, dans l'action politique.

5.4 Objectifs à atteindre. On peut les regrouper sous trois chefs : accessibilité, répartition, participation.

5.4.1 ACCESSIBILITÉ. Le droit naturel de propriété devient réalité historique si les personnes et les familles disposent de moyens efficaces d'acquérir ce dont elles ont besoin pour vivre décemment et expérimenter les avantages attribués à l'avoir comme condition d'être.

Première exigence : un régime efficace de production de biens. La technique, l'organisation et la saine gérance sont à l'origine de la productivité. Exigences qui valent autant pour l'entreprise nationalisée que pour l'entreprise privée[22]. Sinon, pour reprendre la formule d'un célèbre chef d'État socialiste (Willy Brandt), on risque de nationaliser des déficits au lieu d'imposer des profits.

Pour le travailleur, la voie normale d'accès à la propriété, c'est le salaire. Si la propriété privée est un droit naturel, l'octroi d'un salaire décent devient

---

22. Sauf le cas de services où la rentabilité ne peut constituer le critère unique d'évaluation. On ne demande pas à un hôpital de s'auto-financer. Un service de transport en commun est d'abord un service essentiel à l'usage de toute la communauté (à commencer par les moins favorisés) avant d'être une entreprise rentable.

une obligation morale. Des salaires minables équivalent à la négation du droit de propriété.

La relation entre les personnes et les biens matériels s'exprime de façon tangible dans l'appropriation des objets qui encadrent le lieu d'épanouissement normal de la vie familiale : un espace à soi, une maison ou un logement décent, un aménagement matériel qui favorise un climat sain de relations humaines. C'est ce besoin qui fonde le droit au revenu familial, grâce auquel l'enfant peut s'intégrer plus aisément au circuit normal de la vie quotidienne. Parler des droits de l'enfant sans réclamer un aménagement matériel et social qui incarne ces droits dans le quotidien, c'est une fumisterie.

Il a été mentionné plus haut que l'accessibilité à la propriété revêt de nos jours des formes multiples : régimes d'assurances, sécurité sociale, capacité professionnelle. On préfère souvent, souligne *Mater et Magistra*, acquérir la compétence professionnelle plutôt que posséder un capital : ce qui, selon *Mater et Magistra*, manifeste un progrès moral.

> Il arrive aussi aujourd'hui qu'on aspire plus à acquérir une capacité professionnelle qu'à posséder un capital. On a davantage confiance dans les revenus provenant du travail ou de droits fondés sur le travail que dans ceux qui proviennent du capital ou de droits fondés sur le capital.

> Cette attitude s'accorde parfaitement avec le caractère propre du travail : procédant directement de la personne humaine, il passe avant la richesse en biens extérieurs, qui ne sont, par leur nature, que des instruments. Il y a là l'indice d'un progrès de l'humanité[23].

Faciliter l'accès à la propriété, ce sera donc, entre autres moyens, faciliter l'acquisition du savoir qui permet de contribuer activement à la vie économique et sociale.

5.4.2 RÉPARTITION. Certaines inégalités sont naturelles. Des individus révèlent plus d'aptitudes que d'autres à acquérir des biens matériels et à s'enrichir. Mais l'excès d'inégalités n'a rien de naturel. Il résulte de l'histoire, des régimes économiques, de contingences heureuses ou malheureuses, des faveurs politiques, de l'exploitation, de la fraude systématique, etc. Quoi qu'il en soit des sources de l'inégalité entre les hommes, on reconnaît généralement qu'on doit en justice et en vertu du principe de la destination universelle des biens chercher à réduire cette inégalité au lieu de l'accepter sans se poser de question.

L'État, lorsqu'il agit en tant qu'instrument au service de la collectivité, remplit ici une fonction essentielle. Au moyen de *l'impôt*, on peut alléger les

---

23. *Mater et Magistra*, nos 106-107.

charges sociales qui pèsent sur les économiquement faibles et accroître celles que les mieux pourvus peuvent supporter plus facilement. Ce faisant, on contribue à mieux répartir la propriété privée et ainsi faire bénéficier un plus grand nombre des avantages de l'appropriation, à condition que les barèmes d'imposition n'aboutissent pas à décourager l'initiative et à paralyser l'activité économique.

On contribue aussi à la répartition de la propriété par la création et l'extension de services communautaires indispensables aux individus et aux familles et dont le financement est assuré par la collectivité elle-même, proportionnellement aux ressources des personnes et des groupes qui la composent.

Trois exemples illustrent bien ce processus d'appropriation par l'intermédiaire des équipements et des services collectifs : a) l'éducation et l'enseignement ; b) les services de santé ; c) les services spéciaux assurés aux personnes qui, par suite d'une situation d'exception, ne peuvent participer de façon normale à l'activité économique : handicapés, personnes âgées, etc.

Une mystification dont bénéficie la grande entreprise est de faire croire qu'elle ne fait qu'apporter des avantages à la collectivité sans en rien retirer. Donc si elle contribue aux besoins sociaux (enseignement, éducation, aide aux démunis, etc.), ce serait par philanthropie. Or la vérité est tout autre. L'entreprise vit grâce à l'apport de capitaux et de prêts bancaires, fournis par des milliers de citoyens ; elle utilise les ressources physiques et techniques des travailleurs pour en tirer profit et autofinancement ; elle a besoin des consommateurs pour écouler ses produits ; elle profite des équipements collectifs ; elle hypothèque l'habitat (pollution), etc. On parle souvent, dans les encycliques, du rôle social de la propriété. Cela vaut a fortiori pour la grande entreprise.

Soulignons enfin que le devoir de répartition ne doit pas se limiter au pays où l'on vit. Paul VI l'a rappelé dans *Populorum progressio*. La solidarité avec le Tiers-Monde s'impose au nom de la justice et pas seulement comme une exigence de la charité. D'autant plus que la richesse dont profitent individus et groupes, dans les pays développés, provient en partie de l'exploitation des pays en voie de développement[24].

5.4.3 PARTICIPATION. Une préoccupation constante de l'enseignement social chrétien, au sujet de la propriété, est de favoriser la participation active des travailleurs et des citoyens ordinaires à la vie économique. On se refuse

---

24. Voir là-dessus l'encyclique *Populorum progressio*. À signaler les nos 56-61, sur les injustices résultant des échanges commerciaux inégaux entre pays développés et pays en voie de développement.

à ce que ces derniers n'aient qu'à profiter passivement des avantages du système ou à subir sans mot dire les inconvénients de décisions qui se prennent au-dessus de leurs têtes.

Cette participation peut revêtir plusieurs formes et se réaliser à différents paliers.

a) PALIER MICRO-ÉCONOMIQUE. Au niveau des « relations courtes », du voisinage, la participation trouve un terrain favorable. Elle s'exprime dans la gérance des biens personnels ou familiaux, la petite entreprise et l'action coopérative. Dans ce dernier cas, elle devient plus difficile si le pouvoir, au lieu de s'appuyer sur les décisions des membres, glisse entre les mains de gestionnaires ou de technocrates enclins à imiter servilement les méthodes administratives du grand capitalisme.

À souligner une forme de participation à caractère revendicatif: l'action solidaire des consommateurs. Ceux qui ne comptent que sur leur salaire pour vivre réalisent de plus en plus que les abus de la publicité, les sollicitations trompeuses, des hausses injustifiées de prix contribuent à les désapproprier indûment du fruit de leur travail. En se regroupant, ils peuvent contrecarrer en partie cette érosion. Le syndicalisme, particulièrement au Québec, se préoccupe beaucoup de cette forme de participation à l'activité économique.

b) LA GRANDE ENTREPRISE. « L'entreprise n'est pas une propriété, écrit Alexandre Dubois. Elle est un *centre d'échanges de services*. Ainsi, loin d'être seulement un ensemble de choses, elle est d'abord le centre d'action où se rencontrent des hommes[25]. » On ne sait pas exactement à qui elle appartient. Elle est « un lieu de rencontre de pouvoirs[26] ». Ces pouvoirs sont ceux des actionnaires, des travailleurs, des gestionnaires, des consommateurs et du public en général. Parler de participation des travailleurs n'évoque donc rien qui soit contraire à la nature même de l'entreprise.

Dans *Mater et Magistra*, Jean XXIII soutient qu'on doit considérer comme légitime et réalisable la participation des travailleurs à la vie de l'entreprise.

Comme Nos Prédécesseurs, Nous sommes persuadés de la légitimité de l'aspiration des travailleurs à prendre part à la vie de l'entreprise où ils sont employés. Il n'est pas possible, pensons-nous, de déterminer en des règles précises et définies la nature et l'étendue de cette participation ; car elles dépendent de la situation des entreprises. Celle-ci est loin d'être identique

---

25. Voir *Confidences d'un patron sur la réforme de l'entreprise*, Paris, Éd. ouvrières, coll. Économie et Humanisme, 1960, p. 35-36.
26. Gérard DION, *Propriété, responsabilité et droits de la gérance*, 15e Congrès des Relations industrielles de Laval, Québec, PUL, 1960, p. 39.

pour toutes et, même à l'intérieur d'une seule entreprise, elle est souvent sujette à de brusques et profonds changements.

Nous estimons cependant qu'on doit assurer aux travailleurs un rôle actif dans le fonctionnement de l'entreprise où ils sont employés, qu'elle soit privée ou publique. On doit tendre à faire de l'entreprise une véritable communauté humaine, qui marque profondément de son esprit les relations, les fonctions et les devoirs de chacun de ses membres[27].

Ailleurs dans l'encyclique, il est demandé que les ouvriers puissent participer à l'organisation (n° 82), que l'on n'émousse pas leur sens des responsabilités (n° 83), que la voix des travailleurs soit entendue (n° 92), etc.

Cette participation, en plus de se réaliser par le travail et sa rémunération, peut revêtir des formes multiples:

— participation aux avantages sociaux;
— bénéfices marginaux;
— cogestion[28];
— autogestion;
— participation conflictuelle, etc.

Les conventions collectives sont un exemple de *participation conflictuelle*. Elles entérinent des rapports de collaboration dans un contexte de conflits d'intérêts et de confrontation. Elles engendrent une *harmonie conflictuelle* qui finalement débouche sur la paix sociale.

c) RÉGIES D'ÉTAT ET SERVICES PUBLICS. Les nationalisations en Occident et le capitalisme d'État en URSS ont démontré que la suppression de la propriété industrielle dite privée ne garantit aucunement l'accroissement du pouvoir des travailleurs[29]. Il arrive même que le despotisme directionnel soit plus poussé dans des entreprises nationalisées et de services publics que dans des entreprises privées. Le problème de la participation à la vie de l'entreprise se pose donc là non moins qu'ailleurs.

Pourtant, il y a lieu de se demander si ce n'est pas d'abord dans des entreprises de cette catégorie (écoles, cégeps, universités, hôpitaux, etc.) qu'on devrait accroître le degré de participation de tous ceux qui contribuent au fonctionnement de ces services. S'il devait s'avérer qu'une participation active des travailleurs aux prises de décision y était non avenue et

---

27. *Mater et Magistra*, n° 91.
28. À noter qu'en période de crise économique, on n'hésite pas à faire appel à la participation des travailleurs, par exemple pour mettre à exécution des mesures de redressement et d'austérité. C'est ainsi qu'on a mis à contribution les travailleurs de l'automobile pour la relance de Chrysler, Ford, GM, etc. Les gouvernements font de même quand ils exigent des «réductions de coût de main-d'œuvre».
29. Sur la vraie et la fausse socialisation, voir *Laborem exercens*, n° 14.

ouvertement combattue, il resterait à ces derniers de donner à la participation conflictuelle son maximum d'efficacité.

d) POLITIQUE ÉCONOMIQUE. Les projets de participation à l'activité économique ne peuvent ignorer la dimension politique des problèmes. Le petit propriétaire paie des taxes. L'inflation ronge le pouvoir d'achat des travailleurs. Des décisions politiques peuvent infléchir la vie économique dans un sens favorable ou défavorable aux intérêts légitimes des gens à revenus modestes. Pensons par exemple à la politique fiscale ou encore aux subventions accordées à de grandes entreprises, grâce auxquelles ces dernières s'approprient des fonds publics pour les transformer en fonds privés.

On ne peut réaliser de façon efficace la diffusion de la propriété si on néglige la dimension politique des problèmes économiques. En abandonnant le domaine politique aux mains de ceux qui dominent la vie économique, on condamne à l'échec les projets les meilleurs visant à instaurer une répartition plus équitable de la richesse collective.

6. OBSERVATIONS COMPLÉMENTAIRES

6.1 PROPRIÉTAIRE ET GESTIONNAIRE. Un des paradoxes de l'économie capitaliste moderne est que, souvent, les fondés de pouvoir, ceux qui décident de l'usage des capitaux et des biens de production n'en sont pas les propriétaires. Ils gèrent sans posséder, mais se conduisent comme les véritables propriétaires. Pie XI, dans *Quadragesimo anno*, a attiré l'attention sur ce phénomène (nos 113-116). Les actionnaires ont peu à dire sur le fonctionnement d'une grande entreprise. Ceux qui déposent leurs épargnes à la banque n'ont rien à dire sur l'usage qui est fait de leur argent.

Dans ce contexte, il devient quelque peu embarrassant d'invoquer le droit de propriété comme un principe sacro-saint. En fait, la délégation de responsabilité qu'est censé pratiquer le propriétaire d'une action ou le déposant d'épargnes équivaut à une aliénation de responsabilité. Le système ne peut fonctionner autrement, semble-t-il.

La conséquence : d'énormes cumuls de propriété sont transformés en forces économiques libres d'agir à leur guise à l'échelle du monde. Pour raison de profits éventuels, celles-ci peuvent supprimer le droit concret de propriété des travailleurs en chômage, des paysans dans le Tiers-Monde, des citoyens obligés d'acquitter des dettes envers des banques étrangères. Donc, autre paradoxe : l'économie actuelle détruit le droit de propriété des uns en vertu de décisions que prennent des gestionnaires qui administrent la propriété des autres.

6.2 DESTINATION UNIVERSELLE DES BIENS. On dit de la propriété privée des biens de production qu'elle est le moyen le plus efficace d'assurer la destination universelle des biens. On en donne comme preuve les performances remarquables du capitalisme moderne et on prédit que cela ne pourra que s'améliorer avec la mondialisation des marchés, la concurrence et la compétitivité. Le problème est que si la production va bien, la distribution ne va pas du tout. On est témoin, partout dans le monde, de la croissance du chômage, de la pauvreté et des inégalités. Les appareils économiques modernes créent simultanément la richesse et la pauvreté, et semblent valider l'aphorisme de Vincent Cosmao : « Le développement des uns est la conséquence du sous-développement des autres ».

Il faut inventer de nouveaux mécanismes de redistribution de la richesse au sein de chaque nation et entre les nations. Si l'on continue de supprimer les emplois, il faudra penser à des solutions telles que le revenu minimal pour tous ou l'allocation de citoyenneté. Cela peut devenir une solution incontournable dans un système où la propriété des uns détruit celle des autres.

6.3. L'APPROPRIATION PAR LE SAVOIR. Il fut un temps où l'on disait et répétait que « celui qui s'instruit s'enrichit ». Cela demeure généralement vrai, mais les exceptions deviennent de plus en plus nombreuses. L'appropriation de la richesse collective par le capital financier est en train de fermer les voies conduisant à l'enseignement supérieur. Les institutions d'enseignement, privées d'un financement adéquat, ne cessent de hausser les frais de scolarité et ainsi réduisent l'accessibilité. À l'autre bout du processus, la poursuite d'intérêts à court terme dans l'utilisation de la technologie supprime les emplois et multiplie le nombre des chômeurs instruits, et ainsi dévalue le moyen normal d'accéder à la propriété qu'est le travail.

En fait, on supprime non seulement la propriété, mais aussi la possibilité de mettre en valeur un savoir durement acquis. On rend ainsi toute la société vulnérable en freinant l'acquisition du savoir et l'investissement scientifique. On la prive de diplômés dont elle a besoin pour son développement humain, économique et social.

Ici encore on doit reconnaître que le capitalisme financier, avec ses procédés usuraires, se révèle l'ennemi de l'accès à la propriété.

7. PISTES DE RECHERCHE

7.1 LA PROPRIÉTÉ SOCIALE. On pourrait aussi parler de propriété communautaire, ou de propriété collective, laquelle peut être, au plan juridique, privée ou publique. Une coopérative d'habitation est juridiquement privée. Un service de transport en commun peut être public ou privé. Telle institution d'enseignement privée (comme le Séminaire de Québec) est considérée d'intérêt public.

L'accès à la propriété se réalise habituellement par le moyen du salaire ou du revenu. Mais il est aussi rendu possible en partie par le truchement de droits d'usage et de services: équipements culturels, sécurité publique, services de santé, transport en commun.

La qualité de vie des citoyens est largement dépendante de ces formes d'appropriation. Une ville où l'on trouve des écoles publiques ou privées de qualité, des hôpitaux, des musées, un service de transport en commun efficace et de coût raisonnable, des organismes de bienfaisance publics et privés, des moyens de communication sociale au service du plus-être des personnes offre un milieu de vie favorable à la croissance humaine de tous les citoyens.

Un tel réseau de services commande une fiscalité appropriée, légitimée par l'hypothèque sociale dont est grevée la propriété industrielle, commerciale et financière. De cette fiscalité découleraient de grands avantages pour tous les citoyens.

7.2 Droits conflictuels. Le titre de premier occupant (*jus primi occupantis*) peut fonder un droit de propriété. Le travail qui transforme une terre, un bien agricole, une région fonde aussi un droit de propriété. La non-utilisation de ressources peut en revanche conduire à l'attrition du droit de propriété, comme cela advient en Amérique latine, où des propriétaires nominaux de latifundias se comportent en gestionnaires inefficaces et en parasites sociaux.

La question amérindienne au Québec et au Canada est en partie liée à la façon dont on conçoit le droit de propriété et le droit d'usage. Il y a là un vaste dossier à explorer.

7.3 Plancher de ressources et plafond d'enrichissement. Le plancher de ressources désigne le minimum de biens auxquels on a un droit moral dans une société développée: nourriture, vêtement, logement décent, soins de santé, droit à l'éducation, etc. C'est une mesure d'appropriation minimale.

Au-delà d'un certain degré d'enrichissement surgit le problème, rarement soulevé, d'un plafond, d'une limite. Jean-Paul II utilise l'expression «surdéveloppement» pour désigner un état d'enrichissement collectif où les individus et les groupes s'adonnent aux excès de la société de consommation (*Sollicitudo rei socialis*, n° 28). Paul VI parle du danger de sous-développement moral qui menace les individus et les sociétés obsédées par la poursuite d'un enrichissement sans limite. «Pour les nations comme pour les personnes, l'avarice est la forme la plus évidente du sous-développement moral» (*Populorum progressio*, n° 19).

Des phénomènes que l'on peut observer: les gadgets de la société de consommation, la glorification de la richesse par des médias serviles, la publicité accordée à des styles de vie où s'exhibent les vanités mondaines, le gaspillage et les niaiseries, le refus de s'interroger sur l'origine douteuse de la richesse de certains individus, de classes privilégiées, de pays dits avancés.

Au-delà d'un certain palier, la richesse des individus et des collectivités, qu'elle ait été bien ou mal acquise, se voit grevée d'une hypothèque sociale. Deux questions à élucider : la détermination du plafond d'enrichissement et l'établissement de mécanismes de redistribution.

8. LECTURES

8.1 Encycliques sociales. Voir passages concernant la propriété dans *Rerum novarum, Quadragesimo anno, Divini Redemptoris, Mater et Magistra, Laborem exercens* (à noter l'édition Spes, enrichie de commentaires très utiles). À noter aussi les textes de PIE XII (cf. l'ouvrage de UTZ) et la déclaration conciliaire *Gaudium et Spes*. Voir aussi *L'Église et la question sociale* (Fides, 1991).

8.2 BIGO, Pierre, *La doctrine sociale de l'Église*, Paris, PUF, 1965, p. 236-267. L'auteur montre que la vision chrétienne de la propriété se distingue de la conception capitaliste. Il fait aussi une analyse critique de la position marxiste sur la propriété et formule quelques interrogations sur l'avenir de la propriété.

CALVEZ et PERRIN, *Église et société économique*, t. I, p. 249-280. Propriété, expression de la personne. Droit fondamental à l'usage des biens matériels. Fonction sociale de la propriété. La propriété dénaturée par la théorie du droit exclusif et par le capitalisme.

Collectif (avec L. J. LEBRET), *Propriété et communautés*, Paris, L'Arbresle, 1947. Un ouvrage qui résulte de recherches visant à corriger la perception familière de la propriété en société bourgeoise. L'histoire, les coutumes, les droits divers, la signification profonde des exigences du droit naturel montrent qu'il faut démystifier la théorie de la propriété privée absolue comme concrétisation idéale du dominium de l'homme sur les choses matérielles.

Collectif, *Initiation économique et sociale*, Lyon, Chronique sociale de France, 1954, tome II, p. 161-174. Notions schématiques sur la propriété, les formes de propriété, les fondements moraux de la propriété privée, les droits de l'État sur la propriété, etc.

DION, Gérard, «Propriété et pouvoir dans l'entreprise», *Revue Économie et Humanisme*, n° 143 (nov.-déc. 1962), p. 1-20. Texte publié sous le titre *Propriété, responsabilité et droits de la gérance*, dans *Droits de gérance et changements technologiques*, 15ᵉ Congrès des relations industrielles de Laval,

Québec, PUL, 1960, p. 30-55. L'auteur met en doute que l'entreprise puisse être un objet de propriété. Elle lui apparaît plutôt comme un lieu de rencontre de pouvoirs, un lieu d'échanges et de services. Ce qu'on pourrait appeler propriété de l'entreprise ne peut de toutes façons fonder le pouvoir qu'on y exerce, quoiqu'on puisse y recourir comme moyen de désignation des titulaires de l'autorité. Le fondement immédiat de l'autorité vient de l'accord entre les agents de production : contrat de salariat, conventions collectives.

LECLERCQ, Jacques, *Leçons de droit naturel*, tome IV, Namur, Wesmael-Charlier, 1955, p. 187. Une lecture intéressante. Beaucoup d'observations pertinentes.

LÉVY, J. Philippe, *Histoire de la propriété*, Paris, PUF, coll. Que sais-je?, 1972. Synthèse très éclairante sur l'évolution de la propriété au cours des siècles et sur les différentes conceptions du droit de propriété.

PROUDHON, Pierre-Joseph, *Qu'est-ce que la propriété?*, Paris, Garnier-Flammarion, 1966. Dans la critique de la société capitaliste bourgeoise, on a parfois tendance à privilégier Marx et à oublier les socialistes des débuts, les «romantiques», qui, sans prétendre à une critique dite scientifique, ont mis en lumière l'aspect humain et dramatique de la condition prolétarienne.

LA FAMILLE

« La famille est l'élément naturel et fondamental
de la société et a droit à la protection
de la société et de l'État. »

(*Déclaration universelle des droits de l'homme,*
art. 16 par. 3)

L'AVENIR DE LA FAMILLE

« Il ne fait pas de doute pour nous que la famille demeure le lieu privilégié de la socialisation et de l'accession à la culture. C'est là d'abord que se transmettent les valeurs et le sentiment d'appartenance à un peuple. C'est là que l'être humain apprend à s'interroger sur le sens de la vie et qu'il puise la stabilité nécessaire à sa maturation et au développement de son intériorité. Nous savons les difficultés que connaît actuellement l'institution familiale dans la société. Le faible taux de natalité et la montée rapide des divorces le montrent amplement. Avec joie et espoir, nous constatons en même temps la multiplication des mouvements en faveur du couple et de la famille. Nous croyons que les expériences vécues dans ces groupes pourront rendre la famille québécoise plus stable et plus heureuse. »

Message des évêques du Québec,
9 janvier 1980

La famille est l'assise fondamentale de la société. Nucléaire ou élargie, elle est le foyer de transmission de la vie, le lieu premier de l'éducation et de la réalisation de la personne. On peut pallier ses carences, compenser son absence, mais jamais vraiment la remplacer.

La question est ici abordée sous l'angle d'une réalité sociale: la famille, en tant qu'unité économique de base et assise de la vie sociale. On renvoie à l'éthique familiale pour les questions fondamentales relatives à la sexualité du couple, les nouveaux rapports homme-femme, l'éducation des enfants, etc.

1. TYPOLOGIE

La famille revêt de multiples facettes :

— Famille nucléaire: couple homme-femme assumant les fonctions de transmetteurs de la vie et d'éducateurs des enfants;
— Famille de suppléance: foyer nourricier;
— Famille monoparentale;
— Famille recomposée;
— Famille élargie, aux frontières souples, propre à certaines cultures;
— Famille par analogie: associations libres vouées à l'éducation des enfants, comme les communautés religieuses enseignantes ou engagées dans des œuvres caritatives au service de la famille, des enfants, des personnes démunies, etc.

Tout couple ne constitue pas une famille. Le couple homme-femme et le projet de transmission de la vie ou de prise en charge de tâches éducatives sont des composantes essentielles.

Deux homosexuels qui cohabitent forment un couple, mais non pas une famille. L'hétérosexualité est une composante essentielle de la famille.

2. MISSION

— transmission de la vie.
— éducation humaine de base.
— éducation au travail. (voir *Laborem exercens*, n° 10)

— socialisation.
— actualisation des potentialités des personnes.
— formation du citoyen.
— premier lieu de transmission des valeurs éthiques et religieuses.
— consolidation de la qualité du tissu social.

3. DROITS

Une telle mission de la famille confère des droits. Il y a désordre social si la famille est désavantagée économiquement et socialement, s'il devient apparent, par exemple, que la charge d'enfants équivaut à une pénalité économique.

Priorités à respecter en fonction de la mission de la famille :

— logement familial ;
— gratuité des soins de santé, incluant, entre autres, les soins dentaires ;
— école publique gratuite ;
— équipement culturel et de loisirs ;
— fiscalité équitable ;
— soutien financier en fonction des besoins des enfants ;
— un espace de vie et une société accueillante pour les enfants, peu importe leur provenance sociale ou maritale.

4. JUSTICE FISCALE

Dans une société ou prédomine l'économie néolibérale, la justice fiscale constitue un problème majeur. La famille y est la première victime des iniquités dans la répartition des charges fiscales. Il n'est pas rare que la fiscalité joue en faveur des célibataires, des couples sans enfants et des détenteurs de capital financier. On observe souvent la contradiction entre un discours officiel qui fait l'apologie de la famille et des mesures fiscales qui la pénalisent.

Exemples : la taxation indirecte du genre TPS et TVQ pénalise les familles. Le fisc n'impose pas les transactions boursières, mais il impose l'achat de couches jetables. Les déductions fiscales pour charge d'enfant sont dérisoires. On prétend appliquer une politique nataliste alors que, dans les faits, on pénalise ceux et celles qui mettent des enfants au monde.

Les inégalités économiques aggravées par une fiscalité injuste créent des inégalités sociales qui se répercutent en occasions perdues, pour des jeunes, d'accéder à un niveau décent de croissance humaine. S'ensuivent des coûts économiques différés, plus considérables que ceux qu'aurait entrainés une politique familiale équitable.

5. ÉCOLOGIE HUMAINE

Cette expression se retrouve chez Jean-Paul II (*Centesimus annus*, n° 38). L'écologie humaine commande un climat social sain, une ambiance générale favorable à l'éducation humaine et morale des jeunes. S'opposent à une vraie écologie humaine la multiplication de lieux où prolifèrent la corruption, le commerce de la drogue, la pornographie, la violence médiatique, l'exploitation économique et sexuelle des enfants, etc.

Dans *Centesimus annus* (n° 39), le pape établit une connexion entre l'écologie humaine, la protection de la famille, l'avortement et la question démographique.

6. OBSERVATIONS COMPLÉMENTAIRES

6.1 Une politique familiale généreuse exprime la volonté de durer, un vouloir-vivre collectif qui englobe l'avenir à long terme.

6.2 La famille forme une unité économique consommatrice à court terme et productive à long terme. Elle assure le plus-être qui, à long terme, engendre des effets économiques positifs. Or la culture économiste libérale est sensible avant tout au court terme, au profit immédiat. Son obsession du profit la rend allergique aux appuis économiques dont la famille a besoin : soins de santé gratuits, accès à l'éducation, allocations familiales, logements décents, etc.

La culture économiste libérale privilégie une fiscalité qui encourage les brasseurs d'argent, les manipulateurs de capitaux. Elle est allergique aux réserves de ressources en faveur de la famille. Son insouciance du long terme risque de conduire les collectivités au rapetissement et à la déchéance. Les politiques antifamiliales sont économiquement ruineuses et socialement suicidaires.

6.3 L'accueil à la famille inclut les familles qui viennent d'ailleurs, lesquelles contribuent à mieux assurer le devenir collectif, à condition de s'intégrer à la société d'ici, tout en conservant des caractéristiques d'origine, celles-ci constituant un enrichissement et un facteur de dynamisme. Un peuple ne se définit pas par la couleur, mais par la langue, la culture et un espace géographique dont il est propriétaire et responsable. Grâce à une intégration souple et efficace, on peut, par exemple, concevoir le Québec de demain se distinguant par son caractère à la fois français, américain et multicolore, fortifié et enrichi par l'apport des nouvelles communautés culturelles.

7. PISTES DE RECHERCHE

7.1 FAMILLE D'HIER ET D'AUJOURD'HUI

— Évaluer le rôle historique rempli par la famille dans la survivance et le développement du Québec, et dans la croissance économique des pays dits avancés.

— Les exigences de l'éducation et la participation des mères de famille à la vie sociale et économique modifient le visage et le rôle de la famille.

7.2 POUR UNE POLITIQUE FAMILIALE. (Voir documentation du Conseil supérieur de la famille)

— Repérer les modifications à la fiscalité qui s'avèrent impératives si l'on veut que s'instaure une véritable politique familiale. S'insèrent dans la politique familiale les mesures sociales qui encouragent les parents : logements familiaux, éducation gratuite, soins dentaires gratuits pour les enfants, accès aux bibliothèques publiques, camps de vacances à tarifs populaires, etc.

7.3 LA SOLIDARITÉ DES GÉNÉRATIONS

— S'interroger sur la brisure provoquée par l'exclusion sociale des personnes âgées, parquées dans des établissements d'où sont absents les familles et les enfants. La solidarité des générations appelle un style d'habitat plus convivial et plus conforme à l'image de la famille comme relais de transmission de la vie et lieu de solidarité intergénérationnelle.

8. LECTURES

Centesimus annus, nos 38-39.

Familiaris consortio, exhortation apostolique.

Charte des droits de la famille, publiée par le Saint-Siège, 22 octobre 1983.

De la famille naît la paix, Message à l'occasion de la Journée mondiale de la paix, 1994.

Collectif, *Portrait de famille* dans *l'Église canadienne* (juin-juillet 1994).

Conseil de la famille, *Impact de certains aspects de la réforme de la sécurité du revenu sur les familles*, Québec, 1997.

Conseil pontifical de la famille, *Le travail des enfants*, *Documentation catholique*, nº 2082 (21 novembre 1993), p. 962-963.

FORTIN, Bernard, « L'enjeu de la politique familiale québécoise : le réflexe familial» dans *La question sociale hier et aujourd'hui*, p. 387-400.

GAUTHIER, Jean-Marc, « La famille : un absolu fragile» dans *Crise de prophétisme hier et aujourd'hui*, publié sous la direction de Guy Lapointe, Montréal, Fides, 1990, p. 301-311.

GIRARD, Michel, « Fric, famille et fisc» dans *La Presse*, 4 février 1994.

SÉGUIN, Yves, « L'aide à la famille devra passer par la fiscalité » dans *La Presse*, 6 février 1994.

ANNEXE

CHARTE DES DROITS DE LA FAMILLE
PRÉSENTÉE PAR LE SAINT-SIÈGE À TOUTES LES PERSONNES, INSTITUTIONS ET AUTORITÉS INTÉRESSÉES À LA MISSION DE LA FAMILLE DANS LE MONDE D'AUJOURD'HUI.

PRÉAMBULE

CONSIDÉRANT QUE:

A. Les droits de la personne, bien qu'exprimés en tant que droits de l'individu, ont une dimension foncièrement sociale qui trouve dans la famille son expression innée et vitale;

B. La famille est fondée sur le mariage, cette union intime et complémentaire d'un homme et d'une femme, qui est établie par le lien indissoluble du mariage librement contracté et affirmé publiquement, et qui est ouvert à la transmission de la vie;

C. Le mariage est l'institution naturelle à laquelle est confiée exclusivement la mission de transmettre la vie humaine;

D. La famille, société naturelle, existe antérieurement à l'État ou à toute autre collectivité et possède des droits propres qui sont inaliénables;

E. La famille, bien plus qu'une simple unité juridique, sociologique ou économique, constitue une communauté d'amour et de solidarité, apte de façon unique à enseigner et à transmettre des valeurs culturelles, éthiques, sociales, spirituelles et religieuses essentielles au développement et au bien-être de ses propres membres et de la société;

F. La famille est le lieu où plusieurs générations sont réunies et s'aident mutuellement à croître en sagesse humaine et à harmoniser les droits des individus avec les autres exigences de la vie sociale;

G. La famille et la société, unies entre elles par des liens organiques et vitaux, assument des rôles complémentaires pour défendre et promouvoir le bien de toute l'humanité et de chaque personne;

H. L'expérience de différentes cultures au long de l'histoire a montré, pour la société, la nécessité de reconnaître et de défendre l'institution de la famille;

I. La société et, de façon particulière, l'État et les Organisations internationales, doivent protéger la famille par des mesures politiques, économiques, sociales et juridiques, qui ont pour but de renforcer l'unité et la stabilité de la famille, afin qu'elle puisse exercer sa fonction spécifique;

J. Les droits, les besoins fondamentaux, le bien-être et les valeurs de la famille, bien qu'ils soient, dans certains cas, progressivement mieux sauvegardés, sont souvent méconnus et même menacés par des lois, des institutions et des programmes socio-économiques;

K. Beaucoup de familles sont contraintes à vivre dans des situations de pauvreté qui les empêchent de remplir leur rôle avec dignité;

L. L'Église catholique, sachant que le bien de la personne, de la société et son bien propre passent par la famille, a toujours considéré qu'il appartient à sa mission de proclamer à tous les hommes le dessein de Dieu, inscrit dans la nature humaine, sur le mariage et sur la famille, de promouvoir ces deux institutions et de les défendre contre toute atteinte;

M. Le Synode des évêques réuni en 1980 a explicitement recommandé qu'une Charte des droits de la famille soit rédigée et communiquée à tous ceux qui sont concernés;

Le Saint-Siège, après avoir consulté les Conférences épiscopales, présente maintenant cette Charte des Droits de la famille et invite instamment tous les États, les organisations internationales et toutes les Institutions et personnes intéressées à promouvoir le respect de ces droits et à assurer leur reconnaissance effective et leur mise en application.

ARTICLE 1

Toutes les personnes ont droit au libre choix de leur état de vie, donc de se marier et de fonder une famille, ou de rester célibataire.

a) Tout homme et toute femme ayant atteint l'âge de contracter mariage et ayant la capacité nécessaire a le droit de se marier et de fonder une famille sans aucune discrimination; des restrictions légales à l'exercice de ce droit, qu'elles soient de nature permanente ou temporaire, ne peuvent être introduites que si elles sont requises par des exigences graves et objectives portant sur l'institution du mariage lui-même et sa signification publique et sociale; dans tous les cas, elles doivent respecter la dignité et les droits fondamentaux de la personne.

b) Ceux qui veulent se marier et fonder une famille ont le droit d'attendre de la société d'être placés dans les conditions morales, éducatives, sociales et économiques favorables qui leur permettent d'exercer leur droit de se marier en toute maturité et responsabilité.

c) La valeur institutionnelle du mariage doit être soutenue par les pouvoirs publics; la situation des couples non mariés ne doit pas être placée sur le même plan que le mariage dûment contracté.

ARTICLE 2

Le mariage ne peut être contracté qu'avec le libre consentement, dûment exprimé, des époux.

a) Sans méconnaître, dans certaines cultures, le rôle traditionnel que jouent les familles pour orienter la décision de leurs enfants, toute contrainte qui empêcherait de choisir comme conjoint une personne déterminée doit être évitée.

b) Les futurs conjoints ont droit à leur liberté religieuse; par conséquent, imposer comme condition préalable au mariage un déni de foi ou une profession de foi contraire à la conscience constitue une violation de ce droit.

c) Les époux, dans la complémentarité naturelle de l'homme et de la femme, ont une même dignité et des droits égaux au regard du mariage.

ARTICLE 3

Les époux ont le droit inaliénable de fonder une famille et de décider de l'espacement des naissances et du nombre d'enfants à mettre au monde, en considérant pleinement leurs devoirs envers eux-mêmes, envers les enfants déjà nés, la famille et la société, dans une juste hiérarchie des valeurs et en accord avec l'ordre moral objectif qui exclut le recours à la contraception, la stérilisation et l'avortement.

a) Les actes des pouvoirs publics ou d'organisations privées qui tendent à limiter en quelque manière la liberté des époux dans leur décision concernant leurs enfants constituent une grave offense à la dignité humaine et à la justice.

b) Dans les relations internationales, l'aide économique accordée pour le développement des peuples ne doit pas être conditionnée par l'acceptation de programmes de contraception, de stérilisation ou d'avortement.

c) La famille a droit à l'aide de la société pour la mise au monde et l'éducation des enfants. Les couples mariés qui ont une famille nombreuse ont droit à une aide appropriée, et ne doivent pas subir de discrimination.

ARTICLE 4

La vie humaine doit être absolument respectée et protégée dès le moment de sa conception.

a) L'avortement est une violation directe du droit fondamental à la vie de tout être humain.

b) Le respect de la dignité de l'être humain exclut toute manipulation expérimentale ou exploitation de l'être humain.

c) Toute intervention sur le patrimoine génétique de la personne humaine qui ne vise pas à la correction d'anomalies constitue une violation du droit à l'intégrité physique et est en contradiction avec le bien de la famille.

d) Aussi bien avant qu'après leur naissance, les enfants ont droit à une protection et à une assistance spéciale, de même que leur mère durant la grossesse et pendant une période raisonnable après l'accouchement.

e) Tous les enfants, qu'ils soient nés dans le mariage ou hors mariage, jouissent du même droit à la protection sociale, en vue du développement intégral de leur personne.

f) Les orphelins et les enfants privés de l'assistance de leurs parents ou de leurs tuteurs doivent jouir d'une protection particulière de la part de la société. Pour ce qui est des enfants qui doivent être confiés à une famille ou adoptés, l'État doit instaurer une législation qui facilite à des familles aptes à le faire l'accueil des enfants ayant besoin d'être pris en charge de façon temporaire ou permanente, et qui, en même temps, respecte les droits naturels des parents.

g) Les enfants handicapés ont le droit de trouver dans leur foyer et à l'école un cadre adapté à leur croissance humaine.

ARTICLE 5

Parce qu'ils ont donné la vie à un enfant, les parents ont le droit originel, premier et inaliénable de les éduquer; c'est pourquoi ils doivent être reconnus comme les premiers et principaux éducateurs de leurs enfants.

a) Les parents ont le droit d'éduquer leurs enfants conformément à leurs convictions morales et religieuses, en tenant compte des traditions culturelles de la famille qui favorisent le bien et la dignité de l'enfant, et ils doivent recevoir aussi de la société l'aide et l'assistance nécessaire pour remplir leur rôle d'éducateurs de façon appropriée.

b) Les parents ont le droit de choisir librement les écoles ou autres moyens nécessaires pour éduquer leurs enfants suivant leurs convictions. Les pouvoirs publics doivent faire en sorte que les subsides publics soient répartis de façon telle que les parents soient véritablement libres d'exercer ce droit sans devoir supporter des charges injustes. Les parents ne doivent pas, directement ou indirectement, subir de charges supplémentaires qui empêchent ou limitent indûment l'exercice de cette liberté.

c) Les parents ont le droit d'obtenir que leurs enfants ne soient pas contraints de suivre des enseignements qui ne sont pas en accord avec leurs propres convictions morales et religieuses. En particulier l'éducation sexuelle qui est un droit fondamental des parents doit toujours être menée sous leur conduite attentive, que ce soit au foyer ou dans des centres éducatifs choisis et contrôlés par eux.

d) Les droits des parents se trouvent violés quand est imposé par l'État un système obligatoire d'éducation religieuse.

e) Le droit premier des parents d'éduquer leurs enfants doit être garanti dans toutes les formes de collaboration entre parents, enseignants et responsables des écoles, et particulièrement dans des formes de participation destinées à accorder aux citoyens un rôle dans le fonctionnement des écoles et dans la formulation et la mise en œuvre des politiques d'éducation.

f) La famille a le droit d'attendre des moyens de communication sociale qu'ils soient des instruments positifs pour la construction de la société, et qu'ils soutiennent les valeurs fondamentales de la famille. En même temps, la famille a le droit d'être protégée de façon adéquate, en particulier en ce qui concerne ses membres les plus jeunes, des effets négatifs ou des atteintes venant des mass media.

ARTICLE 6

La famille a le droit d'exister et de progresser en tant que famille.

a) Les pouvoirs publics doivent respecter et promouvoir la dignité propre de toute famille, son indépendance légitime, son intimité, son intégrité et sa stabilité.

b) Le divorce porte atteinte à l'institution même du mariage et de la famille.

c) Le système de la famille élargie, là où il existe, doit être tenu en estime et être aidé à mieux remplir son rôle traditionnel de solidarité et d'assistance mutuelle, tout en respectant en même temps les droits de la famille nucléaire et la dignité de chacun de ses membres en tant que personne.

ARTICLE 7

Chaque famille a le droit de vivre librement la vie religieuse propre à son foyer, sous la direction des parents, ainsi que le droit de professer publiquement et de propager sa foi, de participer à des actes de culte en public et à des programmes d'instruction religieuse librement choisis, ceci en dehors de toute discrimination.

ARTICLE 8

La famille a le droit d'exercer sa fonction sociale et politique dans la construction de la société.

a) Les familles ont le droit de créer des associations avec d'autres familles et institutions, afin de remplir le rôle propre de la famille de façon appropriée et efficiente, et pour protéger les droits, promouvoir le bien et représenter les intérêts de la famille.

b) Au plan économique, social, juridique et culturel, le rôle légitime des familles et des associations familiales doit être reconnu dans l'élaboration et le développement des programmes qui ont une répercussion sur la vie familiale.

ARTICLE 9

Les familles ont le droit de pouvoir compter sur une politique familiale adéquate de la part des pouvoirs publics dans les domaines juridiques, économiques, social et fiscal, sans aucune discrimination.

a) Les familles ont le droit de bénéficier de conditions économiques qui leur assurent un niveau de vie conforme à leur dignité et à leur plein épanouissement. Elles ne doivent pas être empêchées d'acquérir et de détenir des biens privés qui peuvent favoriser une vie de famille stable ; les lois de succession et de transmission de la propriété doivent respecter les besoins et les droits des membres de la famille.

b) Les familles ont le droit de bénéficier de mesures au plan social qui tiennent compte de leurs besoins, en particulier en cas de décès prématuré de l'un ou des deux parents, en cas d'abandon d'un des conjoints, en cas d'accident, de maladie ou d'invalidité, en cas de chômage, ou encore quand la famille doit supporter pour ses membres des charges supplémentaires liées à la vieillesse, aux handicaps physiques ou psychiques, ou à l'éducation des enfants.

c) Les personnes âgées ont le droit de trouver, au sein de leur propre famille, ou, si cela est impossible, dans des institutions adaptées, le cadre où elles puissent vivre leur vieillesse dans la sérénité en exerçant les activités compatibles avec leur âge et qui leur permettent de participer à la vie sociale.

d) Les droits et les besoins de la famille, et en particulier la valeur de l'unité familiale, doivent être pris en considération dans la politique et la législation pénale, de telle sorte qu'un détenu puisse rester en contact avec sa famille et que celle-ci reçoive un soutien convenable durant la période de détention.

ARTICLE 10

Les familles ont droit à un ordre social et économique dans lequel l'organisation du travail soit telle qu'elle rende possible à ses membres de vivre ensemble, et ne pose pas d'obstacles à l'unité, au bien-être, à la santé et à la stabilité de la famille, en offrant aussi la possibilité de loisirs sains.

a) La rémunération du travail doit être suffisante pour fonder et faire vivre dignement une famille, soit par un salaire adapté, dit « familial », soit par d'autres mesures sociales telles que les allocations familiales ou la rémunération du travail d'un des parents au foyer ; elle doit être telle que la mère de famille ne soit pas obligée de travailler hors du foyer, au détriment de la vie familiale, en particulier de l'éducation de l'enfant.

b) Le travail de la mère au foyer doit être reconnu et respecté en raison de sa valeur pour la famille et pour la société.

ARTICLE 11

La famille a droit à un logement décent, adapté à la vie familiale et proportionné au nombre de ses membres, dans un environnement assurant les services de base nécessaires à la vie de la famille et de la collectivité.

ARTICLE 12

Les familles des migrants ont droit à la même protection sociale que celle accordée aux autres familles.

a) Les familles des immigrants ont droit au respect de leur propre culture et au soutien et à l'assistance nécessaire à leur intégration dans la communauté à laquelle elles apportent leur contribution.

b) Les travailleurs émigrés ont droit à l'assistance des pouvoirs publics et des organisations internationales pour faciliter le regroupement de leur famille.

LES CORPS INTERMÉDIAIRES

« ... une tendance naturelle et presque incoercible :
celle-ci porte les hommes à s'associer spontanément
pour atteindre des biens désirables pour chacun,
mais hors de la portée des individus isolés.
Sous l'effet de cette tendance, spécialement
ces derniers temps, ont surgi de toute part,
dans le cadre national ou au plan international,
des groupements, des sociétés et des institutions
de caractère économique, social, culturel,
récréatif, sportif, professionnel ou politique. »

(Mater et Magistra, n° 60)

LA FORCE DE LA SOLIDARITÉ

«La mondialisation du secteur marchand et la diminution du
rôle du secteur public contraindront les populations à
s'organiser en collectivités autour de leurs intérêts propres.
Le succès du passage à une ère postmarchande dépendra en
grande partie de la capacité des électeurs mobilisés à impulser,
au travers de coalitions et de mouvements sociaux,
une redistribution maximale des gains de productivité
du secteur marchand vers le tiers secteur afin de renforcer
et d'approfondir les liens de solidarité et de proximité et les
infrastructures locales. Ce n'est qu'en bâtissant des
communautés fortes et autosuffisantes dans tous les pays que
les populations pourront résister à la déferlante des mutations
technologiques et à la mondialisation des marchés, qui
menacent les moyens de subsistance et la survie même
d'une grande partie de la famille humaine.»

Jeremy RIFKIN,
La fin du travail, p. 329

Il y eut une époque où il était de bon ton de se moquer des «corps intermédiaires». L'expression évoquait quelque chose de suranné, d'ancien. Certains croyaient y déceler un rapport avec les corporations discréditées par les régimes fascistes des années 1930. Les mentalités ont changé. «L'idée des corps intermédiaires, naguère encore rejetée, gagne des cercles de plus en plus larges», souligne Pierre Bigo. Il mentionne, à titre de preuve, la prise de position du Club Jean-Moulin, affirmant que «le citoyen ne peut surmonter son impuissance que si, dans chaque domaine, des relais du pouvoir se développent à un niveau où il lui soit possible de participer[1]».

Pour assurer le dynamisme collectif, des forces agissantes doivent s'interposer entre l'État et le citoyen. La thèse d'un rapport direct, sans intermédiaire, entre l'État et le citoyen relève du mythe. Un mythe que propagent les adeptes de l'individualisme libéral sans frein. Les groupes de pression servent de canaux aux initiatives des individus. Le dynamisme social, culturel ou économique qui se manifeste dans les sociétés avancées résulte en grande partie de l'action pluriforme des corps intermédiaires.

1. MODÈLES ANCIENS

1.1 Les corporations médiévales ont fourni un modèle qui continue d'alimenter la réflexion contemporaine. Ce précédent historique inspire l'approche de Léon XIII sur les associations professionnelles et celle de Pie XI sur les corporations. Chez ces deux papes on devine, à partir de l'exemple fourni par les corporations anciennes, le dessein véhiculant un quadruple objectif: 1) rapprocher les membres des mêmes professions au lieu de les considérer comme appartenant à des classes ennemies; 2) freiner l'étatisme; 3) créer un espace pour les initiatives des individus et des groupes; 4) stimuler la créativité et le dynamisme social.

1.2 Un grand mérite des corporations anciennes auxquelles les deux papes vouaient une grande admiration est d'avoir donné droit de cité aux travailleurs, travailleuses et gens de métier, dans une civilisation où domi-

---

1. *La doctrine sociale de l'Église*, p. 280.

naient l'aristocratie militaire, les nobles et anoblis, ainsi que la classe des clercs et religieux. Elles furent au cœur de l'émergence de la classe bourgeoise ancienne (bourgeois=citoyen de la ville) et de la première révolution technologique et commerciale qui donna naissance au capitalisme.

1.3 En détruisant les anciennes corporations, la Révolution de 1789 a enlevé aux travailleurs un instrument de protection de leurs droits et un outil de promotion sociale et économique. La bourgeoisie révolutionnaire se trouvait ainsi à détruire ce qui avait été jadis un instrument de progrès économique et social pour les petites bourgeoisies naissantes. Le ferment individualiste avait eu préséance sur le sentiment de solidarité, jadis si puissant, en même temps qu'il marquait nettement la rupture entre le capital et le travail.

2. TYPOLOGIE

2.1 Définition. « On appelle communément aujourd'hui corps intermédiaire tout groupement ou collectivité qui établit une médiation entre l'individu et l'État: par exemple la commune ou l'organisation régionale, le syndicat, le parti, les associations privées, etc[2]. » Pierre Bigo, qui propose cette définition, ajoute que « le vocable "corps intermédiaire" a d'ordinaire, dans la doctrine chrétienne, une extension beaucoup moins large et un contenu beaucoup plus riche[3] ».

2.2 Le syntagme « corps intermédiaire » recouvre partiellement celui de « mouvement social », tel que défini par Guy Rocher. Selon cet éminent sociologue québécois, l'expression « mouvement social » désigne « une organisation nettement structurée et identifiable, ayant pour but explicite de grouper des membres en vue de la défense ou de la promotion de certains objets précis, généralement à connotation sociale[4] ».

2.3 Dans la description des corps intermédiaires, la connotation sociale n'est pas toujours évidente. Ce que l'expression vise tout au moins, c'est la *médiation* entre le citoyen et l'État réalisée par les associations populaires, les groupes d'intérêt, les associations politiques, les administrations publiques sectorielles, les associations privées, les groupes religieux, les groupes d'intellectuels, etc.

2.4 Voici un bref inventaire:

- les associations de travailleurs (syndicats);
- les associations patronales;
- les associations de professionnels;

---

2. *La doctrine sociale de l'Église*, p. 459.
3. *Ibid.*
4. Guy ROCHER, *Introduction à la sociologie générale*, t. 3, p. 421.

- les regroupements d'hommes d'affaires;
- les réseaux de décideurs économiques, centres financiers, multinationales, etc.
- les établissements scolaires, cégeps, universités, centres de recherche;
- les Églises et associations religieuses;
- les groupes populaires;
- les médias;
- les grands réseaux d'information (comme INTERNET);
- les partis politiques, etc.

3. RÔLES DIVERS

3.1 Certains corps intermédiaires tentent de confisquer le pouvoir politique, ou encore représentent des forces économico-politiques qui veulent imposer leurs volontés aux représentants élus.

3.2 D'autres, comme les syndicats de travailleurs, les Églises, les groupes populaires et quelques médias exercent la fonction de *contrepoids démocratiques*. Ces forces intermédiaires, tout en poursuivant certains intérêts sectoriels légitimes, protègent l'État contre les pressions confiscatrices des puissances économiques et s'emploient à mettre le pouvoir politique au service des citoyens ordinaires. Elles incarnent d'une manière particulière *le principe de subsidiarité*.

3.3 En général, les groupes intermédiaires insufflent à la vie sociale de la créativité et du dynamisme. Les confrontations dont elles sont la source sont plus avantageuses pour le bien commun que l'unanimité officielle qui viendrait du dirigisme d'État. La liberté du citoyen ordinaire trouve une indispensable voie d'expression dans ces multiples associations volontaires qui forment une partie essentielle de la vie démocratique.

3.4 Jeremy Rifkin voit dans la vie associative, particulièrement celle qui s'appuie sur le bénévolat, une caractéristique fondamentale de la société américaine. « S'il fallait, dit-il, résumer par une caractéristique unique ce que signifie fondamentalement le fait d'être américain, ce serait notre capacité à nous rassembler dans des associations d'entraide bénévoles[5]. »

4. CONDITIONS D'EFFICACITÉ SOCIALE

4.1 L'efficacité tout court, particulièrement de celle des associations jouant la fonction de groupes de pression est dépendante de plusieurs

---

5. Jeremy RIFKIN, *La fin du travail*, Paris, Éd. de la Découverte, 1996, p. 323.

conditions que Guy Rocher résume ainsi: le nombre des membres, la capacité financière, l'organisation et le statut social[6].

4.2 L'efficacité sociale se mesure en termes de *valorisation éthique collective*. Première condition pour que se réalise cette forme d'efficacité: l'aptitude à pouvoir concilier les intérêts professionnels ou corporatifs avec les exigences du bien commun, ce qui est loin d'être une chose facile. Pensons par exemple à l'exercice du droit de grève dans les services publics.

4.3 Deuxième condition: pratiquer une prudente distanciation à l'égard du pouvoir étatique, sans verser dans la contestation tous azimuts. C'est la fonction de *contrepoids démocratique*.

4.4 Troisième condition: donner l'exemple de la pratique des *vertus sociales*, incluant les habitudes de droiture et d'honnêteté. C'est là une règle de conduite qui a fait défaut à certains syndicats américains qui, au nom du pragmatisme, ont fini par frayer avec la pègre. Même genre de dérapage dans des milieux financiers où la respectabilité officielle a servi à couvrir des activités ténébreuses (blanchissage de l'argent).

4.5 Quatrième condition: l'attention aux besoins et attentes des citoyens ordinaires. C'est la fidélité à cette règle qui conduit des syndicats ou des groupes religieux à mettre leurs ressources humaines, techniques, organisationnelles et financières au service des individus et des groupes incapables de se faire entendre et dépourvus de ressources nécessaires pour entreprendre des actions revendicatrices.

4.6 Les faiseurs d'opinion, les décideurs et les porte-parole qui œuvrent au sein des groupes intermédiaires composent une nouvelle élite qui court le danger de se couper de ses racines et de sa base. Au lieu d'œuvrer à la croissance humaine, sociale et économique des groupes défavorisés et marginaux, ils peuvent être tentés de profiter du statut de «nouvelle classe» et, à leur insu, renforcer le poids social et politique de la bourgeoisie traditionnelle. C'est ainsi que se préparent les virages à droite dans les sociétés démocratiques.

4.7 On constate que les religieux engagés dans l'action sociale résistent mieux à ce genre de tentation. Des racines spirituelles solides les protègent contre les glissements et les embardées.

5. OBSERVATIONS COMPLÉMENTAIRES

5.1 Les tentatives visant à renouer avec les corporations anciennes ont échoué. Ce qui a réussi, c'est la découverte de la solidarité comme étant la clé de la libération et de la croissance humaine des travailleurs et des citoyens

---

6. *Introduction à la sociologie générale*, t. 3, p. 428-429.

les moins favorisés. On avait constaté que l'individualisme bourgeois n'empêche aucunement les classes plus favorisées de se regrouper et de faire front commun pour défendre des privilèges et pour s'assurer une quote-part substantielle des biens économiques et sociaux. Ceux qui étaient moins nantis avaient donc encore plus raison de s'adonner à la pratique de solidarités concrètes. L'union fait la force : elle est la seule force efficace de ceux qui sont économiquement faibles et socialement marginalisés.

5.2 Dans cette optique, le syndicalisme apparaît plus nécessaire que jamais. Affaibli et sur la défensive face au triomphe temporaire de l'idéologie néolibérale, il se doit de retrouver son souffle et d'envisager de nouvelles tâches sociales, incluant la participation aux grands débats politiques.

À noter, au sujet du syndicalisme, les observations éclairantes formulées par Jean-Paul II dans *Laborem exercens* (n° 20).

5.3 Parmi les corps intermédiaires, le monde des médias pose un problème particulier pour deux raisons : a) la prise de contrôle des moyens de communication sociale par les « marchands de la culture » (voir *Manières de voir*, n°s 3 et 4, coll. *Le Monde diplomatique*) ; b) le phénomène de concentration, qui accroît le pouvoir du capital financier, réduit l'espace de liberté des communicateurs professionnels et compromet le droit du public à l'information.

Ce double phénomène nuit à la capacité, pour plusieurs médias, de remplir la fonction de *contrepoids démocratique*[7].

6. PISTES DE RECHERCHE

6.1 Dans une société où l'État se déclare laïque, les groupes religieux acquièrent la même liberté d'expression et d'action que les autres groupes de pression. Voir comment les leaders religieux, dans les sociétés modernes, utilisent cette liberté. Analyser les expériences québécoise, canadienne et américaine.

6.2 Inventorier le vaste éventail des engagements sociaux assumés par des religieux et des religieuses au Québec.

6.3 S'interroger sur la présence des universitaires et des universités dans les débats publics, leur engagement en faveur des citoyens ordinaires et des groupes marginalisés, la contribution intellectuelle à la solution des problèmes économiques et sociaux.

---

7. Sur la notion de contrepoids démocratique, voir chapitre 22, par. 5.

7. LECTURES

Bélanger, Jacques, o.f.m.s., « Vie religieuse et engagements nouveaux » dans *La question sociale hier et aujourd'hui*, p. 289-291.

Bigo, Pierre, *La doctrine sociale de l'Église*, Paris, PUF, 1965. Les corps intermédiaires (p. 280-295). Le syndicalisme ouvrier (p. 434-458). La profession (p. 459-470).

Collectif, *Histoire du mouvement ouvrier au Québec, 1825-1976*, Montréal, CSN-CEQ, 1979.

Fournier, Louis, *Histoire de la FTQ : 1965-1992*, Montréal, Québec/ Amérique, 1992.

Grand'Maison, Jacques, *Vers un nouveau pouvoir*, Montréal, HMH, 1969.

Grand'Maison, Jacques, *La nouvelle classe et l'avenir du Québec*, Montréal, Stanké, 1979.

Rocher, Guy, *Introduction à la sociologie générale*, tome 3. Trois fonctions des mouvements sociaux (p. 425-426). Les groupes de pression (p. 427-430).

Sénéchal, Conrad, m.s.c., « Vie religieuse et engagement social » dans *La question sociale hier et aujourd'hui*, p. 289-291.

LE LEVIER POLITIQUE

« La classe riche se fait comme un rempart
de ses richesses et a moins besoin
de la tutelle publique. La classe indigente
au contraire, sans richesses pour la mettre
à couvert des injustices, compte surtout
sur la protection de l'État. Que l'État
se fasse donc, à un titre tout particulier,
la providence des travailleurs, qui appartiennent
à la classe pauvre en général. »

(LÉON XIII, *Rerum novarum*, nº 29)

L'ÉTAT AU SERVICE DES CITOYENS

« Il est (donc) indispensable que les pouvoirs publics se préoccupent de favoriser l'aménagement social parallèlement au progrès économique ; ainsi veilleront-ils à développer dans la mesure de la productivité nationale des services essentiels tels que le réseau routier, les moyens de transport et de communication, la distribution d'eau potable, l'habitat, l'assistance sanitaire, l'instruction, les conditions propices à la pratique religieuse, les loisirs. Ils s'appliqueront à organiser des systèmes d'assurances pour les cas d'événements malheureux et d'accroissement de charges familiales, de sorte qu'aucun être humain ne vienne à manquer des ressources indispensables pour mener une vie décente. Ils auront soin que les ouvriers en état de travailler trouvent un emploi proportionné à leurs capacités ; que chacun d'eux reçoive le salaire conforme à la justice et à l'équité ; que les travailleurs puissent se sentir responsables dans les entreprises ; qu'on puisse constituer opportunément des corps intermédiaires qui ajoutent à l'aisance et à la fécondité des rapports sociaux ; qu'à tous enfin les biens de la culture soient accessibles sous la forme et au niveau appropriés. »

JEAN XXIII
Pacem in terris, n° 64

L'exercice du pouvoir soulève un problème crucial qui affecte l'évolution de l'humanité et le développement des peuples. Quand par exemple on parle de *structure de péché*, on se doit d'englober la question du pouvoir politique, la manière dont il s'exerce, ses dérives, son impact sur la vie quotidienne des gens ordinaires. Le péché rôde autour des lieux du pouvoir, comme ce démon qui rôdait autour de Jésus, essayant de le piéger avec les attraits de la puissance (*Matthieu* 4,1-11).

Il demeure que, si le pouvoir peut conduire au mal, il peut non moins servir au bien; et s'il est transformé en autorité soucieuse du bien commun, il devient un moteur de croissance humaine, un *levier* de développement. La puissance est indifféremment génératrice de bien ou de mal, nous dit saint Thomas d'Aquin (*Somme théologique*, 1a 2ae, Q.1, art. 4). La question est de savoir comment l'orienter en faveur du bien.

Divers problèmes se posent: le détournement du pouvoir au profit de ceux qui le détiennent, son caractère incontournable, sa possible confiscation par des forces occultes, les cas fréquents d'incompétence et de myopie sociale chez les tenants du pouvoir, l'arbitraire politique, le monopole du pouvoir et le mépris des droits humains. Sans oublier la question, fort débattue de nos jours, des limites de l'intervention étatique. De quoi l'État doit-il s'occuper? Faut-il réduire la taille de l'État?

Certains parlent du choix qui s'impose entre le pouvoir fort et l'argent fort. D'autres, excédés par l'intrusion excessive du pouvoir politique dans divers secteurs, prônent et prédisent la fin de l'État-providence.

L'État, obstacle au progrès ou levier de développement?

1. LE MINISTÈRE DE L'AUTORITÉ

1.1 On ne peut escamoter la question politique. «La miséricorde passe par les structures» (L. J. Lebret); or ce sont les décideurs politiques, les fondés de pouvoir qui institutionnalisent, orientent, imposent des choix, aménagent et réaménagent les structures. Les initiatives d'associations, de groupes privés sont soutenues ou freinées par telle loi, telle mesure administrative. Si, par exemple, l'État impose des contraintes sévères à l'exercice du droit d'association, il sera plus difficile à des travailleurs d'obtenir la satisfaction de revendications légitimes.

Il en va ainsi dans tous les pays. Il ne fait nul doute que l'échec du « socialisme réel » s'explique en partie par les abus d'un pouvoir étatique totalitaire. Dans le Tiers-Monde, des ONG ont vu leur travail gaspillé à la suite de l'intervention d'un pouvoir politique incompétent et corrompu. Dans un livre qui a fait beaucoup de bruit (*L'Afrique noire est mal partie*), René Dumont a montré comment beaucoup de difficultés qui surgissent sur la route conduisant au développement résultent de l'ineptie du pouvoir politique et de l'égoïsme des classes dirigeantes.

1.2 À elle seule la tragédie rwandaise qui a éclaté en 1994 illustre les dangers des dérives politiques. Voici un pays qui a bénéficié d'une convergence exceptionnelle d'initiatives diverses où les missionnaires coopérants ont joué un rôle majeur : alphabétisation, écoles primaires et secondaires, enseignement technique, enseignement universitaire, dispensaires, hôpitaux, services sociaux, institutions vouées à l'éducation des handicapés, développement de nouvelles techniques agricoles, coopératives d'habitation, promotion de la femme, etc. On s'est dévoué sans compter, mais on a, volontairement ou involontairement, ignoré quatre données lourdes d'implications éthiques, sociales et politiques : l'explosion démographique, le racisme larvé, l'autocratisme du pouvoir et la corruption qui infiltrait l'appareil gouvernemental. « L'Église ne fait pas de politique », disait-on. Autre dicton : « Les coopérants doivent pratiquer la neutralité et ne pas se mêler de politique ». On a été témoin silencieux des dérives du pouvoir et de la dégradation du climat social. La tornade a éclaté, entraînant la destruction d'œuvres patiemment édifiées. On avait oublié qu'en un sens « tout est politique ».

1.3 « Toute autorité vient de Dieu » (*Romains* 13,1). Ce qui ne veut pas dire qu'on s'en remet à Dieu pour choisir ceux qui devront l'exercer. Cela veut dire que les citoyens libres, « les participants de la providence divine » (selon l'expression de saint Thomas d'Aquin) ont le devoir de veiller à ce que le pouvoir politique soit au service du gouvernement divin, donc serve à l'édification d'un ordre social fondé sur la justice et favorable à la croissance humaine des personnes, et ce, quel que soit leur statut socio-économique. L'autorité ne vient pas de Dieu quand elle favorise les iniquités et l'injustice.

La distanciation face aux perversions du pouvoir concerne tous les régimes politiques. N'en sont pas dispensés les gouvernements de pays démocratiques, qui peuvent être tentés, pour des motifs économiques, de pactiser avec des régimes autocratiques et corrompus. C'est faire preuve de complaisance coupable et de complicité que de traiter d'affaires lucratives avec des régimes dictatoriaux qui se moquent des droits humains et maintiennent dans la servitude des milliers, voire des millions de citoyens. La façon de se comporter dans de telles situations peut servir à mesurer le niveau de sensibilité morale d'un gouvernement.

1.4 Il demeure que la démocratie est un gain historique. Elle marque un progrès significatif dans le processus de contrôle du pouvoir. La question se pose : À quoi doit servir ce pouvoir rapatrié ? Pour quoi doit-il œuvrer ? À quelles conditions le pouvoir politique peut-il s'avérer un outil de croissance collective, à la fois humaine et économique ?

2. ÉTAT LIBÉRAL ET ÉTAT-PROVIDENCE

2.1 Une fois reconnue l'importance de la fonction étatique se pose la question de la mission de l'État, de ses responsabilités et des principes qui doivent guider ses interventions. La résurgence néolibérale des années 1980 a relancé le débat sur le rôle de l'État.

2.2 À partir des années 1950, la plupart des pays économiquement avancés ont pratiqué une économie sociale de marché fondée sur l'indissociabilité du social et de l'économie. Ce furent les «trente glorieuses». Pour la première fois dans l'histoire de l'humanité, l'on fut témoin d'un pareil essor à la fois social et économique, où l'on se préoccupait non seulement de croissance mais aussi de la répartition des fruits de cette croissance. On a assisté à un phénomène de *socialisation* au sens d'une interdépendance et d'une solidarité inscrites dans les structures et les institutions. L'assurance-santé, l'universalité des services et des programmes sociaux, l'accessibilité généralisée à l'éducation, des équipements culturels pour tous, l'aide juridique, les normes minimales de travail, la protection des droits de consommateurs, etc., sont devenus des traits caractéristiques du *progrès social*. Au lieu de se limiter à être le gardien de l'ordre établi, l'État a agi en *providence* responsable d'assurer la qualité de vie la meilleure possible pour l'ensemble des citoyens.

Cette conception de l'État-providence est déjà présente chez Léon XIII. Celui-ci, témoin des abus du capitalisme sauvage, avait rappelé que l'État devait dépasser la fonction de témoin passif des jeux et des affrontements économiques. Il emploie même le vocable *providence*, disant que l'État doit se faire «la providence des travailleurs, qui appartiennent à la classe pauvre en général» (*Rerum novarum*, n° 29).

2.3 La conception libérale de l'État s'inspire d'une autre école de pensée (voir le chapitre sur la civilisation capitaliste). On considère le laisser-aller et le libre jeu des intérêts et la concurrence comme la règle suprême dont l'application garantira l'ordre et la justice.

2.4 «Il faut choisir entre l'État fort ou l'argent fort» (Mendès-France). L'idéologie libérale opte pour la liberté accordée à l'argent fort, avec des règles du jeu rudimentaires et élastiques.

La pensée sociale chrétienne fait sienne le propos de Lacordaire : «En situation d'inégalité, c'est la liberté qui opprime et la loi qui libère». Elle distingue entre le *pouvoir* et l'*autorité*, celle-ci étant assimilée à l'exercice de la prudence gubernative (celle qui est l'apanage du fondé de pouvoir). Elle soutient que les appareils législatif et administratif peuvent et doivent assumer les fonctions de *services collectifs* et de *leviers de développement*.

À noter que le discrédit que des adeptes de l'idéologie libérale jettent sur l'État s'accompagne parfois d'habiles manœuvres visant à orienter le fonctionnement de l'État en faveur d'intérêts particuliers. Tout en faisant le procès de l'État, on cherche à profiter des avantages que confère le pouvoir; d'où l'attention accordée aux débats et aux stratégies politiques. On prêche le dépérissement de l'État, mais on cherche en même temps à mettre la main sur les leviers du pouvoir.

3. LE PRINCIPE DE SOLIDARITÉ

3.1 La conviction d'un devoir de solidarité perçu par la conscience peut naître d'un approfondissement des valeurs religieuses ou encore «du fait de l'interdépendance, ressentie comme un *système nécessaire* de relations dans le monde contemporain, avec ses composantes économiques, culturelles, politiques et religieuses, et élevé au rang de *catégorie morale*. Quand l'interdépendance est ainsi reconnue, la réponse correspondante, comme attitude morale et sociale et comme «vertu», est la *solidarité*» (*Sollicitudo rei socialis*, n° 38).

La solidarité se manifeste par des gestes personnels et des initiatives de groupes privés. Mais elle trouve aussi son chemin dans les structures et les institutions. Dans cette optique, l'État apparaît comme un outil efficace de la pratique de la solidarité.

Dans la parabole du Jugement dernier, le Père reçoit comme les siens ceux qui donnent à manger à ceux qui ont faim, à boire à ceux qui ont soif, visitent les malades, fournissent des vêtements à ceux qui sont nus, etc. (*Matthieu* 25, 31-56). Dans un monde socialisé au sens du processus de socialisation (voir *Mater et Magistra*, n°s 59-67), la solidarité prend forme non seulement à travers des gestes personnels et des relations interpersonnelles, mais aussi par le biais de choix et de décisions politiques et grâce à des organismes visant à concrétiser ladite solidarité: politiques d'aide sociale, soins de santé gratuits, logements à prix modique, école ouverte à tous, services sociaux visant à relever le sort des plus démunis et à les rendre autonomes et responsables, etc. Quand, par l'impôt, les citoyens contribuent à développer et à maintenir des politiques sociales généreuses, ils témoignent d'une solidarité concrète.

3.2 La solidarité comporte aussi un volet international. Quand un gouvernement, sous la pression des citoyens, instaure une politique de coopération efficace avec les pays en voie de développement et intervient de façon ponctuelle dans des cas de famine, pour aider les victimes de conflits ou pour la défense des droits humains, il exerce le devoir de solidarité. Le mérite en revient à la collectivité, car c'est le soutien moral et financier des citoyens ordinaires qui rend possible le parachèvement de telles initiatives.

4. LE PRINCIPE DE SUBSIDIARITÉ

4.1 La primauté de l'autorité politique ne veut pas dire que l'État se mêle de tout, gère tout, contrôle tout. L'absorption du privé engendre la paralysie du corps social, comme on peut l'observer dans les pays soumis à l'idéologie du « socialisme réel ». L'État a le devoir d'assumer les tâches fondamentales requises pour la poursuite du bien commun. Il est l'agent premier dans l'œuvre d'édification d'une société juste et d'une économie florissante, le moteur qui stimule et soutient le dynamisme des autres composantes du corps social — les corps intermédiaires — pour qu'elles s'acquittent de leurs responsabilités spécifiques. Mais il ne doit ni absorber, ni remplacer, mais plutôt, comme le dit Pie XI, « diriger, surveiller, stimuler, contenir, selon que le comportent les circonstances ou l'exige la nécessité » (*Quadragesimo anno*, n° 88).

4.2 Le principe de subsidiarité vise deux objectifs interreliés : baliser l'intervention de l'État, comme responsable du bien commun et favoriser le dynamisme propre des groupes intermédiaires et associations diverses qui poursuivent des objectifs sectoriels.

Comme le souligne Pie XI, l'action régulatrice et stimulatrice de l'État est fonction des circonstances. Elle s'adapte au niveau de développement d'une société et tient compte de la nature des activités concernées. On considère par exemple que le devoir d'intervention de l'État est impératif dans les étapes de démarrage et de décollage de l'économie, comme on peut l'observer dans des pays en voie de développement. Son intervention est indispensable dans des secteurs névralgiques, comme l'industrie nucléaire. Pie XI va jusqu'à préconiser l'appropriation étatique là où la propriété privée pourrait conférer un pouvoir excessif. À son avis, « il y a certaines catégories de biens pour lesquels on peut soutenir avec raison qu'ils doivent être réservés à la collectivité, lorsqu'ils en viennent à conférer une puissance économique telle qu'elle ne peut, sans danger pour le bien public, être laissée entre les mains des personnes privées » (*Quadragesimo anno*, n° 123).

4.3 Bref, ce que vise le *principe de subsidiarité*, c'est un équilibre économique et social où la fonction étatique stimule les initiatives privées au lieu de les paralyser tout en définissant les lignes directrices qui visent à sauvegarder la primauté du bien commun.

5. LE SYNDROME BUREAUCRATIQUE

5.1 La résurgence de l'idéologie libérale, au cours des années 1980 a entraîné le procès en règle de l'État-providence. La droite s'est donné des maîtres à penser (Friedman, Hayek, Lepage, Sorman, Migué) et un discours qui sert de bible à un grand nombre de faiseurs d'opinion. Si bien que sont en train de s'effacer de la mémoire collective les gains substantiels que nous ont apportés les politiques sociales et économiques de l'État-providence au cours des «trente glorieuses» (1950-1980).

Le procès de l'État-providence n'est pas désintéressé. Il peut arriver que des opérations de privatisation ou de déréglementation soient bénéfiques. Mais certaines risquent de l'être avant tout au profit des seuls intérêts d'un petit groupe d'individus et non à l'avantage de la masse des citoyens. Une privatisation peut équivaloir dans les faits à une dilapidation du patrimoine collectif. Une déréglementation décidée à la hâte peut mettre en danger la vie ou la santé des citoyens, entraîner le gaspillage des ressources naturelles ou la détérioration de l'environnement.

Libérer l'État de tâches inutiles est une bonne chose. Mais affaiblir indûment le pouvoir d'intervention de l'État peut entraîner des effets néfastes dont les citoyens ordinaires auront à supporter les coûts. Face à l'omnipotence de vastes conglomérats financiers, l'État est un contrepoids essentiel. À condition, cela va de soi, que le pouvoir en place ne soit pas lui-même inféodé aux grandes puissances économiques.

5.2 Il demeure que certaines critiques adressées à l'État-providence ne sont pas entièrement dépourvues de fondement. On peut observer, dans le fonctionnement des appareils étatiques modernes, des ratés et des failles, par exemple :

a) LOURDEUR ET COMPLEXITÉ. Tout appareil administratif tend naturellement à s'alourdir, à se complexifier. C'est une facette du *principe de Peter*. À noter que le phénomène est également observable dans des entreprises privées.

La lourdeur et la complexité trouvent souvent leur source dans la multiplication de formulaires et de contrôles superflus. Les individus et les entreprises qui traitent avec l'État se plaignent non sans raison des pertes de temps considérables que leur inflige une bureaucratie tatillonne.

b) EFFETS PERVERS. À la demande des citoyens on introduit de nouvelles mesures de régulation de la vie sociale et économique ; ce qui entraîne quasi inévitablement un ajout de dépenses budgétaires et la création de nouveaux postes. En revanche, il arrive qu'on oublie d'évaluer l'utilité de réglementations anciennes, devenues parfois obsolètes.

c) LE POUVOIR MANDARINAL. Les hauts fonctionnaires ne sont pas élus, n'ont pas de comptes à rendre pour une gestion déficiente. Ils développent une vision qui leur est particulière des priorités sociales et finissent souvent par l'imposer aux hommes politiques démocratiquement élus. Plus les appareils se gonflent, plus leur propre pouvoir s'accroît. Ils entretiennent entre eux des réseaux de solidarité grâce auxquels ils sont en mesure, parfois, de contrecarrer les projets des élus.

d) LA PRÉPOTENCE DES PETITS CHEFS. Le goût du pouvoir tente non moins des non-élus que des élus. Les petits chefs, intermédiaires dans la hiérarchie, peuvent aussi être tentés par le goût du pouvoir et exercer un arbitraire dont leurs subalternes font les frais, ainsi que les citoyens ordinaires qui font appel aux services étatiques.

De telles lacunes ne sont pas propres aux administrations publiques. D'autre part, des gestionnaires consciencieux sont en mesure d'introduire les correctifs nécessaires.

Il ne fait nul doute que la compétence et le désintéressement des membres de la fonction publique conditionnent le bon fonctionnement d'un État moderne.

5.3 Face au procès de l'État-providence, il est pertinent de rappeler certaines données :

a) L'État démocratique, incluant les appareils administratifs, est un instrument de développement social et économique que se donnent les citoyens et sur lequel ils sont en mesure d'exercer un certain contrôle. Démanteler l'État-providence, c'est détruire un outil de libération et de progrès.

b) Les services aux citoyens, les bureaux de communication, les CLSC, les services hospitaliers, les maisons d'enseignement, les bureaux régionaux, l'aide juridique, la cour des petites créances, etc., sont autant d'institutions qui contribuent à *humaniser* et à *civiliser* l'existence, à alléger le sort des citoyens les plus démunis, à réduire les inégalités, à transformer la croissance économique en progrès social.

c) Grâce à la création d'emplois, les services publics et parapublics s'avèrent un moteur essentiel de développement économique et social dans les régions.

d) La fonction publique est une excellente école de formation pour de jeunes diplômés qui font ensuite carrière dans le secteur privé.

e) Il n'existe aucun cas de pays ayant tiré avantage de l'affaiblissement et du rapetissement d'une fonction publique compétente et guidée par le souci de servir la collectivité.

6. LE CITOYEN RESPONSABLE

6.1 On reproche à l'État-providence d'encourager l'irresponsabilité. On donne comme exemples le comportement de dépendance d'assistés sociaux ou encore l'habitude qui serait répandue chez des citoyens moins nantis d'abuser des soins de santé.

Ces arguments ne sont pas nouveaux. Ils appartiennent à un certain type de discours petit-bourgeois dont Albert Hirschman a fait l'historique (voir *Deux siècles de rhétorique réactionnaire*).

En fait, le concept d'État-providence a pris forme sous l'instigation d'hommes et de femmes qui étaient solidaires de leur entourage et étaient persuadés qu'une politique conduite sous les auspices de la solidarité et de la subsidiarité était particulièrement apte à briser des servitudes et à encourager la pratique de la responsabilité.

De bonnes stratégies sociales contribuent à assurer la transition de la dépendance à l'autonomie. Des hommes et des femmes qu'on aide à se libérer de la faim, de la maladie et de l'ignorance deviennent vite aptes à se prendre en charge et à devenir des citoyens autonomes et capables d'initiative. En revanche, l'observation des faits sociaux démontre que les citoyens abandonnés à eux-mêmes dans leurs épreuves et leur misère cultivent un sentiment d'impuissance et s'enfoncent dans la dépendance.

6.2 Paradoxe du procès de l'État-providence: il est souvent le fait de gens qui ont largement profité d'avantages étatiques (par le patronage et des liens amicaux avec le pouvoir) pour se hisser à un niveau socio-économique plus avantageux. Bénéficiaires de la faveur du prince, ils dénoncent la prétendue irresponsabilité de ceux et celles que le patronage n'a pas gratifiés de ses faveurs.

6.3 Le pôle *citoyen responsable* fait contrepoids à l'État-providence à partir du moment où, libérés de contraintes asservissantes, des hommes et des femmes prennent part aux débats publics et à l'action politique. En exprimant des opinions, en surveillant le pouvoir et en élisant ceux qui l'exercent, bref en assumant des responsabilités démocratiques, on se met en position de faire en sorte que les fonctions étatiques soient exercées avec prudence, réalisme et souci du bien collectif.

7. UN CONCEPT À REPENSER

7.1 Tout en adhérant au paradigme *État-providence*, certains auteurs estiment qu'il est devenu nécessaire de repenser le concept. Car les circonstances ont changé. Le temps est venu de passer d'un État passif et dépanneur à un État actif, qui vise à transformer les «victimes du système» en citoyens responsables, pratiquant la solidarité par une participation active à la vie économique et sociale. Une telle approche s'inscrit dans le sens de la valorisation des *vertus sociales* (voir chapitre 4). Face aux avatars du néolibéralisme, l'intervention de l'État retrouve sa justification, et même, nous dit Pierre Rosanvallon, «l'idéologie de l'État ultraminimal est passée de mode». Et il ajoute:

> Tout le monde reconnaît désormais le rôle incontournable de l'État-providence pour maintenir la cohésion sociale. L'important est maintenant de le repenser de sorte qu'il puisse continuer à jouer positivement son rôle. La refondation intellectuelle et morale de l'État-providence est devenue la condition de sa survie[1].

7.2 D'une étape historique à l'autre, les statuts socio-économiques changent. Ainsi Léon XIII attribuait à l'État la responsabilité de veiller sur les conditions de travail des travailleurs et de jouer le rôle de providence auprès d'eux. De nos jours, on fait ses « adieux au prolétariat» (André Gorz). Le problème majeur est devenu celui de l'existence même des emplois et celui de l'exclusion du travail. Il est normal, dans cette optique, que Jean-Paul II attribue à l'État le rôle «d'employeur», direct ou indirect (*Laborem exercens*, n° 17). Ce qui demeure toujours valable, c'est la responsabilité sociale de l'État; ce qui change, c'est la manière d'exercer cette responsabilité.

7.3 Voici quelques paramètres qui façonnent la nouvelle image de l'État-providence:

- le passage de la dépendance et de l'exclusion à la citoyenneté active, celle-ci prenant forme par le travail et par la participation à la vie sociale et à l'action politique;
- la connexion solidarité-responsabilité;
- la solidarité intergénérationnelle;
- l'intégration du social et de l'économique;
- la redéfinition de l'égalité des chances[2].

8. OBSERVATIONS COMPLÉMENTAIRES

8.1 La réflexion sur les assises de l'engagement social ne peut faire l'économie du volet politique. Le pouvoir est en soi ambivalent, mais dans les faits cette ambivalence s'estompe soit en faveur d'une pratique politique saine, soit dans un glissement qui conduit à des dérives coûteuses.

---

1. Pierre ROSANVALLON, *La nouvelle question sociale*, p. 18.
2. Voir ROSANVALLON, ouvrage cité. Du même auteur, voir aussi *La crise de l'État-providence*, Paris, Seuil, coll. «Points Essais», 1992.

On ne répond qu'en partie aux attentes des citoyens par les initiatives et le dévouement d'individus et de groupes. La satisfaction des besoins fondamentaux dans un pays moderne légitime et commande l'action planifiée de l'autorité politique. Les soupes populaires et les œuvres de bienfaisance ne peuvent suffire à pallier l'absence d'une politique globale. Les individus et les groupes qui se dévouent auprès des malades et des exclus sociaux sont incapables de répondre à toutes les demandes. La solidarité institutionnelle des services publics est indispensable.

8.2 Le principe de subsidiarité s'avère une balise essentielle qui guide les interventions de l'État. Faute d'en avoir tenu compte, les États d'obédience marxiste-léniniste ont produit un modèle de société totalitaire qui a paralysé les initiatives aussi bien économiques que sociales. Le bilan (voir le chapitre sur le marxisme) révèle un coût humain et économique élevé.

8.3 L'idée de l'État comme levier de développement englobe la valeur *citoyen responsable*. Ce sont des citoyens responsables qui construisent la société solidaire avec, comme idéal, celui de permettre au plus grand nombre possible de devenir à son tour responsable : des hommes et des femmes qui comptent sur leurs propres moyens, incluant les moyens qu'on se donne grâce à des politiques sociales et économiques fonctionnelles et porteuses de retombées positives.

9. PISTES DE RECHERCHE

9.1 LE MINISTÈRE DE L'AUTORITÉ. Il y a nécessité de renouer avec la tradition chrétienne de distanciation et de critique face au pouvoir et aux dérives qui en affectent l'exercice. À titre d'exemples : le prophète Samuel, le prophète Nathan face à David, la dénonciation des injustices par les Prophètes, celle des abus de pouvoir, de l'exploitation des travailleurs, etc. Le comportement de Jésus homme libre est particulièrement éclairant. Une relecture de l'Évangile s'avère ici fort pertinente.

Bertrand de Jouvenel (voir *Du pouvoir*) montre qu'on a perdu de vue, à certaines époques, le principe de la relativisation du pouvoir, de sa subordination à des normes éthiques supérieures.

9.2 LA DÉMOCRATIE DE PARTICIPATION. La démocratie libérale et formelle constitue un indéniable gain historique. Elle ouvre la voie à la *démocratie de participation*, qui prend forme dans les débats politiques et les luttes électorales, et se poursuit à travers l'action des corps intermédiaires et des groupes de pression. Si on laisse à d'autres le champ du politique, on mérite que s'applique à soi l'aphorisme de Platon : « Tout ce qu'on gagne à se désintéresser de la politique, c'est d'être gouverné par des gens pires que soi ».

C'est par la participation démocratique qu'on se rend capable d'influer sur l'orientation et le fonctionnement des instances étatiques, afin que l'État-providence soit un instrument de libération et de progrès. Objet de recherche : faire l'inventaire des moyens d'action à la portée des citoyens ordinaires face aux choix politiques[3].

9.3. LES « TRENTE GLORIEUSES ». De l'après-guerre aux années 1980, les pays avancés ont vécu une étape historique inédite où le progrès économique et le progrès social, considérés comme indissociables, ont transformé la vie collective. Ce fut le temps des grandes politiques sociales, des législations progressistes, des programmes sociaux qui ont bénéficié aux travailleurs, aux familles, aux enfants des milieux populaires. Ce fut là un trait dominant de la *Révolution tranquille* québécoise. Selon certains, cette époque est révolue, car, disent-ils, nous n'avons plus les moyens de nous payer une telle qualité de vie. Doit-on accepter ce diagnostic ? Peut-on réfuter cette thèse ? À noter que le siphonnage des ressources, pratiqué par le capitalisme financier usuraire, contribue grandement à réduire les moyens d'intervention de l'État-providence.

10. LECTURES

LÉON XIII, *Rerum novarum*, Montréal, Fides. Sur le rôle social de l'État, p. 23-27.

PIE XI, *Quadragesimo anno*, n° 54 : le rôle de l'État; n° 113-116. Le danger d'asservissement de l'autorité politique.

JEAN XXIII, *Mater et Magistra*, n° 59-67. Sur le processus de socialisation, ses avantages et ses inconvénients.

PAUL VI, *Octogesima adveniens*. L'action politique peut constituer une forme d'engagement au nom de l'Évangile. « La politique est une manière exigeante — mais non la seule — de vivre l'engagement chrétien au service des autres. » (n° 46)

BIGO, Pierre, *La doctrine sociale de l'Église*. Le rôle de l'État (p. 268-279).

BURDEAU, Georges, *La démocratie*, Paris, Seuil, 1956.

CALVEZ et PERRIN, *Église et société économique*, tome I, p. 394-426. L'État et l'économie.

Collectif, *Justice économique pour tous*, Lettre pastorale des évêques américains sur l'économie, Paris, Cerf, 1988. Voir p. 109-192 : quelques questions de politique économique.

---

3. Voir (chapitre 22) proposition de séminaire sur la *participation démocratique*.

De Jouvenel, Bertrand, *Du pouvoir*, Genève, Éd. Bouquin, 1947; coll. Pluriel, Paris, 1977.

Dion, Gérard et Louis O'Neill, *Le chrétien en démocratie*, Montréal, Éditions de l'Homme, 1961.

Dumont, René, *L'Afrique noire est mal partie*, Paris, Seuil, 1962.

Dumont, René, *Au nom de l'Afrique, j'accuse*, Paris, Plon, 1986. À partir de cas concrets, l'éminent expert montre que le mauvais usage du pouvoir et l'incivisme des élites politiques ont compromis et souvent paralysent le processus de développement dans plusieurs pays du Tiers-Monde.

Hirschman, Albert O., *Deux siècles de rhétorique réactionnaire*, Paris, Fayard, 1991. D'un siècle à l'autre, d'une génération à l'autre, les adversaires des réformes sociales tiennent un discours répétitif. Hirschman illustre sa thèse avec des exemples colorés et convaincants.

O'Neill, Louis, « Le ministère de l'autorité » dans *Droit et morale: valeurs éducatives et culturelles*, Fides, coll. Héritage et projet, 1987, p. 187-204.

Rosanvallon, Pierre, *La crise de l'État-providence*, Paris, Seuil, 1992.

Rosanvallon, Pierre, *La nouvelle question sociale*, Paris, Seuil, 1995. L'auteur met en question ce qu'il appelle « la société assurantielle » et propose une nouvelle conception de l'État-providence.

10 LA COMMUNAUTÉ INTERNATIONALE

« De nos jours, le bien commun universel
pose des problèmes de dimensions mondiales.
Ils ne peuvent être résolus que par une autorité
publique dont le pouvoir, la constitution
et les moyens d'action prennent eux aussi
des dimensions mondiales et qui puisse
exercer son action sur toute l'étendue
de la terre. C'est donc l'ordre moral
lui-même qui exige la constitution
d'une autorité publique de
compétence universelle. »

(JEAN XXIII, *Pacem in terris*, nº 137)

BIEN COMMUN UNIVERSEL ET PERSONNE HUMAINE

« Pas plus que le bien commun d'une nation en particulier, le bien commun universel ne peut être défini sans référence à la personne humaine. C'est pourquoi les pouvoirs publics de la communauté mondiale doivent se proposer comme objectif fondamental la reconnaissance, le respect, la défense et le développement des droits de la personne humaine. Ce qui peut être obtenu soit par son intervention directe, s'il y a lieu, soit en créant sur le plan mondial les conditions qui permettront aux gouvernements nationaux de mieux remplir leur mission. »

JEAN XXIII
Pacem in terris, n° 139

La création de l'Organisation des Nations Unies marque une étape importante dans l'histoire de l'humanité. Elle manifeste la recherche d'un principe d'unité dans l'organisation de la vie sociale et politique à l'échelle de la planète. Une tentative antérieure avait donné naissance à la Société des nations. Ce fut un échec. Mais le drame de la Deuxième Guerre mondiale, la guerre froide et la menace nucléaire ont incité les nations et les États à relancer le projet. L'ONU existe depuis un demi-siècle et, nonobstant des failles et des lacunes, sa crédibilité s'est maintenue jusqu'ici, sous réserve des retombées négatives de la guerre du Golfe (1991) et de syndromes d'impuissance face à la crise qui a secoué l'ex-Yougoslavie à partir de 1992 ou encore face à la tragédie qui a frappé le Rwanda en 1994.

On attend de l'ONU qu'elle remplisse une fonction directrice dans la réalisation des objectifs suivants : la promotion de la paix et le règlement des litiges qui opposent des peuples les uns aux autres ; la défense et la promotion des droits humains ; l'aide au développement. On espère que, grâce à son leadership, la communauté mondiale deviendra un instrument efficace au service de chacun de ses membres.

L'ONU coiffe plusieurs institutions qui assument des tâches particulières : UNICEF, OMS, UNESCO, OIT, OAA (FAO).

Quelques points retiennent ici l'attention : la Déclaration des droits de l'homme, les fondements d'une autorité mondiale, le développement des peuples, la nouvelle problématique. S'ajoutent des observations complémentaires et des indications pour des pistes de recherche et des lectures.

1. LES DROITS DE L'HOMME

1.1 Au lendemain de la Deuxième Guerre mondiale et sous le choc des horreurs commises par des régimes totalitaires, le climat politique a favorisé un consensus sur les valeurs sociales (voir chapitre 2), qui a donné naissance à la Déclaration universelle des droits de l'homme (10 décembre 1948).

1.2 Quinze années plus tard, dans *Pacem in terris*, Jean XXIII renforce l'autorité morale de la déclaration dont il propose une relecture à la lumière de l'anthropologie chrétienne et des signes des temps. À noter l'insistance sur les fondements éthiques de la paix, l'énoncé des droits et devoirs, les rapports entre le citoyen et l'autorité politique, les valeurs démocratiques, le besoin d'une autorité mondiale, la nécessité de recourir à la négociation et aux arbitrages pour régler les conflits entre nations.

2. VERS UNE AUTORITÉ MONDIALE

L'ONU œuvre en faveur d'un modus vivendi entre nations et s'efforce de concrétiser l'idéal de la solidarité à l'échelle du globe. Pour qu'elle puisse remplir efficacement sa mission, trois conditions s'avèrent nécessaires, selon Jean XXIII :

a) l'organisme suprême doit être constitué par un accord unanime et non par la force ;

b) l'organisme doit avoir comme objectif fondamental la reconnaissance, le respect, la défense et la promotion des droits de la personne ;

c) l'instance doit respecter le principe de susbsidiarité[1].

« Il n'appartient pas à l'autorité de la communauté mondiale de limiter l'action que les États exercent dans leur sphère propre, ni de se substituer à eux[2]. »

3. DÉVELOPPEMENT ET PAIX

3.1 « La question sociale est devenue mondiale ». « Le développement est le nouveau nom de la paix » (*Populorum progressio*).

Au-delà du concept de progrès et de l'idéologie prônant la croissance économique comme une fin en soi émerge le paradigme du développement intégral et solidaire des peuples.

3.2 Dans cette optique, les points suivants méritent de retenir l'attention : l'histoire des relations Nord-Sud ; le drame du sous-développement ; le Quart Monde ; les mécanismes du sous-développement et les structures de péché ; le développement comme utopie et projet ; le développement durable ; le développement endogène ; problématiques majeures : croissance démographique, endettement, militarisation, le créneau politique ; la coopération internationale.

---

1. *Pacem in terris*, n°s 138-141.
2. *Pacem in terris*, n° 141.

4. NOUVELLE PROBLÉMATIQUE

4.1 Les interventions de l'ONU ont souvent pris la forme de missions de paix. On a jusqu'ici, avec un succès appréciable, mis fin à des conflits et empêché que de nouveaux éclatent. Les résultats obtenus dans ce domaine sont à l'honneur de la grande institution internationale.

4.2 Le changements des mœurs et les virus belligènes qui affectent des nations et des ethnies obligent à une redéfinition des missions de paix. On s'oriente de nos jours vers des interventions plus musclées, en vertu du principe qui commande qu'en ultime instance on recoure à la force armée pour promouvoir le droit, à commencer par la défense des droits humains les plus fondamentaux. Si l'ONU n'assume pas une telle responsabilité, de grandes puissances militaires pourront être tentées de s'arroger ce rôle, au risque de servir avant tout leurs propres intérêts. Bref, la démilitarisation souhaitée à l'échelle de la planète requiert, à titre de contrepoids, la formation d'une armée de paix intervenant sous l'égide des Nations Unies et dont le mandat inclut le recours à la dissuasion militaire[3].

4.3 Autre tendance qui menace la qualité des relations internationales : prétendre fonder la communauté politique mondiale sur des rapports avant tout commerciaux. L'idéologie de l'économisme, qui sous-tend l'impérialisme économique, tend à assujettir les valeurs humaines et sociales à des objectifs financiers et mercantiles. Il compromet le développement des peuples. On pose comme fondements d'un nouvel ordre mondial la loi du marché, la concurrence et la compétitivité. Le vrai citoyen, c'est le propriétaire, disait Diderot. De nos jours, on affirme au point de départ que le vrai citoyen, c'est le consommateur, le commerçant, l'économiste, le banquier. Les autres catégories sont reléguées au rang de citoyens de deuxième classe. La poubelle de l'histoire accueille les nations incapables d'affronter la concurrence. L'économique absorbe le politique. Le nouvel ordre mondial exclut les pauvres, les marginaux, ceux qui ne peuvent s'intégrer au marché. Nouvelle tendance qui menace à la fois la démocratie et l'instauration d'une authentique communauté mondiale.

5. OBSERVATIONS COMPLÉMENTAIRES

5.1 Les crises qu'a traversées l'ONU en ces dernières années ne doivent pas faire perdre de vue le caractère essentiel et irremplaçable de l'institution. Le déclin de la SDN a ouvert la voie à la Deuxième Guerre mondiale. La régression de l'ONU risquerait de marquer le début d'une période de pertur-

---

3. Voir chapitre 21, sur la construction de la paix.

bations politiques et sociales d'une extrême gravité. Il faut consolider l'ONU et chercher à la réformer au lieu de se complaire à déplorer les failles de l'institution et son manque d'efficacité.

5.2 Le vrai développement est solidaire. Aucune collectivité ne peut se développer seule. Les plus favorisées s'enfoncent dans le sous-développement moral quand elles excluent les oubliés de la croissance (*Populorum progressio*, n° 19). Les nations dites développées versent dans le sous-développement moral si elles font de la seule croissance économique un absolu et refusent de pratiquer la solidarité à l'égard des nations défavorisées.

5.3 La mondialisation de l'économie ne doit pas occulter la mondialisation du chômage, de la pauvreté et de la misère. On ne peut fonder un nouvel ordre mondial sur la poursuite effrénée du plus-avoir aux dépens du plus-être. Il est urgent d'affirmer le caractère instrumental de l'économie. Celle-ci doit être au service du développement des peuples et de la paix dans le monde.

6. PISTES DE RECHERCHE

6.1 Dégager les interconnexions entre les documents suivants : *Pacem in terris*, *Populorum progressio* et *Sollicitudo rei socialis*.

6.2 Question : qui contrôle les grandes instances internationales et au profit de qui ? Les citoyens ordinaires ont tendance à s'en remettre à d'autres quand il s'agit d'évaluer l'orientation et le fonctionnement de ces instances. La démocratisation inclut le droit de regard sur les grandes institutions internationales, à commencer par celles qui imposent des diktats économiques aux pays en voie de développement (Banque mondiale, FMI).

6.3 L'engagement politique inclut le domaine de la coopération internationale. Or, la souveraineté nationale est la voie d'accès normale qui conduit au palier international. Voir comment les processus et les pratiques d'auto-détermination politique s'articulent en synergie avec les tâches de coopération internationale.

6.4 Face aux drames vécus à l'intérieur des pays, on invoque de plus en plus le principe de l'*ingérence humanitaire*. Voir comment ce principe est conciliable avec le principe de subsidiarité.

7. LECTURES

Jean XXIII, *Pacem in terris*, n°s 79 ssq.

Jean-Paul II, *Sollicitudo rei socialis*, n°s 11-26 ; 43-45.

Paul VI, *Populorum progressio*.

Bosc, René, *La société internationale et l'Église*, Paris, Spes, 1961.

Coll., Groupe de Lisbonne, *Limites à la compétitivité*, Montréal, Boréal, 1995.

Perez De Cuellar, Javier, «Les Nations Unies et le maintien de la paix», Discours prononcé à l'Université Laval, 30 mai 1990 (Service des communications, Université Laval).

IDÉOLOGIES

11

LIBÉRALISME ET CAPITALISME

« Il serait (donc) radicalement faux de voir
soit dans le seul capital, soit dans le seul travail,
la cause unique de tout ce que produit
leur effort combiné; c'est bien injustement
que l'une des parties, contestant à l'autre
toute efficacité, en revendiquerait
pour soi tout le fruit. »

(Pie XI, *Quadragesimo anno*, n° 59)

L'AVENIR DU CAPITALISME

« L'essentiel n'est pas de définir correctement, il est de penser et d'agir selon la justice. L'analyse chrétienne du capitalisme conduit à une action indispensable pour détruire dans leur principe les tares du capitalisme en luttant contre l'absolutisme du capital par le moyen des forces compensatrices et des institutions régulatrices qui peuvent le soumettre à la justice et au bien commun. Nul ne peut dire ce qui devra être modifié dans la structure du capitalisme pour en arriver là. Jusqu'où faudra-t-il aller dans la participation ouvrière aux décisions et aux revenus de l'activité économique ? Jusqu'où dans la planification ? Jusqu'où, en un mot, dans la socialisation ? Des positions différentes sont ici admissibles. »

Pierre BIGO,
La doctrine sociale de l'Église, p. 132.

Les notions de civilisation et de culture sont souvent utilisées l'une pour l'autre. Généralement, le vocable *civilisation* connote un phénomène plus vaste, plus diversifié, des réalités sociales qui dépassent la culture au sens premier, relié à la langue et aux arts.

Selon Lalande *(Vocabulaire technique et critique de la philosophie)*, le mot *civilisation* désigne un «ensemble complexe de phénomènes sociaux, de nature transmissible, présentant un caractère religieux, moral, esthétique, technique ou scientifique, et communs à toutes les parties d'une vaste société ou à plusieurs sociétés en relations».

Quant à la définition de la culture, Alain Birou *(Vocabulaire pratique des sciences sociales)* entérine celle de R. Linton: «La totalité des comportements d'une société pour autant que ces comportements sont appris et partagés».

Dans la pensée allemande (voir Birou), la culture connote l'ensemble des formulations spirituelles, des créations littéraires, artistiques, des idéologies dominantes qui constituent l'originalité propre à un peuple ou à une époque. En contrepartie, le mot *civilisation* désigne les expressions extérieures, les éléments matériels, techniques, etc.

Parler de *civilisation capitaliste*, c'est premièrement désigner des expressions extérieures et ensuite une mentalité, une manière de penser, une échelle de valeurs, donc aussi les composantes d'une culture, du moins au sens large du terme; culture qui inspire l'aménagement global qualifié de civilisation pour ensuite être soutenue et alimentée par cette même civilisation.

On peut subir l'attirance d'une civilisation autre dans ses composantes extérieures sans s'approprier la culture dans laquelle ces composantes s'enracinent, comme le montre l'influence des modes occidentales (surtout américaines) dans les pays de l'ex-URSS. On peut s'approprier les éléments techniques d'une autre civilisation et les intégrer à sa propre culture, à l'exemple des Japonais face à la civilisation américaine. L'impérialisme culturel d'une grande puissance économique, politique et militaire tels les États-Unis peut déstructurer des cultures dominées et les satelliser, comme on peut le constater dans le Tiers-Monde.

Le capitalisme occidental est plus qu'un régime économique : c'est une civilisation avec ses valeurs, ses réussites, ses échecs, son modèle de vie, son bilan humain et spirituel.

C'est aussi une culture, un passé de quatre siècles qui influence chacun de nous en ses fibres intimes, dans sa façon de penser, de vivre et de réagir. Ce passé alimente un inconscient collectif qui affecte les comportements personnels. Ceux qui vivent dans une société capitaliste reflètent, à leur insu et à divers degrés, les valeurs et les constantes du système.

D'une certaine façon, interroger la validité morale du capitalisme, c'est *se mettre en question soi-même,* ainsi que des habitudes de vie devenues familières. L'entreprise, de ce point de vue, s'avère dérangeante pour ceux qui aiment pousser l'analyse critique jusqu'aux ultimes conclusions pratiques. En revanche, le risque vaut la peine, dans l'hypothèse où les failles de cette civilisation appelleraient l'invention d'un modèle de rechange, tout au moins la réforme des rouages défectueux du système.

Le capitalisme occidental, c'est un *phénomène historique* et le fruit d'influences idéologiques. C'est aussi un *système économique* où l'on décèle des techniques de production, des sous-systèmes variés, des phases évolutives, une culture, une *éthique,* et un modèle de développement. Autant d'aspects qui retiendront brièvement l'attention dans les pages suivantes, en fonction d'une évaluation morale et d'éventuels choix sociaux et politiques.

Face au capitalisme à la fois civilisation et système, on doit se demander si les valeurs humaines fondamentales auxquelles on adhère incitent à s'y *rallier* de cœur et d'esprit, comme à un idéal type universellement valable et se prêtant à des améliorations progressives ; ou bien s'il est souhaitable de s'en *dissocier* en principe et en fait, au moins quant à ses composantes fondamentales. Des réponses que l'on apporte à cette question découlent des choix différents dans les orientations sociales et les options politiques.

1. GENÈSE D'UNE CIVILISATION

1.1 Les anticipations. On décèle dans le passé et dans toutes les cultures des formes d'activité économique qui ressemblent au capitalisme et, sur un point ou l'autre, le préfigurent.

Pendant des siècles, les *commerçants* chinois du Sud-Est asiatique ont dirigé des réseaux d'échanges commerciaux où la loi du profit jouait un rôle prépondérant. Déjà, au temps d'Aristote, le *prêt à intérêt* et l'usure étaient l'objet de condamnations sévères. L'*esclavage,* forme par excellence d'exploitation de l'homme, remonte à une lointaine antiquité. La politique de grandeur de l'Empire romain camouflait un impérialisme économique dont les pays conquis supportaient le coût élevé. Aux portes de l'Empire, les *commerçants arabes* se livraient depuis longtemps au trafic d'hommes et de marchandises jusqu'au moment où, sur l'ordre d'Allah, les successeurs de Mahomet recourront à la conquête militaire, procédé capitaliste classique, pour s'emparer d'une large portion de l'héritage romain. Le *pillage* et la *piraterie* ont fleuri à beaucoup d'époques, sans autre motif que de s'emparer d'un butin alléchant. Les *Croisades* elles-mêmes, tout en poursuivant un dessein religieux, cachaient des ambitions économiques qui préfigurent les guerres coloniales ; leur impact sera important dans la genèse du capitalisme occidental.

La condition paysanne fournit un exemple largement répandu de capitalisme artisanal et d'exploitation de l'homme par l'homme. Sous toutes les latitudes et nonobstant la variété des religions et des formes de gouvernement, le paysan a payé le coût de la croissance. Il a supporté les parasites de toutes provenances qui vivaient à ses dépens. Privé de savoir, de statut social et replié sur son travail, il a enduré patiemment son mal, manifestant occasionnellement sa colère par des jacqueries sans lendemain. On a pu observer au XXe siècle, avec Mao-Tse-Toung, une révolution paysanne qui a connu un succès temporaire et qui a ouvert la voie à un changement social en profondeur, mais dont l'évolution incertaine et le coût humain élevé laissent songeur.

On trouve dans la Bible (*Genèse* ch. 47,13-26), un cas intéressant de capitalisme antique et, par surcroît à caractère étatique. Joseph, vendu comme esclave par ses frères, est conduit en Égypte, où grâce à un concours providentiel, il accède au poste d'intendant du Pharaon. Doué d'une préscience surnaturelle, il sait que l'Égypte connaîtra sept années d'abondance suivies de sept années de disette. A titre de responsable de la politique économique de l'Empire, il profite des sept années d'abondance pour accumuler d'énormes réserves de blé. Survient la disette. Les paysans appauvris viennent quémander du blé. Joseph répond à leur demande, mais en échange il s'empare progressivement de leurs troupeaux, de leurs terres et enfin de leurs personnes, réduisant ainsi au servage l'ensemble du pays[1].

1.2 LES MORALISTES ET L'ARGENT. Les activités d'autrefois qui préfigurent le capitalisme sont de nature artisanale. Les mécanismes d'explication sont simples. Il est facile de déceler, là où ils interviennent, l'appât du gain, l'usure ou encore le recours à la violence. En général, les moralistes portent un jugement sévère sur le trafic de l'argent et le commerce. On considère le prêt à intérêt et l'usure comme intrinsèquement immoraux et l'accumulation

---

1. Le commentateur de la Bible de Jérusalem note que l'auteur du texte sacré se contente ici de rapporter les faits sans juger. «Le jugement moral à porter sur cet accaparement est hors des perspectives de l'auteur», s'empresse-t-il de souligner.

des richesses comme le symptôme de l'idolâtrie de l'argent. Pour saint Augustin, les grands empires et les grandes fortunes sont souvent le produit de l'iniquité. Les auteurs chrétiens prescrivent l'aumône comme moyen d'effacer les péchés. Or c'est une multitude de péchés qu'on soupçonne proliférer chez les possesseurs de richesses et les accapareurs du bien d'autrui.

Le capitalisme moderne pose un problème beaucoup plus complexe. Il résulte d'une transformation tant des mentalités et de l'échelle des valeurs que des structures économiques. Il marque une phase nouvelle de civilisation. C'est un système qui, en grande partie, conditionne les choix et les agirs. Il pose un problème d'éthique structurelle et non simplement de redéfinition d'agirs individuels relatifs à des exigences non satisfaites de justice.

Déconcertés devant cette complexité inédite, les moralistes en général ne sauront pas (Calvin, à sa façon, constitue une exception) quel jugement porter sur le nouveau régime socio-économique. L'accommodement casuistique essaiera de pallier l'absence d'analyse critique axée sur les composantes fondamentales du système.

1.3 Les indices du démarrage. La civilisation capitaliste tranche sur les phénomènes historiques qui la préfigurent. On en discerne l'émergence, dès la fin du Moyen Âge, dans les petites républiques italiennes (Venise, Gênes, Florence). Mais le déclenchement du processus se produit de façon spectaculaire au XVIᵉ siècle. Des facteurs de changement convergent et interviennent simultanément : essor démographique, progrès scientifique et technique, découvertes géographiques, naissance du colonialisme, intérêt accru des pouvoirs politiques pour le développement économique, mutation culturelle et religieuse, etc.

1.4 Nouvelle manière de voir. Le dernier facteur mentionné est loin d'être le moins important, aux yeux de ceux qui estiment que la pensée, les intentions et les décisions sont plus que le simple reflet de déterminismes économiques.

L'évolution culturelle et religieuse favorise la montée d'une nouvelle classe sociale, la bourgeoisie, qui, depuis son regroupement et son essor dans les villes, revendique une place au soleil au sein d'un ordre social statique où les aristocraties civile et religieuse imposent leur hégémonie et leur échelle de valeurs. Elle émane des *maîtres* des corporations, experts en *technique*, en *gestion* et en *valorisation* du capital acquis.

Le nouveau savoir, sans mépriser les connaissances spéculatives, privilégie l'action transformatrice. On devient conscient de la valeur positive du progrès matériel et de l'activité économique. On reconnaît à l'artisan et au commerçant une mission, une vocation.

Des hommes s'intéressent au progrès technique, à l'économie et à l'enrichissement comme à des activités louables, moralement légitimes et spirituellement valables. L'activité commerciale se voit reconnaître une valeur morale intrinsèque. Toutefois, on ne recherche pas l'enrichissement comme une fin en soi. La phase de l'économie indépendante ne viendra que plus tard.

1.5 L'ESPRIT BOURGEOIS. La nouvelle mentalité s'incarne dans ce que Sombart appelle l'esprit bourgeois, représenté moins par une catégorie sociale particulière que par un type d'homme qui forme l'aile avancée de la classe montante, classe révolutionnaire de l'époque. «Le bourgeois, dit Sombart, est pour moi un type humain plutôt que le représentant d'une classe sociale[2].»

Ce nouveau type se distingue par son application au travail, une existence rangée, l'austérité, l'épargne, la recherche de l'efficacité. On le retrouve non seulement chez les commerçants, mais aussi chez les artisans et les agriculteurs. Les pionniers qui fondèrent les États-Unis étaient largement représentatifs de ce type d'homme.

> Benjamin Franklin avait rédigé une sorte de traité des vertus les plus utiles à son époque. Il privilégiait les suivantes : tempérance, silence, ordre, décision, modération, zèle, équité, possession de soi-même, propreté, équilibre moral, chasteté, humilité[3].

> Un auteur contemporain, Robert Bellah a montré qu'on retrouve dans l'éthique *samouraï* japonaise des principes de conduite qui s'apparentent à l'esprit bourgeois de l'époque pré-industrielle et dont l'influence pourrait expliquer l'essor rapide du capitalisme au Japon, au XIXᵉ siècle[4].

1.6 LES MÉTAMORPHOSES DE L'ESPRIT BOURGEOIS. L'homme bourgeois des débuts du capitalisme était hautement motivé, moralement et spirituellement. La conscience d'une vocation créationnelle, la volonté de s'acquitter d'une fonction sociale et une tendance altruiste marquée influençaient ses démarches. Voici, à titre d'exemple de cette mentalité typique de la bourgeoisie ancienne, quelques citations recueillies par Sombart chez des porte-parole de l'ère des pionniers.

> On doit chercher à accroître sa richesse par le labeur et par l'habileté. Il ne faut jamais la laisser improductive ; elle doit toujours se multiplier entre les mains de son possesseur et répandre autour d'elle le plus de bonheur possible...

---

2. Werner SOMBART, *Le bourgeois*, p. 103.
3. Voir la liste et l'analyse qu'en fait Sombart, ouvrage cité, p. 114-120.
4. Cité par N.F WERTHEIN, «Religion, bureaucratie et croissance économique» dans la collection de textes de Philippe BESNARD, *Protestantisme et capitalisme*, p. 361.

Ne pas faire fructifier la richesse, c'est aller à l'encontre aussi bien de la destination de celle-ci que du devoir d'humanité...

Il est raisonnable d'accumuler argent et biens; mais il est rationnel d'en faire un emploi utile. Ce qui rend heureux, ce n'est pas la richesse comme telle, mais son sage emploi, et il ne servirait de rien à l'homme de posséder tous les biens de ce monde, s'il n'était pas lui-même homme de bien.

Agis toujours selon l'équité, fais le bien par crainte de Dieu et par respect pour les hommes, et tu réussiras dans toutes tes entreprises. Avoir toujours Dieu devant les yeux et dans le cœur, travailler intelligemment, telles sont les premières règles de l'art de s'enrichir. Car à quoi nous serviraient nos richesses, si nous devions vivre dans la crainte du châtiment de Dieu, et à quoi nous servirait tout l'argent du monde, si nous ne pouvions pas, en toute innocence, lever nos regards vers le ciel[5]?

On retrouve encore de nos jours un état d'esprit identique chez des financiers, des hommes d'affaires, des administrateurs, des professionnels. Mais, sous l'impact de l'appareil capitaliste et de ses exigences («il faut toujours gagner plus d'argent»; «ne pas accroître son niveau de vie ou ses profits, c'est régresser», etc.), les travers de l'esprit d'entreprise prennent souvent le dessus. Le problème crucial, ce n'est pas que les patrons soient bons et vertueux (quoiqu'il s'agisse là d'un atout appréciable), c'est celui d'une machine qui oblige ceux-là mêmes qui la dirigent à se soumettre de près ou de loin à des règles du jeu implacables, à une «éthique du milieu» où les bons sentiments sont broyés et pulvérisés. L'esprit capitaliste provoque une *mutation culturelle* qui affecte l'esprit bourgeois.

Sombart observe que l'homme économique moderne semble de plus en plus victime lui-même du système. Il tend à verser dans un comportement qui équivaut à «une sorte de régression vers les états élémentaires de l'âme enfantine.» En effet, continue l'auteur, il est mû par quatre «idéaux» qui inspirent et dominent la vie de l'enfant: a) la grandeur concrète et sensible (l'appréciation quantitative); b) la rapidité du mouvement (le record et la performance); c) la nouveauté (les gadgets, les modes); d) le sentiment de puissance (pouvoir que donne l'argent; la fascination devant la puissance technique[6]).

L'esprit bourgeois connaît aussi d'autres métamorphoses et présente d'autres facettes, pas toujours reluisantes. Le bourgeois de jadis était révolutionnaire et audacieux; celui d'aujourd'hui est souvent conservateur et

---

5. SOMBART, ouvrage cité, p. 147-148.
6. *Ibid.*, p. 165-169.

timoré. Autrefois, on se faisait un point d'honneur de ne considérer la richesse que comme moyen, un instrument permettant de faire le bien. Avec le capitalisme sauvage, le nouveau riche fait de l'argent une fin et veut qu'on voie dans sa richesse la preuve de sa valeur personnelle. Le *plus-avoir* devient le symbole du *plus-être*. Le bourgeois pionnier était libéral, réformiste, sensible au respect des libertés démocratiques. Son successeur moderne est souvent réactionnaire et laisse parfois paraître une attirance inquiétante pour les méthodes répressives. Il en arrive à piétiner les libertés démocratiques, même quand il en fait la louange. Ce qui lui apparaît prioritaire, c'est l'ordre établi, un ordre qui rapporte des dividendes. La liberté de produire et de s'enrichir, pas nécessairement la liberté politique pour tous.

1.7 CONSCIENCE DE CLASSE. Disposant d'un pouvoir accru et enivrée par ses performances économiques, la bourgeoisie, particulièrement celle des «grandes familles», a inévitablement développé un fort sentiment de classe, c'est-à-dire d'appartenance à une élite, sentiment particulièrement ancré dans les vieux pays. Peu à peu, la croyance s'est développée d'une vocation à diriger la société pour y faire fleurir les valeurs bourgeoises: respectabilité, sens de la responsabilité, austérité, vertus familiales. Ces valeurs propres à une classe deviendront celles qui s'imposeront peu à peu à l'ensemble de la société. Cette extension de l'échelle des valeurs en honneur dans un milieu déterminé jouera un rôle majeur dans le processus d'hégémonie de la classe bourgeoise. Marx n'a pas inventé la conscience de classe. Il l'a détectée chez les possédants avant de tenter de l'insuffler aux prolétaires.

1.8 FACTEURS SUBVERSIFS. Paradoxalement (et heureusement), l'esprit bourgeois conserve de l'héritage ancien des ferments qui sont des facteurs permanents de contestation. Mentionnons par exemple: 1) l'attitude critique, inspirée de la tradition judéo-chrétienne, à l'égard de l'argent et de la richesse; 2) la liberté intellectuelle et le culte du savoir; 3) l'estime de la liberté individuelle. Ces ferments suscitent des mises en question multiples du système, de ses lacunes et de ses vices. Les milieux bourgeois fournissent souvent aux mouvements de contestation leurs leaders les plus dynamiques. Les contradictions de l'ordre bourgeois s'expliquent autant par ces antagonismes internes, de nature culturelle, que par l'opposition entre le capital et le travail.

2. L'IDÉOLOGIE LIBÉRALE

2.1 LE LIBÉRALISME désigne une phase dans l'histoire du capitalisme, celle que l'on situe généralement entre la fin du XVIIIᵉ siècle et la Première Guerre mondiale. Cette étape historique marque l'essor du capitalisme sauvage auquel succède peu à peu, sous l'effet de l'intervention croissante de l'État, un capitalisme plus réglementé et policé[7].

Mais avant de désigner un phénomène historique, le mot *libéralisme* coiffe d'abord une doctrine, ou plus exactement une *idéologie*. Celle-ci, loin de se limiter à la vie économique, embrasse l'ensemble de la vie sociale et politique. Les esprits libéraux, ce sont ceux qui déjà au XVIIIe siècle rêvent d'un monde libéré des entraves intellectuelles et religieuses, rejettent le despotisme tant politique que clérical, revendiquent la liberté de conscience, d'opinion, de parole et de presse. On réclame pour chaque individu, chaque citoyen, les droits qui sont l'apanage normal de l'homme libre.

L'Église catholique, au XIXe siècle, s'attaque vigoureusement à ces nouveaux courants d'idées qui ont triomphé avec la Révolution française. Confondant l'ivraie et le bon grain, les papes condamnent toutes les manifestations du libéralisme. Grégoire XVI dénonce la liberté de conscience comme une «erreur pestilentielle»; il flétrit aussi «cette abominable liberté de la presse qu'on ne saurait assez exécrer et détester» (*Mirari Vos*, 15 août 1832). Dans le *Syllabus* de 1864, Pie IX regroupera les condamnations antérieures dans un abrégé devenu célèbre. Tout en étant partiellement fidèle à la même ligne de pensée, Léon XIII propose une analyse plus nuancée du libéralisme et met en lumière, dans l'évolution générale du temps, le problème particulier posé par le libéralisme économique.

2.2 UNE IDÉOLOGIE. Le libéralisme économique est une des facettes du grand courant libéral. Il est une idéologie, c'est-à-dire une «rationalisation d'une vision du monde» (Fernand Dumont). L'idéologie libérale remplit, dans la vie économique, les fonctions que Guy Rocher attribue à toute idéologie: elle revêt une forme cohérente et organisée, fait abondamment référence à des valeurs et fournit à l'action des motivations et des moyens[8]. On doit aussi ajouter qu'elle *sécurise* et donne bonne conscience à ceux qui s'en réclament en même temps qu'elle *voile* les facettes moins reluisantes du régime socio-économique dont elle offre une rationalisation. Notons enfin que l'idéologie libérale, à l'instar de n'importe quelle idéologie, chemine souvent de façon sournoise, présentant ses postulats comme des règles présumément admises par les gens de bon sens et confirmées par l'expérience.

---

7. Constatation qui ne vaut que pour les pays développés. Le capitalisme sauvage continue de faire des ravages partout où aucune contrainte efficace (hommes politiques imbus de sens social, syndicats, militants chrétiens) ne l'oblige à se discipliner. C'est la situation que l'on trouve dans beaucoup de pays où se développe un capitalisme complémentaire de l'économie américaine, par exemple à Singapour, en Malaisie, aux Philippines, au Brésil, etc.

8. *Introduction à la Sociologie générale*, t. I., p. 101.

On retrouve des énoncés formels de foi libérale et des plaidoyers en faveur de la libre entreprise dans des discours d'hommes politiques, de représentants du monde des affaires et d'économistes chevronnés. Les critiques du système qu'ont formulées Keynes, Galbraith et d'autres économistes n'ont pas convaincu tout le monde. Sûrement pas un Milton Friedman, qui pose comme thèse que le libéralisme économique est le véritable progressisme, la condition de la liberté en général et la garantie de la liberté politique. Il va jusqu'à affirmer que «le type d'organisation économique qui assure directement la liberté économique, à savoir le capitalisme de concurrence, est en même temps favorable à la liberté politique, car, en séparant le pouvoir économique du pouvoir politique, il permet à l'un de contrebalancer l'autre[9]».

2.3 POSTULATS. On peut résumer ainsi les grands axes de l'idéologie libérale en matière économique:

1) Il existe un ordre économique, qui est une partie de l'ordre naturel et qui est régi par des lois qui s'imposent avec rigueur, comme la loi de l'offre et de la demande en matière de prix et de salaires. Voilà pourquoi l'État ne doit pas s'ingérer dans le fonctionnement de l'économie.

2) L'homme trouve son bonheur en cherchant son intérêt. En laissant chacun poursuivre son propre intérêt, on réalise infailliblement l'intérêt général. Une «main invisible» assure la fécondité des diverses initiatives à l'avantage de tous.

3) La propriété privée, la liberté du commerce et des échanges, la liberté d'entreprise, de production et de consommation sont: des manifestations fondamentales et des sauvegardes de la liberté; des garanties de progrès; des facteurs de stabilité de l'ordre social.

4) Avec le libéralisme, le progrès est automatique et continu. Le système qui s'en inspire est apte à remédier à ses propres lacunes. Il est autocorrectif.

5) L'intérêt sur le capital investi et les profits de l'activité commerciale sont des fruits légitimes et naturels qui rétribuent les efforts accomplis et les risques encourus. Ils constituent le ressort irremplaçable de la vie économique et une source de progrès social.

6) La recherche du profit maximal est naturelle et légitime[10].

---

9. Milton FRIEDMAN, *Capitalisme et liberté*, Paris, Robert Laffont, 1971, p. 23. Dans la même foulée s'inscrit Michael NOVAK, qui va jusqu'à proposer une «théologie du capitalisme démocratique» (voir *The Spirit of Democratic Capitalism*).
10. Voir BIROU, *Vocabulaire pratique des sciences sociales*; aussi ALBERTINI, *Capitalismes et socialismes à l'épreuve*, p. 25 ssq.

2.4 Le néolibéralisme. À de rares exceptions près, (tel Milton Friedman), l'idéologie libérale classique ne trouve plus de porte-parole inconditionnels. Il ne manque toutefois pas de gens pour regretter « la belle époque » où le génie inventif, l'audace, l'agressivité pouvaient se donner libre cours sans contrainte.

Les abus du capitalisme sauvage, les crises économiques, les affrontements sociaux ont suffi pour démontrer que le libéralisme à l'état spontané (« le renard libre dans le poulailler libre ») est générateur d'exploitation, d'injustice, de désordre et d'anarchie.

De nos jours, les partisans de l'idéologie libérale préfèrent parler du néolibéralisme qui est, selon eux, le souffle inspirateur du néocapitalisme. On reconnaît désormais l'utilité de règlements étatiques, les bienfaits d'une planification incitative et le besoin de politiques sociales. La lutte contre les inégalités fait partie de l'arsenal électoral des partis les plus conservateurs. Mais on demeure intransigeant sur deux principes : l'*autonomie de l'entreprise* et le respect des *mécanismes libres du marché*.

En fait, le libéralisme économique récuse l'intervention de l'État quand celle-ci lui impose des contraintes, mais s'en accommode fort bien quand il peut en retirer des avantages[11]. Même en Angleterre, patrie du libéralisme, l'intervention de l'État a joué un rôle majeur. « À l'origine de son commerce, il y a, comme en presque tous les cas, l'exercice heureux du pouvoir politique[12]. » Selon Albertini, « il existe de profondes contradictions entre l'idéologie libérale et la réalité du régime économique qui règne en Grande-Bretagne à la fin du XVIIIᵉ siècle et au début du XIXᵉ. En théorie, l'État n'intervient pas, *en réalité il permet une véritable redistribution du revenu national*. Le mérite des entrepreneurs industriels n'est pas d'avoir supprimé cette intervention, mais de l'avoir détournée à leur profit et à celui de la croissance industrielle[13]. »

On peut émettre des observations similaires au sujet de l'essor du capitalisme dans les autres pays industrialisés. La classe bourgeoise commerçante, industrielle et financière considère l'activité économique comme naturellement de droit privé. Elle réprouve habituellement, en principe, l'intervention ouverte de l'État dans le secteur privé. En pratique, elle s'accommode bien d'interventions favorables, surtout discrètes ou occultes (comme les privi-

---

11. Il faut ici reconnaître à Milton Friedman le mérite de récuser même des interventions de l'État qui seraient avantageuses pour certaines activités commerciales ou financières : subventions à des entreprises, programmes de soutien à l'agriculture, etc. Mais ce sont surtout les interventions de l'État dans le domaine social, du bien-être et de l'éducation qui suscitent le plus de critiques de sa part. Voir *Capitalisme et liberté*.
12. François Perroux, *Le capitalisme*, p. 48.
13. J. M. Albertini, *Capitalisme et Socialisme à l'épreuve*, p. 40.

lèges fiscaux), mais même à ciel ouvert, du moins de nos jours[14]. Elle ne
répugne aucunement à exercer des pressions sur le fonctionnement de
l'appareil politique (le lobbying), pour que celui-ci prenne les décisions qui
plaisent aux décideurs économiques.

> Ni le capitalisme atomistique, ni le capitalisme des grandes unités n'ont
> jamais fonctionné indépendamment de L'État. Les initiatives et l'influence
> de celui-ci se révèlent à leur naissance, durant leur croissance, par leurs
> résultats. De capitalisme entièrement et exclusivement privé, l'histoire n'en
> a jamais connu; l'observation du présent ne nous en révèle aucun[15].

2.5. L'IDÉOLOGIE ÉCONOMISTE. Elle représente une sorte de relecture
contemporaine de l'idéologie libérale, tout en débordant celle-ci. Car elle se
retrouve, dans une manière de voir apparemment semblable mais substantiellement différente, dans le socialisme marxisme. C'est la double manière
de voir que vise Jean-Paul II quand il parle de l'erreur de l'économisme, qui
« consiste à considérer le travail humain exclusivement sous le rapport de sa
finalité économique ». Il ajoute que l'économisme « comporte, directement
ou indirectement, la conviction du primat et de la supériorité de ce qui est
matériel, tandis qu'il place, directement ou indirectement, ce qui est spirituel
et personnel (l'agir de l'homme, les valeurs morales et similaires) dans une
position subordonnée à la réalité matérielle » (*Laborem exercens*, n° 13). *Vu
sous cet angle, l'économisme est commun au marxisme-léninisme et au capitalisme
libéral.*

Dans son analyse critique de l'économisme, Fernand Dumont montre
comment ladite idéologie sert à légitimer un pouvoir qui s'étend aussi bien
à la politique qu'à la culture[16].

2.6 AMORCE D'UN QUESTIONNEMENT. Le libéralisme économique s'inscrit
dans un vaste courant historique qui a abouti au triomphe des libertés
modernes. La nouvelle classe montante, porte-parole du libéralisme, avait
fait siens des idéaux universels (droits de l'homme, liberté de conscience,
droit de vote, etc.). Elle avait une forte tendance, cependant, à établir une
parité entre les droits du bourgeois et ceux du citoyen. Ce qui explique, par
exemple, qu'on ait longtemps assujetti le droit de vote à des normes reliées
au statut économique.

---

14. Le gouvernement fédéral canadien entretient un service permanent qui s'occupe de
puiser dans les fonds publics des sommes d'argent parfois plantureuses qui sont
distribuées à des entreprises pour les aider à créer des emplois. Que nous voilà loin du
pur libéralisme des pionniers!

15. François PERROUX, *Le capitalisme*, p. 38.

16. Voir Fernand DUMONT, « L'idéologie économiste » dans *La question sociale, hier et
aujourd'hui*, p. 305-320. Voir (chapitre 18) proposition de séminaire sur le thème de
l'idéologie économiste.

Le mérite revient aux Églises, au syndicalisme, aux groupes socialistes et à d'autres forces contestataires d'avoir obligé la classe possédante, engagée dans un processus d'hégémonie, à reconnaître aux grands principes qu'elle invoquait une extension qui dépasse les frontières de ses propres intérêts et privilèges.

Il en est résulté une relecture des postulats libéraux. On s'est interrogé, par exemple, sur la validité du principe qui proclame la liberté individuelle quand un individu vit dans la misère et des conditions infra-humaines. Or le libéralisme économique, laissé à son cheminement naturel, tend à générer de telles conditions déshumanisantes. D'où la question : comment résoudre une telle contradiction ?

En pratique, le libéralisme économique, tout en véhiculant des éléments positifs et humanisants issus du vaste courant libéral auquel il se rattache, impose une déontologie qui favorise le triomphe des plus doués, des plus forts, des plus agressifs, des plus amoraux aux dépens des hommes sans astuce, des individus et des groupes pacifiques, des collectivités dont la vie quotidienne ne s'organise pas prioritairement en fonction de l'argent et du profit.

Dans sa poursuite de l'hégémonie sociale et politique, l'élite financière et commerciale a puisé dans le libéralisme économique sa mystique inspiratrice. Celle-ci favorise la jonction entre le pouvoir et l'argent et avalise le postulat selon lequel il est conforme à l'ordre naturel que ceux qui possèdent ou contrôlent les moyens de production forment la classe dirigeante et détiennent le pouvoir politique. Elle légitime ainsi un nouvel *ordre de classes*, qui supplante l'ordre ancien fondé sur la naissance et les droits acquis.

2.7 CONFUSION ET AMBIGUÏTÉ. Le libéralisme économique a pris son essor dans un monde sociologiquement chrétien. À celui-ci, il a emprunté certains traits idéologiques. En revanche, quand on le confronte non à la société dite chrétienne mais à l'Évangile, les antinomies ne manquent pas d'apparaître.

Léon XIII visait juste en s'en prenant avec vigueur à l'esprit de lucre et à l'instinct de possession inhérents au libéralisme économique. En revanche, il avait tendance à rejeter en bloc le grand courant libéral, ne percevant pas que celui-ci, à travers un tas de scories, véhiculait des valeurs issues de la tradition judéo-chrétienne. Il faut néanmoins reconnaître qu'il a su, beaucoup mieux que ses deux prédécesseurs, Grégoire XVI et Pie IX, discerner les signes des temps.

Les milieux chrétiens ont adopté des positions diverses face au libéralisme économique. Le langage de *Rerum novarum*, tout empreint de modération, avait choqué ou laissé indifférents beaucoup de catholiques déjà acculturés au système. En revanche, les catholiques sociaux trouvaient dans le document pontifical une confirmation de leurs intuitions spirituelles et un appui pour les luttes entreprises. Plus que jamais apparaissait claire à leurs yeux l'incompatibilité entre l'Évangile et un ordre social fondé sur le pouvoir de l'argent, le prestige de la richesse et sur les inégalités.

3. UN RÉGIME ÉCONOMIQUE

3.1 Le capitalisme « en soi ». On peut définir le capitalisme comme une technique de mise en valeur de biens de réserve grâce à l'apport du travail d'autrui. On peut parler aussi de la médiation « de l'instrument de travail accumulé en vue d'un nouveau travail plus efficace[17] ».

Envisagé de façon aussi générale, le capitalisme ne soulève pas de difficulté morale. C'est à partir de cette approche que des auteurs tels que Calvez et Perrin en viennent à affirmer que « pour que le travail puisse atteindre son but de manière toujours plus complète et efficace, l'accumulation d'un capital, c'est-à-dire du produit d'un travail antérieur, ou encore d'un stock de travail mort, est nécessaire[18] ». Ce qui est postulé ici, c'est le principe général de la complémentarité du capital et du travail, dont on déduit l'énoncé souvent cité par des moralistes, à savoir que le capitalisme en soi n'est pas immoral[19].

3.2 UNE IMAGE PLUS PRÉCISE. Il faut circonscrire de plus près la nature du capitalisme, essayer d'aller au fond des choses. Car à s'en tenir à des considérations générales sur l'utilité et la légitimité morale de biens de réserve, on met tout le monde d'accord. Même en régime socialiste, il faut une capitalisation et des biens de réserve. En certains régimes socialistes, on trouve même, dans les faits, l'équivalent de la division capital-travail et la survivance, encouragée par les bureaucrates, de la division du travail (travail intellectuel et travail manuel). C'est-à-dire qu'on décèle dans ces régimes non seulement des composantes du « capitalisme en soi » mais aussi des failles du système.

Certaines descriptions du régime nous aident à dépasser l'image floue du « capitalisme en soi ».

1) Le capitalisme est le « régime économique (organisé en système par les économistes) qui se caractérise par la propriété privée des moyens collectifs de production et de distribution, par la libre concurrence et par la recherche du profit monétaire des unités de production... Son moteur essentiel est le

---

17. CALVEZ et PERRIN, *Église et société économique*, t. I, p. 321.
18. Ouvrage cité, p. 322.
19. L'axiome résume partiellement la position de Léon XIII et de Pie XI sur la question. Voir à ce sujet CALVEZ et PERRIN, ouvrage cité, p. 321 *ssq*.

gain, c'est-à-dire l'accroissement de la richesse et du pouvoir du petit groupe de ceux qui sont déjà riches et puissants. Le progrès économique se base sur l'inégalité croissance des conditions humaines (à grande échelle, d'abord nationale, puis mondiale maintenant): c'est un anti-progrès social et humain[20] ».

2) le capitalisme est « un système économique et social où le pouvoir économique et, par voie de conséquence, le pouvoir politique appartiennent aux détenteurs du capital-argent[21] ».

Ces deux descriptions laissent entrevoir des facettes du problème qui indiquent que ce n'est pas au niveau du capitalisme « en soi » qu'il faut se poser des questions. Par exemple, les traits descriptifs suivants sont révélateurs :

- Le moteur essentiel du système est avant tout l'accroissement de la richesse et du pouvoir de ceux qui sont déjà riches et puissants ;
- La croissance économique entraîne inévitablement des inégalités sociales ;
- Le pouvoir politique appartient aux détenteurs du capital-argent.

Il faut souligner toutefois que ces caractéristiques font abstraction des facteurs correctifs qui, à divers degrés, influent sur le fonctionnement du système et en rectifient partiellement les tendances négatives.

3.3 LES PILIERS DU SYSTÈME. En y regardant de près, on discerne dans le capitalisme des *axes majeurs* qui le caractérisent beaucoup mieux que le concept général de travail accumulé en vue de la création de nouveaux biens. Ces axes majeurs ou *piliers du système* sont les suivants :

1. L'activité économique « privée par nature », implique l'appropriation privée des moyens de production (Avoir).
2. Les réserves productives (argent, outils de production) fondent la décision et le pouvoir économique. Elles se distinguent spécifiquement du travail (force de travail) qui est corrélatif de la dépendance et de l'exécution. On postule cette séparation comme une exigence de la production et comme une condition d'efficacité. Cette division établit une première jonction entre *l'avoir* et *le pouvoir.*
3. La finalité avouée du système est *la croissance économique* (sans coefficients qualitatifs obligatoires), obtenue grâce au profit monétaire des unités de production. Ce profit peut être recherché à *court terme* ou à *long terme,*

---

20. Alain BIROU, *Vocabulaire pratique des sciences sociales.*
21. *Initiation économique et sociale,* t. II, p. 177.

par exemple par la médiation des dépenses effectuées pour la recherche scientifique.

4. Le pouvoir économique appelle ou implique *le pouvoir politique*, c'est-à-dire la consolidation de liens étroits entre les forces économiques et l'appareil d'État. Avec l'exception que représente la social-démocratie, quand celle-ci est plus que nominale.

5. Ce voisinage favorise une formulation des priorités sociales en fonction des critères et des perceptions à la mode dans le monde des affaires.

6. Intégration de la science et de la technique. À l'origine de la croissance économique la science et les découvertes techniques ont joué un rôle moteur. Ils ont encouragé l'économie à innover, et maintenu son potentiel de renouvellement. Le pouvoir qui résulte de la possession du savoir ajoute à la puissance et à la stabilité du système.

   Celui-ci s'appuie donc sur l'intégration de trois leviers : *l'avoir* (argent et moyens de production), *le pouvoir* (économique et politique), *le savoir* (progrès scientifique, application technique et apport des intellectuels traditionnels[22]).

7. L'entreprise. « Cellule économique qui exerce une activité rémunératrice par la production, la circulation ou l'échange de biens ou de services » (Alain Birou), l'entreprise « est le *microcosme capitaliste*, l'institution cardinale du capitalisme[23] ». On entend ici l'entreprise au sens strict, c'est-à-dire celle qui forme une combinaison économique utilisant les facteurs techniques et qui avant tout obéit à des critères économiques en vue de placer un produit sur le marché. Elle se situe à un autre palier que les unités productives visant premièrement à assurer la subsistance de leurs membres. « Elle répond à l'appel des besoins solvables du marché ; elle se conforme à la hiérarchie de leur solvabilité et non à celle de leur urgence appréciée en termes de laboratoire ou par référence à la morale d'un groupe[24]. »

Le terme *entreprise* désigne soit de petites entités économiques à dimension personnelle ou familiale, soit de grandes sociétés privées, nationales ou multinationales. Cette dernière catégorie soulève des interrogations morales particulières.

---

22. On pourrait ajouter un *quatrième* levier : celui de la diffusion de l'information et du savoir, grâce à un quasi-monopole sur les communications, qui véhiculent une énorme quantité de savoir et d'objets de savoir constituant un obstacle à la connaissance des questions vraiment importantes (processus de désinformation). À noter aussi que la propriété des médias permet aux pouvoirs économiques de se renforcer en plaçant, à l'intérieur des appareils d'information, des gens attentifs à leurs désirs et qui partagent la même idéologie.

23. François PERROUX, *Le capitalisme*, p. 18.

24. *Ibid.*, p. 17-18.

4. RÉALITÉ PLURIFORME

4.1 Force immense gonflée d'énergie, le régime capitaliste a tissé l'histoire de l'Occident depuis quatre siècles en même temps que, grâce à sa flexibilité et à sa souplesse étonnantes, il s'est adapté à la diversité des conjonctures. Des pré-capitalistes génois et vénitiens à l'ITT, en passant par Francis Drake et les premiers entrepreneurs américains, il existe autant de dissimilitudes que de ressemblances. C'est au capitalisme qu'on doit la *révolution industrielle* qui a hissé les pays d'Occident à la tête du peloton des États économiquement développés.

4.2 On distingue le capitalisme pré-industriel et le capitalisme industriel, ce dernier prenant forme vers le milieu du XVIIIe, en Angleterre. À l'intérieur du capitalisme industriel, on découpe habituellement trois étapes historiques datées différemment selon les auteurs. Albertini, propose la division suivante[25] :

1) NAISSANCE DU CAPITALISME INDUSTRIEL (1750-1850)
   C'est la période dure : on construit le capital avec célérité, en mettant à profit les découvertes techniques et en exploitant à la limite les forces ouvrières. Le coût humain de cette construction du capital est très élevé.

2) TRIOMPHE DU CAPITALISME (1850-1914).
   C'est la période du décollage. Les pays qui franchissent cette étape deviennent économiquement développés. On note une croissance réelle du niveau de vie en général, mais le coût humain de la croissance demeure élevé. Le capitalisme se révèle à la fois sauvage, aventurier et excentrique.
   Le développement des USA, le pillage du Tiers-Monde et l'essor du Japon marquent les sommets de cette période.

3) MÉTAMORPHOSES DU CAPITALISME (1914 À NOS JOURS)
   La crise de 1929 provoque un choc et révèle les contradictions du système. Celui-ci, faisant preuve de souplesse, s'accommode de l'intervention croissante des pouvoirs publics. L'organisation et la technostructure remplacent l'entrepreneur et l'imprévision. Profit et propriété ne jouent plus un rôle aussi important que jadis. Mais «le pouvoir reste cependant accaparé par une minorité qui s'en est emparé en s'abritant derrière l'alibi de la propriété[26]». La production dépasse les besoins réels. Pour maintenir l'activité économique, il faut accroître et stimuler la consommation : d'où *le capitalisme de la société d'abondance*.

---

25. ALBERTINI, *Capitalisme et socialisme à l'épreuve*, p. 11 *ssq.*
26. ALBERTINI, ouvrage cité, p. 237.

4.3 À cette évolution décrite par Albertini, il convient d'ajouter trois volets :

a) LA SOCIÉTÉ POST-INDUSTRIELLE. Une nouvelle division s'ajoute suite à l'évolution technique. Informatique, robotique et autres innovations transforment les modes de production et accroissent considérablement le potentiel de création de biens. L'innovation technologique tend à marginaliser des modes de contribution du travail humain et crée le chômage dans l'abondance. De nouveaux écarts s'instaurent entre pays et entre classes sociales à l'intérieur de chaque pays. Le problème central de la finalité humaine de l'économie se présente sous de nouvelles formes.

b) LE COMPLEXE MILITARO-INDUSTRIEL. Il semble être un important bénéficiaire du virage technologique. Son essor débridé, aussi bien dans les pays dits socialistes et d'obédience soviétique qu'en Occident, met en péril la survie même de la communauté humaine.

c) L'HÉGÉMONIE AMÉRICAINE. Elle s'est raffermie à la suite du déclin du « socialisme réel ». Elle pourrait être freinée par la communauté économique européenne et par le capitalisme japonais.

4.4 Les distinctions précédentes s'appliquent bien aux pays qui ont atteint et dépassé la phase de décollage dans le développement. Mais elles valent moins pour d'autres pays. Selon le rôle que jouent les divers États et leur façon de s'imbriquer dans l'économie mondiale, on décèle un large éventail de capitalismes : capitalisme nord-américain, capitalisme du Marché commun européen, capitalisme satellisé de pays développés, capitalisme sauvage à la brésilienne, néocolonialisme, capitalisme des pays en voie de développement, etc.

Cette diversité révèle la souplesse du régime. Mais aussi ses faiblesses et ses contradictions. On dit que le développement accompagne le capitalisme. Cela dépend du type de capitalisme et des relations qu'il entretient avec tel pays, tel groupe humain particulier. Le capitalisme anglais a été à la source du développement de l'Angleterre, mais aussi du sous-développement de l'Inde. Le capitalisme anglo-canadien au Québec a aidé au développement de la minorité anglophone, moins à celui de la majorité francophone. Le capitalisme brésilien favorise l'avènement d'une classe d'entrepreneurs et de bourgeois en même temps qu'il engendre le sous-développement économique et social chez les paysans et les ouvriers. Le capitalisme français en Algérie, à l'apogée de sa prospérité, s'accommodait fort bien du sous-développement de la communauté algérienne.

Tout le long de son cheminement historique, le régime capitaliste a provoqué des retombées disparates, bénéfiques pour les uns, désastreuses pour les autres, les uns profitant de mille avantages, les autres étant obligés de se contenter des miettes. (« Né pour un petit pain », disait-on du travailleur québécois voué à fournir la main-d'œuvre à bon marché nécessaire au fonctionnement des entreprises capitalistes anglo-canadiennes).

5. L'IMPÉRIALISME ÉCONOMIQUE

5.1 Pluriforme dans ses réalisations, le capitalisme franchit des seuils quantitatifs qui marquent l'émergence de formes nouvelles. Entre le petit entrepreneur, dont le revenu est inférieur à celui de beaucoup de salariés, et la grande société par actions, la marge est énorme. Une barrière économique et sociale sépare les deux types d'agents économiques.

Entre les grandes entreprises, dont le caractère monopolistique s'affiche davantage chaque jour, et une entreprise moyenne, l'écart est également considérable. La force économique regroupée se transforme en empire économique. Les nouveaux empires dépassent en ressources financières et en pouvoir de marchandage la capacité de plusieurs États nationaux.

5.2 LA MONDIALISATION DES MARCHÉS. La puissance de l'impérialisme économique se fait lourdement sentir dans le commerce international. Quand celui-ci s'exerce entre des États dont l'économie est développée, une relative équité préside aux échanges. En revanche, une situation d'inégalité et d'iniquité s'instaure quand les échanges ont lieu entre partenaires inégaux. C'est ce qui se produit dans les échanges commerciaux entre les pays développés et le Tiers-Monde. Paul VI a vigoureusement dénoncé ce vice structurel du système capitaliste (*Populorum progressio*, nos 56-61).

5.3 LES MARCHANDS DE CANONS. Le commerce des armes est le type d'activité économique qui met le plus en évidence certains aspects odieux et inhumains de la loi du profit. Nombreux sont les pays développés qui se livrent allègrement à ce commerce. Il est plus facile aux pays pauvres d'obtenir des crédits pour l'achat d'armes que pour irriguer les sols, fabriquer des engrais, faire progresser l'agriculture ou développer la petite industrie. Les conflits à portée limitée entre pays pauvres contribuent à renforcer l'économie des pays riches[27].

5.4 LES SOCIÉTÉS MULTINATIONALES. Elles constituent la forme la plus voyante du capitalisme monopolistique. Ce qui frappe dans leur fonctionnement, c'est moins le fait qu'elles puissent occasionnellement se concur-

---

27. Voir *Atlas du monde armé*, de Michael KIDRON et Dan SMITH, chez Calmann-Lévy, 1983. — Dans *Sollicitudo rei socialis* (nos 21-22), Jean-Paul II considérait comme un obstacle majeur au développement la transposition dans le Tiers-Monde de l'antagonisme entre l'Est et l'Ouest. Cet antagonisme s'est longtemps perpétué à travers les conflits armés qui ont opposé entre eux des pays sous-développés. Partout dans le monde, les pauvres continuent de s'entretuer avec les armes que leur vendent les riches.

rencer et s'affronter, mais qu'elles se complètent plutôt pour former une force institutionnalisée dont le pouvoir dépasse largement celui de la plupart des États nationaux. Ce pouvoir économique se double d'un potentiel inquiétant d'influence politique.

Quelques constatations illustrent l'ampleur du phénomène.

1. Sept des plus grandes entreprises américaines produisent autant de biens que l'ensemble du Canada;

2. Le budget de la seule GM dépasse ceux de la Belgique et de la Suisse réunis;

3. Certaines entreprises n'hésitent pas à appuyer financièrement des gouvernements indigènes corrompus et répressifs, dès qu'un tel appui s'avère rentable;

4. Elles dilapident les richesses naturelles des pays en voie de développement, obtiennent des concessions favorables à vil prix, souvent en corrompant les hommes politiques et les administrateurs;

5. Implantées dans plusieurs pays, les entreprises multinationales sont en meilleure position de négociation que les États nationaux isolés. Elles peuvent, par exemple, provoquer ou permettre un chômage temporaire, quitte à investir ailleurs, pour forcer un pays à se montrer moins exigeant et plus conciliant. Leur objet prioritaire est la réalisation d'un certain taux de croissance et de profit, et non pas le développement du pays qui les reçoit;

6. Leur implantation multiple et diversifiée leur permet d'échapper aux législations nationales sur la fiscalité et la circulation des capitaux. La menace de *fuite des capitaux* est une des formes préférées de chantage de la part de ces entreprises;

7. Certaines entreprises n'hésitent pas à intervenir directement dans la vie politique des pays où elles s'implantent. Parfois, elles voient elles-mêmes à mettre au pouvoir un gouvernement complaisant (par exemple United Fruit au Guatemala). Le cas le plus spectaculaire d'intervention indue, en ces récentes années, demeure sans doute celui de l'odieuse machination ourdie par l'ITT pour tenter de renverser le gouvernement Allende au Chili en 1970[28]. Une nouvelle tentative, menée en accord avec la CIA, le gouvernement américain et des forces réactionnaires locales aboutira au coup d'État de septembre 1973 et à l'accession au pouvoir du tristement célèbre Augusto Pinochet.

---

28. Au sujet de cette tentative, voir le discours du président Salvador Allende du 4 décembre 1972 (à l'ONU). Reproduit par ANTHONY SAMPSON dans *ITT, État souverain*, p. 436 *ssq.*

5.5 Problème de moralité structurelle. L'énorme pouvoir économique que détiennent les sociétés multinationales, l'absence de préoccupations sociales de plusieurs d'entre elles, la puissance technologique qu'elles détiennent et qui rend leur présence parfois indispensable, les abus dont elles se rendent coupables dans des pays qui sont encore aux prises avec le sous-développement : autant de composantes d'une problématique morale intrinsèquement reliée à des questions d'aménagements structurels. Une fois de plus, nous voilà loin du «capitalisme en soi». Une fois de plus, nous constatons l'inutilité d'une attitude moralisatrice qui voudrait se dispenser de la mise en question de structures de pouvoir, de forces économiques bien concrètes en position de domination.

> Puisque l'économique prend le relais du militaire, la transposition s'impose. L'impératif «Jamais plus la guerre» doit s'appliquer à tout le domaine de l'économie pour combattre les agressions et les oppressions des infrastructures lourdes et des nouvelles «puissances» financières, industrielles, commerciales, dans leur course au monopole ou à la domination, sur les terres, au fond des mers et dans l'espace. Le droit de légitime défense, le droit à l'identité nationale ou régionale doit être sauvegardé et défendu désormais dans les transactions internationales et dans les politiques étrangères avec autant de fermeté et de courage qu'en matière de sécurité nationale militaire. Sans se confondre avec le seul développement économique, la paix doit s'en préoccuper constamment[29].

5.6 L'impérialisme américain. Dans l'ensemble, les «États économiques souverains» sont des composantes de l'économie américaine. La plupart ont leur siège aux États-Unis. Elles prolongent l'influence des USA à travers le monde, facilitent leur expansion culturelle et consolident leur prestige. Elles profitent en retour de la force de persuasion de la politique américaine (et parfois de l'armée) pour promouvoir leurs propres intérêts. Elles sont à la fois partie intégrante et fer de lance de l'impérialisme américain.

> Les intérêts privés nord-américains sont les intérêts publics du Gouvernement des États-Unis, la raison d'État de l'Empire[30].

Cet Empire a pris la succession des puissances coloniales en déclin. Il pratique un néocolonialisme qui recourt à un éventail diversifié de méthodes : une technologie avancée, une grande efficacité administrative,

---

29. Lettre du Cardinal Roy pour le 10ᵉ anniversaire de *Pacem in Terris*.
30. Armando Uribe, *Le livre noir de l'intervention américaine au Chili*, p. 143.

l'investissement de capitaux considérables[31], le lobbying auprès des pouvoirs politiques indigènes, parfois la subversion et le recours à la force armée.

L'Empire américain n'est pas seulement le plus puissant que l'Histoire ait connu. Il est surtout, à bien des égards, le plus original. Jamais un aussi petit nombre d'hommes n'avaient réussi à porter aussi loin leur influence, à marquer de leur empreinte la vie quotidienne d'un aussi grand nombre de peuples. Avec deux cents millions d'habitants, les États-Unis ne représentent en effet qu'une infime portion — à peine 6% — de la population mondiale. Mais à eux seuls ils produisent plus que l'ensemble des pays communistes et assurent 43% de la production du monde non communiste. Nul point du globe n'est à l'abri de leurs armes, et ils possèdent la possibilité d'anéantir plusieurs fois toute vie sur la planète. Nul peuple, avant eux, n'avait acquis une telle capacité de produire, une telle aptitude à détruire[32].

Impérialisme américain, disent les gens hostiles. Si l'on entend par là qu'une vaste structure militaire, économique et administrative est potentiellement en état de lutte contre les structures concurrentes, et qu'elle porte, à l'état latent, une volonté de puissance, c'est en effet de l'impérialisme[33].

Soulignons que des porte-parole autorisés de l'intelligentsia américaine sont tout à fait d'accord avec cette image d'un Empire fondé sur «les responsabilités de la puissance» (Sénateur Fulbright) et ayant comme mission «de rendre le monde plus heureux, plus ordonné et de le faire encore plus à notre image» (Ronald Steel[34]).

5.7 Le capitalisme financier. Cette composante du système est le moteur du capitalisme industriel et commercial. Elle fournit en quelque sorte le sang à l'organisme économique. Elle est de surcroît pourvue d'une capacité d'activité autonome avec des finalités qui lui sont propres. Le capitalisme financier sert en même temps les intérêts de petits épargnants (entre autres par les caisses de retraite), ceux des institutions bancaires et financières (incluant les caisses populaires), ceux des spécialistes de la

---

31. En réalité, il s'agit souvent d'une mystification. Comme l'a amplement démontré Kari Levitt dans *La capitulation tranquille* (et ce que confirme, dans *Le défi américain*, Jean-Jacques Servan-Schreiber, admirateur enthousiaste des USA), les entreprises américaines investissent en grande partie l'argent recueilli dans le pays colonisé. L'apport réel de capitaux en provenance des USA peut parfois ne pas dépasser 10% du montant officiellement investi. Leur apport spécifique est celui du *know-how* (savoir-faire), d'une capacité productive et organisationnelle souvent inégalée.

32. Claude Julien, *L'Empire américain*, Paris, Grasset, 1968, p. 17.

33. Max Lerner, cité par Claude Julien, *Ibid.*, p. 20.

34. Voir témoignages cités par Claude Julien, *ibid.*, p. 19-23.

spéculation boursière et ceux du crime organisé (blanchiment de l'argent). Il incarne l'argent générateur de l'argent et sert d'écran à la pratique de l'usure structurelle.

6. LE CAPITALISME AU QUÉBEC

6.1 Le palier artisanal. Les petites entreprises sont nombreuses au Québec : exploitations agricoles, menuiseries, scieries, petits commerces, etc. Ceux qui les dirigent sont dans l'ensemble bien intégrés à la vie quotidienne locale et se distinguent peu, par leur niveau de vie, de leur entourage. La fondation de telles entreprises a souvent exigé un apport de travail personnel considérable et beaucoup de ténacité. C'est une vue de l'esprit que d'identifier les propriétaires de ces entreprises à une bourgeoisie dominante.

6.2 LE CAPITALISME INDIGÈNE. On dénombre au Québec plusieurs entreprises de dimension relativement importante gérées par des francophones. Ce capitalisme a parfois pris forme grâce à un heureux concours de circonstances, dont certaines de nature politique. Ceux qui y occupent une situation privilégiée sont en certains cas culturellement assimilés au milieu anglophone capitaliste. Un comportement en voie de s'estomper, surtout depuis la Révolution tranquille.

La *mentalité de classe* y est apparente. Plusieurs catégories professionnelles qui jouissent d'un niveau économique avantageux (avocats, médecins, architectes, ingénieurs-conseils, énarques[35], etc.) se rattachent de près ou de loin à cette classe sociale.

6.3 L'ESTABLISHMENT ANGLO-CANADIEN. Favorisé historiquement par l'occupation militaire de 1760, par un habile contrôle de l'appareil politique et par son appartenance au réseau colonial anglais, il a dominé longtemps la majeure partie de la vie économique québécoise. À l'intérieur du réseau mondial de l'impérialisme économique, son rôle demeure néanmoins modeste.

6.4 LES SOCIÉTÉS MULTINATIONALES. Au Québec comme dans le reste du Canada, les sociétés multinationales occupent une place considérable dans la vie économique (par exemple l'industrie de l'amiante, Alcan, Bombardier, Québecor). Elles contribuent de façon importante à la vie économique du Québec.

---

35. En France, le mot *énarques* désigne les hauts fonctionnaires huppés, grands commis de l'État issus de l'ENA (École nationale d'administration). Au Québec, on les appelle parfois les mandarins du pouvoir.

7. LES PERFORMANCES

La civilisation capitaliste inscrit à son crédit des performances impressionnantes. Il convient de les énumérer, d'en mieux circonscrire les causes et de tenter d'en évaluer le coût. C'est seulement à partir d'une telle évaluation, toute approximative et imparfaite qu'elle soit, qu'on peut élaborer une praxis morale valide face au système qui enserre dans son filet l'ensemble des activités quotidiennes dans les pays d'Occident.

7.1 Les performances. Depuis quatre siècles le capitalisme occidental bat la marche dans le monde. Il innove, invente, transforme, développe. On peut de nos jours élaborer des théories sur les lois du développement parce que le capitalisme en a inventé le modèle-type. C'est avec le capitalisme que l'homme a révélé son ingéniosité et sa créativité et assumé sa vocation de maître de l'univers.

7.2 La croissance qui caractérise le capitalisme est d'abord économique et matérielle. Mais elle est aussi humaine et qualitative. L'énorme essor de l'infrastructure matérielle et technique a donné à la liberté humaine un nouvel appui. Le bien-être, pour qui s'en sert avec intelligence, se transforme en mieux-être. Libéré des antiques servitudes qui s'appellent la faim, la misère, le froid, la maladie, l'ignorance, l'homme de la société capitaliste moderne, lorsqu'il jouit d'un revenu décent, peut tendre vers les biens de dépassement, se livrer à l'activité esthétique, dépenser son temps en diverses occupations rendues possibles grâce à l'imagination créatrice des producteurs de biens de consommation.

7.3 Le mérite le plus grand du capitalisme est d'avoir, dans plusieurs pays, réalisé cette croissance de l'humanité dans un contexte de relative liberté. Les pionniers du capitalisme aimaient l'argent, mais non moins la liberté. Ils ont obligé le pouvoir politique à respecter un code de conduite dans ses rapports avec les citoyens ordinaires.

7.4 En dépit de ses lacunes et des failles conceptuelles qui ont marqué sa genèse, le libéralisme, considéré comme option morale et politique, est un gain de l'histoire. Il a cheminé dans le train du capitalisme, du moins dans les pays développés. Pour les peuples dominés, ce fut hélas une tout autre histoire.

8. AUX SOURCES DES PERFORMANCES

Dans cette distribution des mérites, il faut bien reconnaître que plusieurs des performances de l'ère capitaliste ne résultent pas uniquement du régime économique, de l'économie de marché et de l'entreprise privée, bref des institutions considérées comme spécifiquement capitalistes.

Divers facteurs étrangers à l'appareil capitaliste ont joué un rôle essentiel dans le développement de l'Occident:

1. La science et la technique, fruit de l'effort collectif des savants, des inventeurs et des techniciens (les travailleurs intellectuels), que le pouvoir économique a accaparées comme si c'était une propriété privée;
2. L'énergie des travailleurs, souvent exploités et dont l'apport nourrit l'accumulation capitaliste;
3. L'effort quotidien des citoyens ordinaires (comme le travail non payé des mères de familles), grâce auquel sont assurés les besoins de base des individus non productifs et des conditions de vie adéquates pour les personnes directement engagées sur le marché du travail;
4. Les consommateurs. Sans des consommateurs fidèles, obligés de satisfaire des besoins quotidiens ou incités par la publicité à acheter des produits de luxe et des gadgets, les appareils de production ralentissent. Le devoir du citoyen consommateur, c'est d'acheter et de consommer. On l'invite sans cesse à pratiquer la religion du consumérisme. Ceux qui combattent les pratiques de consommation sont considérés comme des ennemis du système[36].
5. Le contexte de liberté politique qui oblige les agents économiques à rectifier leur tir et à corriger en partie les failles du système;
6. L'action sociale réformatrice, qui introduit des correctifs visant à rendre l'économie plus humaine;
7. Le syndicalisme, dont le dynamisme et la force de négociation obligent à réaliser un meilleur partage des fruits de la croissance et à prendre conscience de la primauté du travail humain sur le capital;
8. L'engagement des Églises, dont les prises de position, les initiatives concrètes et les interventions en faveur des plus démunis contribuent largement à civiliser et à humaniser l'activité économique.
9. La peur du communisme. Les détenteurs du pouvoir économique se sont souvent résignés à des réformes sociales et à des contraintes non par conviction, mais par peur d'une montée du communisme.

À l'intérieur même des sociétés capitalistes, des masses d'hommes et de femmes apportent une contribution essentielle au développement, sans être mues par le ressort du profit. Ils ne travaillent pas d'abord pour le profit, mais pour assurer une vie plus décente et plus humaine à ceux qui les entourent. Ils le font parce qu'ils aiment. Ils travaillent, parce que le travail fait

---

36. Novembre 1997: les trois grands réseaux américains de télévision refusent un message publicitaire incitant les citoyens à s'abstenir d'effectuer des achats le lendemain de l'Action de grâce. Motif invoqué pour légitimer le refus: ladite publicité allait à l'encontre de la politique économique américaine. Voir *La Presse*, 23 novembre 1997.

partie de la qualité de la vie. Chez beaucoup d'entre eux (par exemple travailleurs bénévoles, religieux et religieuses), des motivations plus importantes que le profit inspirent l'effort quotidien. Même chez des individus engagés directement dans l'activité économique (artisans, petits commerçants, etc.), diverses motivations (créativité, intégration sociale, altruisme) jouent un rôle aussi important que la recherche du profit. C'est verser dans une sorte de mépris larvé des êtres humains que de considérer le profit comme le ressort unique de l'activité quotidienne, économique ou non.

9. LES COÛTS DU SYSTÈME

Tout développement coûte quelque chose. On reconnaît par exemple le fait d'une croissance indéniable dans l'ex-URSS, mais on est frappé par son coût humain inutilement élevé. Tout comme on admire les Pyramides, mais non pas la brutalité de ceux qui ont fait mourir des milliers d'esclaves dans les travaux de construction.

On devient plus sensibilisé actuellement au coût du capitalisme : son coût passé, son coût présent. Dans le cas du capitalisme sauvage du XIXᵉ siècle, le sentiment est unanime : ce fut un régime brutal, inhumain, immoral. Ce coût élevé se retrouve dans le capitalisme sauvage contemporain.

Le capitalisme policé des pays industrialisés d'Occident est plus humain. Mais cette baisse du coût humain est attribuable non pas au capitalisme lui-même mais aux forces sociales qui l'ont contraint à s'humaniser : les syndicats, les partis socialistes, les Églises, l'opinion publique. Là en effet où les libertés démocratiques connaissent une certaine efflorescence et disposent de moyens concrets pour s'exercer, le capitalisme est obligé de s'amender et de se montrer plus civilisé.

Pour évaluer les coûts du capitalisme, on peut considérer divers paliers : économique, écologique, humain et social, moral et spirituel, politique.

9.1 Coût économique. Dans les sociétés où le capitalisme jouit d'une ancienne implantation et peut inscrire à son crédit d'indéniables réussites, on est enclin à affirmer a priori que c'est le régime le plus efficace et le moins coûteux. Ce qui est loin d'être toujours évident.

Le mythe de la croissance érigée en absolu entraîne d'énormes gaspillages et des coûts élevés[37]. L'activité économique anarchique s'accompagne de chômage, d'inflation et de l'apparition de nouvelles zones de pauvreté. Le monde des affaires attire dans son voisinage et dans des activités parallèles une nuée d'aventuriers et de parasites. Les vieilles fortunes accumulées

---

37. Vance PACKARD a mis en lumière cet aspect du régime dans son ouvrage coloré et plein de verve, *L'art du gaspillage*, Paris, Calmann-Lévy, 1962.

entretiennent aussi leurs cohortes de parasites. Des activités d'une utilité douteuse se voient rétribuer de façon plantureuse. Par exemple, à la suite des tractations secrètes, les services publics accordent à des travaux exécutés par de grandes entreprises des émoluments excessifs. Grâce au monopole technologique, de grandes entreprises sont en mesure d'imposer à la collectivité un coût exagéré pour des produits indispensables (voir le scandale des produits pharmaceutiques en Amérique du Nord). Il faut souligner aussi le gaspillage énorme qu'entraîne la course aux armements, surtout dans les pays qui, à l'instar des États-Unis ou de la France, font de la vente des armes un secteur majeur de leur commerce extérieur.

> *L'économie capitaliste est entraînée dans un mouvement quasi irréversible*, tant qu'elle se prolonge dans sa nature actuelle, tant que dominent les impérialismes, tant que persistent les dominations, tant que règne le roi Profit. La France a besoin, pour équilibrer sa balance des comptes, de vendre des armes à l'étranger, à ses clients. Elle démarche donc auprès de l'Afrique du Sud, où elle renforce la puissance de l'apartheid, au mépris du simple respect de la dignité des Africains. Elle en vend de plus en plus aux pays non développés, sans pourtant ignorer que de ce fait elle compromet leur développement: car il lui faut «équilibrer sa balance des comptes» — ne serait-ce que pour se ravitailler en pétrole, minerais, aliments parfois de luxe..., permettant *le gaspillage de ses privilégiés*[38].

9.2 Coût écologique. Viennent s'inscrire au passif écologique du capitalisme la destruction des richesses naturelles, la pollution de l'eau et de l'air, la dégradation progressive de l'habitat (voir entre autres le dossier des pluies acides).

L'approche écologique oblige à évaluer avec un regard neuf l'ensemble des données économiques. Comme l'ont démontré les auteurs du rapport Brundtland[39], on ne peut plus séparer les projets de croissance économique et l'environnement. Il est devenu illusoire de poursuivre un développement économique qui voudrait ignorer les exigences d'ordre écologique. Le gaspillage des ressources naturelles, la destruction des forêts, la désertification, la destruction des terres arables, la pollution de l'eau et de l'air, la production accélérée de déchets toxiques, la destruction de la couche d'ozone, l'encombrement de produits inutiles dans les pays riches et l'aggravation de la pauvreté ailleurs, la course aux armements: ces multiples composantes d'un processus global nous acheminent vers un désastre de dimension cosmique.

---

38. René Dumont, *L'utopie ou la mort*, Paris, Seuil, 1973, p. 76.
39. *Notre avenir à tous*, Rapport de la Commission mondiale sur l'environnement et le développement, Montréal, Éd. du Fleuve, 1988.

À la fois agronome, expert en développement, écologiste et moraliste, René Dumont s'est évertué, dans de nombreux ouvrages, à nous faire prendre conscience de la gravité du processus dramatique dans lequel nous entraînent un libéralisme débridé et la cupidité aveugle des riches et des puissants de ce monde.

9.3 Coût humain et social. L'exploitation de l'homme par l'homme et la discrimination économique font partie de la nature même du capitalisme. Les inégalités qu'on dénombre sont moins naturelles et inévitables qu'on le prétend. *Elles résultent fondamentalement de la structure même du système.* C'est un cas de « structure de péché ».

Au passif humain et social, il faut inscrire l'hostilité larvée et parfois déclarée des pouvoirs économiques envers les politiques sociales, la persistance scandaleuse de situations de pauvreté et de misère qu'une politique efficace de justice distributive pourrait en grande partie supprimer, des conditions inhumaines de travail, le décalage entre la richesse privée et la pauvreté des équipements collectifs, la situation misérable du logement dans les villes, la discrimination dans les facilités d'accès à l'éducation et à la culture, etc.

9.4 Coût moral et spirituel. Au passif moral et spirituel du capitalisme, il y a lieu d'inscrire la distorsion de l'échelle des valeurs humaines et morales. Les hautes finalités morales et spirituelles passent au second plan. (À ce point de vue, le capitalisme est un matérialisme aussi radical que le marxisme). Le capitalisme nourrit un projet de croissance, mais non de civilisation. « C'est la première société dans l'histoire qui ne soit fondée sur aucun projet de civilisation[40] ».

Dans ce système, la gratuité et le désintéressement s'estompent. « Tout peut être acheté ou vendu. Il n'est rien qui ne soit happé dans les engrenages de ce moulin du diable[41]. »

> Une telle société est *sécularisée*, en ce sens que la religion y est devenue « affaire privée ». Mais elle n'est pas, pour autant, *désacralisée*, car elle demeure soumise à une fin absolue, extérieure et supérieure à la volonté des individus qui la composent, bien que cette fin n'ait plus une forme religieuse : le succès économique des entreprises (individuelles ou collectives) devient une fin en soi.

> Galbraith a résumé en une boutade le caractère fondamental d'une telle civilisation : tout s'y passe comme si saint Pierre, pour orienter les uns vers le paradis, les autres vers l'enfer, leur posait cette seule question : qu'as-tu fait, sur la terre, pour augmenter le produit national brut[42] ?

---

40. Roger Garaudy, *L'alternative*, p. 50.
41. Ouvrage cité, p. 49.
42. Ouvrage cité, p. 51.

Au primat de l'argent et du profit sur les valeurs morales et spirituelles s'ajoute la primauté de la force sur le droit. Le droit existe, mais c'est celui qui est imposé par les plus forts. Le principe de l'égalité des citoyens devant la loi, tenu en haute estime par le libéralisme politique, est continuellement miné à la base par le darwinisme économique qui cherche à imposer la loi du plus riche, tant dans l'élaboration des lois que dans le fonctionnement de l'appareil judiciaire.

L'agressivité, la tendance à exploiter l'autre, un goût de violence feutrée (et parfois ouverte) marquent le monde capitaliste. Dès que disparaît, après maints efforts et des mesures législatives longtemps réclamées, telle forme d'exploitation, une autre surgit. Dans un pareil système, le citoyen ordinaire est perpétuellement agressé, que ce soit par la manipulation de commerçants véreux, la publicité douteuse, les prêts usuraires, l'exploitation cynique de la naïveté des gens, etc.

Le prestige du spéculateur et l'attrait qu'exerce le gain facile tendent, dans un tel système, à dévaloriser le travail quotidien, l'effort souvent pénible accompli par celui qui n'a d'autre ressource que de mettre sa force physique ou intellectuelle au service de ceux qui contrôlent le pouvoir économique. Le travail quotidien, tenu en haute estime par les pionniers du capitalisme, n'est plus qu'un ingrédient dans la production. Il est soumis à des calculs minutieux afin d'en tirer le maximum d'avantages au moindre coût possible.

Au passif moral, il faut aussi inscrire l'estime qualitative accordée à la possession des richesses. Dans ce système, *avoir plus* devient synonyme *d'être plus*.

Notons enfin la fragilité de la moralité dans les sociétés capitalistes. Il est inévitable qu'en accordant une telle estime à la possession omniprésente de l'argent, on déclenche des appétits voraces. La légalité ou l'apparence de légalité acquièrent une importance beaucoup plus grande que la moralité. Une société capitaliste nourrit, de par son fonctionnement même, des germes puissants de corruption civique[43].

9.5 Coût politique. Pour Aristote, la politique est l'activité morale la plus importante. En pratique, l'exercice du pouvoir, sous tous les régimes, est une entreprise périlleuse, autant dans les pays socialistes que capitalistes. Dans ces derniers, en dépit des bonnes intentions du libéralisme, l'esprit capitaliste exerce des ravages destructeurs. Le culte du profit et le statut privilégié des puissances économiques pèsent d'un lourd poids sur les décisions dont l'objectif premier est censé être la promotion humaine et

---

43. En lisant Zinoviev, Boukowsky ou Soljenitsyne, on constate que le capitalisme d'État soviétique a produit, après quelques décennies de pouvoir, un type humain, l'*homo sovieticus*, non moins sensible aux mêmes germes de corruption morale.

morale de la collectivité. La menace permanente que l'esprit capitaliste fait peser sur la société civile, c'est celui de la *confiscation du politique* au profit des pouvoirs économiques. Le symptôme révélateur de ce danger, c'est la *corruption politique et administrative*, en partie contenue et réprimée, heureusement, là où un authentique libéralisme politique inspire les institutions, les médias et l'opinion publique.

10. LA CRITIQUE SOCIALE CHRÉTIENNE

10.1 De Léon XIII à Jean-Paul II on observe une attitude critique, tantôt radicale, tantôt mitigée, face au capitalisme. On reconnaît la légitimité de la propriété privée des biens de production et les avantages d'une libre concurrence soumise à des normes éthiques. Mais on dénonce les abus et les failles du système, parfois dans un langage percutant, comme le fait Pie XI dans *Quadragesimo anno* (voir nᵒˢ 113-117).

10.2 Les rapports entre le christianisme social et le capitalisme tiennent du paradoxe. D'une certaine façon, le capitalisme forme un sous-produit de la culture judéo-chrétienne, comme l'ont montré Sombart et Weber. En contrepartie, il charrie des virus anti-évangéliques: l'idolâtrie de l'argent, la glorification de la richesse, la dureté dans les rapports sociaux, l'exploitation des plus démunis, l'idéologie économiste.

10.3 Dans les faits, les Églises chrétiennes ont souvent entretenu des rapports de bon voisinage avec les puissances économiques capitalistes: ce qui est particulièrement vrai des confessions protestantes de tradition calviniste.

10.4 La pensée sociale chrétienne inspirée par la théologie de la libération accentue la critique radicale du système et rend plus gênants les compromis auxquels sont tentés de céder des chrétiens liés de près à l'appareil ecclésial.

10.5 Certains ont vu dans *Centesimus annus* un acte de réhabilitation du système capitaliste. Ils ont mal lu le texte. Il est vrai que le document souligne l'échec de la solution marxiste et du « socialisme réel ». Il est vrai aussi qu'on y trouve — ce qui n'est pas une nouveauté — une affirmation de la fonction utilitaire de l'entreprise et qu'on n'y trouve pas une critique vraiment sévère du « capitalisme réel », celui qui prévaut dans plusieurs pays du Tiers Monde et multiplie les poches de sous-développement dans les pays avancés. En revanche, le document contient une mise en garde clairement formulée à l'égard des dangers d'un capitalisme non soumis à des normes éthiques. Pour Jean-Paul II, la faillite du « socialisme réel » ne fait pas du capitalisme l'unique solution d'avenir, ni ne permet de passer désormais sous silence les lacunes du système (*Centesimus annus*, nᵒˢ 35-42).

11. OBSERVATIONS COMPLÉMENTAIRES

Le capitalisme peut être considéré comme un ensemble technique de production de biens et de service, un mode d'organisation des activités socio-économiques, ou encore un réseau de valeurs liées à une mentalité particulière et générant un mode de vie et une civilisation. Face à cette réalité à multiples facettes interreliées, diverses options s'offrent à nous :

a) s'intégrer de cœur et d'esprit au système en acceptant d'y apporter au besoin les correctifs qui en adoucissent les distorsions (amortisseurs sociaux) ; attitude fondée sur le principe du meilleur possible de la nature humaine et sur l'absence présumée d'une solution de rechange valable : ce qui implique qu'on accepte sans discuter les lois du marché, les récessions, le chômage, les inégalités structurelles, la concurrence sans frein, etc.

b) considérer le système comme une phase historique normale et incontournable du développement de l'humanité (tout au moins de l'Occident) et s'appliquer à le réformer de l'intérieur ;

c) considérer le système comme *intrinsèquement vicié par l'économisme* qui l'imprègne, par sa tendance connaturelle à générer l'inégalité et l'exploitation, et travailler à le transformer radicalement de l'intérieur dans une perspective de socialisme démocratique ;

d) rejeter le système et chercher à le supprimer, en provoquant les conditions d'une mutation brusque, génératrice d'un processus révolutionnaire.

À la lumière de l'expérience historique, des paramètres émergent, aptes à guider les choix, par exemple :

a) le fait que, dans plusieurs pays, le capitalisme cohabite convenablement avec le libéralisme politique, lequel représente un gain historique important ;

b) les échecs répétés du socialisme d'inspiration marxiste qui obligent à chercher ailleurs des solutions de rechange ;

c) là où l'éthique de conviction inclinerait à choisir des solutions radicales, l'éthique de responsabilité conseille plutôt un engagement se situant dans la ligne du réformisme social ;

d) les réussites du réformisme social (la social-démocratie), même si elles sont moins plaisantes au plan de l'esprit, répondent indubitablement mieux aux attentes quotidiennes des citoyens ordinaires que les mutations bruyantes et fracassantes dont le coût humain et social est souvent élevé.

e) les réussites de l'économie sociale de marché (modèle rhénan).

De ce qui précède se dégagent quelques lignes d'action, par exemple :

a) La primauté de l'engagement politique (*cf. Octogesima adveniens*), afin de favoriser des priorités politico-économiques conformes aux exigences d'une *économie humaine.*

b) La conversion du cœur face à l'argent, au prestige de la richesse, aux critères mondains de réussite, à l'abondance de bien-être qui épaissit l'esprit et endurcit le cœur.

c) Un engagement de proche ou de loin dans les luttes sociales visant à humaniser le système par divers moyens : mouvements populaires, syndicalisme, mouvement coopératif, journalisme d'information axé sur les problèmes du monde ordinaire, émergence de nouveaux pouvoirs, communautés de base, etc.

d) La recherche d'une voie médiane dans la foulée de la pensée sociale chrétienne.

12. PISTES DE RECHERCHE

12.1 LE CRÉNEAU POLITIQUE. Face à l'énorme pouvoir des forces économiques dominantes, l'État démocratique apparaît comme un indispensable contre-pouvoir, un contrepoids sans lequel la démocratie formelle se dégrade en ploutocratie.

Il serait utile d'explorer ici deux voies qui s'offrent aux détenteurs de l'autorité civile, mandataires des citoyens ordinaires et de leurs légitimes intérêts.

a) SUBSIDIARITÉ ACTIVE. Le principe de subsidiarité requiert que l'État s'abstienne d'assumer des tâches dont peuvent s'acquitter d'autres institutions ou organismes sociaux. Mais il commande en revanche de stimuler, d'encourager, de suppléer, voire à l'occasion de secouer l'imaginaire économique enfermé dans la routine. Nombreux sont les décideurs économiques qui font l'apologie de la libre entreprise, moins nombreux ceux qui font preuve d'imagination et d'esprit d'entreprise.

b) LIBERTÉ ET INTÉGRITÉ. Les citoyens ordinaires désignent les détenteurs de l'autorité et accordent le mandat de gouverner. Il y a là une responsabilité qu'on doit exercer avec impartialité et intégrité, une charge qu'il faut protéger contre les menaces d'asservissement et de corruption, menaces omniprésentes dans les sociétés capitalistes. Sans une conscience morale élevée et un sens éveillé du devoir politique, on risque, comme le soulignait Pie XI, d'aboutir à la *déchéance du pouvoir* : « lui qui devrait gouverner de haut, comme souverain et suprême arbitre, en toute impartialité et dans le seul intérêt du bien commun et de la justice, il est tombé au rang d'esclave et devenu le docile instrument de toutes les passions et de toutes les ambitions de l'intérêt» (*Quadragesimo anno*, n° 109).

La loi québécoise du financement des partis réduit les risques d'asservissement de l'autorité politique. Dans ce domaine, le Québec est à l'avant-garde des pays démocratiques. Fait contrastant avec la situation québécoise, le déferlement d'argent et de publicité débridée qui entache les campagnes électorales aux États-Unis.

12.2 LOIS DU MARCHÉ ET PROFIT. Trois constats de *Centesimus annus* (n°⁵ 34-35): a) le profit joue un rôle pertinent à titre d'indicateur du bon fonctionnement de l'entreprise; b) le marché libre apparaît comme l'instrument le plus approprié pour répartir les ressources et répondre efficacement aux besoins; c) il y a de nombreux besoins humains qui ne peuvent être satisfaits par le marché.

Des données à approfondir. Par exemple, le profit inclut aussi bien le prêt usuraire que le revenu légitime qui récompense une activité socialement utile; le marché dit libre est parfois soumis à des règles du jeu imposées par des puissances financières hégémoniques, ou encore perverti par le matraquage publicitaire. Comment aider les consommateurs à se protéger contre ce matraquage?

Il n'y a de marché vraiment libre qu'entre partenaires égaux (*Populorum progressio*, n° 58). La règle du profit, appliquée sans frein, équivaut à la loi de la jungle (*Quadragesimo anno*, n° 115). L'appropriation illimitée engendre le sous-développement moral (PP, n° 19). Autant de constats qui confirment que l'éthique sociale ne fait pas bon ménage avec l'idéologie libérale. Jusqu'où peut aller la conciliation?

12.3 CIVILISER LE CAPITALISME. C'est un devoir qui relève de l'autorité politique, mais aussi de forces réformatrices: les Églises chrétiennes, les syndicats, des universitaires socialement engagés, des journalistes, les regroupements de travailleurs chrétiens, etc.

Dans son ouvrage *Capitalisme contre capitalisme*, Michel Albert montre que tous les régimes capitalistes ne sont pas équivalents et qu'en certains cas, comme le capitalisme rhénan, les préoccupations humanistes et éthiques sont indéniablement présentes.

Il sera intéressant de se demander comment les normes humanistes et éthiques peuvent faire leur chemin dans le domaine économique; et d'inventorier des pratiques sociales qui peuvent contribuer à leur mise en application.

13. LECTURES

Recenser ce que disent *Rerum novarum*, *Quadragesimo anno*, *Mater et Magistra* et *Octogesima adveniens* sur le libéralisme économique et le capitalisme. Dans la lettre publiée par le Cardinal Roy à l'occasion du dixième anniversaire de *Pacem in Terris*, on trouve aussi quelques passages relatifs au problème ici étudié, par exemple sur l'impérialisme économique. À noter aussi *Laborem exercens* et *Centesimus annus*, de Jean-Paul II.

ALBERT, Michel, *Capitalisme contre capitalisme*, Paris, Seuil, 1991. Un grand mérite de cet ouvrage remarquable est de nous faire réaliser qu'il existe plusieurs modèles de capitalisme et que ces modèles sont loin de s'équivaloir. Michel Albert met en comparaison le modèle nord-américain et le modèle rhénan. Le premier est axé sur la réussite individuelle, le profit à court terme, les performances spectaculaires. Des noms qui incarnent cette tendance : Robert Maxwell, les frères Reichmann, Robert Campeau, etc. L'autre modèle vise la réussite bien consolidée, à long terme, et inscrit des préoccupations humaines et sociales à l'intérieur même des activités économiques. On le pratique en Allemagne, en Suisse, en Europe du Nord et, selon des modalités particulières, au Japon. Paradoxe : le modèle rhénan est socialement et économiquement plus performant, mais moins attirant et moins populaire. Autre paradoxe : selon l'auteur, les grandes multinationales américaines sont plus proches du modèle rhénan que du modèle nord-américain.

Pour qui estime souhaitable, voire urgent de civiliser le capitalisme, la lecture de l'ouvrage de Michel Albert est à la fois éclairante et stimulante.

ALBERTINI, J. M., *Capitalismes et socialismes à l'épreuve*, Paris, Éditions ouvrières, coll. Économie et humanisme, 1970. La première partie (p. 11-82) présente une analyse très intéressante sur la genèse du capitalisme et ses traits les plus caractéristiques. À noter aussi le chapitre sur les métamorphoses du capitalisme (p. 157-202) et celui qui traite de l'avenir des capitalismes et des socialismes contemporains (p. 241-262).

AUBERT, J. M., *Pour une théologie de l'âge industriel*, tome I. Les Pères de l'Église devant le capitalisme antique (p. 63-79). L'Église face à l'économie industrielle (p. 81-146).

BABEAU, André, *Le profit*, Paris, PUF, coll. Que sais-je?, 1972. À noter p. 65-89, sur les fonctions du profit et le problème de l'autofinancement.

BERNARD, Michel, *L'utopie néolibérale*, Montréal, Renouveau québécois, 1997. Préface de Michel Chartrand. Quelques thèmes : idéologie libérale, l'utopie de la société de marché autosuffisante, la justification de la propriété privée illimitée, l'anarchie libérale, le néolibéralisme en marche au Québec, le devoir de résister à l'idéologie néolibérale.

BESNARD, Philippe, *Protestantisme et capitalisme*, Paris, Librairie Armand Colin, 1970. Choix de textes qui s'inscrivent dans le débat soulevé par la thèse de Weber. Des analyses de Julien Freund, Tawney, Fanfani, Bieler, Wertheim, Lüthy, etc.

BIGO, Pierre, *La doctrine sociale de l'Église*, Paris, PUF, 1965. Réflexions éclairantes sur le capitalisme et le libéralisme (p. 107-142). Tout en faisant preuve de beaucoup de sens critique, l'auteur maintient néanmoins la position médiane consistant à reconnaître dans la réalité capitaliste «un ressort irremplaçable, une structure modifiable, un principe condamnable» (voir p. 128 *ssq.*).

CALVEZ et PERRIN, *Église et société économique*, p. 321-336. Voir aussi p. 352-380, sur l'entreprise. Exégèse attentive de la position officielle de l'Église.

Collectif, Groupe de Lisbonne, *Limites à la compétitivité*, Montréal, Boréal, 1995.

Collectif, *Initiation économique et sociale*, Lyon, Chronique sociale de France, 1954, t. II. Notions schématiques sur le libéralisme (p. 39-53) et sur le capitalisme (p. 174-181).

Collectif, *Le libéralisme contre les libertés*, Cahiers «Manière de voir» dans *Le Monde diplomatique*, avril 1988. Un regard critique sur le néolibéralisme dans le style Reagan et Thatcher. Le coût humain et social du nouvel économisme. Avec Claude Julien, Michel Beaud, Richard Jolly, Rémi Lenoir, etc.

Collectif, *Le pouvoir de l'argent et le développement solidaire*, sous la direction de Michel Beaudin, Yvonne Bergeron et Guy Paiement, Montréal, Fides, 1997. Démystifier la force de l'argent. Les ficelles internationnales. Reprendre l'initiative.

CORM, Georges, *Le nouveau désordre économique mondial*, Paris, La Découverte, 1993. Étude critique des failles de ce que certains présentent comme un nouvel ordre économique mondial. À noter quelques passages percutants sur les failles éthiques du capitalisme néolibéral (p. 69-84).

DUMONT, René, *Un monde intolérable*, Paris, Seuil, 1988. Ouvrage de synthèse, au style percutant, où le célèbre expert en développement utilise l'approche écologique pour montrer les failles et l'échec d'une croissance inspirée par l'idéologie libérale. «Le libéralisme a fait son temps», nous dit René Dumont, en conclusion d'une évaluation de situation où sont décrits les principaux facteurs conduisant au sous-développement: l'explosion démographique, la dégradation des écosystèmes, la croissance des inégalités, le gaspillage des ressources énergétiques, la disparition des forêts tropicales, les pollutions et gaspillages d'une économie productiviste, etc. «La révolution industrielle fabrique le sous-développement », dit-il encore, ajoutant que « les lois du marché accroissent les inégalités ».

À lire attentivement et à méditer, pour qui veut se donner une éthique sociale opérationnelle et collée sur le réel.

FRIEDMAN, Milton, *Capitalisme et liberté*, Paris, Robert Laffont, 1971.

GALBRAITH, John K., *L'économie en perspective*, Paris, Seuil, 1987. Une histoire critique de l'économie. Démystification des prétentions à vouloir faire de l'économie une science exacte. L'avenir de l'économie en tant que savoir.

NOVAK, Michael, *The Spirit of Democratic Capitalism*, New York, Simon & Schuster, 1982. Une apologie du capitalisme qui n'hésite pas à faire appel à la théologie. Un ouvrage majeur dans la panoplie des armes dont s'équipe la contre-offensive du néolibéralisme. Les grands thèmes : l'idéal du capitalisme démocratique, le déclin du socialisme, théologie de la science et de l'activité économique.

PERROUX, François, *Le capitalisme*, Paris, PUF, Que sais-je ?, 1948. Analyse brève de la nature du capitalisme, des formes qu'il revêt, de son fonctionnement.

PHILIP, André, *Histoire des faits économiques et sociaux*, Paris, Aubier-Montaigne, 1963. Les origines du capitalisme libéral dans les pays développés, étapes et aléas de la croissance, la problématique moderne. Ouvrage bien documenté. À noter à la fin (p. 597 *ssq.*), une bibliographie fort utile pour ceux qui voudraient étudier des cas spécifiques de croissance économique : Japon, Allemagne, URSS, pays sous-développés, etc.

ROCHER, Guy, *Sociologie générale*, Montréal, HMH, 1969, tome 3, p. 362-374. Une analyse claire et succincte de la thèse de Weber sur la genèse de l'esprit capitaliste.

SAMPSON, Anthony, *ITT, État souverain*, Paris, Alain Moreau, 1973. Puisant dans une vaste documentation recueillie à la suite de patientes recherches, l'auteur dévoile les arcanes d'une des plus puissantes sociétés multinationales modernes. Il montre comment l'idéologie, les objectifs et les méthodes de l'ITT ont induit cette dernière à collaborer avec le nazisme, à se compromettre dans des scandales reliés à l'administration Nixon et à se mêler aux machinations visant à renverser le président Allende du Chili.

SCHUMPETER, J., *Capitalisme, socialisme et démocratie*, Paris, Payot, 1961. À noter p. 137- 270 : le capitalisme peut-il survivre ? L'auteur est pessimiste au sujet de l'avenir du capitalisme. Il prévoit un passage inéluctable vers le socialisme. Certaines prédictions pessimistes, comme la décomposition de la famille bourgeoise, sont en partie contredites par la période qui suit la Deuxième Guerre. (Le texte original de l'ouvrage date de 1941).

SOMBART, Werner, *Le bourgeois*, Paris, Payot, 1966 (réédition). En sous-titre : contribution à l'histoire morale et intellectuelle de l'homme économique moderne. L'auteur montre l'étroite corrélation qui existe entre l'activité économique et certains facteurs spirituels et psychiques. À noter particulièrement : le développement de l'esprit capitaliste (p. 27 *ssq.*); les vertus bourgeoises (p. 103 *ssq.*); portrait du bourgeois, jadis et aujourd'hui; (p. 145 ssq.); facteurs religieux et capitalisme (p. 216 *ssq.*).

SORMAN, Guy, *Le capitalisme, suite et fins*, Paris, Fayard, 1994. Une apologie enthousiaste du capitalisme libéral.

URIBE, Armando, *Le livre noir de l'intervention américaine au Chili*, Paris, Seuil, 1974. Un sombre dossier sur l'impérialisme américain. L'auteur décrit les machinations entreprises par le gouvernement américain, en accord avec l'ITT et la CIA, pour saboter le programme économique et social d'Allende et préparer le coup d'État sanglant de septembre 1973.

VERNON, Raymond, *Les entreprises multinationales*, Paris, Calmann-Lévy, 1973. L'auteur fournit des renseignements précieux sur le fonctionnement des sociétés multinationales. À signaler le chapitre sur le problème des matières premières (p. 45-82) et celui sur la riposte nationale face à la puissance de ces sociétés (p. 291-313).

WEBER, Max, *L'éthique protestante et l'esprit du capitalisme*, Paris, Plon, 1964 (réédition). Ouvrage historique qui a déclenché un vaste débat au sujet de l'influence exercée par le protestantisme, particulièrement le calvinisme, sur le développement du capitalisme.

12 LES COURANTS SOCIALISTES

« Ce serait une étrange doctrine de penser
qu'on ne peut s'insurger contre l'injustice que
si on en est soi-même victime. La force du socialisme
tient justement au fait que les socialistes
sont capables d'éprouver avec la même intensité
les injustices qui ne les frappent pas
directement, mais à la découverte desquelles
les conduit l'analyse de la société
et de la violence qu'elle comporte. »

(Alain SAVARY, cité par Albert SAMUEL,
dans *Le socialisme*, p. 10)

LA PAUVRETÉ N'EST PAS UN ACCIDENT

«Ils (les socialistes) ne se résignent pas à ce qu'il y ait toujours des pauvres parmi nous, et surtout que ce soit toujours les mêmes, sans espoir. Sans être déjà scientifique, le socialisme estime que la misère, les injustices, ne sont pas des hasards et des nécessités, mais les produits d'un certain mode de production. La pauvreté n'est pas un mal universel, à la fois éternel et intemporel. C'est un phénomène situé dans une époque et un lieu. Un phénomène qui a des causes et des modalités connaissables. Elle est l'envers d'une richesse excessive. Avec Victor Hugo, le romantisme socialiste proclame : «c'est de l'enfer des pauvres qu'est fait le paradis des riches». La pauvreté n'est pas un accident, mais le résultat d'une exploitation. Ce n'est pas un destin, mais une injustice.»

Albert SAMUEL,
Le socialisme, p. 11

Parler de socialisme au singulier risque de semer l'ambiguïté. On peut néanmoins cerner de façon approximative une idéologie, une mentalité et un projet socialistes, à condition de se distancier par rapport à la grande diversité des situations particulières et de délimiter l'axe central de phénomènes historiques nettement différenciés; d'une part, le marxisme-léninisme et ses sous-produits, d'autre part le réformisme social marqué de l'étiquette social-démocratie. Entre ces deux pôles on discerne une grande variété de produits idéologiques et d'expériences qu'on peut réunir sous le syntagme *courants socialistes*. On pourrait aussi parler de *mouvance socialiste* ou d'un *idéal socialiste*.

1. UN MONDE MULTICOLORE

1.1 Le terme même de socialisme est relativement récent[1] et se prête à un usage disparate. Il serait illusoire d'en désigner avec certitude le premier analogué. Sa valeur de suppléance varie selon qu'on est de droite ou de gauche, réformiste ou conservateur. Le socialisme subit aussi l'influence de la mode. «Le monde est socialiste», observait Camus, au moment de la Libération. Avant la Révolution tranquille au Québec, la mode était à la méfiance à l'égard de tout ce qui sentait le socialisme. Au cours des années 1960, un préjugé favorable prit le dessus. La crise économique du début des années 1980 a ralenti cette ferveur et coupé le souffle à beaucoup de sympathies socialisantes. Mais la faillite du reaganisme semble redonner à la social-démocratie le crédit qu'elle avait perdu, ce qui rejaillit positivement sur «le socialisme» au sens large.

1.2 La littérature socialiste et non moins les expériences concrètes sur le terrain sont loin de contribuer à simplifier la question. Le socialisme de Nyerere (Tanzanie), celui de Léopold Senghor (Sénégal) et celui du défunt dictateur Sékou Touré (Guinée) ont peu de choses en commun. En général, dans les pays du Tiers-Monde qui luttent pour se libérer du sous-

---

1. Le mot aurait commencé à devenir d'usage courant vers les années 1830. Voir là dessus, DURKHEIM, *Le socialisme*, p. 59; J. LECLERCQ, *Leçons de droit naturel*, t. IV, p. 237. Selon André BIELER, le vocable serait apparu pour la première fois sous la plume d'Alexandre Vinet, en 1831. Voir *Chrétiens et socialistes avant Marx*, p. 52.

développement, le poids inévitablement prédominant de l'appareil d'État dans la vie économique impartit aux régimes une coloration qui, vue de l'extérieur, est spontanément perçue comme socialiste. D'autant plus que dans le discours officiel de maints leaders politiques, l'instauration du socialisme s'identifie à la lutte contre le sous-développement.

1.3 André Piettre distingue trois grandes formes de socialisme:

1) le socialisme dit romantique ou utopique;
2) le socialisme marxiste, qualifié de scientifique;
3) le socialisme démocratique, incluant à la fois le socialisme français, le travaillisme britannique, la social-démocratie suédoise, etc[2].

Alain Briou (*Vocabulaire pratique des sciences sociales*) propose aussi trois catégories: socialisme utopique, marxiste et réformiste.

Les deux classifications susmentionnées concordent en fait puisque les étiquettes démocratique et réformiste recouvrent le même modèle socio-politique.

Ce type de classification ne nous semble pas souligner suffisamment la distance qui sépare les mouvements socio-démocrates de tradition anglo-saxonne ou suédoise de ceux dont la composante idéologique est nettement plus élaborée et se nourrissent de l'héritage du socialisme doctrinaire du XIXe siècle. Ce socialisme idéologique, ou doctrinaire (ou encore classique) forme une catégorie spécifique à laquelle on peut rattacher, à titre d'anticipations, plusieurs des mouvements socialistes dits romantiques ou utopiques. Tout en s'apparentant partiellement au socialisme moderne dit classique, la social-démocratie ou socialisme réformiste appelle une évaluation éthique distincte. Enfin, l'idéologie marxiste et les sous-produits historiques qui en découlent constituent une réalité historique à la fois très importante et différenciée, "socialisme réel" dont il importe de saisir la spécificité, tant au point de vue moral que politique. D'où la nécessité d'en faire l'objet d'une étude particulière.

2. ANTICIPATIONS

2.1 Les anticipations du socialisme (en certains cas, on devrait parler de communisme), sont autant de l'ordre de la réalité que de l'utopie, le terme incluant ici les théories socialistes du XIXe siècle, que Marx décriait et dénonçait comme non scientifiques et issues de l'imagination petite-bourgeoise.

2.2 Parmi les anticipations historiques qu'on pourrait, avec quelques réserves, qualifier de socialistes (voire communistes), mentionnons: les pre-

---

2. Dans *Marx et marxisme*, Paris, PUF, 1966. « Introduction », p. 7.

mières communautés chrétiennes[3], la vie communautaire des ordres religieux, les réductions du Paraguay[4], le communalisme africain[5].

2.3 Dans la lignée de l'utopie, mentionnons: diverses formes de communisme religieux de l'ère moderne[6], le babouvisme[7], le socialisme utopiste de l'ère industrielle où dominent les noms de Fourier, Blanc, Proudhon, Cabet, Owen, etc[8].

2.4 Dans ces préfigurations plus ou moins lointaines (utopies ou expériences), on discerne des aspects religieux et moraux, le rêve de justice et d'égalité, la tendance à « excommunier » les fonctions économiques afin que, libérés des servitudes matérielles, on puisse s'adonner à des préoccupations supérieures. Inspiré d'un même idéal moral, le socialisme de l'ère industrielle cherchera plutôt à intégrer les fonctions économiques dans le projet de civilisation. En fait, il sera coincé entre la puissante machine capitaliste en plein essor et les armes de la critique marxiste. Les aspirations qu'il véhiculait n'en continuent pas moins de perdurer. On les retrouve chez des militants de l'action sociale dont la sensibilité morale et religieuse contribue à donner un supplément d'âme au prosaïsme asséchant de beaucoup de projets de réforme sociale.

3. SOCIALISME CHRÉTIEN

3.1 Dans son remarquable ouvrage *Chrétiens et socialistes avant Marx*, André Bieler fait état de la floraison de courants de pensée et d'expériences diverses qui avaient comme but d'établir un lien entre la foi chrétienne et les idéaux socialistes. La chose n'est pas tellement surprenante, quand on sait que la contestation morale qui caractérise le socialisme a, explicitement ou implicitement, des racines chrétiennes.

3.2 On dénombre, aussi bien dans les milieux protestants que catholiques, des expériences communautaires qui rappellent les premières communautés chrétiennes et incarnent, parfois à leur insu, des préoccupations qu'on pourrait qualifier de socialistes (Shakers, Oneida, etc.)

---

3. Leclercq, *Leçons de droit naturel*, t. IV, p. 178 *ssq.*

4. *Ibid.*, p. 180, 186-87.

5. Sur le communalisme africain, voir K. Nkrumah, *Le conscientisme*, Paris, Payot, 1965; L. Paul Aujoulat, *Aujourd'hui l'Afrique*, Paris, Casterman, 1958; Albert Tevoedjre, *La pauvreté, richesse des peuples*, Éd. ouvrières, 1978.

6. Voir Claude Willard, *Le socialisme de la renaissance à nos jours*, Paris, PUF, 1971, p. 21 *ssq.*; *Initiation économique et sociale*, p. 54-56; Leclercq, ouvrage cité, p. 175-179.

7. Voir Willard, ouvrage cité, p. 29-35.

8. Voir André Philip, *Histoire des faits économiques et sociaux*, p. 35-41; Leclercq, ouvrage cité, p. 247-251.

3.3 Plus directement axés sur les questions sociales, d'autres courants véhiculent l'idée d'un réformisme enraciné dans l'Évangile (Buchez, Ragaz).

3.4 De façon particulière en France, la Révolution de 1848 a donné lieu à un rapprochement étonnant entre chrétiens et socialistes. Avant d'être anticlérical, le socialisme a véhiculé un idéal de justice inspiré de l'Évangile.

3.5 Du rapprochement on est passé à l'opposition. Le socialisme chrétien a fait faillite. Les raisons : a) manque de rigueur dans l'analyse des problèmes sociaux ; b) conservatisme des appareils ecclésiaux, aussi bien en France qu'en Angleterre et en Allemagne ; c) excommunications marxistes : ce dernier dénonce impitoyablement ce type de socialisme, qualifié de petit-bourgeois ; d) l'anticléricalisme des socialistes doctrinaires non marxistes, que l'allure conservatrice des milieux chrétiens traditionnels confirme dans leurs préjugés antireligieux.

3.6 Le courant dit de socialisme chrétien aura néanmoins marqué une étape importante dans l'évolution de la pensée chrétienne face aux abus du capitalisme et de la misère des masses. Les socialistes chrétiens ont précédé de plusieurs décennies la dénonciation des abus du capitalisme que formulera Léon XIII.

3.7 Le rêve d'un monde plus juste et plus humain, que partagent chrétiens et socialistes, perdure et inspire de nouveaux projets où s'entremêlent les deux courants. La théologie de la libération illustre la persistance du rêve et des projets.

4. SOCIALISME MODERNE

4.1 On doit éviter de confondre le socialisme et la socialisation. Celle-ci n'est pas de l'ordre de l'idéologie, mais de celui du phénomène et du fait social. Elle désigne le processus de multiplication des interdépendances sociales, généré et accéléré par le développement de la technique et la rationalisation des activités collectives. Alain Birou la décrit comme étant « le processus selon lequel l'ensemble de la vie et des activités humaines sont prises dans le réseau des interdépendances sociales » (*Vocabulaire pratique des sciences sociales*). Comme le processus conduit à de multiples interventions étatiques, on est parfois enclin à y voir un effet de la pensée socialiste. À titre d'exemples illustrant le déroulement du processus, mentionnons : les services publics d'éducation et de santé, les politiques de création d'emplois, l'assurance-automobile, le zonage agricole, les réglementations sur les prix, les normes minimales de travail, les loisirs de masse, l'essor des communications, etc[9].

---

9. Sur la socialisation, voir l'encyclique *Mater et magistra*, aussi P. BIGO, *Doctrine sociale de l'Église*, p. 142-160 ; Louis O'NEILL, *L'homme moderne et la socialisation*, Montréal, Bellarmin, 1967.

4.2 Rappelons qu'il existe une typologie variée de régimes et de mouvements socialistes dans le monde : socialismes français, allemand, autrichien, italien, algérien, israélien, socialismes du tiers-monde, etc. La similitude des discours occulte souvent des divergences profondes. Par exemple, le socialisme d'Israël incarne une originalité bien particulière résultant de son passé religieux et témoigne d'une pratique démocratique dont on chercherait en vain les traces en maints pays dits socialistes.

4.3 DÉFINITIONS.

a) Durkheim décrit le socialisme comme étant d'abord un idéal et non le produit d'une démarche scientifique[10]. Une certaine sensibilité morale caractérise aussi le socialisme[11]. À son avis, certains traits attribués au socialisme ne lui sont pas spécifiques ; par exemple, la tendance à vouloir abolir la propriété privée, la subordination de l'individu à la collectivité ou encore la volonté d'améliorer les conditions de vie des classes laborieuses[12]. Ce qui, selon Durkheim, caractérise essentiellement le socialisme, c'est le fait d'une « doctrine qui réclame le rattachement de toutes les fonctions économiques, ou de certaines d'entre elles qui sont actuellement diffuses, aux centres directeurs et conscients de la société »[13]. Le socialisme croit à l'organisation, au développement planifié. Si bien que « cette amélioration du sort des ouvriers n'est qu'une des conséquences que le socialisme espère de l'organisation économique qu'il réclame, de même que la lutte des classes n'est qu'un des moyens d'où cette concentration doit résulter, un des aspects du développement historique qui serait en train de l'engendrer[14]. » C'est l'économie volontaire à l'état avancé.

b) Schumpeter définit la société socialiste comme étant « un système institutionnel dans lequel une autorité centrale contrôle les moyens de production et la production elle-même, ou encore, pouvons-nous dire, dans lequel les affaires économiques de la société ressortissent, en principe, au secteur public et non pas au secteur privé[15]. ». Cette définition confond socialisme et marxisme et exprime moins bien que celle de Durkheim la spécificité du socialisme.

c) Selon Samuel Albert, on peut définir le socialisme comme « la recherche raisonnée et active d'un ordre politique qui partage le pouvoir ; d'un ordre économique qui partage équitablement la production et les biens

---

10. Émile DURKHEIM, *Le socialisme*, p. 35-36.
11. Ouvrage cité, p. 37.
12. Ouvrage cité, p. 42-46.
13. *Ibid.*, p. 49.
14. *Ibid.*, p. 53.
15. Joseph SCHUMPETER, *Capitalisme, socialisme et démocratie*, Paris, Payot, 1979 (1ère éd. 1942), p. 224.

produits; d'un ordre juridique qui protège les pauvres, et d'une culture qui soit le fruit d'une création commune[16]».

d) Selon Pierre Bigo, deux caractéristiques sont essentielles au socialisme: la primauté du caractère social et collectif de l'homme et la primauté du travail. «Le socialisme conçoit la société comme république du travail. Celui qui ne travaille pas par sa faute s'exclut de la société[17].»

4.4 Quand, au-delà des traits généraux, on observe de plus près les expériences et les modèles socialistes, on y discerne souvent les tendances suivantes:

— Le primat de l'économique; un économisme qui vient concurrencer l'économisme libéral.
— La foi dans l'organisation, la planification et la réglementation.
— La méfiance à l'égard de ce qui relève de l'initiative privée.
— La recherche d'une socialisation par la base, à savoir le projet d'équilibrer l'intervention étatique par la participation des groupes populaires, coopératives, etc.
— Une certaine méfiance à l'endroit des groupes religieux.
— L'accession au pouvoir d'une nouvelle classe technocratique qui possède le savoir et la technique (capital-savoir).
— Emprunt au marxisme, mais sans connotation idéologique, de la stratégie de la lutte des classes (les rapports de forces).
— Amalgame d'un discours théorique socialisant et de pratiques ambiguës qui parfois n'ont rien à voir ni avec les intérêts populaires, ni avec la démocratie économique, voire la démocratie tout court.
— Recours, en politique internationale, à des stratégies contradictoires ou l'idéologie ne constitue qu'un ingrédient parmi d'autres dans le concoctage des décisions. Comme quoi l'exercice du pouvoir est susceptible de modifier substantiellement l'impact d'une idéologie, quelles que soient la nature et la qualité des postulats. Car se vérifie souvent en cette matière le constat de Charles Péguy: «Tout commence en mystique et finit en politique».

5. CHRÉTIENS ET SOCIALISME

5.1 Les rapports entre chrétiens et socialistes ont été souvent conflictuels. Les divergences ont résulté parfois de malentendus, parfois d'objets de frictions étrangers aux systèmes de pensée, en certains cas de divergences idéologiques profondes.

---

16. *Le socialisme*, p. 23.
17. Ouvrage cité, p. 171-172.

5.2 La pratique sociale des chrétiens a influé sur l'évolution de la pensée officielle de l'Église. Dans les dernières décennies, cette pratique a joué un rôle important. Elle a sûrement inspiré, par exemple, la distinction que Jean XXIII propose, dans *Pacem in terris*, entre les idéologies et les mouvements historiques. «On ne peut, souligne le pape, identifier de fausses théories philosophiques sur la nature, l'origine et la finalité du monde et de l'homme, avec des mouvements historiques fondés dans un but économique, social, culturel ou politique, même si ces derniers ont dû leur origine et puisent encore leur inspiration dans ces théories. Une doctrine, une fois fixée et formulée, ne change plus, tandis que des mouvements ayant pour objet les conditions concrètes et changeantes de la vie ne peuvent pas ne pas être largement influencés par cette évolution[18]».

5.3 Pie IX condamne, sans les distinguer, communisme et socialisme, à une époque d'ailleurs où la différence était peu perceptible[19]. Léon XIII condamne spécifiquement le socialisme (*Rerum novarum*), particulièrement à cause de ses positions sur le droit de propriété privée et la lutte des classes. D'autre part, il prend soin de faire la distinction entre le mouvement ouvrier et le socialisme, et proclame le droit et le devoir d'intervention de l'État dans le domaine économique. Pie XI, dans *Quadragesimo anno*, établit une nette distinction entre communisme et socialisme, qualifiant celui-ci de modéré. Mais il ne distingue pas entre les divers mouvements socialistes et maintient de façon globale que les chrétiens ne peuvent adhérer au socialisme. «Socialisme religieux, socialisme chrétien, sont des contradictions: personne ne peut être en même temps bon catholique et vrai socialiste» (*Quadragesimo anno*, n° 120). Raisons majeures de refus: 1) le socialisme suppose que la communauté humaine n'a été constituée qu'en vue du seul bien-être; 2) il soumet aux exigences de la production la plus rationnelle les biens les plus élevés de l'homme sans en excepter la liberté; 3) il implique le recours à des contraintes excessives. Jean XXIII ne traite du socialisme que de façon incidente (*Mater et Magistra*) et attire l'attention des chrétiens avant tout sur le phénomène de socialisation. Au sujet du socialisme proprement dit, il parle de danger d'horizontalisme, de limitation indue de la liberté humaine et d'une conception déficiente de l'autorité dans la société.

5.4 À noter que déjà dans les faits, et ce, dès le lendemain de *Quadragesimo anno*, on a distingué entre socialisme classique, ou encore idéologique, et socialisme pragmatique d'inspiration anglo-saxonne. Sur le terrain, on observait de nombreux cas de collaboration entre chrétiens et socialistes. Jean XXIII en tient compte. Dans *Octogesima adveniens*, Paul VI reconnaît les

---

18. Édition de l'Action populaire, Spes, n° 159.
19. Encyclique *Qui pluribus*, 9 novembre 1846.

états de faits et s'emploie à souligner la nécessité d'un discernement attentif, d'un regard critique qui protège contre le piège des aventures douteuses. Attitude d'accueil, oui, mais un accueil lucide, sans complaisance ni illusion.

> Aujourd'hui des chrétiens sont attirés par les courants socialistes et leurs évolutions diverses. Ils cherchent à y reconnaître un certain nombre d'aspirations qu'ils portent en eux-mêmes au nom de leur foi. Ils se sentent insérés dans ce courant historique et veulent y mener une action. Or, selon les continents et les cultures, ce courant historique prend des formes différentes sous un seul vocable, même s'il a été et demeure, en bien des cas, inspiré par des idéologies incompatibles avec la foi. Un discernement attentif s'impose. Trop souvent les chrétiens attirés par le socialisme ont tendance à l'idéaliser en termes d'ailleurs très généraux : volonté de justice, de solidarité et d'égalité. Ils refusent de reconnaître les contraintes des mouvements historiques socialistes, qui restent conditionnés par leurs idéologies d'origine. Entre les divers niveaux d'expression du socialisme — une aspiration généreuse et une recherche d'une société plus juste, des mouvements historiques ayant une organisation et un but politiques, une idéologie prétendant donner une vision totale et autonome de l'homme —, des distinctions sont à établir qui guideront les choix concrets. Toutefois, ces distinctions ne doivent pas tendre à considérer ces niveaux comme complètement séparés et indépendants. Le lien concret qui, selon les circonstances, existe entre eux, doit être lucidement repéré, et cette perspicacité permettra aux chrétiens d'envisager le degré d'engagement possible dans cette voie, étant sauves les valeurs, notamment de liberté, de responsabilité et d'ouverture au spirituel, qui garantissent l'épanouissement intégral de l'homme. (*Octogesima adveniens*, n° 31).

5.5 Jean-Paul II (*Laborem exercens*) s'intéresse moins aux idéologies qu'aux situations concrètes que vivent les travailleurs. Ce qu'il rejette, c'est l'économisme, qu'il soit de droite ou de gauche, libéral ou socialiste (ici, le terme englobe les régimes communistes). C'est moins la théorie socialiste, que ce soit le socialisme modéré ou radical, qui le préoccupe, que la primauté des personnes, en l'occurrence les travailleurs et les travailleuses dont la dignité et les droits l'emportent sur les idéologies et les systèmes.

Dans *Centesimus annus*, il identifie le marxisme-léninisme et le « socialisme réel », classant ainsi les régimes d'obédience marxiste dans une catégorie spéciale. Par le fait même, il a dédouané les modèles de « socialisme modéré », sous réserve des nuances critiques que formule Paul VI dans *Octogesima adveniens*.

6. INTERROGATIONS

Même si le débat théorique sur la légitimité morale du socialisme a cessé de faire la manchette chez les théologiens et les penseurs chrétiens, la pratique socialiste continue de soulever des difficultés. Pierre Bigo, par exemple, en formule quelques-unes :

— Le droit de propriété privée est-il, pour le socialisme, antérieur au vouloir collectif ou découle-t-il de celui-ci à titre de privilège ?

— La priorité, en matière économique, revient-elle aux personnes et groupes privés ou à l'État ?

— Quel contenu et quelles valeurs positives faut-il attribuer à la propriété privée, dans une optique socialiste ?

— La société se réduit-elle à la collectivité publique ? Quelle place accorder aux corps intermédiaires ?

— Faut-il compter sur la collaboration des classes pour établir un ordre social harmonieux et efficace ?

— La liberté se réduit-elle aux droits politiques ou trouve-t-elle aussi sa place dans les structures et les activités économiques ?

— Le progrès humain se limite-t-il à la croissance économique[20] ?

7. OBSERVATIONS COMPLÉMENTAIRES

7.1 Les mots qui font peur. « Socialisme » est l'un de ces mots qui font peur. Pour plusieurs raisons. Pour certains, il s'identifie au communisme, voire au bolchevisme. Dans le glossaire québécois (et de plusieurs autres pays), il a longtemps évoqué une force anarchique et antireligieuse. Des politiciens réactionnaires s'en sont servi pour décrier des réformes sociales et ceux qui en étaient les promoteurs, par exemple en recourant à un amalgame fallacieux du genre : « Les libéraux sont en faveur de l'assurance-santé ; les socialistes sont en faveur de l'assurance-santé ; les communistes sont en faveur de l'assurance-santé. Donc... » À l'électeur de tirer sa propre conclusion...

Même le mot *libéralisme* a jadis servi d'épouvantail. On confondait l'adhésion à un parti avec l'acceptation d'une idéologie considérée comme contraire à l'enseignement de l'Église. Le conservateur social de tout repos que fut Sir Wilfrid Laurier a été obligé de dépenser beaucoup de temps et d'énergie pour faire la preuve que son libéralisme à lui n'avait rien d'hétérodoxe.

---

20. Voir *Doctrine sociale de l'Église*, p. 179-183.

À noter qu'aujourd'hui encore, aux États-Unis, le mot *libéral* sert à désigner des réformateurs sociaux modérés, qui, au Québec, feraient figure de sociaux-démocrates rassurants.

L'artillerie verbale joue un grand rôle en politique, particulièrement pendant les campagnes électorales. Raison de plus pour faire preuve de rigueur dans les définitions et l'utilisation des mots. Une rigueur commandée par l'éthique. Une raison aussi pour exercer son sens critique face aux épouvantails.

7.2 LA GAUCHE ET LA DROITE. Les deux vocables désignent des orientations sociales divergentes et des mentalités opposées. Le contenu varie selon les milieux et les époques.

Un réformiste modéré est étiqueté comme étant de gauche aux États-Unis alors qu'au Québec on le dira de centre-gauche ou même de centre-droite. On a qualifié de droite l'aile communiste orthodoxe de l'ex-URSS, alors qu'elle se prétendait fidèle héritière de la Révolution d'Octobre. Une droite nominalement communiste et allègrement capitaliste détient le monopole du pouvoir en Chine, dans la foulée de la Révolution maoïste. La gauche française penche vers le centre, tandis que l'extrême-gauche communiste a longtemps conservé des liens avec le stalinisme. Il faut donc en chaque cas discerner de qui et de quoi on est à gauche ou à droite.

L'exercice du pouvoir pèse d'un poids lourd sur les idéologies « Tout commence en mystique et finit en politique ». Comme toute ferveur morale, la mystique socialiste risque de s'épuiser dans l'exercice du pouvoir. C'est un grand mérite de se voir encore étiqueté de gauche après plusieurs années de gouvernement. C'est la preuve d'une conviction morale peu commune.

7.3 SOCIALISME CHRÉTIEN. « Personne ne peut être en même temps bon catholique et vrai socialiste » (*Quadragesimo anno*, n° 120). Des milliers de chrétiens pensaient autrement au temps de Pie XI et d'autres font de même aujourd'hui. Lors du colloque *La question sociale hier et aujourd'hui* (Québec, mai 1991) on a amplement traité des rapports entre le « socialisme chrétien » et le christianisme social. À noter la remarquable conférence de Gregory Baum (Voir *La question sociale hier et aujourd'hui*, p. 159-167).

Max Weber a mis en lumière les apparentements entre la spiritualité calviniste et le capitalisme. La parenté entre la pensée sociale chrétienne et le projet socialiste est encore plus étroite. Une parenté que l'athéisme marxiste et le discours antireligieux de leaders socialistes ont contribué à masquer.

Il y a là un filon majeur à explorer. Travail d'autant plus pertinent que la faillite du « socialisme réel » laisse dépourvus des croyants qui, sans regret face au déclin du marxisme, refusent néanmoins d'admettre que le capitalisme libéral puisse offrir la seule solution d'avenir.

À noter quelques points de repère propres à guider cette réflexion : la dénonciation chrétienne de l'idolâtrie de l'agent, le principe de la destination universelle des biens, les exigences de la justice sociale et de la justice distributive, la solidarité structurelle, le primat du travail sur le capital, le devoir d'intervention de l'État dans le domaine économique, la dimension sociale de la propriété privée, etc.

8. PISTES DE RECHERCHE

8.1 Inventorier des déclarations et prises de position sur le socialisme. Cerner la signification attribuée au terme. Discerner les emplois du terme qui prêtent à confusion.

8.2 Analyser l'évolution du mitterandisme de 1981 à 1995. Soupeser ce qui est resté de substance socialiste au bout de 14 ans de pouvoir. Laurent Fabius, Jacques Delors, Michel Rocard sont des socialistes... Cela signifie quoi ?

8.3 Chercher pourquoi les communautés chrétiennes de type tradition-nel entretiennent la phobie du socialisme et souvent se complaisent dans le conservatisme social. Peut-on trouver la raison dans une exégèse « spiritua-lisante » de l'Évangile ? Décèle-t-on d'autres facteurs qui expliquent le phénomène ?

9. LECTURES

Outre les documents pontificaux déjà mentionnés, on pourra faire son profit, dans l'abondante littérature qui traite du socialisme, de quelques ouvrages, tels par exemple :

BIELER, André, *Chrétiens et socialistes avant Marx*, Genève, Labor et Fides, 1982. Ouvrage remarquablement documenté sur les initiatives nombreuses visant à bâtir des solidarités entre la foi chrétienne et le rêve socialiste d'une société plus juste et plus fraternelle.

BIGO, Pierre, *La doctrine sociale de l'Église*, Paris, PUF, 1965, p. 161-183.

Collectif, *Initiation économique et sociale*, tome II, p. 54-60.

Collectif, « Christianisme social et socialisme chrétien » dans *La question sociale hier et aujourd'hui*, p. 187-291. Communications présentées lors du colloque soulignant le centenaire de *Rerum novarum*, tenu à l'Université Laval en mai 1991. Communications de Mgr Gérard Defois, Gregory Baum, Bernard Plongeron, Jean Richard, Lucien Pelletier, Lionel Ponton, Jacques Bélanger, Jacques Archibald, Conrad Sénéchal, etc.

DROZ, Jacques, *Le socialisme démocratique, 1864-1960*, Paris, Armand Colin, 1966. Origines du socialisme démocratique. La première internationale. La social-démocratie allemande. Le socialisme français de Guesde à Jaurès. Le travaillisme anglais. Le monde socialiste et la seconde internationale. Le socialisme scandinave. Le socialisme contemporain.

DURKHEIM, Émile, *Le socialisme*, Paris, PUF, (édition de 1971).

GORZ, André, *Réforme et révolution*, Paris, Seuil, 1969.

HOLLOWAY, Mark, *Heaven on Earth*, Londres, Turstile Press, 1951. Les communautés inspirées par le socialisme utopique, aux États-Unis, de 1680 à 1880 : Shakers, Rappisters, Zoaristes, communisme racial, communautés Oneida, Icariens. Déclin de l'utopisme.

LECLERCQ, Jacques, *Leçons de droit naturel*, tome IV.

MITTERRAND, François, *La rose au poing*, Paris, Flammarion, 1973.

PAILLET, Marc, *Gauche, année zéro*, Paris, Gallimard, 1964.

PHILIP, André, *Les socialistes*, Paris, Seuil, 1967.

PRÉLOT, Marcel, *Histoire des idées politiques*, Paris, Précis Dalloz, 1970. La révolution sociale, p. 587-624.

REVEL, Jean-François, *La tentation totalitaire*, Paris, Robert Laffont, 1976.

SAMUEL, Albert, *Le Socialisme*, Chronique sociale de France, 1981. Sources du socialisme, le socialisme utopique, le socialisme chrétien, le socialisme libertaire, le socialisme scientifique (p. 5-201); socialismes du vaste monde (p. 387-461).

13 LE MARXISME : PROJET RÉVOLUTIONNAIRE ET BILAN

« Les philosophes n'ont fait qu'interpréter
le monde de manières différentes ;
il s'agit maintenant de le transformer. »

(Karl MARX)

LE TEMPS DES REPENTANCES

«Aujourd'hui, plus personne ne défend le stalinisme, le maoïsme, ni cette "cruauté nécessaire" dont brillaient "les yeux bleus de la Révolution" (Aragon). Le PCF, ses compagnons de route et les anciens gauchistes ont rompu avec leur passé. Mais sans y réfléchir. Ni s'expliquer. En cette saison de repentances, il y a, de ce côté-là, des occasions qui se perdent.»

Éric Conan,
L'Express, 6 novembre 1997, p. 47.

Marxisme, socialisme scientifique, marxisme-léninisme, communisme, maoïsme, socialisme réel : théorie, slogans et processus révolutionnaires qui, en moins d'un siècle, ont marqué l'existence de centaines de millions d'hommes et de femmes, transformé profondément des structures sociales et des régimes politiques, modifié l'équilibre des forces entre les nations.

À l'origine émerge un système de pensée *omnibus* qui récupère et transforme les acquis des sciences de l'homme et forme désormais, pour ces mêmes disciplines, un axe fondamental, voire en certains cas, le lieu quasi unique de la réflexion. À ce corpus se greffe une éthique nouvelle où les rapports sociaux définissent l'essence humaine, où la collectivité absorbe l'individu et détermine pour lui son mode d'existence, où la violence devient le moteur de l'histoire et où la vérité et le bien sont définis en fonction de l'utilité et de la conjoncture. Scolastique qui se comporte comme si elle avait réponse à tout et s'articule essentiellement en fonction de la pratique sociale, à l'instar d'un levain dans la pâte. Réalité historique qui a scandalisé les uns (société totalitaire, univers concentrationnaire, goulags), mais qui en a fasciné d'autres, attirés par les lendemains qui chantent (« l'opium des intellectuels », disait Raymond Aron). Idéologie et projet de société qui, tout en proclamant un idéal de paix, se sont appuyés, tout comme les États-Unis, sur une puissance militaire gigantesque dont devait tenir compte, jusqu'à tout récemment, toute analyse réaliste sur l'avenir de la paix dans le monde.

Le marxisme et ses sous-produits historiques ont bouleversé le paysage de la géopolitique contemporaine. Les effets perdurent, nonobstant le déclin du « socialisme réel ». Aussi demeure-t-il pertinent d'en faire un objet prioritaire d'analyse et d'approfondissement.

En guise d'amorce, de réflexion, on trouvera ici quelques points de repère élémentaires et essentiels susceptibles de fournir un fil conducteur permettant de mieux percevoir et circonscrire ce vaste univers tissé de contradictions ; effort d'autant plus opportun que dans cet univers prolifère une surabondante littérature dont une large fraction, atteinte du syndrome de « la langue de bois », entretient la confusion au lieu de la dissiper et occulte le tracé du sentier, semblable aux lianes verdoyantes et tentaculaires qui embarrassent les explorateurs dans la forêt tropicale.

1. GENÈSE D'UNE PENSÉE

1.1 Chacun, dans sa démarche intellectuelle et sa perception des valeurs, est l'héritier d'une tradition et subit l'influence de l'époque et du milieu où il vit. Il en est ainsi chez Marx, où la vision des faits sociaux dépend de multiples influences[1]. On peut différer d'avis au sujet de l'impact de chacune de celles-ci, ce qui n'a rien d'étonnant, alors que les adeptes les plus chevronnés sont en désaccord entre eux sur ce qui constitue la nature spécifique du système (une philosophie? une science[2]?). Il appert néanmoins qu'on doit tenir compte de ces facteurs historiques et culturels si l'on veut mieux comprendre l'originalité, mais aussi l'historicité de Marx, à savoir une relativité qui va à l'encontre du dogmatisme dans lequel versent les disciples inconditionnels[3].

1.2 Marx est issu de la tradition juive, où il a puisé son style prophétique et la propension au messianisme. Il fut un témoin privilégié du fonctionnement de la société bourgeoise et chrétienne (protestante) allemande, ainsi qu'un observateur critique du conservatisme religieux anglais, en ce pays d'accueil où l'on disait, non sans ironie, que l'Église anglicane était « le Parti Tory en prières ». Il a cru trouver dans des faits de ce genre une confirmation de l'idée que « la religion est l'opium du peuple ». Il a connu de près la phase de croissance intensive du capitalisme sauvage, engendrant un prolétariat de plus en plus nombreux et misérable. En même temps, il récupère, réévalue et réinterprète, de façon originale, les outils idéologiques qui traînent dans le paysage : chez Hegel, l'idéalisme, la dialectique, la contradiction féconde, le sens de l'histoire; chez Feuerbach, l'humanisme athée et le concept d'aliénation; chez les économistes libéraux, les idées de valeur-travail, de plus-value, de loi d'airain de l'économie, etc.

1.3 L'originalité, chez Marx, n'est pas dans l'invention, elle est dans la synthèse et aussi dans l'exégèse créatrice, axée sur la préoccupation de transformer le monde et d'inventer un nouvel humanisme.

2. LES GRANDS AXES DE L'IDÉOLOGIE

2.1 Le marxisme est avant tout une philosophie. Chez Marx, la réflexion sur l'économie vient se greffer sur un fond philosophique préétabli. L'étude des faits économiques et sociaux cherche à confirmer des postulats déjà bien ancrés[4].

---

1. Sur ces influences, voir Jean GUICHARD, *Le marxisme*, p. 11 *ssq*.

2. Confusion telle que quelqu'un a proposé de définir le marxisme comme étant « l'ensemble des erreurs qu'on a fabriquées au sujet de Marx ».

3. Pour mieux connaître Marx au quotidien, voir Françoise GIROUX, *Jenny Marx ou la femme du diable*, Paris, Laffont, 1992.

4. Voir GUICHARD, ouvrage cité, p. 75 *ssq*.

2.2 Les philosophies se divisent en philosophies de l'être et du devenir; philosophies de l'idée et philosophies de la vie[5]. Marx emprunte à Hegel sa philosophie du devenir, mais en la vidant (du moins le croyait-il) de son contenu idéaliste, en la retournant sur les pieds. «Chez Hegel, la dialectique marche sur la tête; il suffit de la remettre sur les pieds pour lui trouver une physionomie tout à fait raisonnable[6]». La dialectique, axe central de la philosophie du devenir chez Hegel, prétend décrire et exprimer le déroulement de la Raison, de l'Esprit (Logos) qui se projette par contradictions dans l'Histoire. «La contradiction, dit Hegel, est la source de tout mouvement, la racine de toute vie[7]». «L'être d'une chose finie, est d'avoir en son être comme tel le germe de sa disparition, l'heure de sa naissance et aussi l'heure de sa mort[8]». La remise sur les pieds consiste, pour Marx (tout comme pour Lénine, Staline, Mao), à situer dans les choses, les réalités matérielles et les rapports sociaux, les contradictions dont l'émergence et la solution (suivies d'autres émergences et d'autres solutions) forment la trame de l'histoire.

> La cause fondamentale du développement des choses ne se trouve pas à l'extérieur, mais au contraire à l'intérieur des choses: elle se trouve dans la nature contradictoire inhérente à toutes les choses comme à tous les phénomènes... Ce sont elles (les contradictions) qui enfantent le mouvement et le développement des choses... Ainsi donc, la dialectique matérialiste a résolument rejeté la théorie métaphysique de la cause extérieure... Dans le monde végétal et animal, la simple croissance, le développement quantitatif, sont également provoqués, pour l'essentiel, par les contradictions internes. Il en est exactement de même pour le développement de la société[9].

2.3 Sur l'assise héritée de Hegel et radicalement transformée vient s'articuler, chez Marx, le réseau des postulats de base qui structurent l'idéologie[10]. Les principaux éléments de ce réseau sont:

— le matérialisme avec ses multiples facettes:
  • philosophique (l'humanisme athée);
  • dialectique (héritage hégélien);
  • évolutionniste (héritage de Darwin et de Engels);
  • historique (héritage hégélien);
  • économique (influence du libéralisme économique);

---

5. A. Piettre, ouvrage cité, p. 13.
6. *Le Capital*, postface de la 2e édition allemande, Éd. sociales, trad. J. Roy, p. 29.
7. *Grande Logique*, t. IV, p. 68 (A. Piettre, p. 15).
8. *Grande Logique*, t. II, p. 139 (A. Piettre, p. 216).
9. Mao-Tsé-Toung, *Œuvres choisies*, Éd. sociales, 1955, p. 368.
10. Pour les détails explicatifs des grands thèmes, voir les suggestions de lectures, en annexe.

— le déterminisme économique, clé de l'interprétation de l'histoire ;
— le concept d'homme-producteur ;
— la lutte des classes, moteur des transformations sociales ;
— le concept d'aliénation ;
— la prédiction de l'inéluctable disparition du capitalisme ;
— l'inéluctable avènement du communisme, grâce à l'action révolutionnaire du prolétariat nanti d'une mission historique ;
— le dépérissement de l'État ;
— la praxis. (L'action est la clé de la pensée. « Né de l'action, fait pour l'action, le marxisme entend encore se penser par l'action[11] ».)

2.4 « Expression finale de la philosophie dialectique, elle (la pensée marxiste) est une philosophie faustienne de l'effort et de la lutte. Elle livre le combat sur deux fronts : sur le front social et dans le monde physique. D'un côté comme de l'autre, l'homme se crée par antithèse : en s'opposant aux puissants qui l'oppriment, c'est la révolution ; en s'opposant à la nature qui l'accable, c'est la technique. D'un côté comme de l'autre s'établit la domination du travail : sur le capital, comme sur la matière. De part et d'autre, la praxis est révolutionnaire, Marx l'a dit excellemment. Et ces efforts sont eux-mêmes liés à partir d'une seule et même donnée : la matière en perpétuel mouvement, dont la nature d'une part, la société de l'autre, racontent l'évolution. »

« Ainsi, le plus strict matérialisme débouche finalement dans le plus violent messianisme : puisqu'à partir de faits et de faits matériels, Marx entend révéler à l'humanité, avec le secret de son aliénation, la voie de sa libération. Il lui fait entrevoir l'étape finale de son destin — le moment où après avoir dominé la nature et la société, elle prendra en mains la maîtrise même de son histoire — l'histoire à venir du genre humain. Et l'on mesure le prestige que cette espèce d'apocalypse terrestre a pu exercer sur des âmes sans espoir[12]. »

3. UNE PENSÉE DYNAMIQUE

3.1 « Au commencement était l'Action » (Gœthe). Dans la même foulée, Feuerbach écrit : « Est théorique ce qui est confiné dans ma tête ; pratique, ce qui remue dans beaucoup de têtes. Ce qui meut beaucoup de têtes fait masse et se fait ainsi une place dans le monde[13] » Cette vision dynamique habite la philosophie marxiste. Elle lui donne sa dimension opérationnelle,

---

11. A. Piettre, ouvrage cité, p. 33.
12. *Ibid.*, p. 36-37.
13. Lettre à Ruge, 1863. — *Ibid.*, p. 33.

transformatrice. Elle est rapatriable et utilisable par tous les agents de changement, même s'il y a lieu, pour ce faire, de la décanter des lubies métaphysiques qui imprègnent la démarche de Marx.

3.2 La praxis constitue une idée-force particulièrement stimulante. Elle fait atterrir les bonnes intentions qui flottent en l'air, loin du domaine de l'efficacité. Elle actualise la sensibilité morale, en lui conférant une dimension opérationnelle et met en lumière la primauté de l'éthique du changement.

3.3 Le thème de l'aliénation aide à voir clair, à démystifier, à réévaluer sa propre action, ses propres options. Il oblige les chrétiens à scruter de plus près l'impact social d'une certaine présentation des choses de la foi. Il s'applique à diverses situations: il y a l'aliénation du travailleur, mais il y a aussi celle du consommateur soumis aux manipulations de la société de consommation. Et aussi l'aliénation, non perçue par Marx, des hommes et des femmes chez qui on a détruit les racines spirituelles et qui s'en vont dans l'existence comme des feuilles au vent.

3.4 La dialectique, comme concept, aide à mieux comprendre les phénomènes sociaux, l'entrecroisement des échecs et des progrès, les cheminements insolites de la vérité et de la justice, les tensions et affrontements entre forces antinomiques, la puissance du levain invisible qui travaille la pâte, celle du grain mis en terre qui meurt et relance la vie.

3.5 La prise de conscience des rapports de forces ne conduit pas à conclure que la société est une jungle, mais aide à évaluer avec plus de réalisme les conditions du changement social. Elle démystifie les stratégies des bons sentiments qui rêvent de réconcilier l'irréconciliable, qui se refusent à admettre que l'antinomie de forces opposées — ce qui est autre chose que des contradictions — caractérise l'existence collective. Sans concéder la nécessité dite inéluctable de la lutte des classes, on est induit, face aux réalités économiques et sociales, à admettre des situations conflictuelles inévitables, des confrontations d'intérêts, des divergences morales parfois profondes.

3.6 La dimension matérielle de l'homme que Marx, fidèle en cela à la tradition judéo-chrétienne, a fortement mise en lumière, commande une évaluation réaliste et concrète de la question sociale, et incite à ne pas taxer de matérialisme les préoccupations quotidiennes des gens ordinaires: salaire, nourriture, logement, soins de santé, éducation. La prédication de la vertu est vaine si elle ignore cette dimension fondamentale de l'existence des hommes et des femmes. À des chrétiens qui semblaient l'avoir oublié, Marx a rappelé ces priorités que tout disciple de Jésus n'est pas censé ignorer.

3.7 En rêvant d'une «république des travailleurs» et en proclamant la primauté du travail sur le capital, Marx n'a rien inventé. Mais là encore, il a su merveilleusement faire du nouveau et du vivant avec de l'ancien. Il a été d'autant plus aisé pour Jean-Paul II, rédigeant son admirable encyclique sur le travail, de réaffirmer ce primat, qu'il a grandi au sein d'une culture où, sur un point aussi crucial, le discours officiel du « gouvernement des prolétaires » rejoignait celui de l'Église et les convictions des travailleurs chrétiens.

3.8 Il n'est pas sûr que Marx se retrouverait dans toutes les interprétations du « sens de l'histoire » auxquelles on accole son nom. Mais il demeure que, là encore, il a su monnayer une thèse judéo-chrétienne chère à Hegel. Marx a su la remettre sur les rails, lui donner l'allure d'une idée neuve.

3.9 Le concept de moralité structurelle, devenu à la mode en éthique sociale chrétienne, doit à Marx beaucoup de notoriété. Idée utilisable avec profit, pourvu qu'on sache l'arrimer à celle de responsabilité personnelle, et aussi de faute personnelle.

3.10 Au cœur du marxisme, disait Ernest Bloch, il y a « le principe de l'espoir ». Importante, cette fois dans la vie, dans l'avenir, cette conviction qu'on peut changer la face du monde, que les plus petits, les plus démunis parmi les hommes peuvent espérer un sort meilleur[14].

3.11 Hautement signifiante pour l'histoire de l'humanité, la triple perspective soulignée par A. Piettre : vision de révolte contre un monde en souffrance, vision de confiance dans un monde en devenir, vision d'espoir en un monde unifié[15]. Encore là, ce sont « des idées chrétiennes devenues folles » qu'il importe de ramener à la maison. Roger Garaudy, marxiste fidèle et communiste excommunié, avait su en discerner l'origine chrétienne. C'est à cette même source chrétienne d'ailleurs qu'il convient de se reporter si l'on veut comprendre le langage prophétique que Marx utilise quand il dénonce l'injustice et convie au rassemblement des prolétaires du monde entier.

4. DES ASSISES FRAGILES

4.1 Des chrétiens de gauche, Jacques Maritain disait qu'ils ont les entrailles évangéliques, mais la tête bien peu théologique. Chez Marx aussi, le cœur l'emporte sur la rigueur de la raison. Le souffle est puissant, mais l'assise conceptuelle, quand on la débarrasse de ses ornements, apparaît d'une inquiétante fragilité. On a fini par croire à la validité des postulats de Marx tellement celui-ci a insisté sur « le caractère scientifique » de sa démarche. C'est cette insistance qui a convaincu des disciples peu habitués à se poser des questions à cet égard. Faisant allusion aux fondements du marxisme, André Frossard soupçonne qu'on pourrait y découvrir « quelques calembours passés inaperçus ». Au fait, l'interrogation éthique première qu'il faut

---

14. Voir Roger GARAUDY, *L'Alternative*, p. 122 *ssq.*
15. *Marx et marxisme*, p. 203-206.

soulever au sujet de Marx concerne la vérité. Grande hérésie sociale, le marxisme constitue, mais plus intrinsèquement encore, une sophistique brillante qui emballe les disciples et déstabilise les opposants.

4.2 Ni aucune force inhérente venue de la raison, ni aucune évidence imposée par l'analyse des faits commandent l'adhésion de l'esprit à l'un ou l'autre des «postulats» suivants: la nature contradictoire (au sens rigoureux du terme), des choses matérielles et des réalités sociales; la matérialité radicale de l'homme, chez qui la vie de l'esprit et les aspirations de l'âme équivaudraient à des superstructures; l'histoire élucidée grâce à l'étude des modes de production; la violence féconde qui assure la bonne marche de l'histoire; la disparition inéluctable du capitalisme; la mission historique et révolutionnaire du prolétariat, etc[16]. Chaque énoncé véhicule quelque chose de vrai, mais chacun occulte une faille, un demi-mensonge. Brillante sophistique, dont l'attirance conquiert aussi bien des intellectuels chevronnés que le monde ordinaire exposé aux courants de la propagande.

4.3 Marx prophète a triomphé par le style. Pour l'exactitude des prévisions, c'est la faillite. «Ni le capitalisme ne s'est développé suivant le jeu implacable d'une dialectique fatale: ni le communisme n'a tenu les promesses de ses principes; de l'égalité des salaires au dépérissement de l'État, de l'abolition de la division du travail à l'avènement d'un "homme nouveau", combien d'espoirs sacrifiés! Si bien qu'il serait à peine excessif d'écrire que Marx a subi, de la réalité, le traitement qu'il avait infligé à ses maîtres: la dialectique s'est installée au cœur de sa doctrine; le marxisme a grandi en se contredisant[17]».

5. LE NOUVEL HUMANISME

> «Parmi toutes les valeurs créées par le régime socialiste, la plus grande est l'homme nouveau, le bâtisseur actif du communisme. Le peuple soviétique fournit sans cesse des preuves nouvelles de ce dont est capable l'homme vraiment libre du monde nouveau.»
>
> N. S. KHROUCHTCHEV, Discours du XXIIe Congrès, 1961.

---

16. «Dans le marxisme du jeune Marx, la vocation révolutionnaire du prolétariat découle des exigences de la dialectique. Le prolétariat est l'esclave qui triomphera de son maître, non pour lui-même, mais pour tous. Il est témoin de l'inhumanité qui accomplira l'humanité. Marx a passé le reste de sa vie à chercher la confirmation, par l'analyse économique et sociale, de la vérité de cette dialectique». Raymond ARON, *L'opium des intellectuels*, p. 83.

17. A. PIETTRE, ouvrage cité, p. 203.

5.1 Des années d'intoxication idéologique, de propagande, d'embriga-
dement, de réflexion en univers clos influent inévitablement sur les valeurs,
la pensée et les comportements. Des personnalités fortes et exceptionnelles
(comme Zinoviev, Soljenytsine, et des dissidents moins connus) sont capables
de résister aux pressions d'un tel système. Mais il en va moins facilement
pour les autres. Il est normal qu'apparaissent, après tant d'années de conditionnement, les signes d'un nouvel humanisme. Mais la question se pose:
quel en est le profil éthique?

5.2 L'homme nouveau (*homo sovieticus*, ou *homocus*, selon l'expression
utilisée par Alexandre Zinoviev) semble correspondre bien peu aux prédictions de Marx et des prophètes qui lui ont succédé. En lisant des observateurs privilégiés et critiques de la société soviétique, on note les traits
suivants:

— Sentiment d'exister par l'intégration à la collectivité et à l'État.
— Réflexe connaturel de dépendance et de servilité face au pouvoir. «Dans
   cette société, le pouvoir n'existe pas en fonction du peuple, c'est le
   peuple qui existe en tant que matériau de fonctionnement du pouvoir[18]».
— Dépendance psychologique face au groupe, au collectif. «La plus grande
   perte pour l'homocus est d'être exclu de son collectif» (Zinoviev).
— Pensée homogénéisée. «L'homocus pense en bloc des pensées et sent en
   bloc des sentiments pour lesquels il n'existe aucune appellation convenable. Ce qui lui permet d'être psychologiquement et intellectuellement
   plastique, souple, adaptable. Une action mauvaise en elle-même n'est pas
   ressentie par l'homocus dans la mesure où il ne la ressent pas comme
   telle, mais seulement en tant qu'élément d'un tout plus complexe (bloc)
   lequel en tant que tout n'est pas considéré comme mauvais. Une goutte
   de poison dans un remède curatif complexe n'y joue pas le rôle de poison[19].» «Reflet de ce tout social auquel il appartient, l'homocus est en
   même temps une simple fonction partielle de ce tout. Les différentes
   fonctions du collectif communiste s'incarnent à travers les divers membres qui le composent et qui en sont avant tout les porteurs[20]».
— Solidarité dans les pratiques d'asservissement. «Ici, la liberté est rem-
   placée par une possibilité d'asservissement général. Non pas une volonté
   de liberté, mais la volonté de priver les autres de toute velléité de liberté,
   tel est l'ersatz de liberté qu'on propose aux citoyens de cette société[21]».

---

18. Alexandre Zinoviev, *Homo sovieticus*, p. 94.
19. *Ibid.*, p. 66.
20. *Ibid.*, p. 230.
21. Alexandre Zinoviev, *Nous et l'Occident*, p. 91.

— Solidarité avec la majorité et tendance à entraver les initiatives de ceux qui enfreignent les normes officielles.

— Docilité devant les sacrifices, et propension à condamner les autres au sacrifice.

— Intégration sociale par le travail, en même temps qu'une propension générale à mépriser le travail. «Un emploi à tout prix, pourvu qu'on ne travaille pas», dit un adage. Et un autre, qui se veut une malédiction: «Puisses-tu n'avoir que ton salaire pour vivre[22]!»

— Culture du pouvoir social, source de confort et d'enrichissement.

— Obsession de la possession matérielle. «L'expérience soviétique a permis une conclusion tout à fait inattendue; nous avons pu constater que les biens, la propriété ne sont nullement une valeur matérielle, mais au contraire spirituelle. Pour l'immense majorité, c'est plus exactement un moyen d'expression, de réalisation de soi[23].»

5.3 Il est difficile d'évaluer jusqu'à quel point les traits caractéristiques de l'*homo sovieticus* vont perdurer au lendemain de la chute du «socialisme réel». Il est possible qu'ils paralysent pour un certain temps les efforts de prise en charge de leur destin par les individus et les groupes. Il est non moins possible que le niveau acquis de développement social et économique, combiné au réveil de valeurs héritées de la tradition judéo-chrétienne, déclenche un processus catalyseur qui enclenche une étape nouvelle de croissance économique et sociale.

6. L'EXPANSIONNISME ET L'IMPÉRIALISME

«Les communistes dédaignent de dissimuler leurs idées et leurs projets. Ils déclarent ouvertement qu'ils ne peuvent atteindre leurs objectifs qu'en détruisant par la violence l'ancien ordre social. Que les classes dirigeantes tremblent à l'idée d'une révolution communiste! Les prolétaires n'y ont rien à perdre que leurs chaînes. Ils ont un monde à gagner.»

Karl Marx, dans *Le Manifeste communiste*

Il y a deux sortes de guerre:
a) la guerre juste, non annexionniste, émancipatrice, ayant pour but soit de défendre le peuple contre une agression du dehors et contre les tentatives de l'asservir, soit d'affranchir le peuple de l'esclavage capitaliste, soit, enfin, de libérer les colonies et les pays indépendants du joug des impérialistes;

---

22. V. BOUKOVSKI, *Cette lancinante douleur de la liberté*, p. 191-195.
23. *Ibid.*, p. 181.

b) la guerre injuste, annexionniste, ayant pour but de conquérir et d'asservir
les autres pays.

Grande Encyclopédie soviétique

L'histoire enseigne que, depuis longtemps, les régimes communistes, l'ex-URSS en tête, ont accordé plus d'importance à la critique des armes qu'aux armes de la critique. L'expansionnisme soviétique a été un fait de notoriété mondiale[24]. Il est imité par la Chine et se prolonge à travers l'action militaire de pays satellites. L'expansion s'effectue aussi par le transfert incessant d'armes dans le Tiers-Monde; commerce scabreusement capitaliste où l'ex-URSS a tenu un rôle de chef de file[25]. Ce commerce perdure à l'ère du libéralisme sauvage qui caractérise actuellement la vie économique et politique en Russie. Il permet des entrées substantielles de devises étrangères fortes.

7. ATHÉISME MILITANT, RELIGION SÉCULIÈRE

«Nous devons combattre la religion. C'est l'abc de tout matérialisme, donc du marxisme... Il faut savoir lutter contre la religion; or pour cela, il faut expliquer dans le sens matérialiste les sources de la foi et de la religion des masses».

LÉNINE

«Il faut mener systématiquement une large propagande athée et scientifique. Il faut expliquer patiemment la vanité des croyances religieuses, nées dans le passé de l'asservissement des hommes aux forces de la nature, de l'oppression sociale ainsi que de la méconnaissance des véritables causes des phénomènes naturels et sociaux».

(*Vers le communisme*, Moscou, 1961, p. 609; cité par André PIETTRE, *Marx et marxisme*, p. 295

7.1 Garaudy[26] prétend que l'«athéisme n'est pas le fondement nécessaire de l'action révolutionnaire», et «qu'il est historiquement faux que le

---

24. Voir là dessus l'ouvrage percutant de Jean-François REVEL, *Comment les démocraties finissent*, Paris, Grasset, 1983. Sur l'importance de la puissance militaire soviétique, voir Michael KIDRON et Dan SMITH, *Atlas du monde armé*, Paris, Calmann-Lévy, 1984.
25. Voir le dossier «Pains ou canons pour le Tiers-Monde?» dans *Croissance des jeunes nations*, octobre 1982. Aussi une analyse de Robert BERNIER, «L'URSS et l'exportation d'armes» dans *Le Devoir*, 6, 7, 8 février 1984.
26. *L'Alternative*, p. 115.

matérialisme philosophique et l'athéisme aient été liés par un lien interne à l'action révolutionnaire». Mais les faits sont là, nombreux, qui illustrent qu'un athéisme militant a inspiré et guidé l'action d'un grand nombre de mouvements révolutionnaires et de gouvernements socialistes; des faits qui illustrent aussi la propension du communisme à se comporter en religion séculière, véhiculant une doctrine qui prétend répondre à toutes les interrogations fondamentales des hommes. Religion qui a ses clercs, les idéologues du Parti, chargés de sauvegarder la pureté de la doctrine et de la formuler dans «la langue de bois» la plus authentique et la plus ennuyante possible. En URSS, notait Raymond Aron, «ce sont les intellectuels qui accordent la suprême investiture. Le communisme est la première religion d'intellectuels qui ait réussi[27]». Pour Simone Weil, militante familière avec les techniques que les communistes utilisent sur le terrain, le marxisme est non seulement une religion, mais il l'est au sens péjoratif. Il est un opium. «Le marxisme, dit-elle, est tout à fait une religion, au sens le plus impur de ce mot. Il a notamment en commun avec toutes les formes inférieures de la vie religieuse d'avoir été continuellement utilisé, selon la parole si juste de Marx, comme un opium du peuple[28].»

7.2 Pour Pie XI et Pie XII, le caractère intrinsèquement athée et antireligieux du marxisme et du communisme témoigne de sa radicale perversité. Les persécutions continuelles dont les chrétiens étaient victimes dans les pays d'obédience soviétique ne pouvaient que les confirmer dans leur sentiment. Nonobstant cette constatation, Jean XXIII cherchera les voies d'un dialogue possible avec le monde communiste, préoccupé qu'il était d'instaurer un climat de rapprochement favorable à la paix. Sans compter que les cas ne manquaient pas, dans la décennie qui suivit la Deuxième Guerre mondiale, où des solidarités prenaient forme sur le terrain, entre chrétiens épris de réformes sociales et militants marxistes. De là la distinction que le pape propose entre les idéologies et les mouvements historiques, applicable aux situations qui mettent en relation des chrétiens et des socialistes, incluant les marxistes[29].

7.3 Paul VI croit discerner une certaine évolution dans la pensée marxiste. Il est attentif, à l'instar de Jean XXIII, à la différence entre les idéologies et les mouvements historiques ainsi qu'aux personnes concrètes, hommes et femmes, engagées dans des tâches sociales et politiques spécifiques. Il note que des chrétiens «se demandent (même) si une évolution historique du marxisme n'autoriserait pas certains rapprochements concrets. Ils (ces chrétiens) constatent en effet un certain éclatement du marxisme qui,

---

27. *L'opium des intellectuels*, p. 287.

28. WEIL, Simone, *Oppression et liberté*, p. 229.

29. *Pacem in terris*, n° 159 (Édition de l'Action populaire).

jusqu'ici, se présentait comme une idéologie unitaire, explicative de la totalité de l'homme et du monde dans son processus de développement, et donc athée[30] ». Le pape reconnaît la validité de l'opération consistant à distinguer quatre niveaux d'expression du marxisme, à savoir :

1) la pratique active de la lutte des classes ;
2) l'exercice collectif d'un pouvoir politique et économique sous la direction d'un parti unique qui se veut — et lui seul — expression et garant du bien de tous ;
3) une idéologie socialiste à base de matérialisme historique et de négation de toute transcendance ;
4) une activité scientifique, méthode rigoureuse d'examen de la réalité sociale et politique, lien rationnel et expérimenté par l'histoire entre la connaissance théorique et la pratique de la transformation révolutionnaire[31].

Ce sont là des distinctions légitimes, reconnaît le Souverain Pontife, mais non dépourvues de risque. Autre chose de distinguer conceptuellement, autre chose la réalité quotidienne, comme en témoignent les difficultés rencontrées, en Amérique latine par exemple, par des chrétiens engagés dans les luttes sociales et qui se font piéger par d'habiles praticiens des « luttes populaires ». C'est pourquoi le Souverain Pontife formule une discrète mise en garde :

> Si, à travers le marxisme, tel qu'il est concrètement vécu, on peut distinguer ces divers aspects et les questions qu'ils posent aux chrétiens pour la réflexion et pour l'action, il serait illusoire et dangereux d'en arriver à oublier le lien intime qui les unit radicalement, d'accepter les éléments de l'analyse marxiste sans reconnaître leurs rapports avec l'idéologie, d'entrer dans la pratique de la lutte des classes et de son interprétation marxiste en négligeant de percevoir le type de société totalitaire et violente à laquelle conduit ce processus[32].

7.4 Jean-Paul II aborde la question du marxisme dans une optique quelque peu différente. Il a grandi à l'intérieur d'une société se réclamant du communisme. Il a mesuré les performances du régime. Il n'a aucune illusion sur sa nature propre, son caractère profondément antireligieux, la faillite économique et sociale dont il est la cause. En attendant des temps meilleurs, il rappelle l'essentiel : les travailleurs et leurs droits, les valeurs familiales, les droits des simples chrétiens, du monde ordinaire, en Pologne et ailleurs. Il

---

30. *Octogesima adveniens*, n° 32.
31. *Ibid.*, n° 33.
32. *Ibid.*, n° 34.

fait preuve de non moins de sens critique, en revanche, à l'égard du matérialisme d'origine libérale dont les abus et le caractère inhumain ont ouvert la voie à la grande hérésie sociale marxiste.

7.5 Est apparu comme un signe des temps le refus exprimé à la face du monde par la Pologne catholique, la Pologne des travailleurs réels et concrets, eux qui ont mis en question la légitimité du «gouvernement des prolétaires». Jamais, depuis ses débuts, l'establishment marxiste ne fut soumis à une telle opération de démystification. Les travailleurs polonais, avec leur courage, leur fierté, leurs dévotions, leur crucifix et leurs marches dans la rue, ont pratiqué une brèche irréparable dans le mur de béton de l'Empire communiste. En voyant se dérouler cette contestation courageuse et victorieuse, on n'a pas pu s'empêcher de penser à la fronde du jeune David, à Élie seul face aux prêtres de Baal, au petit peuple jouant de la trompette sous les murs de Jéricho ou encore à la poignée de soldats qui accompagnaient Gédéon. Bref, la manifestation d'une pression libératrice où se vérifie la parole de l'Écriture:

Il y a déployé la force de son bras,
Il a dispersé les hommes au cœur orgueilleux,
Il a renversé les puissants de leurs trônes,
Et élevé les humbles.

Luc 1, 51-52

8. ESQUISSE D'UN BILAN

> «Alors que la Révolution française a laissé des choses formidables, il n'y a pas de legs communiste. Il n'y a aucune idée utilisable. C'est une tragédie absolue. C'est inouï!»
>
> (François FURET)

8.1 L'espace occupé dans le monde par le marxisme et ses sous-produits est énorme. La Révolution de 1917 a bouleversé l'histoire des peuples. On fut témoin à une époque de la consolidation des institutions et des régimes issus du marxisme, dans les versions soviétique, chinoise, albanaise ou autres, et de l'implantation de nouveaux régimes: Éthiopie, Angola, Vietnam, etc. On est témoin de nos jours d'une dégringolade qu'aucun soviétologue chevronné n'avait prévue[33].

---

33. Sauf, sous certains aspects (comme la force dissolvante du nationalisme). Voir Hélène CARRÈRE D'ENCAUSSE dans *L'Empire éclaté*, Paris, Flammarion, 1978.

On juge l'arbre à ses fruits. Le temps est venu de demander des comptes, tout en nuançant les appréciations à la lumière des obstacles rencontrés, du niveau initial de sous-développement dont on voulait se libérer, des ressources disponibles, etc.

8.2 Peu d'experts mettent en doute le succès d'un certain modèle de développement industriel en URSS, les progrès réalisés, dans beaucoup de pays socialistes, dans le domaine de l'éducation et de la santé, le niveau appréciable de développement en Hongrie ou en Allemagne de l'Est, le fait qu'un grand nombre de pays communistes jaugés selon les indices classiques de croissance économique s'inscrivent dans le créneau des pays avancés. Les performances technologiques de plusieurs pays socialistes, l'URSS en tête, sont indiscutables. Sauf que, comparées à des pays d'économie libérale, toutes ces apparentes réussites ressemblent à des faillites.

8.3 Le développement ne se réduit pas à la croissance. En outre, celle-ci implique des coûts humains qu'on ne peut ignorer. André Piettre s'interroge à ce sujet. Après avoir reconnu à l'expérience marxiste plusieurs apports positifs, il résume son évaluation dans le constat suivant, à savoir celui d'une quadruple aliénation[34], qui s'avère, selon lui, le trait dominant des expériences historiques issues de la pensée marxiste:

a) Nouvelle aliénation technique: On copie les techniques capitalistes et souvent en plus brutal, souligne A. Piettre. «La plus violente révolution du monde n'a (...) rien changé au plus grand drame de notre temps: l'aliénation de l'homme à la technique[35]».

b) Nouvelle aliénation économique: maintien du salariat, inégalités des revenus, réhabilitation du profit, obsession de l'argent et de la possession.

c) Nouvelle aliénation politique: État monolithique, suppression de la liberté, du dialogue, de la discussion vivante, de l'antithèse créatrice. Partout où le communisme s'implante, partout se répète le phénomène de société oppressive, étouffante, totalitaire.

d) Nouvelle aliénation spirituelle: «D'une religion, il a la foi; ses affirmations sont des dogmes, qui se prêtent seulement à une subtile exégèse. D'une religion, il a l'espérance: pour être terrestre, son messianisme n'en est que plus exaltant. Il a même une certaine conception de la charité humaine, celle que manifestent un paternalisme d'État et la recherche administrative d'un bonheur au cadastre[36]».

C'est de cette quadruple aliénation que les pays de l'Europe de l'Est ont décidé de se libérer depuis 1989, en amorçant, à partir de la Pologne

---

34. Ouvrage cité, p. 206 *ssq.*
35. *Ibid.*, p. 207.
36. *Ibid.*, p. 210.

catholique, la série des révolutions non violentes qui ont transformé le visage de l'Europe.

8.4 On est justifié d'ajouter au bilan tracé il y a près de 50 ans par Pie XI dans *Divini Redemptoris*, plusieurs constats qui confirment ou explicitent les premières évaluations, par exemple:

— le dogmatisme et l'intolérance;
— le mensonge systématique et la propagande;
— l'étouffement des libertés;
— l'asphyxie intellectuelle;
— l'agressivité anti-religieuse;
— la répression de la dissidence;
— le terrorisme policier;
— la militarisation;
— les échecs économiques répétés;
— l'inaptitude (ou une grande difficulté) à répondre à des besoins élémentaires, par exemple dans le secteur agricole. Les échecs des politiques agricoles et les approvisionnements aléatoires sont devenus des images de marque de la plupart des pays communistes. On avait promis l'abondance pour tous; on se retrouve avec des pénuries généralisées et des traitements de faveur pour les «nouvelles classes». Aboutissement dérisoire du grand rêve d'abondance et d'égalité!

8.5 À un moment de l'histoire où la sensibilité écologique est de plus en plus éveillée, le jugement porté sur le développement industriel en Europe de l'Est est d'une grande sévérité. La pollution y est omniprésente et l'environnement y a atteint un niveau avancé de dégradation.

8.6 Dans le bilan qu'il dresse du «socialisme réel», Jean-Paul II formule un constat d'échec; il attribue cet échec aux facteurs suivants:

a) Erreur anthropologique fondamentale consistant à considérer l'individu comme une simple molécule du corps social, sans dignité propre et sans liberté inhérente à son statut de personne.

b) Fausse conception de l'ordre social, où l'État prétend épuiser tout le potentiel de sociabilité de la personne, en refusant un espace de liberté et d'initiative aux familles, aux groupes économiques et sociaux, etc.

c) *Athéisme radical.* «La négation de Dieu prive la personne de ses racines et, en conséquence, incite à réorganiser l'ordre social sans tenir compte de la dignité et de la responsabilité de la personne.» (*Centesimus annus*, n° 13).

d) Définition des rapports sociaux en termes de lutte des classes. «La lutte des classes au sens marxiste et le militarisme ont (donc) la même racine: l'athéisme, et le mépris de la personne humaine qui fait prévaloir le principe de la force sur celui de la raison et du droit.» (*Ibid.*, n° 14).

e) Conception erronée du droit de propriété et du rôle de l'État dans le domaine économique.

Des *causes prochaines* expliquent de façon particulière la dégringolade du bloc de l'Est:

1) la révolte non violente des classes populaires, amorcée par les travailleurs polonais (*Centesimus annus*, n° 23);

2) l'inefficacité économique, «qu'il ne faut pas considérer seulement comme un problème technique mais plutôt comme une conséquence de la violation des droits humains à l'initiative, à la propriété et à la liberté dans le domaine économique» (*Ibid.*, n° 24);

3) le vide spirituel provoqué par l'athéisme (*Ibid.*, n° 24).

9. PISTES DE RECHERCHE

9.1 CONTINUITÉ ET ÉVOLUTION. Le discours officiel de l'Église face au marxisme-léninisme constitue une bonne illustration de la double caractéristique de la Doctrine sociale, à savoir la *continuité* et l'*évolution*. On peut en faire soi-même la vérification en comparant les grandes encycliques sociales, à partir de Léon XIII, où, selon Jean-Paul II, apparaît déjà une perception intuitive des conséquences néfastes de l'application de la thèse socialiste dans ses formes extrêmes (*Centesimus annus*, n° 12).

Inclure dans cette lecture l'encyclique *Divini Redemptoris* (19 mars 1937), qui traite spécifiquement du communisme athée.

L'évolution et les nuances dans l'approche critique des théories et des pratiques socialistes en général, et plus spécifiquement du marxisme, sont particulièrement tangibles dans *Quadragesimo anno*, *Pacem in terris*, *Octogesima adveniens*, *Laborem exercens* et *Sollicitudo rei socialis*.

L'évolution constatée confirme le caractère pratique et en situation de la théologie sociale ou de l'éthique sociale d'inspiration chrétienne.

9.2 L'OPIUM DES INTELLECTUELS. Raymond Aron fut vilipendé pour avoir publié le livre qui porte ce titre. À son époque et jusqu'à récemment, la mode était au marxisme, tout comme elle est, de nos jours, chez plusieurs intellectuels, à l'individualisme et au néolibéralisme, et tout comme elle fut, pendant quelques années, influencée par l'existentialisme.

Il faut relire l'ouvrage de Raymond Aron. Il aidera notre recherche des raisons qui peuvent expliquer que des intellectuels chevronnés, voués en principe au culte d'une rationalité rigoureuse, cèdent si aisément à la mode du jour.

Le cheminement intellectuel n'est pas neutre. L'affectivité et les intérêts y jouent un rôle. «Le cœur a ses raisons que la raison ne connaît point; on le sait en mille choses.» (Pascal)

9.3 Au-delà du marxisme. «La crise du marxisme n'élimine pas du monde les situations d'injustice et d'oppression, que le marxisme lui-même exploitait et dont il tirait sa force» (*Centesimus annus*, n° 26). On peut même prévoir un durcissement des structures oppressives, car nombreux sont les cas où l'on s'était résigné à appliquer des réformes sociales uniquement par peur du communisme. Il faut donc relancer le courant réformiste; autrement, on risque d'être entraîné dans de gigantesques conflits sociaux, particulièrement dans le Tiers-Monde.

Il y a là un immense chantier pour les chrétiens et tous les hommes et femmes soucieux de justice sociale. Dans cette optique, on doit se réjouir du vaste mouvement de réflexion et d'engagement social amorcé par la théologie de la libération, dont un mérite a été de récupérer de la pensée marxiste des instruments conceptuels valables.

10. LECTURES

Albertini, Jean-Marie, *Capitalismes et socialismes à l'épreuve*, Paris, Éditions ouvrières, 1970. La révolution socialiste (c'est-à-dire marxiste-léniniste) de 1917; concept de dictature du prolétariat; la planification stalinienne; la transformation sociale du stalinisme; les mutations de l'économie et de la société soviétique (p. 85-155).

Althusser, Louis, *Pour Marx*, Paris, Maspero, 1973. Longtemps pontife à la mode de la pensée marxiste, l'auteur nous propose quelques réflexions sur des aspects fondamentaux: contradiction et surdétermination (p. 85 *ssq.*); la dialectique (p. 161 *ssq.*); marxisme et humanisme (p. 225 *ssq.*).

Aron, Raymond, *L'opium des intellectuels*, Paris, Calmann-Lévy, 1955. Œuvre de sagesse, allant à contre-courant à une époque où la mode était non seulement au léninisme, mais même au stalinisme. Car il a fallu les dénonciations de Khrouchtchev, en 1956, pour que de nombreux intellectuels ouvrent les yeux au sujet de la nature réelle du stalinisme. Les réflexions de Raymond Aron gardent toute leur pertinence aujourd'hui et peuvent guider encore les intellectuels préoccupés de vérité dans le domaine social. Quelques thèmes: la gauche et la droite, la dialectique, le mythe de la révolution, le mythe du prolétariat, la distinction entre liberté idéelle et liberté réelle, l'idolâtrie de l'histoire, la justice révolutionnaire, l'illusion de la nécessité, l'aliénation des intellectuels, etc. On doit se demander pourquoi, dit l'auteur, les intellectuels méprisent les régimes politiques qui leur permettent de travailler librement et semblent attirés par ceux qui les persécutent. Il propose une explication: «l'Union soviétique asservit, épure les intellectuels: du moins les prend-elle au sérieux»; tandis que, dans le système américain, la plupart des intellectuels sont laissés dans l'ombre. Or « l'intelligentsia supporte mieux la persécution que l'indifférence » (voir p. 237-238). Observation malicieuse qui vaut néanmoins qu'on s'y arrête un instant. Peut-être contient-elle une parcelle de vérité.

BIGO, Pierre, *Doctrine sociale de l'Église*, Paris, PUF, 1965. Voir p. 481-500, sur la lutte des classes.

BOUKOVSKI, Wladimir, *Cette lancinante douleur de la liberté*, Paris, Robert Laffont, 1981. Témoignage troublant d'un dissident soviétique. La pensée n'atteint pas la profondeur de celle d'un Soljenytsine, ni sa qualité littéraire. Mais le message transmis était néanmoins important. Nous aurions eu tort de ne pas l'entendre. Au fait, la crainte de Boukovski, c'était précisément que nous étions devenus sourds aux messages qui nous venaient de là-bas. « Nous étions placés en URSS dans des conditions plus que pénibles, nous avions devant nous un épais mur de béton armé, mais à condition de le vouloir, vraiment, on pouvait réussir à percer ce mur. Ici, c'est un mur de coton qui nous enveloppe de partout. » (p. 57-58)

Collectif, *Initiation économique et sociale*, tome II, p. 60-90. Données schématiques sur le marxisme et sur le soviétisme, désignés ici sous le nom de « bolchevisme lénino-stalinien ».

Collectif, *Rapport secret au Comité central sur l'état de l'Église en URSS*, publié aux éditions du Seuil, avec introduction de Nikita Struve, 1980. Des vérifications sérieuses confirment l'authenticité du document, où l'assurance de ne s'adresser qu'à des personnes « fiables » a donné cours à une franchise brutale et naïve concernant le genre d'estime que l'appareil communiste ressent pour l'Église. « Ce sont, dit Nikita Struve, les aveux exprimés en toute candeur par les responsables du Conseil (aux affaires religieuses) qui donnent à ce texte une saveur inimitable. » On y décrit les méthodes utilisées pour maintenir l'Église sous surveillance, les mesures quotidiennes de harcèlement, les tentatives auxquelles on a recours pour obtenir que les prêtres et évêques trahissent leur mission, etc. On est étonné, en lisant ce texte, que le pouvoir communiste ait dépensé autant d'énergie pour affaiblir l'Église chrétienne et tuer le sentiment religieux, alors que, d'après la thèse officielle, la religion était vouée inévitablement à disparaître sous l'effet du progrès de la science et des nouvelles conditions économiques et sociales.

Collectif, « Le bilan des crimes communistes dans le monde » dans *L'Express* (6 novembre 1997), p. 44-52.

Collectif, *Le livre noir du communisme, crimes, terreurs, répressions*, publié sous la direction de Stéphane Courtois, Paris, Robert Laffont, 1997.

COMBLIN, Joseph, *Théologie de la pratique révolutionnaire*, Paris, Éditions universitaires, 1974. Ensemble de réflexions théologiques qui, à la manière décrite dans *Octogesima Adveniens* (n° 33) utilisent, tout en la dépassant, la grille d'analyse marxiste et respectent la distinction entre les divers paliers d'expression. Quelques thèmes: la conscience révolutionnaire, la praxis révolutionnaire, l'Église et la praxis révolutionnaire, l'Église et la pratique politique révolutionnaire.

DUMONT, René et Marcel MAZOYER, *Développement et socialisme*, Paris, Seuil, 1969. Les coûts humains des socialismes européens (p. 33-60); grandeur et difficultés des socialismes chinois, vietnamien, cubain (p. 61-81); la pensée socialiste mise en question par les faits (82-110).

FURET, François, *Le passé d'une illusion*, Paris, Robert Laffont, 1995.

GARAUDY, Roger, *Clefs pour Karl Marx*, Paris, Seghers, 1964. D'un expert en marxisme, une présentation et une illustration des thèses fondamentales du système: aliénation, matérialisme, dialectique, etc.

GARAUDY, Roger, *L'alternative*, Montréal et Paris, Éditions du Jour et Laffont, 1972. Un ouvrage qui marque une étape dans l'itinéraire de Roger Garaudy. L'exégète éminent du marxisme laisse la place au sage, à un sage qui s'engage dans une méditation sur les choses essentielles qui dépassent les systèmes de pensée.

L'auteur croit déceler une convergence entre la foi chrétienne et l'idéal marxiste. En revanche, le regard que jette Garaudy sur certains modèles de socialisme laisse pressentir la rupture intérieure en train de se former et qui provoquera plus tard son excommunication du Parti. «La tentation permanente, pour un révolutionnaire, c'est que les exigences de la lutte pour la libération ne le conduisent à corrompre ou à détruire la liberté même pour laquelle il combat. Il n'est pas vrai que l'on puisse d'abord conquérir le pouvoir et changer les structures par tous les moyens et, ensuite, octroyer du haut du pouvoir conquis, une liberté véritable.» (p. 251)

GUICHARD, Jean, *Le marxisme, théorie et pratique de la révolution*, Chronique sociale de France, 1972. Une étude approfondie, condensée et remarquablement bien présentée de la pensée de Marx. L'auteur accorde une importance majeure aux premiers écrits (1844-1848), à savoir ceux qui aident à comprendre la suite et que les maîtres de la scolastique marxiste sont enclins à sous-estimer ou à passer sous silence.

GUINZBOURG, Evguenia, *Le vertige*, Paris, Seuil, 1967. Militante dévouée et chevronnée, Evguenia Guinzbourg sera, à l'instar de centaines de milliers d'autres militantes et militants dynamiques et désintéressés, victime des purges staliniennes, et cela non pas en dépit du fait qu'elle fut communiste fervente, mais précisément parce qu'elle l'était. Elle est emportée dans l'opération visant à liquider toute résistance sur la route qui conduit Staline au pouvoir absolu. Récit bouleversant qui fournit une autre pièce majeure au dossier du « socialisme à visage humain ».

GUTIERREZ, Gustavo, *Théologie de la libération*, Bruxelles, Lumen vitæ, 1974. Un des chefs de file de la théologie de la libération, Gutierrez utilise des clés d'interprétation marxiste, mais sans cesser de faire de la théologie chrétienne. À noter les considérations éclairantes sur les rapports entre libération, salut et praxis révolutionnaire.

JEAN-PAUL II, *Centesimus annus*, Montréal, Fides, 1991. À signaler le chapitre III, intitulé « L'année 1989 ».

MACCIOCCHI, Maria-Antonietta, *Pour Gramsci*, Paris, Seuil, 1974. Représentante éminente du courant communiste italien (excommuniée du PCI), l'auteur veut nous guider dans la compréhension de la pensée de Gramsci. À retenir : les analyses sur les concepts d'hégémonie et de bloc historique (p. 158 *ssq.*) ; sur les intellectuels traditionnels et les intellectuels organiques, etc. (p. 202 *ssq.*).

MARX, Karl, *Le Manifeste du Parti communiste*, Paris, Union générale d'Éditions, coll. 10/18, *Œuvres choisies*, coll. Idées, Gallimard (2 tomes). Textes de base pour une première investigation. Les mordus peuvent se taper les éditions complètes et y ajouter, s'ils le désirent, les commentaires des disciples les plus bavards. À noter que l'édition de la collection 10/18 contient, dans un même volume, *Le Manifeste* et des textes relatifs aux luttes des classes en France (1848-1850).

PAILLET, Marc, *Gauche, année zéro*, Paris, Gallimard, coll. Idées, 1964. Selon Marc Paillet, socialiste militant, il faut demander des comptes aux divers socialismes. Le temps est venu de dresser un bilan. Or celui-ci ne semble pas encourageant. Il faut désormais, dit-il, chercher des voies nouvelles, au-delà des technocraties totalitaires. Franchi cet au-delà, on fera peut-être enfin la rencontre du vrai socialisme.

PIATNITSKAIA, Ioulia, *Chronique d'une déraison*, Paris, Seuil, 1992. Témoignage émouvant de courage et de force morale à l'intérieur d'un univers concentrationnaire. Journal d'une militante communiste loyale qui se heurte, à l'instar de son mari, victime du stalinisme, aux perversions et à la brutalité du système. Nombreux furent les martyrs chrétiens sous Staline. Nombreux aussi sont les martyrs de valeurs morales, héritées d'une tradition chrétienne ; militants communistes animés par une sorte de foi religieuse, et honteusement abusés par une faction au service d'un tyran paranoïaque.

Un itinéraire qui rappelle celui d'Evguenia Guinzbourg.

PARIZEAU, Alice, *Les lilas fleurissent à Varsovie*, Montréal, Pierre Tisseyre, 1981. *La charge des sangliers*, Montréal, Pierre Tisseyre, 1982. Deux romans qui se complètent. La vie quotidienne dans la Pologne en recherche de révolution et de libération. Force morale de chrétiens solidaires qui réussissent peu à peu à ébranler l'appareil communiste.

PIETTRE, André, *Marx et marxisme*, Paris, PUF, 1966. Excellent ouvrage de base. Présentation claire et ordonnée, avec, en annexe, un précieux recueil de textes choisis.

POLIN, Claude, *Le totalitarisme*, Paris, PUF, coll. Que sais-je? n° 2041, 1982. «Le totalitarisme, en un mot, c'est à la place de l'amitié en laquelle les anciens voyaient le principe de toute société, le triomphe de la haine dans le cœur de chacun, cette haine que tous les dissidents russes reconnaissent pour être le dernier sentiment et le plus durable qui demeure en l'homme, quand il a vécu assez longtemps dans l'univers totalitaire» (p. 117)... «Ce n'est peut-être pas un hasard si l'on voit surgir, en notre siècle, simultanément le fait totalitaire et une philosophie de l'homme qui veut que ce dernier soit d'abord un être de besoins, ou le produit de ses conditions matérielles d'existence, ou encore un animal purement économique. L'origine du totalitarisme, ce serait alors l'oubli par l'homme de la capacité de transcendance qui l'habite, qui fait son essence, sa réduction à une animalité indifférente à toute autre chose qu'à ses appétits matériels» (p. 119-120).

SAMUEL, Albert, «Le socialisme scientifique» dans *Le socialisme*, Lyon, Chronique sociale de France, 1981, p. 159-201.

SOLJENYTSINE, Alexandre, *Le premier cercle*, Paris, Laffont, 1968. *Le pavillon des cancéreux*, Paris, Julliard, 1968. *L'archipel du Goulag*, Paris, Seuil, 1973. Des composantes majeures de la grande fresque de Soljenystine. Des descriptions vivantes et éclairantes sur la pratique quotidienne du stalinisme. Une démystification magistrale de la société totalitaire.

WACKENHEIM, Charles, *La faillite de la religion d'après Karl Marx*, Paris, PUF, 1963. L'auteur étudie les influences qui ont pu conditionner l'approche marxiste du problème religieux et observe l'évolution du jeune Marx sur cette question. À noter des considérations fort intéressantes sur l'aliénation politique et l'aliénation religieuse (p. 218-246) et le procès de l'idéologie chrétienne (p. 291-312). Bonne synthèse de la question présentée en conclusion.

WEIL, Simone, *Oppression et Liberté*, Paris, Gallimard, coll. Espoir, 1955. L'auteure, militante dynamique et activement présente aux luttes ouvrières, rappelle qu'il n'y a de vrai socialisme que celui qui aboutit à la libération des personnes. Opprimer les personnes au nom d'une lointaine libération collective, c'est, dit-elle, une nouvelle aliénation, une perversion du socialisme.

ZINOVIEV, Alexandre, *Nous et l'Occident*, Lausanne, Éd. L'Âge d'Homme, 1981. Témoin de l'intérieur de la société communiste soviétique. Selon l'auteur, le stalinisme ne constituerait pas un accident de parcours. « C'est le stalinisme, non le léninisme, qui est la manifestation la plus parfaite de l'essence du communisme. » (p. 12). Au sujet de la perte de crédibilité de l'idéologie marxiste, il souligne que cela ne lui enlève point son utilité politique. « Les détracteurs du communisme se moquent bien souvent du communisme idéologique, en tant qu'objectif de la société. Mais si l'on considère le communisme idéologique comme une forme organisatrice de la société, et non comme une prédiction historique, alors il perd tout son caractère comique et découvre toute son effrayante signification historique. » (p. 23)

ZINOVIEV, Alexandre, *Homo sovieticus*, Paris, Éditions Julliard et de l'Âge d'Homme, 1983. Avec une certaine fantaisie et beaucoup d'ironie, Zinoviev aligne une série de réflexions visant à nous faire prendre conscience de la spécificité, du caractère original de l'expérience soviétique, en tant que générant un type humain différent, une culture *sui generis*.

14 LA SOCIAL-DÉMOCRATIE

«Un parti social-démocrate n'est pas
un parti socialiste qui, par surcroît,
et en fonction des circonstances,
aurait choisi la démocratie, mais il est démocrate
parce que socialiste; c'est sa nature de parti de la classe
ouvrière qui lui permet de faire ce choix de la démocratie.»

(Bergounioux et Manin)

BILAN DE LA SOCIAL-DÉMOCRATIE EUROPÉENNE

« Économiquement et socialement, il (le bilan) paraît "globalement positif". En période de croissance, la social-démocratie s'est montrée efficace. En 1975, les pays à direction social-démocrate étaient parmi les plus riches au monde. Même aujourd'hui, avec des indices de chômage et d'inflation inférieurs à ceux de leurs voisins, la Suède et la RFA font figure de privilégiés parmi les nations en proie au libéralisme avancé. La force des syndicats et leurs liens avec le pouvoir ont permis que dans la lutte entre les salaires et les profits, les salariés ne soient pas toujours les perdants. Sans modifier fondamentalement les lois du marché, la social-démocratie a réduit les inégalités sociales et institué une répartition des richesses davantage selon les besoins. »

Albert SAMUEL
Le socialisme, Lyon, Chronique sociale de France,
1981, p. 413-414.

Gramsci avait prêché le *compromis historique*, thème toujours présent dans la littérature communiste italienne. Les sociaux-démocrates ont peu prêché, mais ils ont réalisé le compromis historique à leur manière. Préoccupés de démocratie et de justice sociale, instruits par l'expérience et par les luttes sur le terrain (action syndicale, action politique, mouvement coopératif), ils ont progressivement construit des modèles socio-économiques originaux et opérationnels qui ont largement contribué à civiliser l'économie libérale.

1. LE CHOIX DE LA DÉMOCRATIE

« La social-démocratie résulte pour l'essentiel de la confrontation pratique entre le mouvement ouvrier et la démocratie représentative. On ne peut comprendre la social-démocratie qu'en analysant le processus de sa constitution. »

BERGOUNIOUX et MANIN

1.1 La social-démocratie a grandi, en certains cas, dans un univers conflictuel où courants démocrates et idéologiques totalitaires se disputaient la clientèle ouvrière, par exemple dans l'Allemagne de l'entre-deux guerres. Mais contrairement à ce que suppose Jean-François Revel, les sociaux-démocrates ne sont nullement attirés par la « tentation totalitaire[1] ». On n'a pas hésité, face à la montée du communisme soviétique, à prendre ses distances à l'égard de tout ce qui transpirait la négation des libertés démocratiques et le goût pour le socialisme révolutionnaire. Pas question de sacrifier de réelles libertés personnelles d'aujourd'hui au nom d'aléatoires libertés collectives de demain.

1.2 Au fait, le caractère anti-démocratique de l'expérience soviétique aidera grandement à clarifier les situations et à dissiper les ambiguïtés.

---

1. Jean-François REVEL, *La tentation totalitaire*, Paris, Laffont, 1976.

Comme le notent Bergounioux et Manin, la social-démocratie s'est constituée en partie par suite du refus de l'expérience russe. Et « le problème prend à partir de 1945 une acuité nouvelle : il ne s'agit plus de réfuter les brochures de Lénine, mais de refuser les chars de Staline[2] ».

2. TYPOLOGIE

2.1 La social-démocratie, ce sont des partis politiques, des gouvernements, mais aussi des idées, une philosophie sociale. La typologie qui suit reflète la diversité de ces expressions historiques :

a) Les grands modèles : britannique, allemand, suédois, australien, néo-zélandais, etc.

b) Les modèles qui, sans occuper une place prédominante dans la vie sociale et politique, ont néanmoins fortement marqué l'évolution sociale, comme les partis néo-démocrates au Canada.

c) Les modèles tiers-mondistes, par exemple le socialisme tanzanien.

d) L'action sociale de corps intermédiaires et de groupes de pression : syndicats, Églises chrétiennes, groupes populaires.

e) Des courants d'idées intégrés dans les consensus populaires, concernant diverses facettes de l'État-providence : devoir d'intervention de l'État dans la vie économique, politique de création d'emplois, etc.

f) On peut aussi inclure dans le profil social-démocrate le passage progressif de mouvements politiques issus du socialisme idéologique (de tendance marxisante ou non) vers un socialisme pragmatique et réformiste. Bref, le processus inverse de celui que Jean-François Revel décrit comme étant « la tentation totalitaire ».

g) Il convient de souligner aussi le phénomène d'osmose qui affecte les partis capitalistes traditionnels et qui les induit, sous la pression de l'opinion publique et par désir de garder ou de prendre le pouvoir, à intégrer dans leur projet politique des mesures sociales réformistes prônées par la social-démocratie, telles que assurance-santé, assurance-chômage, revenu minimal garanti, création d'emplois, etc. Il s'agit là de manifestations du processus de *socialisation* où le courant social-démocrate a souvent assumé le rôle de *catalyseur social*.

3. CARACTÉRISTIQUES DOMINANTES

Les mouvements sociaux-démocrates ont une philosophie de base en grande partie identique, mais ils ont néanmoins une histoire différente. Nonobstant

---

2. BERGOUNIOUX et MANIN, *Le social-démocratie ou le compromis*, Paris, PUF, 1979, p. 143.

cette différence, ils manifestent un certain nombre de traits communs. Par exemple :

3.1 Coexistence d'un discours théorique parfois radical[3] et d'une praxis modérée.

3.2 Préférence pour le concret, le réel, le gain historique, au lieu de l'attirance pour l'idéal abstrait. On juge l'arbre à ses fruits. Ainsi préfère-t-on les libertés bourgeoises à la fois bien réelles et bien imparfaites aux « libertés idéelles » inscrites dans un avenir aussi lointain qu'incertain[4].

3.3 Rejet de la lutte des classes et des procédés préconisés par le socialisme révolutionnaire.

3.4 Acceptation des institutions et des règles de fonctionnement de la démocratie libérale en y joignant un effort pour les améliorer (règles sur le financement des partis politiques, réforme électorale, etc.).

3.5 Acceptation factuelle du capitalisme, avec volonté de le transformer de l'intérieur. Recherche d'une économie balisée, efficace et humaine.

3.6 Action politique des travailleurs organisés, laquelle peut revêtir des formes variées, telles que :

— connexion organique entre le mouvement syndical et les partis ouvriers, comme cela s'est produit en Grande-Bretagne et en Allemagne[5].
— connexion formelle, impliquant appui officiel et financier, comme au Canada, appui du CTC au NPD.
— connexion conjoncturelle, impliquant un appui circonstanciel ; par exemple la FTQ, au Québec, dont le soutien aux partis politiques varie selon la conjoncture.

4. DES RACINES CHRÉTIENNES

4.1 C'est une pratique courante, dans les milieux où la mode est à l'anti-cléricalisme et à l'esprit antireligieux, de dénoncer les compromissions entre gens d'Église et puissances capitalistes. L'histoire, il est vrai, fournit à ce sujet

---

3. Ce goût pour le discours radical sera source de problèmes pour la CCF (voir par exemple Le manifeste de Régina). Il expliquera en bonne partie le jugement sévère de Mgr Gauthier, en 1934.

4. La *libération idéelle* suppose, par exemple, que la suppression de la propriété privée implique, en *théorie*, la suppression de l'aliénation, même si dans les faits le sort des travailleurs n'est pas amélioré (perception idéologique). La *libération réelle* prend forme, dans une optique réformiste, quand on améliore les conditions concrètes d'existence, entre autres par le salaire. Au sujet de la distinction entre *libération idéelle* et *libération réelle*, voir R. ARON, *L'opium des intellectuels*, p. 84 *ssq.*

5. Sur ce type de connexion, voir BERGOUNIOUX et MANIN, ouvrage cité, p. 54 *ssq.* Aussi Georges LEFRANC, *Le socialisme réformiste*, p. 31 *ssq.*

des exemples peu reluisants. Mais l'inverse est vrai également, c'est-à-dire que beaucoup de mouvements de réformes sociales qui ont largement contribué à civiliser l'économie capitaliste ont été alimentés par une pensée et des convictions religieuses chrétiennes. La social-démocratie, pour sa part, est largement tributaire du christianisme social d'inspiration protestante. Au Canada par exemple, plusieurs protestants ont joué le rôle de chefs de file dans le développement de la social-démocratie.

4.2 L'histoire des rapports entre la social-démocratie et l'Église catholique a été un peu plus compliquée. Englobés dans la condamnation générale du socialisme officialisée par Pie XI dans *Quadragesimo Anno*, les catholiques anglais furent rassurés quand l'archevêque de Westminster, en 1931, expliqua que la condamnation formulée par Pie XI ne visait pas le travaillisme britannique.

4.3 Au Canada, l'affaire fut moins aisée. Utilisant les lumières d'un théologien à la fois éminent et demeuré anonyme, l'archevêque de Montréal, Mgr Gauthier, appliquait à la CCF (parti social-démocrate né dans l'Ouest canadien) les critères utilisés par *Quadragesimo Anno* et condamnait la nouvelle formation politique vagissante. Il faudra attendre le début des années 1940 et l'intervention ferme de Mgr Charbonneau, successeur de Mgr Gauthier, pour que justice soit faite et que soit corrigée la maladresse commise en 1934. Cette erreur de parcours explique en partie les déboires qu'a connus au Québec la CCF, devenue plus tard le NPD.

4.4 Depuis ce temps, les choses ont bien changé. Chez beaucoup de sociaux-démocrates, le sel s'est affadi. Le langage réformateur caractéristique de la social-démocratie, on l'entend désormais avec plus de clarté et de fermeté chez des leaders religieux. Pensons par exemple au message percutant des évêques canadiens sur la crise économique (janvier 1983). Il faut croire que la politique use plus vite les élans du cœur que l'exercice des charges pastorales !

5. UN BILAN FAVORABLE

5.1 Quand on dresse le bilan de la social-démocratie, les appréciations varient selon l'échelle des valeurs de chacun, et aussi selon la manière dont les réformes sont perçues par les différentes catégories de citoyens. Il est certain par exemple que ceux qui, avant l'implantation de telle réforme sociale, avaient déjà les moyens financiers de s'accorder des avantages sociaux que la réforme étend à tous, sont moins enclins à y voir un signe de progrès que les personnes démunies à qui la même réforme apporte un soulagement et un mieux-être.

5.2 Il arrive aussi que la mémoire soit une faculté qui oublie. Devenus familiers avec un aménagement social où les lois et des institutions interviennent pour favoriser plus d'égalité et réduire l'inquiétude face à la maladie et les aléas de la fortune, nous sommes parfois enclins à sous-estimer les gains historiques considérables concrétisés par la social-démocratie.

5.3 «Manière de construire l'économie libérale dans des perspectives plus humaines», a-t-on dit, la social-démocratie, particulièrement dans les années qui ont suivi la Deuxième Guerre mondiale, a été à l'origine d'un grand nombre de transformations sociales majeures dans les pays industrialisés d'Occident. Par exemple:

— un préjugé favorable envers les travailleurs, reconnus comme agents et sujets de la vie économique;
— des politiques sociales plus généreuses;
— l'accessibilité générale aux soins de santé;
— l'éducation de base gratuite et l'éducation supérieure plus facilement accessible;
— les politiques de plein emploi;
— la planification indicative des activités économiques;
— des mesures favorisant l'égalité entre les hommes et les femmes sur le marché du travail;
— la facilité d'accès aux biens culturels;
— une meilleure qualité de vie, grâce à l'élimination d'un certain nombre de servitudes matérielles;
— la conviction qu'il est possible, à condition de le vouloir, d'assurer le fonctionnement d'une économie à la fois efficace et humaine.

6. CONTRAINTES ET PROBLÈMES

6.1 Tout n'est pas rose pour la social-démocratie. Ainsi, la crise économique qui a marqué le début des années 1980, dont les origines demeurent mal expliquées, et la crise surajoutée des années 90 ont fortement ralenti l'essor des réformes sociales et encouragé le repliement et le conservatisme. L'inflation, la hausse des taux d'intérêt («la grève du capital»), le ralentissement de la croissance, les changements structurels générateurs de chômage: autant de facteurs qui retardent les efforts en vue d'humaniser l'économie et vont même jusqu'à compromettre de précieux acquis historiques, comme la sécurité d'emploi, la stabilité des revenus, la gratuité des soins médicaux, etc. L'idéologie néolibérale profite de conjonctures de ce genre pour faire le procès de l'État-providence et du syndicalisme, comme si ceux-ci étaient responsables et non victimes des crises économiques. À cela s'ajoute la crise provoquée par la suppression systématique des emplois.

6.2 Il demeure que la social-démocratie doit, pour des raisons de fonctionnalité et d'efficacité, vérifier sa démarche, au besoin réajuster son tir et accepter de se remettre en question en faisant confiance à la capacité d'innovation d'hommes et de femmes persuadés que l'économie est un *opus rationis* et non un *opus naturæ*, donc aménageable et rationalisable en fonction des besoins humains prioritaires de la collectivité.

6.3 Georges Lefranc avait, pour sa part, constaté certaines difficultés que rencontre la social-démocratie au palier politique[6].

a) Premier problème, selon Georges Lefranc, celui des rapports de la classe ouvrière et de la nation : comment gouverner en tenant compte de toute la collectivité, alors qu'on entretient un préjugé favorable envers les travailleurs, avant tout les travailleurs organisés ? Il faut prendre conscience du fait que le socialisme réformiste n'a de chance de prendre le pouvoir que s'il élargit sa base électorale et va quérir l'appui d'autres groupes.

b) Deuxième problème : celui de l'État qui, dans une démocratie libérale, n'est pas exclusivement l'instrument des classes dominantes, ni ne peut devenir exclusivement un instrument entre les mains des travailleurs organisés. Il faudrait savoir comment liquider l'image désuète de l'État bourgeois et hostile à une époque où celui-ci gère l'aide sociale, l'organisation des soins de santé, les conditions minimales de travail, etc.

> De même que le régime parlementaire a pour raison d'être de transférer dans la plupart des cas la lutte des classes de la rue à la tribune du Parlement, de même la coalition transfère la lutte des classes du Parlement dans le cabinet du ministre où se livre, dans l'intérêt de la classe ouvrière, un combat passionné et tenace[7].

c) Troisième problème : celui des rapports avec les autres nations. Il peut arriver aux socialistes réformistes de manquer de sens de l'histoire, ou encore d'oublier la solidarité internationale, autant sinon plus que les partis conservateurs qu'on taxe de nationalisme étroit.

Il faut reconnaître, concluait Georges Lefranc, que de toute façon le socialisme réformiste n'a pas de nos jours la partie facile. « Débordé par les communistes, dénoncé par les gauchistes, méprisé par de nombreux chrétiens, dédaigné par les partis de droite, il requiert lucidité et compétence de la part de ses leaders, compréhension et sagesse de la part des masses. C'est beaucoup demander[8] ! »

6.4 Quand on observe les social-démocraties à l'œuvre, on constate que les problèmes les plus fréquents qu'elles rencontrent sont les suivants :

---

6. Georges LEFRANC, *Le socialisme réformiste*, Paris, PUF, coll. Que sais-je ? n° 1451, 1971.

7. Karl Renner, cité par Lefranc, p. 118.

8. Ouvrage cité, p. 121.

— la difficulté de concilier l'intervention de l'État et le principe de subsidiarité;

— la sous-estimation des dangers inhérents à l'intervention étatique (par exemple l'hypertrophie du pouvoir bureaucratique);

— l'équilibre entre les charges fiscales et le droit des citoyens à un espace suffisant pour la libre disposition de leurs revenus;

— la reconnaissance du droit qu'ont les citoyens de ne pas être surprotégés, surgouvernés et sans cesse supervisés;

— la persistance de vieilles manies dépassées: les nationalisations inutiles et coûteuses, la centralisation inefficace et stérilisante, les réglementations tatillonnes et paralysantes;

— la lenteur à réagir face aux situations de crise économique et aux nouveaux défis posés par les changements structurels: lenteur qui encourage les contre-offensives des adeptes du néolibéralisme;

— un manque de verticalité dans l'élaboration, la formulation et la présentation de projets collectifs, comme si les gens ne vivaient que de pain et d'allocations sociales. On a l'impression que les mouvements sociaux-démocrates savaient beaucoup mieux jadis insuffler aux projets collectifs le supplément d'âme indispensable à la vitalité d'une société normale. Il est possible que cette grisaille et ce prosaïsme résultent de l'éloignement des sources, de la rupture avec les origines spirituelles qui ont fortement marqué, en beaucoup de pays, l'émergence et l'essor de la social-démocratie. Le danger est toujours là que l'or pur se change en vil plomb, que le sel s'affadisse, que la mystique finisse en politique.

7. PISTES DE RECHERCHE

7.1 LES GAINS HISTORIQUES. On s'habitue aux avantages acquis et au progrès social. D'où la tendance à oublier l'apport considérable des politiques et des réformes issues de la social-démocratie. C'est à elles que la plupart des pays dits avancés doivent la qualité de vie qu'ont connue les citoyens ordinaires au cours des « trente glorieuses » (1950-1980).

Des courants réformistes avaient préparé cette période de progrès économique et social: la social-démocratie suédoise qui assume le pouvoir en 1931, le New Deal de F.D. Roosevelt, le Front populaire en France, en 1936, les revendications syndicales, etc. Au lendemain de la Deuxième Guerre mondiale, des économistes nourrissaient la conviction qu'il était possible de faire fonctionner une économie à la fois efficace et humaine.

Pour mieux évaluer l'importance de ces gains, on peut comparer avec la situation qui prévalait auparavant: étudier quel était le sort des familles et des moins nantis avant l'assurance-santé, l'éducation gratuite, les allocations familiales, les allocations pour personnes âgées, la loi des normes minimales de travail, l'assurance-chômage, l'aide sociale, les lois vouées à la protection des consommateurs, etc.

Est-on prêt à sacrifier cet héritage pour se conformer aux conceptions socialement rétrogrades du néolibéralisme actuel?

7.2 L'ÉTAT-PROVIDENCE. Face au procès de l'État-providence, se rappeler la position de la pensée sociale chrétienne sur le rôle de l'État dans le domaine social et économique[9]. Pensons par exemple aux paramètres suivants:

— principe de subsidiarité;
— attention spéciale aux besoins des travailleurs et des plus démunis;
— politique de création d'emplois;
— l'équité fiscale, comme outil de justice structurelle, etc.

Il est inévitable que toute politique sociale risque à la longue d'alimenter des mécanismes bureaucratiques lourds et coûteux. C'est une exigence de saine gestion d'alléger ces mécanismes. Mais cela peut se faire sans compromettre les objectifs sociaux poursuivis.

À noter que le procès de l'État-providence s'inspire souvent d'une idéologie bourgeoise égocentrique qui a évacué des principes éthiques tels que la fonction sociale de la propriété, le devoir de solidarité, la primauté du bien commun, etc.

En apparence, ce sont les exigences de la science économique qui guident les idéologies de l'école néolibérale. Si on scrute plus en profondeur, on découvrira, sous des allures d'objectivité scientifique, des choix cachés de nature éthique qu'on aurait avantage à exhiber en pleine lumière.

7.3 L'HISTOIRE D'UN MALENTENDU. À l'origine des difficultés qu'a affrontées au Québec la CCF, devenue plus tard le NPD, il y a l'exégèse que le Mandement de Monseigneur Gauthier a faite des passages de *Quadragesimo anno* traitant du socialisme. Il y a aussi l'exégèse du Manifeste de Régina (1932), document fondateur de la CCF.

Le mandement de Mgr Gauthier soulève un problème particulier de théologie pastorale, celui de la connaissance des situations concrètes, l'une d'elles étant le facteur culturel. Il semble que le théologien qui a inspiré le mandement ait mal évalué la démarche éthique du Manifeste, laquelle s'enracine dans la tradition sociale chrétienne protestante.

La poursuite de la réflexion pourrait aussi révéler que la distanciation culturelle a également joué un rôle dans la grande difficulté de la CCF et du NPD de s'enraciner au pays du Québec. Contrairement au Crédit social, le NPD n'a jamais réussi à s'intégrer à la culture québécoise. Sans compter que

---

9. Voir chapitre 9.

des partisans québécois de la social-démocratie se sont donné des moyens bien à eux de regroupement et d'action (exemple du PQ); ce qui a conféré au NPD, du moins temporairement, le statut d'option superflue.

8. LECTURES

BERGOUNIOUX, A. et B. MANIN, *La social-démocratie ou le compromis*, Paris, PUF, 1979. L'expérience socialiste allemande inspire beaucoup les auteurs dans leur démarche. On montre comment, à travers les expériences, les luttes et les débats, la pensée sociale-démocrate a pris forme. On met en lumière la ferme volonté de démocratie qui a guidé ceux qui ont bâti les modèles de social-démocratie dans les pays industrialisés d'Occident.

DONNADIEU, Gérard, *Jalons pour une autre économie*, Paris, Centurion, 1978. L'auteur s'identifie à ces esprits libres, imprégnés de préoccupations humanistes et qui recherchent une troisième voie en économie. En préface, François Perroux salue la venue de ces nouveaux économistes. À noter : profil du socialisme démocratique, p. 244 *ssq.*

Mgr GAUTHIER, Georges, *La doctrine sociale de l'église et la CCF*, Montréal, École Sociale populaire, 1934. Texte du célèbre mandement qui a fortement compliqué les rapports entre l'Église catholique et la social-démocratie au Canada. L'évêque de Montréal reprend l'argumentation de Pie XI, dans *Quadragesimo Anno*, et l'applique littéralement à la CCF sans tenir compte des exigences de ce qu'on appelle aujourd'hui « la morale en situation ».

GRAND'MAISON, Jacques, *Vers un nouveau pouvoir ?*, Montréal, HMH, 1969. Émergence des nouveaux pouvoirs au Québec. Les efforts pour construire un nouveau modèle à partir des expériences et des luttes du monde ordinaire, particulièrement des milieux populaires que l'auteur connaît bien pour y avoir œuvré durant de nombreuses années.

GRAND'MAISON, Jacques, *La nouvelle classe et l'avenir du Québec*, Montréal, Stanké, 1979. Un ouvrage percutant, à la fois dossier et procès. L'auteur fustige le marxisme verbal et bourgeois, le bavardage d'une nouvelle classe qui a profité des acquis de la Révolution tranquille, mais qui, à son avis, a perdu le sens du bien commun ; nouvelle classe qui a le verbe à gauche et le porte-monnaie à droite. Une lecture qui peut fournir l'occasion d'un examen de conscience aux professeurs, chefs syndicaux, artistes engagés, intellectuels de toutes provenances, théologiens inclus.

LEFRANC, Georges, *Le socialisme réformiste*, Paris, PUF, coll. Que sais-je ? n° 1451, 1971. Quelques thèmes : l'échec de la social-démocratie allemande ; le travaillisme britannique ; la nouvelle social-démocratie allemande avec

Willy Brandt; le socialisme suédois; bilan d'un demi-siècle de socialisme réformiste.

LEWIS, David et FRANK Scott, *Un Canada nouveau*, Montréal, Bernard Valiquette, 1944. Pour aider à comprendre l'histoire de la social-démocratie au Canada. Une pensée sociale généreuse, mais qui a peu percé au Québec, du moins dans son contenant officiel. L'équivalent de cette pensée empruntera d'autres voies, comme la social-démocratie des «libéraux progressistes», ou encore celle du Parti Québécois.

MONET-CHARTRAND, Simone, «Les expériences socialistes au Canada et au Québec» dans *La question sociale hier et aujourd'hui*, p. 265-269.

PIETTRE, André, *Les trois âges de l'économie*, Paris, Éditions ouvrières, 1955. Il y aurait, selon l'auteur, une sorte de cycle qui se répète au cours de l'histoire : de l'économie subordonnée, on irait à l'économie indépendante pour aboutir à l'économie dirigée. Et ça recommence. Thèse intéressante, où toutefois les arguments ne sont pas toujours convaincants. L'apport le plus utile de l'ouvrage est sans doute la description qui est faite des différents modèles de vie économique. Utilisant les barèmes proposés, nous serions actuellement à un carrefour où s'entrecroisent les trois formes d'économie décrites dans l'ouvrage. À nous de choisir.

ROCARD, Michel, *et al.*, *Qu'est-ce que la social-démocratie?*, Paris, Seuil, 1979. Il s'agit ici du concept de social-démocratie qui s'apparente de près à celui que l'on désigne sous l'étiquette de socialisme idéologique modéré. Au fait, avec l'évolution des idées et des partis, il est devenu difficile de bien cerner les catégories. Le vocabulaire s'en ressent.

SAINT-GEOURS, Jean, *Pour une économie du vouloir*, Paris, Calmann-Lévy, 1976. Constat de la capacité du capitalisme de digérer des éléments empruntés au socialisme; incapacité du libéralisme de régler les difficultés majeures de l'économie moderne; proposition d'une économie volontariste (p. 129 *ssq*).

15 LA TROISIÈME VOIE

« Toutes les idéologies ne sont pas d'égale valeur.
Il en est qui encadrent des entreprises
qui favorisent la libération et d'autres
qui aident l'oppression des hommes.
Un Évangile pur de toute idéologie
serait sans doute un Évangile désincarné
et incapable de stimuler une action complète. »

(Joseph COMBLIN,
Théologie de la pratique révolutionnaire, p. 368)

FOI ET PROJET SOCIAL

« La foi annonce que la fraternité humaine qui se cherche à travers l'abolition de l'exploitation de l'homme par l'homme est quelque chose de possible, que les efforts pour y parvenir ne sont pas vains, que Dieu nous y appelle et nous garantit sa réalisation totale, que ce qui est définitif se construit dans le provisoire. La foi nous révèle le sens profond de l'histoire que nous construisons de nos mains, en nous faisant connaître la valeur de la communion avec Dieu — la valeur du salut — que possède tout acte humain orienté vers la construction d'une société plus juste. Inversement, elle nous fait savoir que toute injustice est une rupture avec Dieu. »

Gustavo GUTIERREZ
Théologie de la libération, p. 247

La doctrine sociale de l'Église est, selon Jean-Paul II, une partie intégrante de l'évangélisation et un instrument de cette évangélisation. Composante majeure de la pensée sociale chrétienne, elle analyse les divers courants sociaux, inspire des pratiques sociales particulières, promeut des valeurs.

La question: commande-t-elle des choix spécifiques au point qu'on puisse la considérer comme une voie particulière, une *troisième voie* entre les idéologies antagonistes qui prétendent apporter des solutions aux problèmes qui affectent l'humanité? Et si elle n'est pas une troisième voie, ne peut-elle pas en inspirer la création?

Correctement interprétée, penche-t-elle plus vers la droite ou la gauche? Privilégie-t-elle des choix qui s'imposeraient de façon relative et probable, sans prétendre à la vérité absolue?

1. OBJECTIONS

1.1 Selon Jean-Paul II, «La doctrine sociale de l'Église n'est pas une "troisième voie" entre le capitalisme libéral et le collectivisme marxiste, ni une autre possibilité parmi les solutions moins radicalement marquées; elle constitue *une catégorie en soi*. Elle n'est pas non plus une idéologie, mais la formulation précise des résultats d'une réflexion attentive sur les réalités complexes de l'existence de l'homme dans la société et dans le contexte international, à la lumière de la foi et de la tradition ecclésiale» (*Sollicitudo rei socialis*, n° 41).

1.2 M. D. Chenu affirme que «Le chrétien n'a pas à chercher une "troisième voie" entre le capitalisme et le socialisme qu'il refuserait, une voie propre à lui, programmée à partir de ses principes sociaux et qui serait couverte par l'autorité de l'institution ecclésiale. Autant l'Évangile impose ses rigoureuses exigences, personnelles et collectives, autant il ne fournit pas de modèle de société que ses fidèles devraient promouvoir contre les autres et à leur niveau. L'Évangile a une dimension politique qui joue à vif, prophétiquement, dans toutes les situations et dans toutes les options; il n'a pas à être tourné en idéologie socio-politique, comme il est arrivé, et comme le réclament encore certains[1]».

---

1. M. D. CHENU, *La doctrine sociale de l'Église comme idéologie*, Paris, Cerf, 1979, p. 83.

1.3 Jean-Paul II veut, semble-t-il, écarter trois dangers :

a) l'emprisonnement dans des théories et des projets historiques contingents (tel le corporatisme) ;

b) les divisions entre chrétiens ;

c) compromettre la *spécificité* de la Doctrine sociale, qui est à la fois une anthropologie et une partie de la théologie sociale, transcendant les systèmes et les idéologies[2].

1.4 À noter, en revanche, que la revendication de cette spécificité semble laisser la voie libre à une éventuelle restauration d'un ordre social chrétien. Même si Jean-Paul II soutient que l'Église ne recherche aucunement à retrouver des privilèges du passé ou à imposer son point de vue (*Centesimus annus*, n° 53), des critiques de ses positions politiques soupçonnent le contraire ; ainsi Hans Küng, critiquant le rêve d'une « Europe chrétienne rénovée[3] ».

2. L'EXPERTISE CHRÉTIENNE

2.1 De tous temps, une doctrine sociale, une sensibilité sociale et des pratiques : sources d'une expertise qui s'est développée et a évolué d'un siècle à l'autre (voir chapitre 3). Un trait culturel du christianisme.

Des exemples : les règles de la Loi juive sur les droits des pauvres, la condamnation de l'usure, l'année jubilaire, le droit du travailleur à un juste salaire, la dénonciation des abus du pouvoir (Nathan et David), le devoir de solidarité, etc.

2.2 Les Pères de l'Église affirment le principe de la destination universelle des biens. De grands saints, à l'écoute de l'Évangile, créent des œuvres de toutes sortes (saint Vincent de Paul, saint Jean-Baptiste de la Salle) ; des travailleurs, des intellectuels, des bourgeois et des aristocrates qui croient aux valeurs chrétiennes tentent, au XIXe siècle, de remédier à la grande misère engendrée par les abus du capitalisme sauvage ; les missionnaires mettent aussi en pratique un Évangile social (le « Social Gospel » des Protestants). C'est au nom de l'Évangile que Mère Teresa s'est efforcée de soulager l'indicible misère des pauvres qui meurent abandonnés dans la rue.

2.3 On parle d'un *trait culturel*, d'une culture sociale, d'une *manière de voir* qui surgit là où des chrétiens se rassemblent. Voilà qui est propice à l'émergence d'une « troisième voie ».

---

2. « L'Église est de toutes manières liée aux mouvements idéologiques qui remuent une société. Elle ne peut y échapper par ses seules intentions. » Joseph COMBLIN, *Théologie de la pratique révolutionnaire*, p. 373.

3. Hans KÜNG, *Projet d'éthique planétaire*, Paris, Seuil, 1991, p. 49-50.

2.4 « L'homme est la route de l'Église », dit Jean-Paul II. Ce qui signifie : a) le chemin de la Révélation et de l'Évangile passe par les réalités
matérielles, humaines et sociales ; b) ces réalités sont porteuses d'un sens
dont la pastorale chrétienne doit tenir compte sous peine de devenir
inefficace et stérile.

2.5 On ressent partout la nécessité d'un aggiornamento de l'engagement
social, d'une insertion plus marquée en situation. Les « signes des temps », à
l'époque contemporaine, mettent en lumière :

a) la dimension collective et structurelle des problématiques sociales et
des solutions ;

b) l'impossible neutralité face à des réformes de structures ;

c) de nouveaux lieux de choix éthiques (comme le refus de la guerre), la
promotion des droits humains, etc.

2.6 Les constantes doctrinales de la Doctrine sociale (voir chapitre 3)
contribuent à structurer au plan éthique le *trait culturel* dont nous avons parlé
antérieurement et que les pratiques sociales ont incarné à toutes les périodes
de l'histoire de l'Église. Peut-on y déceler les linéaments d'une troisième
voie ? Ne conduisent-elles pas inéluctablement à l'élaboration de cette
troisième voie ?

3. UN IMPÉRATIF

3.1 Les manières de voir, les pratiques et les principes susmentionnés
constituent une invitation pour l'action, autant pour qui les énonce que pour
qui les entend. Autrement, on verse dans le malthusianisme social.

Le malthusianisme social se reconnaît aux traits suivants :

a) un rappel vague des principes éthiques ;
b) le syndrome de la langue de bois ;
c) la dénonciation aux allures prophétiques sans recherche d'efficacité
    socio-politique. Une dénonciation qui agace les pouvoirs en place, mais
    ne les dérange pas ;
d) le syndrome du figuier stérile.

3.2 « Il faut donner à la doctrine de l'Église son maximum d'efficacité »
(Pie XII). Une efficacité située historiquement, dans le temps. Cela ne peut
se réaliser seulement par la proclamation de grands principes généraux.

3.3 « Le monde crie, l'Église murmure », dit le prophétique Jacques
Gaillot. Il ne suffit pas de proclamer. Il faut chercher l'efficacité de la proclamation et une transformation sociale subséquente. Jacques Gaillot qui pro-
teste en personne contre les essais nucléaires fait plus progresser la cause de
la paix et celle du respect de la vie que des prises de position générales et
parfois floues.

3.4 La « neutrologie » est un mythe (François Biot). Ne pas réagir, ne pas prendre parti, c'est, dans les faits, prendre parti pour le désordre établi.

3.5 Avec le déclin du « socialisme réel », ne pas offrir une alternative, c'est opter pour le capitalisme libéral comme la seule voie, tant pour les pays du Tiers-Monde que pour les pays de l'Est. Ce qui contredit les jugements sévères formulés par l'Église à l'égard du libéralisme économique et des abus du « capitalisme réel ».

3.6 Il s'agit d'un choix et d'un engagement qui incombent au peuple de Dieu dans sa globalité et non seulement à l'appareil ecclésiastique. *Là se situe le cœur du débat.* En réduisant consciemment ou inconsciemment la pensée sociale et les agirs chrétiens aux prises de position et aux comportements des leaders religieux, on rétrécit l'espace de la présence chrétienne et l'efficacité de cette présence. *Parler de troisième voie, c'est supposer des communautés de croyants adultes et libres, des hommes et des femmes citoyens à part entière.* Croyants libres et responsables qui, en collaboration avec des militants syndicaux, des responsables de groupes populaires, des pasteurs, des universitaires, des agents de changement de la diaspora spirituelle, se donnent la mission d'inventer une troisième voie qui assurera à la pensée sociale chrétienne son maximum d'efficacité. C'est dans cette mouvance que la théologie de la libération apparaît comme un élan créateur susceptible d'amorcer un aggiornamento.

3.7 Bref, une troisième voie qui se distingue de la Doctrine sociale officielle et qui incarne, au sein de l'espace économique, social et politique, la pensée et les pratiques sociales chrétiennes dans le monde de ce temps.

3.8 À noter le lieu d'intervention : *le monde de ce temps.* Chenu parle de la montée du lieu théologique « Église dans le monde et dans l'histoire ». Voilà pourquoi il estime que la notion de « doctrine sociale » est périmée (Ouvrage cité, p. 12). Mais son objection contre la troisième voie ne tient pas. Car il est erroné de dire que « consciemment ou non les tenants et acteurs de la "doctrine sociale" sont pénétrés du mythe de la chrétienté » (p. 94). La troisième voie naît de la pensée sociale chrétienne, mais prend forme au-delà de l'appareil ecclésial (même le syndicalisme catholique), dans les lieux de vie et d'action où se rejoignent les hommes et les femmes de bonne volonté. Cela incarne le « Royaume de Dieu parmi nous », mais se distancie du « mythe de la chrétienté ».

4. LA MOUVANCE SOCIAL-DÉMOCRATE

4.1 La chute du socialisme réel laisse inoccupé un vaste espace. La social-démocratie apparaît comme un point de repère qui peut guider ceux et celles qui sont à la recherche d'une troisième voie, tel un modèle situé dans le temps et répondant à des besoins sociaux d'une époque particulière.

4.2 Rappelons que le paradigme *social-démocratie* coiffe des composantes à la fois diverses et apparentées :
a) des régimes et des partis politiques ;
b) l'économie sociale de marché ;
c) des gains historiques tels que l'assurance-santé, l'enseignement public et gratuit, l'État-providence, le concept de plancher de ressources, la démocratie économique, etc.

Dans la conjoncture actuelle, la social-démocratie apparaît donc comme une indication d'une troisième voie potentielle, inspirée de la pensée sociale chrétienne.

5. CONCLUSION

5.1 La pensée et les pratiques sociales des membres du Peuple de Dieu fournissent les linéaments d'une troisième voie, dont les courants sociaux-démocrates constituent une illustration propre à une époque donnée.

5.2 Face aux problématiques sociopolitiques et économiques, l'appareil ecclésial est sans cesse à la recherche d'une position médiane qui exprime à la fois la non-indifférence et la non-ingérence. Les chrétiens qui œuvrent sur le terrain n'ont pas à cultiver de telles subtilités.

5.3 Le malthusianisme social est non moins à craindre que le cléricalisme.

5.4 Il importe de dégager les conséquences du paradigme « l'homme est la route de l'Église » (*Centisimus annus*, n° 53 *ssq.*).

5.5 Une pensée sociale féconde engendre des pratiques ; pour mieux rejoindre le terrain des pratiques, les docteurs du dire doivent faire équipe avec les acteurs du faire.

5.6 Le message évangélique gagne en crédibilité quand la pensée sociale chrétienne rejoint le domaine de l'efficacité et de la réalisation. Dans cette optique, l'élaboration d'une troisième voie devient un projet souhaitable et pertinent.

5.7 L'engagement sur le terrain débouche virtuellement sur l'action politique, « manière exigeante — mais non la seule — de vivre l'engagement chrétien au service des autres » (*Octogesima adveniens*, n° 46).

6. LECTURES

PAUL VI, *Octogesima adveniens*, nos 42-50.

JEAN-PAUL II, *Sollicitudo rei socialis*, n° 41.

JEAN-PAUL II, *Centesimus annus*, nos 53-62.

ANTONCICH, Ricardo et Miguel MUNARRIZ, *La doctrine sociale de l'Église*, Paris, Cerf, 1992, p. 21-25, 263-267.

CHENU, M. D., *La doctrine sociale de l'Église comme idéologie*, Paris, Cerf, 1979.

COMBLIN, Joseph, «Charité et révolution» dans *Théologie de la pratique révolutionnaire*, Paris, Éditions universitaires, 1974, p. 21-61.

GUTIERREZ, Gustavo, «Praxis de libération et foi chrétienne» dans *Théologie de la libération*, p. 305-333.

PROANO, Leonidas, *Pour une Église libératrice*, Paris, Cerf, 1973.

PLONGERON, Bernard, «Quelques réflexions non conclusives» dans *La question sociale hier et aujourd'hui*, p. 599-606.

DOSSIERS

NOTE PRÉLIMINAIRE

Le terme *dossiers* désigne ici des thèmes de réflexion et des lieux de choix éthiques circonscrits à la lumière des «signes des temps» et en fonction de leur importance et de leur pertinence. Ils offrent l'occasion d'approfondir, soit dans le cadre d'un séminaire précédé d'une recherche personnelle, soit dans un travail d'équipe, des problèmes d'éthique sociale dont certains ont fait l'objet de considérations générales dans les chapitres précédents. Les participants au cours n'ont pas à aborder tous les dossiers proposés. Ils peuvent effectuer des choix en fonction de l'intérêt que suscite tel ou tel thème. L'essentiel est d'acquérir une méthode d'analyse face à des problématiques majeures.

Il va de soi que la qualité des échanges qui ont lieu au cours d'un séminaire ou d'un débat (la *disputatio* des Anciens) dépend des lectures préalables et de la connaissance de l'actualité que possède chaque participant et participante.

Les événements peuvent inciter à choisir des thèmes autres que ceux proposés ici. Il importe cependant de se maintenir dans le champ d'une éthique pratique en situation.

16 LE TRAVAIL AUTREMENT

« Nous savons (...) que la question de l'excédent
du travail humain sera de loin la question centrale
de l'ère qui vient, celle que tous les pays devront
affronter et résoudre si notre civilisation
veut survivre à la troisième révolution industrielle. »

(Jeremy RIFKIN, *La fin du travail*, p. 378)

À L'AUBE DU VRAI TRAVAIL?

« Peut-être sommes-nous à l'aube du *vrai travail*. Peut-être le travail va-t-il se situer au-delà du seuil des *besoins* (ceux-ci étant satisfaits par le progrès technique). Ce ne sera plus que le moyen pour les gens de développer leur esprit et leur cœur par le savoir, par l'exercice de leurs facultés et par les services rendus à la société. Au lieu d'être le grand producteur de richesse par la fabrication des choses, l'*homo faber* changera de nature, et c'est bien dans la logique de progression de la "noosphère" qui s'oriente vers le développement, au-delà de l'instrumental, de ce qu'on appelle le spirituel (qui est la différence spécifique de l'espèce humaine). »

Jean ONIMUS
Quand le travail disparaît, p. 78-79

Le sujet de discussion ici proposé s'inscrit dans le prolongement du chapitre intitulé « Les travailleurs, agents et sujets de la vie économique » (chapitre 5). Il ouvre une piste de réflexion qui débouche sur le tiers secteur, un syntagme qui englobe et dépasse ce qu'on désigne sous l'étiquette *économie sociale*.

« Le travail est la clé de la question sociale » (*Laborem exercens*). Que faire dans une conjoncture où la révolution technologique a comme premier effet de supprimer un large éventail d'emplois? Que reste-t-il du droit au travail dans un contexte où le chômage devient un mode de vie pour de larges segments de population et se répand, telle une épidémie à l'échelle de la planète?

On est tenté de considérer comme une fatalité inéluctable certaines retombées négatives du progrès technologique. Pourtant, on peut soumettre les appareils de production désormais hautement performants à des finalités et à des normes qui influent en faveur de la dignité des personnes et de la satisfaction des besoins matériels, sociaux et culturels de chaque collectivité; bref, adopter une attitude responsable et volontariste, *constructiviste*, selon la terminologie de Rawls.

1. LA NOUVELLE DONNE

1.1 Dans l'essai intitulé *Hommes et machines* (voir *Lectures*), Laloup et Nélis montrent que chaque étape du développement technologique, nonobstant des applications parfois discutables, a contribué à améliorer le sort de l'humanité. Les auteurs insistent sur le virage important qui s'est amorcé dans les années qui ont suivi la Seconde guerre mondiale.

Dès les années 1950, on pressentait que la cybernétique allait bouleverser considérablement l'univers du travail. Nonobstant certaines craintes, le climat était à l'optimisme. On constatait que de nouveaux emplois remplaçaient ceux que le progrès technologique faisait disparaître; de nouveaux emplois souvent plus gratifiants et mieux rémunérés. Le secteur tertiaire absorbait l'excédent de main-d'œuvre issu du secondaire, tout comme jadis le secondaire avait absorbé l'excédent en provenance du secteur primaire. Un virage qu'il suffirait de bien négocier pour le plus grand bien de tous.

1.2 Mais il devenu de plus en plus manifeste que le phénomène n'allait pas se répéter indéfiniment. Voici que désormais les nouveaux investissements accélèrent le processus de suppression des emplois tout en accroissant la productivité. Le prolétariat traditionnel est en voie de disparition. André Gorz en annonce la fin (*Adieux au prolétariat*). La modernisation des chaînes de montage et les robots chassent les travailleurs des usines. Quant au secteur tertiaire, des innovations aussi banales que les boîtes vocales et les guichets automatiques suppriment des milliers d'emplois. Des appareils sans âme et efficaces fonctionnent 24 heures par jour, ne revendiquent pas et ne se regroupent pas en syndicats : de quoi faire le bonheur de patrons autocrates. De plus en plus, le capital se passe des travailleurs. Restructuration devient synonyme de licenciements massifs. Des millions de travailleurs cessent d'être exploités ; ils sont tout simplement éliminés.

1.3 Viviane Forrester vilipende les politiciens qui promettent des emplois alors qu'ils savent fort bien que c'est le contraire qui est en train de se produire. Le capital, surtout dans la grande entreprise, n'a plus besoin des travailleurs. « L'emploi si chanté, invoqué, bercé de tant d'incantations, n'est tenu par ceux qui pourraient le distribuer que pour un facteur archaïque, pratiquement inutile, source de préjudices, de déficits financiers. La suppression d'emplois devient un mode de gestion des plus en vogue, la variable d'ajustement la plus sûre, une source d'économie prioritaire, un agent essentiel du profit[1]. »

1.4 Jeremy Rifkin[2] discerne plusieurs indices qui montrent que la nouvelle révolution technologique est en train d'amorcer une phase inédite dans l'histoire de l'humanité ; un virage historique qui s'étend à l'échelle de la planète, à partir des pays les plus avancés. Un virage qui bouleverse le monde du travail et les rapports entre le capital et le travail.

a) Aux États-Unis, rappelle l'auteur, on constate chaque année la disparition de quelque deux millions d'emplois bien rémunérés, en partie remplacés par des emplois précaires et mal payés, en partie laissant place au chômage.

b) Dans le secteur de la métallurgie, 2% de l'actuelle main-d'œuvre suffiront, dans moins de trente ans, pour répondre à la demande mondiale.

c) L'automatisation supprime systématiquement les emplois, à la fois dans les secteurs primaire, secondaire et tertiaire.

d) Nous nous acheminons vers un monde sans paysans. Les techniques nouvelles de semences, de fertilisation, de récolte et de distribution accroissent la production et réduisent le besoin de main-d'œuvre. Depuis la Deuxième Guerre mondiale, les États-Unis comptent 15 millions d'agriculteurs de moins.

---

1. Viviane FORRESTER, *L'horreur économique*, p. 121.
2. Jeremy RIFKIN, *La fin du travail*, Paris, Éd. La Découverte, 1996.

e) Les capacités de l'agriculture en habitat fermé s'annoncent spectaculaires, tant pour l'élevage que pour la production de légumes, de fruits, de volaille, etc.

f) Le nombre des cols bleus est en chute libre, tout comme celui des employés de banques, des compagnies d'assurances, des services de réparations, etc.

g) «Pour des millions d'employés aux écritures, le bureau électronique sonne le glas d'une carrière[3]».

h) L'automatisation affecte aussi le Tiers-Monde, (Mexique, Thaïlande, Chine, Inde, etc.) «La composante salariale dans la facture totale de la production continue de se contracter par rapport aux autres coûts. Dans ces circonstances, l'avantage financier d'employer une main-d'œuvre à bas salaire dans le tiers monde n'a plus autant d'importance[4]». Ce qui ne signifie pas que cette composante soit pour le moment sans importance, au contraire.

1.5 «Un prix à payer», dit Rifkin: les faibles sont broyés par le progrès, la classe moyenne est en déclin, le chômage frappe les diplômés et pas seulement les travailleurs non scolarisés, une minorité de privilégiés forme une classe nouvelle en conflit avec les laissés-pour-compte du changement, les inégalités et la pauvreté s'aggravent, on est témoin de la «mort lente» de millions d'hommes et de femmes exclus du monde du travail et de la participation à la vie sociale, etc.

1.6 Bilan: un monde plus dangereux. «La troisième révolution industrielle qui bouleverse l'économie, robotise des pans entiers de l'industrie et des services et jette à la rue des millions d'ouvriers et d'employés ne peut qu'attiser la criminalité et tout particulièrement la criminalité violente[5].»

2. LES ENJEUX

2.1 À moyen terme, en supposant un virage bien négocié, on peut envisager un monde nouveau, plus libéré, plus humain. «La délivrance du labeur obligé, de la malédiction biblique, ne devait-elle pas logiquement conduire à vivre plus libre la gestion de son temps, l'aptitude à respirer, à se sentir vivant, à traverser des émotions sans être autant commandé, exploité, dépendant, sans avoir à subir aussi tant de fatigue? N'avait-on pas, depuis la nuit des temps, espéré une telle mutation en la tenant pour un rêve inaccessible, désirable comme aucun[6]?»

---

3. RIFKIN, ouvrage cité, p. 205.
4. *Ibid.*, p. 276.
5. *Ibid.*, p. 286.
6. FORRESTER, ouvrage cité, p. 163.

2.2 En attendant, on doit évaluer les risques de « la fin du travail », à commencer par la confiscation de la technologie à l'avantage quasi exclusif des lobbies financiers, des décideurs économiques et des gestionnaires de capitaux. On peut parler de confiscation, puisque l'ensemble des moyens de production, dont la composante technologique, « est le fruit du patrimoine historique du travail humain » (*Laborem exercens*, n° 12). On ne peut donc en faire une propriété privée exclusive, vouée à la seule finalité du profit.

2.3 Il se produit une distorsion des rapports entre le capital et le travail. En s'appropriant la machine, le capital fait de celle-ci son nouveau prolétariat. Des masses de travailleurs cessent d'être exploités. Ils deviennent inutiles, superflus. Ils perdent en grande partie leur pouvoir de négociation. Ils doivent se contenter des miettes : des emplois précaires accompagnés de chômage intermittent et souvent de longue durée. L'employabilité est dépendante de la flexibilité, c'est-à-dire de l'acceptation d'emplois sous-payés qui garantissent tout au plus une pauvreté modulée. Le droit de survivre est en train de remplacer le droit au travail.

2.4 Dans le déroulement du processus, le pouvoir financier, qui tient à sa merci le capital industriel et les entreprises créatrices de richesses, accroît son hégémonie. Il reprend le terrain qu'il avait cédé en partie au temps de l'économie sociale de marché. Il se moque des frontières et tente plus que jamais d'asservir le pouvoir politique. « Les armes du pouvoir ? L'économie privée ne les a jamais perdues. Parfois vaincue ou menacée de l'être, elle a su conserver même alors ses outils, en particulier la richesse, la propriété, la finance. S'il lui a fallu, contrainte et pour un temps, renoncer parfois à certains avantages, ces avantages ont toujours été inférieurs à ceux dont elle ne se départait pas[7]. »

2.5 Mythe consolateur : les travailleurs auraient, dit-on, retrouvé un pouvoir grâce aux caisses de retraite, lesquelles, par leurs investissements, contrôlent en grande partie le développement économique. Certains parlent même d'une authentique socialisation des moyens de production. Le nouveau capitalisme ultra-performant réaliserait le rêve de Marx.

Voilà une agréable plaisanterie. La réalité est bien autre. En pratique, ce sont des spécialistes en économie qui gèrent de façon autonome les caisses de retraite. La logique du profit maximal guide les décisions. Et cette logique commande des choix qui peuvent entraîner la destruction d'emplois. Un constat qui ne dispense pas cependant les syndicats de travailleurs de s'interroger sur l'usage qui est fait de l'argent qu'ils épargnent en vue de la retraite[8].

7. FORRESTER, ouvrage cité, p. 63
8. RIFKIN, ouvrage cité, p. 303-304. Aussi Michel BERNARD, « Mobilité des capitaux et paralysie des travailleurs » dans *L'Aut'Journal* (mars 1997). À l'automne 1997, la direction

2.6 Le salaire donne prise sur la richesse produite. Il est une rétribution pour service rendu, pour une prestation sociale. Il s'avère un mécanisme efficace de redistribution de biens. Sans emploi rétribué, l'appauvrissement frappe ceux qui en sont privés. Soit on crée ou on sauvegarde des emplois, soit on fait appel à d'autres moyens de redistribution.

2.7 La nouvelle donne soulève le problème crucial de la dimension subjective du travail (*Laborem exercens*, nᵒˢ 6, 7). L'enjeu ici dépasse le palier de l'économie : il affecte le plus-être, la réalisation de la personne. Toute forme de travail comporte une dimension humaine, éthique et spirituelle. La suppression massive des emplois met en jeu l'humanisation et la socialisation des personnes. Sous cet aspect et dans une perspective éthique, « la fin du travail » commande impérativement l'invention de formules de remplacement.

2.8 L'exclusion sociale résultant du chômage (voir chapitre 17) engendre une nouvelle forme de prolétariat. L'inutilité sociale est non moins destructrice de la personne humaine que l'exploitation. « Des êtres humains en foules se retrouvent ainsi, selon les logiques régnantes, sans raison raisonnable de vivre en ce monde où pourtant ils sont advenus à la vie[9]. »

2.9 Il faut s'adapter, dit-on. S'adapter ne peut pas vouloir dire nécessairement s'écraser, se résigner, se plier aux diktats des lois du marché, comme si le marché était la clé et le cœur de la civilisation.

3. POINTS DE REPÈRE

3.1 La mutation économique et sociale actuelle peut signifier un pas en avant si l'on sait l'orienter et la baliser. Rien n'empêche que la nouvelle révolution technologique soit aussi bénéfique que celles qui l'ont précédée. La raison, génératrice du progrès technique peut en être également le guide.

3.2 Le salaire est une forme de revenu, il n'en est pas la seule. L'histoire ancienne et celle plus récente en fournissent divers exemples : les rentes des aristocrates (assistés sociaux de luxe), les moines mendiants, les bénéficiaires de sinécures, les religieux qui œuvrent à plein temps en retour d'un revenu de subsistance versé par la communauté, des bénéficiaires d'héritage, des consommateurs subventionnés (les enfants à la charge de leurs parents), etc.

Les bénéficiaires d'une caisse de retraite jouissent d'un revenu qui équivaut à un salaire différé. Les capitalistes qui vivent de placements boursiers

---

de l'entreprise de salaison Maple Leaf de Toronto a tenté d'imposer des mesures visant à réduire de façon draconienne les salaires des travailleurs et à alourdir les conditions de travail. Or c'est la caisse de retraite des enseignants de l'Ontario qui détient plus de 40% des actions de Maple Leaf... Situation pour le moins paradoxale !

9. FORRESTER, ouvrage cité, p. 37.

sont les bénéficiaires du travail des autres, tel un salaire par procuration. Ils vivent de la sueur des autres. Toutes ces façons de vivre sont reconnues comme légitimes. Il ne vient à personne l'idée de considérer ceux qui en profitent comme des exclus sociaux.

3.3 Le travail non rémunéré forme une assise centrale de l'économie : bénévoles de toutes catégories, femmes au foyer, paysannes du tiers monde, missionnaires coopérants, etc. Eux non plus ne sont pas des exclus sociaux.

3.4 Les retraités sont souvent des habitués du travail non rémunéré. Les revenus dont ils disposent les rendent disponibles pour le travail libre. Ils incarnent bien la dimension subjective du travail.

3.5 La dimension subjective. Le travail, particulièrement dans sa dimension subjective, constitue « la clé de la question sociale ». Une condition de croissance humaine et éthique des individus, des familles et des sociétés. Cette finalité dite subjective perdure et prédomine même là où la dimension objective s'est estompée (*Laborem exercens*, nos 5,6). Dans le débat actuel sur « la fin du travail », cette dimension subjective constitue une donnée incontournable.

3.5 Le travail ou un revenu assuré apparaissent comme des mécanismes à la fois logiques, efficaces et équitables de participation à la richesse collective. Ils constituent aussi un stimulant essentiel de l'activité économique.

3.6 Par leur seule présence, par le fait d'être porteurs de vie et acteurs de la vie sociale, les gens ordinaires, aussi bien chômeurs, rentiers, mendiants, consommateurs de toutes sortes que travailleuses et travailleurs adonnés à divers métiers, des plus estimés aux plus modestes, sont indispensables au bon fonctionnement de l'économie et à la qualité de la vie en société, à la convivialité.

3.7 Quatre points de repère se révèlent donc incontournables : le travail salarié, des formes diverses de revenus, la dimension subjective du travail, la finalité humaine et sociale de l'activité économique. D'où les questions : comment restaurer un minimum d'équilibre entre le pouvoir économique hégémonique et le monde du travail dépourvu de pouvoir d'intervention et en instance de déclin ? Comment donner un droit de regard aux gens ordinaires au sein d'une économie où les leviers de commande leur échappent ? Quels nouveaux mécanismes peut-on inventer pour redistribuer la richesse produite et pour que le partage soit conforme au principe de la destination universelle des biens ?

4. GÉRER LE VIRAGE

4.1 Une mutation, soit. Mais on peut la vivre de façon brutale ou de façon humaine et civilisée.

S'en remettre aux seules forces du marché, c'est s'en remettre à la pensée unique, à une sorte de dogme, à une « main invisible » qui arrangerait tout pour le mieux. C'est de la magie. Il faut plutôt chercher comment prendre les choses en main, à titre de citoyens et citoyennes libres et responsables, vivant en démocratie. Le marché a sa propre finalité : le profit. C'est une finalité subordonnée, instrumentale.

Créer ou sauvegarder des emplois sont des composantes de l'activité économique, mais ne constituent pas des finalités du système. Celui-ci n'en fait pas un enjeu premier. « Est-ce vraiment là l'enjeu ? Ne serait-ce pas plutôt d'obtenir, pour le travail encore nécessaire, un prix encore plus bas, plus voisin de rien ? Et, par là, d'accroître l'insatiable profit ? Non sans souligner en passant la culpabilité de victimes jamais assez assidues à mendier ce qu'on leur refuse et qui, d'ailleurs, n'existe plus[10]. »

Les intentions louables de quelques décideurs ne suffisent pas à renverser la *tendance lourde* de la logique néolibérale et à cacher la réalité brutale, à savoir que, considéré globalement, le capital, qu'il soit financier, industriel ou commercial, recherche le profit maximal et que le travailleur n'est qu'une variable secondaire dans le processus de production, sous réserve de son rôle crucial à titre de consommateur. Il faut donc compter sur d'autres mécanismes et d'autres institutions pour amortir le choc engendré par la nouvelle révolution technologique.

4.2 On voit se dessiner des stratégies partielles, qui se complètent les unes les autres.

4.2.1 UNE PREMIÈRE STRATÉGIE : LA RÉSISTANCE. Le travail est un droit ; les conséquences des suppressions massives d'emplois sont humainement et socialement inacceptables ; on doit contester et refuser la mort lente par le chômage, le désespoir des jeunes, la brisure des familles, la rupture sociale, l'appauvrissement collectif[11].

Résister, c'est intervenir à contre-courant, contester une logique qui fait coexister l'enrichissement d'un petit nombre avec l'appauvrissement des masses, qui présente comme une « loi de la nature » la mise au rancart de milliers d'hommes et de femmes qui revendiquent bien peu : le droit de gagner le pain de chaque jour en s'acquittant de tâches souvent pénibles, peu gratifiantes.

Les pressions exercées sur les mandataires politiques font partie des opérations de résistance. Ces pressions peuvent contrebalancer partiellement celles qu'exercent les forces économiques dominantes.

La suppression de certaines catégories d'emplois par le biais de la modernisation technologique n'obéit pas toujours à des impératifs économiques

---

10. FORRESTER, ouvrage cité, p. 136.
11. Voir Louis O'NEILL, « Le travail, un service et un droit » dans *RND* (mai 1994).

incontournables. Elle peut avoir comme objectif principal d'affaiblir le pouvoir syndical. Les syndicats sont donc bien inspirés quand ils se méfient *a priori* des opérations dites de restructuration.

Il est moins gênant de s'adonner à des pratiques de suppression d'emplois quand le pouvoir politique donne le mauvais exemple. En contrepartie, la sauvegarde des emplois dans les secteurs public et para-public amortit les effets négatifs du chômage causé par les licenciements massifs dans le secteur privé. Il faut se rappeler que les travailleurs des secteurs public et para-public ne s'adonnent pas à des fantaisies inutiles. Les tâches qu'ils assument sont essentielles au bon fonctionnement de la société dans son ensemble.

4.2.2 LA RÉDUCTION DE LA SEMAINE DE TRAVAIL. Le progrès technologique et l'accroissement de la productivité plaident en faveur d'une telle réduction. Le progrès technologique fait en sorte que moins d'heures de travail sont requises pour produire une quantité beaucoup plus considérable de biens. Pourquoi les travailleurs ne seraient-ils pas au nombre des bénéficiaires de ce progrès, et ce sans que leur revenu ne soit substantiellement affecté?

La durée de la semaine de travail n'a pas changé de façon notable au cours des dernières décennies. Dans certains pays, comme le Canada et les États-Unis, la réduction a été quasi insignifiante[12].

Les syndicats se préoccupent depuis plusieurs années de la question de la réduction du temps de travail, qui a comme effet le partage du travail et la création de nouveaux emplois. À noter deux conditions déterminantes relatives à l'impact de la diminution du temps de travail sur la création d'emplois:

1) le degré de compensation salariale;
2) l'importance des réorganisations du travail qui assurent une utilisation maximale des équipements[13].

4.2.3 LE PARTAGE DU TRAVAIL. On peut parler ici d'une redéfinition du travail à temps plein. À noter, au sujet de cette solution, la prise de position de la Commission sociale des évêques de France (*Face au chômage, changer le travail*). On y suggère que soit révisée l'idée que le travail à temps complet soit synonyme de plein emploi; on propose de penser à une autre répartition du temps de travail dans l'espace d'une vie, à l'apprentissage, à la formation en alternance, etc.« Le travail à temps partiel, dit le document, est une forme et une composante de la réduction du temps de travail, que l'on peut

12. Voir CSN, *Le temps de travail autrement*, p. 6
13. CSN, ouvrage cité, p. 15

rechercher à la fois pour développer l'emploi et pour améliorer les conditions de vie : il s'agit de pouvoir mieux gérer les activités hors du temps de travail, en fonction des besoins sociaux qui se font jour aux différentes périodes de la vie».

4.2.4 L'ÉCONOMIE SOCIALE. Elle recouvre un vaste domaine d'activités rémunérées ou bénévoles que Jeremy Rifkin appelle le *tiers secteur*[14]. Il s'agit de champs d'activités qui visent la satisfaction de besoins d'ordre culturel ou humanitaire souvent urgents et où les agirs de gens compétents et altruistes contribuent grandement au progrès d'une collectivité. Une telle conception n'a rien de commun avec celle voulant que l'économie sociale soit un pis-aller permettant d'exploiter à rabais le dévouement et l'énergie d'hommes et de femmes exclus du marché du travail, public ou privé.

Déjà largement répandu soit dans le cadre d'un travail salarié soit sous forme de bénévolat, le tiers secteur «est un univers où prime l'attention donnée aux autres, la préoccupation pour les besoins et les aspirations de millions d'individus qui, pour une raison ou pour une autre, sont exclus, ignorés ou insuffisamment pris en compte par le secteur marchand et le secteur public[15]». Il englobe les activités les plus diverses : accompagnement de personnes malades ou convalescentes, aide aux personnes âgées en perte d'autonomie, soutien aux adolescents et adolescentes en difficulté, aide aux handicapés, animation sociale et encadrement en milieux défavorisés, animation de centres culturels, alphabétisation, aide aux victimes de viol, aide aux mères en difficulté, aide aux enfants maltraités, action des groupes écologiques, activités parascolaires, organismes de loisirs, accueil des immigrants, etc.

Le financement du tiers secteur implique un transfert de ressources en provenance de l'économie financière. Le transit peut s'effectuer par le biais d'initiatives privées ou grâce à une intervention de l'autorité politique, responsable du bien commun et de l'instauration de la justice distributive[16].

4.2.5 LE REVENU EN GUISE DE SALAIRE. Dans les sociétés anciennes, le revenu était loin de toujours se rattacher à un salaire. Des catégories de citoyens jouissaient de prébendes, de sinécures, de charges nominales rattachées à un titre. Dans certains cas, la rémunération signifiait le non-travail, une rétribution accordée à une noble oisiveté. On considérait même que le bénéficiaire dérogeait s'il se livrait à une activité manuelle ou commerciale. Les performances de l'économie moderne permettent d'envisager de

---

14. RIFKIN, *La fin du travail*, p. 317 *ssq*.

15. Ouvrage cité, p. 320-321.

16. Rifkin note qu'à elle seule la suppression de subventions inutiles aux entreprises suffirait à assurer un salaire social à plusieurs millions d'Américains. Ouvrage cité, p. 350-351.

nouveaux modes de répartition de la richesse produite, soit par le truchement d'un emploi social, soit grâce à d'autres formes de revenu. Par exemple : le revenu d'existence, le revenu de citoyenneté, le revenu minimal[17]. On peut voir là une forme achevée de démocratie économique et une application concrète du principe de la destination universelle des biens.

5. PROSPECTIVE

5.1 « La fin du travail » annonce une phase de turbulence. Il faut à la fois chercher à sauver les acquis du passé, mettre en lumière les enjeux éthiques et explorer de nouveaux aménagements socio-économiques.

5.2 La nouvelle conjoncture confère à l'État une responsabilité cruciale. Ce qu'il faut souhaiter, c'est moins la fin de l'État que la prise en charge concrète du bien commun par l'État, au lieu de s'en remettre à une mystérieuse « main invisible », dont les intentions sont faciles à deviner.

5.3 Il ne faut pas craindre ici le recours à l'utopie créatrice. Le monde de « la fin du travail » annonce la croissance possible et grandement souhaitée d'emplois voués au développement humain, social et culturel ; un monde où il y aura place pour un nombre beaucoup plus élevé que maintenant d'enseignants et d'enseignantes, d'éducateurs spécialisés, de travailleurs sociaux, de psychologues, de psycho-éducateurs, de gérontologues, de chercheurs, d'universitaires, de philosophes, de théologiens, d'artistes, de travailleurs sociaux, d'agents de développement social, de conseillers en milieux de vie, de poètes, de contemplatifs, etc.

La petite société grecque qui nous a donné Socrate, Platon, Aristote, Euripide, Sophocle, Aristophane était composée de penseurs et poètes sans salaire avec revenu assuré. Des esclaves veillaient au bien-être des privilégiés. De nos jours, grâce à des appareils de production mille fois plus performants que les esclaves de l'ère ancienne, on peut concevoir des manières inédites d'assurer le pain quotidien à tous et d'accorder une place prédominante à l'économie sociale.

5.4 La pratique de l'intégration sociale par le travail doit inclure le travail manuel, facteur d'humanisation et de réalisation de soi aussi important que les autres formes de travail. On peut imaginer pour demain des sociétés de travailleurs et travailleuses libres, œuvrant sur la matière, imaginant, créant, fabriquant, poursuivant des finalités humanistes tout autant que les « travailleurs intellectuels », tantôt en retour d'un salaire, tantôt grâce à la disponibilité que donne un revenu assuré.

---

17. Voir « Un revenu pour tous ? » dans *Le Monde*, et reproduit dans *Le Devoir*, 14 avril 1997.

5.6 La nouvelle manière de voir le travail et le revenu se concilie mal avec le modèle de société que veut imposer le néolibéralisme triomphant, lequel tend à réserver à une minorité les fruits de la révolution technologique. Il faudra un jour choisir entre les deux modèles.

5.7 L'optimisme qui se dégage d'un exercice de prospective ne doit pas faire oublier le court terme, le contexte immédiat, les drames humains actuellement vécus par les victimes du chômage et de l'exclusion sociale. C'est tout de suite qu'il faut résister, contester les effets désastreux de ce que Viviane Forrester appelle « l'horreur économique ».

6. PISTES DE RECHERCHE

6.1 LA DIMENSION SUBJECTIVE DU TRAVAIL. Dans *Laborem exercens*, Jean-Paul II traite de la dimension subjective du travail dans un contexte de plein emploi. Voir comment l'approche du pape s'avère encore plus pertinente au moment où l'on annonce « la fin du travail ». Savoir déceler la dimension éthique et humanisante des occupations quotidiennes, leur impact sur la croissance humaine des individus. Prendre conscience en contrepartie des effets déshumanisants du chômage.

6.2 *HOMO FABER*. La dimension subjective englobe toute activité honnête, peu importe sa nature. La distinction entre œuvre servile et œuvre libérale est étrangère à la tradition chrétienne. La valeur humanisante du travail est sous-jacente, quelle que soit la tâche accomplie. L'observation des métiers révèle une noblesse qui échappe au regard des « sages de ce monde ». Créer des emplois, sauver des emplois : cela concerne tous les métiers décents.

Apprendre à s'émerveiller en découvrant autour de soi la diversité et la finesse des métiers, la noblesse des tâches prosaïques, la contribution sociale de ceux et celles qui les accomplissent.

6.3 L'ÉCONOMIE SOCIALE. S'adonner à la prospective. Anticiper ce à quoi ressembleront, dans quelques années, les sociétés où le tiers secteur occupera un espace agrandi : des universités en pleine croissance avec des milliers de professeurs, de chercheurs et d'étudiants à l'œuvre dans toutes les disciplines, incluant les « pas rentables » ; des enseignants, des éducateurs, des travailleurs sociaux en nombre suffisant pour répondre à des besoins humains pressants ; des centres de production artistique nombreux et foisonnant d'activités ; de nouveaux métiers répondant à de nouveaux besoins ; des gens pourvus d'un revenu décent et s'adonnant librement à des occupations utiles de tous genres ; de multiples catégories d'intervenants sociaux, rémunérés ou bénévoles, au service des familles, des personnes âgées, des malades, des handicapés ; des médias de communication favorisant la convivialité, l'échange d'informations et d'opinions et ne se limitant pas à remplir la fonction de relais de la pensée unique[18].

Utopie, tout cela? Oui, mais utopie dont la réalisation est à portée de main.

7. LECTURES

BIHR, Alain, «Moderniser sans exclure» dans *Le Monde diplomatique*, septembre 1994.

BRESSON, Yoland, «Instaurer un revenu d'existence contre l'exclusion sociale» dans *Le Monde diplomatique*, février 1994 .

Collectif, *Face au chômage, changer le travail*, Commission sociale de l'épiscopat français, Paris, Le Centurion, 1993.

Collectif, «Dossier: L'économie sociale» dans *Relations*, novembre 1997.

Collectif, *Le travail, quel avenir?*, Paris, Gallimard, coll. Folio-actuel, 1997.

CSN, *Le temps de travail autrement*, Service de recherche, Montréal, 1994. Réduction du temps de travail. Partage du travail. Stratégie de création d'emplois.

FORRESTER, Viviane, *L'horreur économique*, Paris, Fayard, 1996.

GORZ, André, *Adieux au prolétariat*, Paris, Galilée, 1980.

GORZ, André, «Bâtir la civilisation du temps libéré» dans *Le Monde diplomatique*, mars 1993.

JOYAL, André, «Le travail partagé n'est pas fait pour une société du chacun pour soi» dans *RND* (mai 1994).

LE GOFF, Jacques, «Des gadgets contre le chômage» dans *Le Monde diplomatique*, avril 1994.

LELOUP, J et J. NÉLIS, *Hommes et machines*, Paris, Casterman, 1957.

ONIMUS, Jean, *Quand le travail disparaît*, Paris, Desclée, 1997.

RIFKIN, Jeremy, *La fin du travail*, Paris, La Découverte, 1996.

ROUSTANG, Guy, *L'emploi, un choix de société*, Paris, Syros, 1987. Le progrès technologique supprime des emplois. Les besoins humains sont illimités,

---

18. Voir RIFKIN, *La fin du travail*, p. 317-357.

l'emploi est bloqué. Une solution possible : le partage du travail. Savoir envisager d'autres possibilités que la production maximale.

VILLENEUVE, Florent, « L'économie sociale : un virage à maîtriser » dans *Projet de société et lectures chrétiennes*, publié sous la direction de Camil Ménard et Florent Villeneuve, Montréal, Fides, 1997, p. 219-240.

17

PAUVRETÉ ET EXCLUSION SOCIALE

« Le progrès des pauvres est une grande chance
pour la croissance morale, culturelle et
même économique de toute l'humanité. »

(Jean-Paul II, *Centesimus annus*, n° 28)

PAS DE JUSTICE SANS COMBAT DÉMOCRATIQUE

« Si notre société ne perçoit pas la pauvreté comme une
injustice, elle ne se pressera jamais pour l'enrayer.
Seule l'égalité de tous en matière de droits économiques et
sociaux rendrait possible d'enrayer la pauvreté. Mais
on se demande quel parti politique aurait l'audace d'inclure
ce projet dans son programme électoral ?

La voie qui s'ouvre devant nous n'est-elle pas du côté de la
révision des processus démocratiques ? Il existe maintes preuves
historiques démontrant que seules des pressions démocratiques
viennent à bout des droits. L'histoire du mouvement ouvrier
est très éloquente à cet égard.

En plusieurs milieux émerge une conviction renouvelée à
l'égard des luttes pour l'égalité et la justice. Nous avons appris
que la charité ne pouvait se passer de la justice. La justice nous
a conduits sur les chemins de la lutte pour l'égalité.
Et maintenant, il apparaît que l'animation et l'orientation
des processus démocratiques seraient la voie pour
réaliser l'égalité et la fraternité. »

Gisèle Turcot
« Les inégalités sociales » dans *La question sociale
hier et aujourd'hui*, p. 406.

Le thème de débat dont on propose ici quelques linéaments s'inscrit dans le contexte socio-économique actuel, où la pauvreté coexiste avec une capacité inédite et quasi illimitée de production de biens de toutes sortes.

Pauvreté et exclusion : toute pauvreté n'exclut pas. Ni la simplicité de vie du citoyen aux ressources modestes qui se comporte en personne libre, ni l'esprit de pauvreté du religieux.

Exclusion sociale, apartheid social : les réalités se juxtaposent. Elles connotent une mise au rancart d'individus et de groupes. Parfois l'auto-exclusion vient renforcer l'effet de rejet résultant de facteurs économiques et sociaux.

Le processus engendre un lourd déficit humain, économiquement coûteux. L'exclusion sociale ouvre la voie à l'explosion sociale.

Aborder le thème de la pauvreté et de l'exclusion sociale, s'avère une façon, *via negativa*, d'aborder la grande question sociale qui se pose à l'échelle du monde, celle du développement intégral et solidaire des peuples, thème de l'encyclique *Populorum progressio*.

1. LA PAUVRETÉ COMME RICHESSE

1.1 « La pauvreté, richesse des peuples » titrait un ouvrage publié il y a une vingtaine d'années sur le développement des peuples[1]. Remplaçons ici le mot pauvreté par celui de frugalité ou encore de simplicité ; voilà qui rend mieux l'idée de l'auteur, à savoir que le concept de développement ne se limite pas à la seule croissance économique.

La pauvreté comme valeur n'est pas la misère. Elle s'oppose à la possession excessive considérée comme une fin, comme un bien absolu, une idole. « Le pauvre de Yahweh » attend du Seigneur la libération de l'oppression et de la misère, non la richesse. Jésus est pauvre, il ne vit pas dans la misère. Une équipe de pieuses femmes lui fournit les biens de première nécessité (*Luc*, 8,2-3), un plancher de ressources. La troupe dispose d'une

---

1. Albert TEVOEDJRE, *La pauvreté, richesse des peuples*, Paris, Éd. ouvrières, 1978.

trésorerie et d'un trésorier, qui pige dans la caisse (*Jean* 12, 6). D'autre part, laissée sans nourriture dans un espace désert, la foule qui suit Jésus risque de connaître une situation misérable. Le Sauveur refuse de l'abandonner dans cet état. Il conteste le caractère inéluctable de cette pauvreté. Il multiplie les pains (*Marc* 8, 1-10).

1.2 Dans la tradition chrétienne, la personne du pauvre incarne la présence et l'image de Jésus. La pratique de l'esprit de pauvreté témoigne d'une volonté d'imitation. Elle vise aussi la libération du piège de l'argent; elle se veut également une manifestation de solidarité avec les plus démunis; elle connote une recherche d'efficacité spirituelle: on élimine le superflu et on «excommunie» les fonctions économiques afin de mieux assurer la primauté des objectifs spirituels. Font partie de cette primauté les pratiques caritatives. La propriété des religieux reçoit sa légitimité d'une finalité sociale confirmée par son utilisation. On aura raison de soupçonner un dérapage si elle prend la forme d'une entreprise mercantile.

1.3 Les courants de réforme spirituelle qui ont traversé la chrétienté à diverses époques ont toujours débuté par un retour à l'idéal de pauvreté: pauvreté franciscaine, pauvreté du moine cistercien, initiatives de solidarité avec les démunis à la manière de Vincent de Paul, l'option préférentielle pour les pauvres à l'époque contemporaine, etc. Nombreux sont les actes fondateurs de communautés religieuses où l'on mentionne explicitement l'intention de servir les pauvres, les petites gens, «les pauvres travailleurs», car il arrivait souvent (et cela arrive encore) que de longues heures de labeur pénible ne suffisaient pas à assurer un salaire couvrant les besoins essentiels de la famille.

1.4 L'option préférentielle pour les pauvres. Elle constitue de nos jours, au sein des Églises, une pièce maîtresse du discours social. Destinataires: les «pauvres de Yahveh» en quête du pain quotidien, les travailleurs forcés de se contenter d'un maigre salaire en retour d'un labeur pénible, les travailleurs agricoles du Tiers-Monde dont plusieurs ont été dépossédés de leurs terres, tous ces hommes et femmes qui témoignent de constance et de courage au cœur du quotidien, conservent leur fierté et leur dignité en dépit de conditions pénibles d'existence, usent leur force de vie dans l'espoir de lendemains meilleurs.

De nombreuses œuvres littéraires et cinématographiques ont tracé le portrait de cette humanité laborieuse, courageuse et souffrante: *Les hommes ne veulent pas mourir* (P. H. Simon), *La statue de sel* (Albert Memmi), *Le premier homme* (Albert Camus), *L'Arbre aux sabots* (Ermanno Olmi), *Les raisins de la colère* (John Steinbeck), *Bonheur d'occasion* (Gabrielle Roy), *Les filles de Caleb* (Arlette Cousture), etc.

1.5 Autres destinataires de l'option préférentielle: les centaines de millions d'hommes et de femmes qui subissent le poids du chômage, de la faim, de la sous-alimentation, de la maladie, de l'ignorance; une pauvreté qui impose des conditions infra-humaines et engendre l'apartheid social. À l'encontre de la pauvreté comme richesse, ils subissent la pauvreté comme drame.

2. LE DRAME DE LA PAUVRETÉ

2.1 À toutes les époques la pauvreté des masses a marqué l'histoire de l'humanité. La richesse existait, mais elle était restreinte; elle était le lot d'un petit nombre. Avec «l'ère de l'opulence», des groupes sociaux de plus en plus nombreux ont accédé au confort et à une relative aisance. Abondance de biens produits et souvent mieux répartis grâce au développement technologique, à la révolution industrielle, aux luttes ouvrières, aux lois sociales, etc.

2.2 L'époque actuelle se caractérise par la coexistence de la croissance économique et de la pauvreté de masse, celle-ci incluant l'appauvrissement de franges de population qui, au cours des Trente glorieuses, avaient goûté une relative aisance.

2.3 Qu'est-ce que la pauvreté? Selon un document des Nations Unies, «on mesure habituellement la pauvreté par le revenu ou les dépenses qui suffisent à maintenir un niveau de vie réduit au strict minimum. Mais elle se définit aussi par des facteurs tels que la nutrition, l'espérance de vie, l'accès à l'eau salubre et aux moyens d'assainissement, les maladies, l'alphabétisation et d'autres aspects de la condition humaine[2]. »

Cette définition rejoint l'indicateur de développement humain (IDH) utilisé par le Programme des Nations Unies pour le développement (PNUD), lequel se fonde sur trois composantes: le niveau de santé, le niveau d'instruction et le revenu par habitant[3].

2.4 Qui est pauvre? Selon la Banque mondiale, le seuil de la pauvreté s'établit à 370 dollars américains par an, par individu. Il va de soi que pour les pays dits avancés, le seuil est plus élevé: les conditions climatiques exigent souvent plus de ressources et les besoins estimés fondamentaux sont plus considérables. Le sentiment d'un manque ou d'un besoin est aussi fonction de l'ambiance sociale et des normes de bien-être définies par la publicité, les comportements de l'entourage, la prise de conscience de privations devenues intolérables, etc. Sur 5,6 milliards d'êtres humains, un milliard vivent dans la pauvreté absolue, un milliard et demi n'ont pas accès à l'eau potable et aux

2. *La pauvreté mondiale*, fiches d'information 2, Sommet mondial pour le développement social, Copenhague, 6-12 mars 1995.
3. *État du monde 1994*, p. 601.

moyens d'assainissement, au-delà d'un demi-milliard souffrent régulièrement de la faim.

Les victimes : les paysans exploités du Tiers-Monde, les habitants des bidonvilles, les collectivités où sévit l'analphabétisme, les minorités marginalisées.

La pauvreté frappe aussi dans les pays dit avancés. « La pauvreté fait des progrès sensibles dans les pays riches en proie à la récession. Tant aux États-Unis que dans les 12 pays de l'Union européenne, près de 15 % de la population vivent au-dessous du seuil de la pauvreté[4]. »

2.5 Prolétariat et pauvreté. Dans la Rome ancienne, le terme « prolétaire » désignait « le citoyen très pauvre de la sixième et dernière classe ; il ne comptait que par le nombre de ses enfants (de *proles*, progéniture[5]) ». De nos jours, selon Birou, le terme englobe trois caractéristiques : l'insécurité, la dépendance sociale, des conditions de travail particulièrement pénibles. Le prolétaire se retrouve aussi bien chez les paysans exploités du Tiers-Monde que dans le milieu ouvrier.

Avec Marx, le terme revêt une connotation idéologique. Le prolétaire est le produit du capitalisme. Il est « la face négative de la propriété privée » (Birou). Il représente le travailleur exploité et aliéné à qui Marx attribue une vocation messianique : celle d'être l'agent de la révolution qui, en le libérant lui-même, libérera toute l'humanité.

Dépouillé de sa connotation idéologique, le prolétariat s'identifie à un créneau de pauvreté, sans se confondre avec la pauvreté en général. Quand Léon XIII parle de « l'infinie multitude des prolétaires », de « la classe indigente » et des « travailleurs qui appartiennent à la classe pauvre en général », il vise des réalités sociales étroitement apparentées.

3. L'APPAUVRISSEMENT STRUCTUREL

3.1 On reconnaît depuis longtemps l'existence de certains facteurs qui expliquent l'état de pauvreté dans lequel vivent des individus et des familles : la maladie, des failles de personnalité, l'ignorance, une scolarité insuffisante, l'appartenance à une minorité dominée, etc.

Le chômage endémique et structurel dont il a été question précédemment (voir chapitre 16) représente, dans les pays développés, le facteur principal d'appauvrissement.

---

4. Voir « Attaquer la pauvreté », Document d'information n° 2, Sommet mondial pour le développement social, Copenhague, 6-12 mars 1995.

5. Alain BIROU, *Vocabulaire des sciences sociales*.

3.2 Il existe une pauvreté qui est un héritage du passé ou de circonstances qui échappent au vouloir humain ; il en existe une autre qui est le produit de distorsions et de failles économiques, financières et politiques. Il existe une pauvreté fabriquée, tout comme il existe un sous-développement qui est corrélatif du développement. « Le sous-développement des uns est le résultat du développement des autres » (Vincent Cosmao). Albertini parle des « mécanismes du sous-développement[6] ». La mondialisation du chômage et de la pauvreté croît en osmose avec la mondialisation des marchés. L'économie libérale engendre des perdants, pas seulement des gagnants. Quand on décrit le progrès comme le résultat d'une lutte entre rivaux, on admet implicitement qu'il y aura des laissés-pour-compte : ces perdants viennent grossir la foule des pauvres.

C'est faire preuve d'inconscience ou de naïveté (ou d'hypocrisie) que d'exprimer le souhait d'éliminer la pauvreté tout en cautionnant des règles du jeu qui entraînent l'appauvrissement du plus grand nombre, de centaines de millions d'hommes et de femmes.

3.3. À noter trois observations de Galbraith au sujet de la pauvreté :

1) le caractère récurrent d'un certain type de pauvreté de masse : une thèse qui semble n'avoir occupé qu'une place passagère dans la pensée de l'éminent économiste[7] ;
2) Le scandale de la pauvreté dans un monde où existe désormais la possibilité de l'éliminer[8] ;
3) l'existence d'une classe structurelle inférieure dont le capitalisme libéral a besoin pour fonctionner. Autrement dit, les gens dont la vie quotidienne est confinée à la satisfaction plus ou moins adéquate des besoins fondamentaux et quotidiens remplissent la fonction de *catalyseurs* qui garantissent le rendement des appareils de production. « Sans elle (la classe inférieure), le progrès économique serait plus incertain, et sûrement beaucoup moins rapide[9] ».

3.4 Il y aurait même, selon certains, un processus d'appauvrissement bénéfique pour les pauvres. Par exemple l'endettement du Tiers-Monde, qui appauvrit les plus pauvres et les enfonce dans le sous-développement, trouverait sa légitimation dans le mythe d'une violence sacrificielle dont bénéficieraient, à long terme, les victimes elles-mêmes. « Comme on prétend que l'insolvabilité est due à la corruption, à la paresse, à l'irrationalité des débiteurs, elle est donc coupable et non excusable. On insinue ainsi que si la

---

6. J. M. Albertini, *Les mécanismes du sous-développement*, Paris, Éd. ouvrières, 1967.
7. John K. Galbraith, *Théorie de la pauvreté de masse*, Paris, Gallimard, 1980.
8. John K. Galbraith, *L'ère de l'opulence*, Paris, Calmann-Lévy, 1961.
9. John K. Galbraith, *La république des satisfaits*, Paris, Seuil, 1993, p. 40.

dette est légitime, il est légitime qu'elle soit remboursée même au prix de la mort... Par ailleurs, en s'appuyant sur le mythe incontesté du caractère salvifique du respect des lois du marché, on avance que l'exigence du remboursement est bonne même pour les débiteurs, fût-ce au prix de leur sang. Eux-mêmes y gagneraient grâce à la « main invisible », car le marché fonctionne au bénéfice de tous. Il ne faut donc pas en suspendre les règles. Le sacrifice sert l'intérêt général et il est juste. Une remise de la dette serait une fausse clémence[10] ».

4. LE PROCÈS DES PAUVRES

4.1 Les considérations qui précèdent sur la légitimité d'une violence sacrificielle nous renvoient au discours sur la responsabilité des plus démunis. On prétend promouvoir la guerre à la pauvreté, mais on est le plus souvent témoin d'une guerre contre les pauvres qui débute par un procès. La culture bourgeoise alimente depuis longtemps le procès des pauvres. On concède que certains sont victimes du sort, mais on est persuadé que la plupart des démunis n'ont que ce qu'ils méritent, ou même qu'ils sont probablement responsables des crises économiques et des récessions. *Les animaux malades de la peste* : une fable qui conserve une étonnante actualité.

4.2 On accuse parfois ouvertement les chômeurs et les assistés sociaux d'être responsables de l'endettement des gouvernements. En réalité, les dépenses qui ont conduit à aggraver l'endettement ont peu à voir avec les programmes sociaux, les causes principales de cet endettement étant les taux d'intérêt gardés artificiellement élevés et le gonflement des intérêts accumulés. Autrement dit, il s'agit là d'un phénomène d'usure structurelle dont les pauvres ne sont aucunement responsables[11].

4.3 Les facteurs structurels s'ajoutent à d'autres facteurs bien connus (maladie, manque de formation professionnelle, failles de la personnalité, insuffisance d'un soutien social, etc.) pour expliquer la persistance ou l'aggravation de la pauvreté. Certains préfèrent les explications morales. Ils refont le procès de l'aveugle-né. « Qui a péché, lui ou ses parents, pour qu'il soit né aveugle ? » (*Jean* 9,2)

---

10. Michel BEAUDIN, « Endettement du Tiers-Monde : l'idole financière et sa violence sacrificielle » dans *La question sociale hier et aujourd'hui*, p. 528.

11. Une économiste canadienne, Linda McQuaig, explique que le déficit a commencé à devenir un problème au Canada à partir du moment où on a décidé de lutter contre l'inflation. À cette fin, on a volontairement laissé augmenter les taux d'intérêt et on a plus ou moins encouragé la croissance du chômage, ce qui a eu pour effet à la fois d'augmenter les coûts des emprunts gouvernementaux et de diminuer les revenus de l'État. Voir « Les effets pervers de la lutte contre l'inflation » dans *Bulletin d'information de Centre de ressources sur la non-violence*, Montréal (mars-avril-mai 1997).

4.4 On retrouve la même tendance culpabilisante dans le procès qui est fait à des peuples ou à des groupes sociaux qui souffrent d'un retard économique et social tangible, en fonction des critères en vigueur dans les milieux privilégiés. C'est ainsi qu'on condamne sans indulgence des failles observées au sein des populations pauvres du Tiers-Monde, chez les Noirs américains, les Amérindiens, etc. Même jugement négatif porté sur le peuple québécois, qui essaie tant bien que mal de pallier les séquelles de deux cents ans de colonialisme. L'idée ne vient pas à certains que des retards et des déficiences peuvent s'expliquer en grande partie par un passé de servitude, d'exploitation, de domination et d'inégalités sociales.

5. L'EXCLUSION SOCIALE

5.1 Il arrive que des individus et des groupes défavorisés pratiquent eux-mêmes l'exclusion sociale par fierté, par honte, par nécessité économique ou pour se conformer à une règle non écrite. On se regroupe dans des quartiers où la pauvreté est répandue, où le logement est plus abordable. On s'exclut d'activités qui exigent une contribution monétaire qu'on ne peut fournir. On construit peu à peu une image de classe à part. On contribue à renforcer l'apartheid social dont on est victime.

5.2 L'exclusion est aggravée par l'absence de services collectifs, de propriété sociale. Les contraintes économiques se font sentir plus lourdement là où l'on manque de services collectifs : des hôpitaux, des CLSC, des bibliothèques publiques, des centres sportifs accessibles à tous, etc. Abandonnés à eux-mêmes, sans soutien social, des jeunes décrochent de l'école, se marginalisent et alimentent la spirale de la pauvreté.

5.3 Autre facteur d'exclusion : la privation de relations sociales avantageuses. Embourbés dans leurs problèmes, les plus démunis ne peuvent compter sur ce genre de relations dont on profite dans les milieux bourgeois. Cette privation rend encore plus indispensables des services sociaux et des services de dépannage accessibles à tous.

5.4 L'apolitisme renforce l'exclusion. On laisse à d'autres la gestion du politique, l'espace où se prennent les décisions qui affectent en bien ou en mal la vie des plus démunis. Aux États-Unis, la participation électorale est particulièrement faible dans les milieux défavorisés. Au Québec, le phénomène, moins tangible, est néanmoins perceptible. Confrontés à des échéances quotidiennes et hebdomadaires incontournables, les plus démunis ont peu de temps à consacrer aux joutes politiques. Sans compter que la fréquence des promesses non tenues les confirme dans la conviction que ça ne sert à rien de participer, puisque « les politiciens sont tous pareils ».

Faisant référence à la situation américaine, John K. Galbraith conclut que « voter est un acte inutile pour le citoyen écrasé de pauvreté qui en a le droit. Il se rend très justement compte que la différence entre les deux partis sur les problèmes qui le touchent directement ne porte pas à conséquence. Pourquoi, dans ces conditions, prendre la peine de choisir l'un ou l'autre ? Et voilà comment les satisfaits sont assurés de leur majorité[12]. »

5.5 Dans le Tiers-Monde, l'exclusion sociale prend des proportions énormes. La mondialisation des marchés est l'apanage de *nomenklaturas* et de clientèles solvables. La plupart des citoyens se contentent des miettes. Ils sont les témoins impuissants de l'enrichissement de minorités privilégiées. Ils attendent en vain le moment où la « main invisible » redistribuera les richesses.

6. L'EXPLOSION SOCIALE

6.1 Il s'agit ici d'une éventualité. On a dit que la patience des peuples est infinie. Elle a pourtant des limites. La diffusion de l'information, l'expansion du savoir et l'attrait pour les valeurs démocratiques de justice et d'égalité sont propices à la conscientisation. Le risque existe que de plus en plus de gens en arrivent à la conclusion que les choses peuvent changer, et même qu'elles doivent changer.

6.2 La pauvreté de style traditionnel, la suppression systématique des emplois, le chômage, l'émergence d'une nouvelle classe sociale issue du déclin de la classe moyenne inférieure, la croissance des inégalités allant de pair avec l'enrichissement de ceux qui contrôlent le capital et le savoir technique, la cristallisation de l'apartheid social : autant de ferments propres à faire surgir des explosions sociales que préfigurent de nos jours diverses manifestations de violence urbaine et de révoltes populaires. Un monde plus dangereux, prévient Jeremy Rifkin, où l'on a raison de craindre l'impact du chômage, de la pauvreté et de l'exclusion sociale[13]. La violence établie et structurelle prépare la voie à la violence de contestation (voir chapitre 20).

7. LA GUERRE À LA PAUVRETÉ

7.1 Jadis la pauvreté avait quelque chose d'inéluctable. Les capacités de production étaient limitées. On ne pouvait pas grand-chose contre la sécheresse, les récoltes manquées, les épidémies, les aléas de l'existence. Le

---

12. John K. GALBRAITH, *La république des satisfaits*, p. 147.
13. Voir le chapitre intitulé « Un monde plus dangereux » dans *La fin du travail*, p. 281-292.

mot « fortune », en grec, signifie « hasard »; comme si le fait de pouvoir jouir d'une certaine abondance était le résultat du hasard, un heureux hasard, une faveur des dieux.

Les choses sont différentes de nos jours. Il y a déjà plus de trente ans que Galbraith annonçait « l'ère de l'opulence ». Depuis lors, la capacité des appareils de production s'est accrue de façon spectaculaire (tout comme celle d'ailleurs des appareils de destruction). Le problème de la pauvreté n'en est pas un de production, mais de distribution : comment mettre à la portée de tous, incluant les plus démunis, les fruits de la nouvelle révolution technologique; comment mettre à la disposition des masses les ressources qui se sont multipliées, comment contrer la faim et la misère et assurer un mieux-être généralisé; comment concrétiser l'égalité des chances ?

7.2 On dénombre de nos jours de multiples moyens, les uns déjà connus et utilisés, les autres faisant l'objet d'une étude prospective, pour contrer la pauvreté et réduire les inégalités sociales :

— les œuvres de dépannage;
— la propriété sociale (services d'éducation et de santé, équipements culturels, etc.) et une fonction publique compétente au service des citoyens;
— la diffusion du savoir technique;
— la création d'emplois;
— un revenu de citoyenneté ou un revenu minimal;
— le soutien financier et social aux familles;
— le logement social;
— la solidarité entre démunis;
— les services de protection des consommateurs;
— la lutte contre les pratiques usuraires;
— l'annulation des intérêts sur la dette des pays les plus pauvres du Tiers-Monde et, dans certains cas, l'annulation de la dette elle-même;
— l'équité dans les relations commerciales entre pays riches et pays pauvres, etc.

7.3 Une telle façon de voir conduit inévitablement à mettre en question plusieurs pratiques du capitalisme libéral. On ne peut parler sérieusement de lutte contre la pauvreté sans se demander comment transiter de l'économie hégémonique à l'économie subordonnée et instrumentale. L'intégrisme économique, qui prétend détenir l'unique façon de penser en matière d'économie, est, sans doute, la forme d'intégrisme la plus néfaste qui soit pour l'humanité.

7.4 On ne peut s'attendre à ce que les bénéficiaires du désordre mondial actuel adoptent avec enthousiasme une approche réformiste face au drame de la pauvreté. On peut cependant espérer qu'ils le feront par réalisme. Un réformisme économique axé sur la justice sociale et l'équité est préférable à l'explosion sociale. « Le progrès des pauvres est une grande chance pour la croissance morale, culturelle et même économique de toute l'humanité ». (*Centesimus annus*, n° 28)

Les décideurs politiques et économiques qui ont été les grands artisans des Trente glorieuses avaient compris les enjeux. Face au péril communiste, ils ont su réagir avec sagesse, tantôt par conviction morale, tantôt sous l'empire d'une crainte salutaire. Ils ont tracé la voie aux réformes sociales où l'État-providence a rempli une fonction charnière, en synergie avec un syndicalisme dynamique et un pouvoir financier réaliste. La mondialisation de la pauvreté commande de nouvelles solutions, apparentées à celles qui ont fait leurs preuves dans le passé et qui ont provoqué l'émergence de « l'ère de l'opulence ».

8. PISTES DE RECHERCHE

8.1 DÉVELOPPER UNE EXPERTISE. Établir des contacts avec des agents sociaux œuvrant dans les milieux populaires. Participer au travail d'un service de dépannage: Société Saint-Vincent de Paul, Maison de l'Auberivière, coopérative de services en milieu populaire, etc. À partir de cas concrets, décortiquer les stéréotypes tels: « les pauvres sont paresseux », « ceux qui veulent travailler trouvent un emploi », « il y en a qui sont pauvres par leur faute », « on s'habitue à la misère », etc.

8.2 L'OPULENCE HONTEUSE. À partir d'une lecture de Galbraith et de Rifkin, découvrir qu'on devrait parler plutôt d'opulence honteuse que de pauvreté honteuse. Car nous vivons dans un monde où le développement technologique et le progrès spectaculaire des moyens de production rendent inexcusable la coexistence de l'opulence et de la pauvreté.

8.3 COMPTER SUR SES PROPRES MOYENS. Étudier des initiatives où des gens démunis ont réussi à se libérer en partie de la pauvreté en s'organisant entre eux, par exemple l'expérience du Chic Resto Pop. Étudier les réalisations de l'économie informelle dans certains pays africains.

9. LECTURES

ALBERTINI, J. M., *Les mécanismes du sous-développement*, Paris, Éditions ouvrières, 1967.

BEAUDIN, Michel, « Endettement du Tiers-Monde: l'idole financière et sa violence sacrificielle » dans *La question sociale hier et aujourd'hui*, p. 497-533.

COHEN, David, *Richesse du monde, pauvreté des nations*, Paris, Flammarion, 1997.

Collectif, « La pauvreté mondiale », fiche d'information 2, Sommet mondial pour le développement social, Copenhague, 6-12 mars 1995.

Collectif, « Attaquer la pauvreté », document d'information 2, Sommet mondial pour le développement social, Copenhague, 6-12 mars 1995.

Collectif, *Pour vivre la démocratie économique*, message du 1ᵉʳ mai 1992, Assemblée des évêques du Québec.

Collectif, *Deux Québec dans un*, rapport sur le développement social et démographique, Conseil des affaires sociales, Gouvernement du Québec, Gaétan Morin, 1989.

CORDAT, Jean, *Révolution des pauvres et Évangile*, Paris, Éditions ouvrières, 1970.

COSMAO, Vincent, *Un monde en développement?*, Paris, Éditions ouvrières, 1984.

FORTIN, Benoît, « Les nouveaux prolétariats » dans *La question sociale hier et aujourd'hui*, Québec, PUL, p. 421-426.

FRAGOSO, Antonio Batista, « Évangile et libération » dans *La question sociale hier et aujourd'hui*, Québec, PUL, p. 471-478.

JACQUARD, Albert, *Le souci des pauvres*, Paris, Flammarion, 1996. Une réflexion originale sur l'actualité du message de saint François d'Assise.

LABRIE, Vivian, « Une loi-cadre pour éliminer la pauvreté : pourquoi pas ? » dans *Le Devoir*, 24 novembre 1997.

TURCOT, Gisèle, « Les inégalités sociales » dans *La question sociale hier et aujourd'hui*, Québec, PUL, p. 401-406.

18 L'IDÉOLOGIE ÉCONOMISTE

« Le premier principe de la pensée unique
est d'autant plus fort qu'un marxiste distrait ne le
renierait point: l'économique l'emporte sur le politique. »

(Ignacio RAMONET, « La pensée unique »
dans *Le Monde diplomatique*, janvier 1995.)

LA DICTATURE ÉCONOMIQUE

« Ce qui, à notre époque, frappe tout d'abord le regard,
ce n'est pas seulement la concentration des richesses,
mais encore l'accumulation d'une énorme puissance,
d'un pouvoir économique discrétionnaire, aux mains
d'un petit nombre d'hommes qui d'ordinaire ne sont
pas les propriétaires, mais les simples dépositaires
et gérants du capital qu'ils administrent à leur gré. »

« Ce pouvoir est surtout considérable chez ceux qui, détenteurs
et maîtres absolus de l'argent, gouvernent le crédit et le
dispensent selon leur bon plaisir. Par là ils distribuent en
quelque sorte le sang à l'organisme économique dont ils
tiennent la vie entre leurs mains, si bien que sans leur
consentement nul ne peut plus respirer. »

« Cette concentration du pouvoir et des ressources,
qui est comme le trait distinctif de l'économie contemporaine,
est le fruit naturel d'une concurrence dont la liberté ne connaît
pas de limites; ceux-là seuls restent debout, qui sont
les plus forts, ce qui souvent revient à dire, qui luttent
avec le plus de violence, qui sont le moins gênés
par les scrupules de conscience. »

Pie XI
Quadragesimo anno, nos 113-114-115.

1. L'exercice ici proposé s'inscrit dans le prolongement des observations sur l'idéologie libérale (chapitre 11, section 2).

On y expérimentera aussi une autre manière (telle une *via negativa*) d'aborder les problématiques contemporaines sur le travail, le chômage et l'exclusion sociale. Autrement dit, alors que certains voient dans le néolibéralisme la clé du progrès économique et social, d'autres se demandent, au contraire, si le système en place, imprégné d'idéologie néolibérale, n'est pas, dans les faits, et pour la masse des hommes et des femmes, un facteur d'appauvrissement et de sous-développement.

2. Il s'agit de l'économisme dans sa version libérale. Car un autre modèle existe, en voie de disparition : l'idéologie économiste de type marxiste. Comme on l'a vu précédemment (chapitre 5), Jean-Paul II inclut dans le matérialisme économique à la fois le modèle marxiste et le modèle libéral (*Laborem exercens*, n° 13).

3. Le modèle néolibéral est devenu hégémonique. Il infiltre des régimes officiellement communistes, tel celui qui prévaut en Chine. Une « pensée unique » (une logique, mais non une pensée, dit Viviane Forrester), le soustend. C'est cette pensée que l'on propose ici d'analyser, de décortiquer.

4. Mode de procéder : étudier en équipe le texte de Fernand Dumont intitulé « L'idéologie économiste[1] ». À noter les sous-titres : l'idée originelle, persistance et contradiction de l'idéologie, la dissimulation du pouvoir, restaurer le politique, le défi du christianisme ; ils pourront servir de points de repère dans le déroulement de la discussion.

5. La réflexion de Fernand Dumont conclut sur une interrogation d'ordre éthique. On pourrait ajouter à cette interrogation un questionnement formellement théologique sur l'absolutisation du marché et du profit, qui équivaut à une forme d'idolâtrie. Un questionnement identique trouve sa place quand on parle de prêt à intérêt et d'usure structurelle.

6. Quelques éléments du dossier qui méritent de retenir l'attention de façon particulière : les valeurs (ou antivaleurs) qui inspirent l'idéologie ; l'économisme face à la vision chrétienne du monde ; la critique (ou la non-

---

1. Fernand DUMONT, « L'idéologie économiste » dans *La question sociale hier et aujourd'hui*, Québec, PUL, 1993, p. 305-320.

critique) universitaire face à l'économisme; l'influence de l'idéologie sur les décideurs politiques; le rôle des médias dans la transmission de l'idéologie.

7. LECTURES

On aura avantage à élargir et à enrichir le débat sur le texte de Fernand Dumont en y joignant quelques lectures.

BEAUDIN, Michel, «Endettement du Tiers-Monde: l'idole financière et sa violence sacrificielle» dans *La question sociale hier et aujourd'hui*, p. 495-533.

Collectif, *Limites à la compétitivité*, Groupe de Lisbonne, Montréal, Boréal, 1995.

Collectif, *Le pouvoir de l'argent et le développement solidaire*, publié sous la direction de Michel Beaudin, Yvonne Bergeron et Guy Paiement, Montréal, Fides, 1997.

FORRESTER, Viviane, *L'horreur économique*, Paris, Fayard, 1996.

FRIEDMAN, Milton, *Capitalisme et liberté*, Paris, Robert Laffont, 1971.

GALBRAITH, John K., *La république des satisfaits*, Paris, Seuil, 1993.

JACQUARD, Albert, *J'accuse l'économie triomphante*, Paris, Calmann-Lévy, 1995.

LANGLOIS, Richard, *Pour en finir avec l'économisme*, Montréal, Boréal, 1995.

MARTIN, Patrice et Patrick SAVIDAN, *La culture de la dette*, Montréal, Boréal, 1994.

NOVAK, Michael, *The Spirit of Democratic Capitalism*, New York, Simon & Schuster, 1982.

PAIEMENT, Guy, *L'économie et son arrière-pays*, Montréal, Fides, 1997.

RAMONET, Ignacio, «La pensée unique» dans *Le Monde diplomatique*, janvier 1995.

SORMAN, Guy, *Le capitalisme, suite et fin*, Paris, Fayard, 1994.

19

PRÊT À INTÉRÊT
ET USURE
STRUCTURELLE

« Et si vous prêtez à ceux dont vous espérez
recevoir, quel gré vous en saura-t-on ?
Même des pécheurs prêtent à des pécheurs,
afin de recevoir l'équivalent. Au contraire, aimez
vos ennemis, faites du bien et prêtez sans rien
attendre en retour. »

(*Luc* 6, 36-38)

L'IDOLÂTRIE DU CAPITAL

« Le capital financier vend de l'argent sans fabriquer
de produits ni vendre d'autre type de marchandises ;
et il tire cependant un "profit" : l'intérêt. D'où le capital
financier peut-il tirer son "profit" ou l'intérêt qu'il touche
pour accorder ou vendre de l'argent ? La relation qu'il y a
entre ce plus-argent (intérêt) qu'obtient le financier
ou le banquier et la vie objectivée par le travailleur surexploité
de la périphérie, cette relation est si lointaine qu'elle n'apparaît
plus du tout relation. Nous en sommes là à l'absolutisation
ou à la fétichisation totale, à l'achèvement ultime de l'idolâtrie
du capital. C'est un dieu qui s'affirme lui-même comme
ayant surgi de rien (*ex nihilo*). »

Enrique Dussel
Éthique communautaire, p. 158-159.

Le thème de séminaire ici proposé vise une dimension axiale du capitalisme financier. Le problème étudié soulève une interrogation de nature structurelle qui concerne tous et chacun, puisque le prêt à intérêt constitue une pratique quotidienne généralisée. Tous et chacun, un jour ou l'autre, sommes tantôt prêteurs, tantôt emprunteurs, tantôt créanciers, tantôt débiteurs. Avec le risque d'être tantôt usuriers, tantôt victimes de l'usure, soit à titre individuel, soit en tant qu'intégrés à telle ou telle strate socio-économique.

Mode de procéder suggéré : analyser en équipe le texte intitulé « Le prêt à intérêt : un vieux débat, de nouvelles réalités ». Se doter d'une information complémentaire en recourant aux suggestions de lectures et aux références incluses dans le document soumis à la discussion[1].

Dans une perspective éthique, on aura profit à explorer les points suivants :

— la distinction entre prêt à intérêt, usure, usure structurelle ;
— les motifs de la méfiance traditionnelle des moralistes à l'égard du prêt à intérêt ;
— la légitimité du revenu provenant du capital prêté, en tant que salaire différé ;
— l'usure structurelle qui imprègne l'économie financière moderne ;
— la pratique du prêt sans intérêt dans la vie quotidienne ;
— l'endettement des gouvernements et des institutions publiques ;
— l'endettement des pays du Tiers-Monde ;
— les pratiques usuraires dans le Tiers-Monde ;
— la distinction entre dette légale et dette morale.

---

1. Y joindre d'autres sources, par ex. *Le pouvoir de l'argent et le développement solidaire*, publié sous la direction de Michel BEAUDIN, Yvonne BERGERON et Guy PAIEMENT, Montréal, Fides, 1997. À noter aussi l'ouvrage plein d'humour de Jacques LE GOFF, *La bourse et la vie*, Paris, Hachette, 1986.

LE PRÊT À INTÉRÊT : UN VIEUX DÉBAT, DE NOUVELLES RÉALITÉS[2]

Prêt à intérêt, usure, idolâtrie de l'argent, esclavage pour dettes : les vocables renvoient à un débat plusieurs fois millénaire. Aux origines, la condamnation formulée par Aristote, les interdits contenus dans le Pentateuque, le Coran, ceux qu'ont repris les Pères de l'Église, les conciles, les théologiens. Dans les faits, on observe des pratiques qui contredisent le discours officiel, contradictions plus apparentes que jamais avec l'apparition du capitalisme moderne. De là les tentatives pour dénouer l'impasse. Et voici que le capitalisme financier contemporain crée une nouvelle donne qui oblige à formuler la problématique dans des termes nouveaux et à envisager des solutions inédites.

Les réflexions qui suivent visent à cerner les raisons de cette interminable *disputatio* et sa complexité ; aussi à reformuler l'interrogation éthique face au contexte contemporain (par ex. l'endettement structurel des pays du Tiers-Monde). Surgissent alors de nouveaux paradigmes tels ceux de *moralité structurelle* et de *structure de péché*.

1. UN VIEUX DÉBAT

1.1 TERMINOLOGIE. Chez ceux qui condamnent tout prêt à intérêt, les termes *usure* et *prêt à intérêt* sont interchangeables. Chez les autres, *usure* désigne le prêt où est exigé un intérêt jugé exorbitant, alors que l'expression *prêt à intérêt* réfère au prêt assorti d'un profit jugé légitime[3]. On parle aussi d'un intérêt dit *lucratif* (usure) et d'un intérêt dit *compensatoire* (intérêt légitime[4]). Le *mutuum* désigne le prêt ordinaire et le *foenum* le prêt à intérêt. Certains Pères de l'Église emploient aussi le mot *toxos* (poison) pour désigner le prêt à intérêt[5].

Chez les Hébreux, on distinguait le « nesek » (morsure), qui qualifie l'intérêt perçu au moment du prêt et le « tarbit » (accroissement), à savoir l'intérêt perçu à l'échéance[6].

---

2. Louis O'NEILL, « Le prêt à intérêt : un vieux débat, de nouvelles réalités » dans *Le néolibéralisme : un défi pour le chrétien*, publié sous la direction de Benoît BÉGIN et Jozef G. DENYS, Ottawa, Novalis, 1997.

3. J. B. C. MURRAY, *The history of usury*, Philadelphie, J. B. Lippincott & Co., 1866, p. 14.

4. L. GARRIGUET, *Prêt, intérêt et usure*, Bloud et Cie, 1907, p. 32.

5. A. BERNARD, « La formulation de la doctrine ecclésiastique sur l'usure » dans *Dictionnaire de théologie catholique*, Paris, Letouzey et Ané, t. 15, col. 2316-2336.

6. André LEMAIRE, « Usure » dans *Dictionnaire encyclopédique de la Bible*, Montréal, Iris Diffusion, 1987, p. 2315.

Autre distinction majeure : celle qu'on établit entre *biens fongibles* (consommés par l'usage, v.g. du pain, du vin) et *non-fongibles* (qui perdurent à travers l'usage, v.g. la location d'une maison). Pour les Anciens (et pour saint Thomas d'Aquin), l'argent est considéré comme *fongible* : une manière de voir qui va compliquer singulièrement les choses à mesure que l'argent deviendra l'outil axial des opérations commerciales.

Une clarification majeure finira peu à peu par s'imposer : celle qui introduit la distinction entre *prêt de production* et *prêt à la consommation*. Elle jouera un rôle crucial avec l'apparition du capitalisme dans sa phase moderne.

Le nouveau dictionnaire pratique de droit Dalloz définit l'usure comme étant « le produit illégal qu'une personne tire d'une somme qu'elle a prêtée. C'est une violation de la loi civile et, en cas d'habitude, un délit pénal ». Il serait pertinent de doubler cette définition d'une autre où le terme *immoral* remplacerait le mot *illégal*. Car il peut arriver qu'un taux légal soit immoral.

1.2 De Solon à Aristote. Solon a vécu au VIIᵉ siècle avant Jésus-Christ. Homme d'affaires prospère, il assume le pouvoir au moment où la révolte gronde à Athènes. Les tensions sociales sont vives. On y pratique l'usure et l'esclavage pour dettes. Solon décrète l'annulation des dettes, l'abolition de l'esclavage pour dettes et impose aux riches une taxe spéciale en vue de financer les grands travaux publics. Il relance ainsi l'économie et conduit la Grèce sur la voie de la prospérité[7]. Il ne semble pas néanmoins avoir imposé des règles précises concernant la pratique du prêt à intérêt[8].

Platon s'oppose à tout prêt à intérêt[9]. Aristote dénonce comme contre-nature que l'argent engendre l'argent. « Nummus non parit nummos ». À ses yeux l'argent est stérile et fongible[10].

Dans les faits, la pratique du prêt à intérêt semble avoir été fort répandue chez les Grecs. À cause des risques encourus, le prêt maritime, surnommé prêt à la grosse, commandait un taux particulièrement élevé[11]. À noter qu'il s'agit, en ce dernier cas, de prêt de production, distinct du prêt à la consommation.

1.3 La Loi juive. On retrouve ici la même dichotomie : des principes qui interdisent, des pratiques florissantes. L'idéal juif, c'est celui d'un société égalitaire, qui prohibe l'exploitation des plus faibles. On considère que celui qui s'est enrichi grâce à ses talents, le hasard et d'habiles astuces a le devoir

---

7. Will Durant, *Histoire de la civilisation*, t. IV, Lausanne, Éd. Rencontres, 1963, p. 195-211.

8. J.B.C. Murry, *The history of Usury*, p. 24-25.

9. Platon, *Lois*, V, 741-742.

10. Aristote, *Éthique à Nicomaque*, IV, 1,37 ; *Politique*, 1, 10 sub fine.

11. A. Bernard, *Dictionnaire de théologie catholique*, t. 15, col. 2318.

de prêter sans exiger d'intérêt (*Deutéronome*, 23,20-21). L'interdiction s'explique par le devoir de solidarité, par la méfiance qu'on entretient à l'égard de l'argent en tant qu'instrument de domination, et par le risque que cet argent se pervertisse en idole (*Exode* 22,24; 32,1-6).

C'est la solidarité entre Juifs qui commande l'interdit. Pour les étrangers, c'est une autre affaire. « Si tu prêtes de l'argent à un compatriote, à l'indigent qui est chez toi, tu ne te comporteras pas envers lui comme un prêteur à gages, vous ne lui imposerez pas d'intérêts » (*Exode* 22, 24). « Tu ne prêteras pas intérêt à ton frère, qu'il s'agisse d'un prêt d'argent ou de vivres, ou de quoi que ce soit dont on exige intérêt. À l'étranger, tu pourras prêter à intérêt, mais tu prêteras sans intérêt à ton frère, afin que Yahvé ton Dieu te bénisse en tous tes travaux, au pays où tu vas entrer pour en prendre possession » (*Deutéronome* 23, 20-21).

Solidarité tribale et donc dépassée, diront certains, car de nos jours on considère que tous les hommes sont égaux. « La fraternité humaine est préférable à celle du clan[12] ». Donc tous peuvent prêter à tous en exigeant de l'intérêt. Autre lecture : parce que le Christ nous appelle tous au salut, nous sommes tous frères; il est donc interdit de prêter à intérêt aussi bien aux étrangers qu'à ceux de sa race.

Saint Thomas d'Aquin interprétera comme une dérogation visant à éviter un plus grand mal la permission de prêter à intérêt aux étrangers. « Si, dit-il, les Juifs étaient autorisés à percevoir un intérêt de la part des étrangers, ce n'est pas que cet acte fût permis parce qu'il était licite : c'était une tolérance pour éviter un plus grand mal : de peur que, poussés par cette avarice dont ils étaient esclaves, comme le signale Isaïe (56, 11), ils ne perçussent des intérêts sur les Juifs eux-mêmes, adorateurs du vrai Dieu[13] ».

Dans les faits, il semble que chez les Juifs autant que chez les Grecs la pratique du prêt à intérêt et de l'usure faisait partie de la vie quotidienne (voir *Ezéchiel* 22,12).

1.4 LA LOI CORANIQUE. Tout en encourageant l'activité commerciale, la loi coranique désapprouve la pratique du prêt à intérêt (Sourate 2, v.275). À la sourate 3, v.130, on lit : « Ne mangez pas de cet intérêt qui va multipliant de double en double. Et craignez Dieu. Peut-être serez-vous gagnant ! » La sourate 4, 160-161 ajoute : « C'est à cause d'une prévarication de la part de ceux qui se sont judaïsés que nous avons rendu illicites les excellentes choses qui leur avaient été rendues licites, à cause aussi qu'ils s'éloignaient beaucoup des sentiers de Dieu — et de ce qu'ils prenaient des intérêts — chose qui leur était interdite, — et de ce qu'ils mangent à tort les biens de gens ».

---

12. Benjamin NELSON, *The Idea of Usury*, « From Tribal Brotherhood to Universal Otherhood », Chigago, University of Chigago Press, 1969, p 137.
13. Saint THOMAS D'AQUIN, *Somme théologique*, 2a 2ae, Q. 78, art. 1, ad 2.

L'enrichissement soudain de pays musulmans producteurs de pétrole, lors du boom pétrolier de 1973, a rendu particulièrement difficile le respect de la loi coranique sur le prêt à intérêt. Quoi faire avec des milliards de dollards dont on n'a pas un besoin immédiat et qui trouvent preneur disposé à emprunter avec intérêt? On a recouru à divers moyens pour s'assurer du respect de la loi. Par l'intermédiaire de la BADEA (Banque arabe de développement de l'économie africaine), on a prêté sans intérêt des sommes considérables à des pays frères qui essaient de se libérer du sous-développement.

1.5 JÉSUS ET L'ARGENT. On ne trouve pas dans l'Évangile de condamnation du prêt à intérêt et de l'usure. Jésus parle même de l'usage judicieux de l'argent qui est prêté avec intérêt (*Matthieu* 25,27). En revanche, nombreuses sont les dénonciations de l'argent et du danger d'idolâtrie que représentent la poursuite de la richesse et sa possession (*Matthieu* 6,19-20; *Luc* 16,13; 16,19-30; 17,13-21, etc). Par le biais d'une parabole remplie d'humour, le Seigneur enseigne aussi comment faire «bon usage du malhonnête Argent» (*Luc* 16,1-12).

Les reproches adressés par l'apôtre Jacques à ceux qui exploitent les pauvres et font un mauvais usage de la richesse reflète l'enseignement du Maître.

> Eh bien, maintenant, les riches! Pleurez, hurlez sur les malheurs qui vont vous arriver. Votre richesse est pourrie, vos vêtements sont rongés par les vers. Votre or et votre argent sont rouillés, et leur rouille témoignera contre vous: elle dévorera vos chairs, c'est un feu que vous avez thésaurisé dans les derniers jours! Voyez: le salaire dont vous avez frustré les ouvriers qui ont fauché vos champs, crie, et les clameurs des moissonneurs sont parvenues aux oreilles du Seigneur des Armées. Vous avez vécu sur terre dans la mollesse et le luxe, vous vous êtes repus au jour du carnage. Vous avez condamné, vous avez tué le juste: il ne vous résiste pas. (*Jacques* 5,1-6)

1.6 PÈRES DE L'ÉGLISE ET CONCILES. Les Pères de l'Église endossent de façon unanime l'interdit biblique que renforce la condamnation d'Aristote. Clément d'Alexandrie écrit:

> La loi défend de pratiquer l'usure à l'égard de son frère, non seulement à l'égard de son frère selon la nature, mais encore à l'égard de celui qui a la même religion ou qui fait partie du même peuple que nous, et elle regarde comme injuste de prêter de l'argent à intérêt; on doit bien plutôt venir en aide aux malheureux d'une main généreuse et d'un cœur charitable. (Cité par Bernard, 2324)

De l'usurier, saint Basile trace un portrait peu flatteur:

> C'est réellement le comble de la barbarie, quand un homme dénué du nécessaire cherche à emprunter pour soulager sa misère, que le riche, au lieu

de se contenter du capital, songe encore à exploiter la détresse de l'indigent pour accroître ses revenus... L'avare voit cet homme brisé par la misère, venir se jeter à ses pieds : quelle humilité dans son attitude et ses supplications ! Mais il reste sans pitié devant un malheur aussi immérité : nul sentiment pour cet être, nulle émotion que lui inspirent ses prières. Il conserve tout l'aplomb de son implacable cruauté et demeure sourd aux appels, insensible aux larmes, entêté dans son refus. Il jure au malheureux, avec mille imprécations, qu'il se trouve très à court d'argent et qu'il est lui aussi en quête de prêteurs. Ces mensonges sont appuyés de serments et il ajoute encore le parjure de l'inhumanité. Mais lorsque notre candidat à l'emprunt évoque le taux usuraire et parle d'hypothèque, alors son front se déride, il sourit : voilà que lui revient à l'esprit l'amitié qui unissait leurs familles et il ne le traite plus que de « cher ami ». « Allons voir, dit-il, si nous n'aurions pas quelque argent de côté. Un de nos amis a placé de l'argent chez nous pour le faire produire. Il lui a fixé des intérêts fort lourds, c'est vrai, mais enfin nous en rabattrons quelque chose et nous prêterons cet argent à un taux moins élevé ». Voilà ce qu'il lui conte. Abusé par ces sornettes, le malheureux tombe dans le piège. L'autre lui fait signer une reconnaissance de dette et s'en va, après avoir volé sa liberté à cet homme que la misère accablait déjà[14].

Le discours réprouve le prêt à intérêt, mais les pratiques ne suivent pas. Nombreux sont les conciles qui, d'un siècle à l'autre, tentent de freiner la pratique interdite, confondue avec l'usure. À une certaine époque, on se contente d'interdire la pratique aux clercs, pour ensuite étendre l'interdiction à tous. C'est dans ce sens que légifèrent les conciles de Nicée, Elvire, Carthage, Arles, Clichy, Meaux, Châlons-sur-Marne, Tours, le troisième concile du Latran, etc. L'interdiction généralisée, qu'on pourrait qualifier de définitive, date du concile de Vienne, en 1311. Le quatrième concile du Latran (1215) s'en prend aux « graves et immoderatas usuras Judeorum », tout en autorisant, semble-t-il, que ceux-ci pratiquent le prêt à intérêt[15].

1.7 La doctrine thomiste. La question que saint Thomas d'Aquin consacre au problème du prêt à intérêt résume bien la doctrine officielle[16]. « Est-il permis de recevoir de l'argent à titre d'intérêt pour un prêt d'argent, ce qui constitue l'usure ? » Ainsi débute l'exposé thomiste. Le Docteur angélique reprend l'enseignement d'Aristote et celui des Pères de l'Église. À ses yeux, l'argent équivaut à un bien fongible, à savoir un bien dont l'usage se confond avec la consommation, comme cela se produit dans le cas du vin, du

14. Saint Basile le Grand, *Riches et pauvres dans l'Église ancienne*, Paris, Grasset, 1972.
15. Gabriel Lebras, « La doctrine ecclésiastique sur l'usure à l'époque classique » dans *Dictionnaire de théologie catholique*, t. 15, col. 2244.
16. Ouvrage cité, 2a 2ae, Q. 78.

pain, etc. Dans de tels cas, le prêt transfère la propriété. Le prêteur n'a de droit que celui de recevoir l'équivalent de l'argent prêté (art. 1).

À ceux qui objectent que la loi permet parfois l'usure, saint Thomas répond que la loi ne peut tout interdire. Mais le fait que la loi n'interdit pas un acte ne signifie pas que cet acte soit par le fait moralement bon (art. 1, ad 3).

Dans la suite de la démonstration, on reconnaît le principe de la compensation pour l'argent prêté, sans exclure, semble-t-il, que cette compensation prenne la forme d'un retour en argent. «Dans son contrat avec l'emprunteur, le prêteur peut, sans aucun péché, stipuler une indemnité à verser pour le préjudice qu'il subit en se privant de ce qui était en sa possession; ce n'est pas là vendre l'usage de l'argent, mais obtenir un dédommagement» (art. 2. ad 1). On retrouve ici l'argument du titre extrinsèque légitimant une compensation (par exemple *lucrum cessans*, ou encore *damnum emergens*).

D'autre part, si le prêt à intérêt prend la forme d'un contrat d'association établissant une relation entre deux personnes, il devient licite. «Celui qui confie une somme d'argent à un marchand ou à un artisan par mode d'association, ne leur cède pas la propriété de son argent qui demeure bien à lui, de sorte qu'il participe à ses risques et périls au commerce du marchand ou au travail de l'artisan; voilà pourquoi il sera en droit de réclamer, comme une chose lui appartenant, une part du bénéfice» (art. 2, ad 5). On se rapproche ici du prêt de production, un des piliers de l'économie capitaliste. Le passage de l'économie de subsistance à l'économie de production est encore virtuel et implicite, car nous sommes encore à l'ère pré-capitaliste. Mais le principe affleure et déjà on se distancie du prêt visant des nécessités vitales, assimilé à la pratique de l'usure.

Autre question: est-on obligé de restituer les bénéfices légitimement obtenus par les intérêts d'un prêt usuraire? Non, répond saint Thomas, car ils sont le fruit de l'activité humaine (art. 3). Remarquons la nuance: à l'encontre du produit issu de l'argent («nummus non parit nummos»), le fruit du travail est nanti d'une légitimité qu'on ne remet pas en question.

Dernière question: est-il permis d'emprunter de l'argent sous le régime de l'usure? Ici on nous sert une réponse affirmative qui ne manque pas de surprendre. «Jamais il ne sera permis d'engager quelqu'un à prêter en exigeant des intérêts; mais quand un homme est disposé à faire des prêts de cette nature et ainsi pratique l'usure, il est permis de lui emprunter à intérêt; ceci en vue d'un bien, qui est de subvenir à sa propre nécessité ou à celle d'autrui. C'est ainsi qu'il est permis à celui qui tombe au pouvoir des bandits de leur montrer ce qu'il possède, pour éviter d'être tué, bien que les bandits pèchent en le dépouillant» (art. 4, c).

Étrange dialectique qui a peut-être contribué à donner bonne conscience à des princes, voire à des papes qui gardaient sous leur protection quelque banquier juif, lombard ou cahorsin disponible pour des prêts usuraires.

1.8 CONTRADICTIONS. « La théorie de l'usure domine en quelque sorte la vie économique au Moyen Âge[17] ». Les moralistes cherchent, à tâtons, à sauvegarder des valeurs qui leur semblent essentielles, tout en contournant la réalité à coups de casuistique, d'exemptions et de cas spéciaux.

Mais « on ne supprime pas le prêt dans une société où l'on ne saurait espérer que ceux qui possèdent mettent gratuitement les sommes dont ils disposent au service des besogneux[18] ». La pratique du prêt à intérêt, assimilée à l'usure, continue malgré les dénonciations et les condamnations.

Même, constate saint Bernardin de Sienne, que l'on traite les usuriers avec beaucoup d'égards et qu'on leur rend les honneurs[19]. Des princes les prennent sous leur protection[20] et certains papes aussi. « Le Saint-Siège est, de tous les États, celui qui, par son caractère international et l'étendue de ses tâches, a le plus grand besoin de banquiers[21] ». On peut, selon J.B.C Murray, parler d'une pratique tolérée en sous-main dans toute l'Italie, incluant les États pontificaux[22].

Les excès des usuriers suscitent des réactions parfois violentes. On fait appel aux services des Juifs quand cela fait l'affaire, mais on les persécute ou on les expulse à l'occasion, quand ils semblent abuser. On en veut aux Juifs, alors que beaucoup d'usuriers sont des chrétiens, des « Juifs baptisés », selon une expression attribuée à saint Bernard. En 1497, Pierre de Frossard écrit : « La haine contre les Juifs est si générale en Allemagne que les gens les plus calmes sont hors d'eux-mêmes dès que la conversation vient à rouler sur l'usure. Je ne serais pas étonné si, tout d'un coup, une persécution sanglante éclatait contre eux dans tout le pays à la fois. Ils ont déjà été expulsés de bien des villes[23] ».

1.9 LA SOLUTION CALVINISTE. La découverte du Nouveau Monde, l'essor de l'économie marchande et le besoin de capitaux de production, particulièrement de capitaux de risque, montrent que de plus en plus le discours officiel est déconnecté de la réalité. Néanmoins, Luther et plusieurs autres chef de file de la Réforme ne sortent pas des sentiers battus et perpétuent la

---

17. BRANDS, cité par Émile DOUMERGUE, dans *Jean Calvin, les hommes et les choses de son temps*, t. V, Genève, Slatkine Reprints, 1969, p. 681.

18. GARRIGUET, *Prêts, intérêts et usure*, p. 29.

19 *Ibid.*, p. 35-36.

20 DOUMERGUE, ouvrage cité, p. 686.

21 LEBRAS, *Dictionnaire de théologie catholique*, p. 2341.

22 MURRAY, *The History of Usury*, p. 32.

23 Pierre de FROSSARD, cité par Garriguet, ouvrage cité, p. 30-31.

position traditionnelle au sujet du prêt à intérêt. Calvin[24] amorce une remise en question en profondeur. Il argumente ainsi : la Loi ancienne, telle que formulée dans le Deutéronome est caduque ; la loi civile n'a pas à reproduire la loi religieuse ; l'argent n'est pas de soi stérile ; l'argent n'est pas fongible ; il faut distinguer les prêts de production et les prêts à la consommation, à savoir ceux qui visent à combler des besoins fondamentaux et donc ne doivent pas porter intérêt.

Calvin libère l'activité marchande de contraintes qui lui apparaissent périmées et nuisibles. Mais il réprouve ce qui est contraire à l'équité et à la charité. Ainsi s'oppose-t-il aux taux abusifs. À Genève, après moult discussions, on s'entendra sur un taux annuel de cinq pour cent.On continue de considérer comme répréhensible le fait de s'adonner au métier de prêteur ; aussi de pratiquer le prêt à la consommation qui « ronge, gruge » la vie de petites gens dans le besoin. Mérite d'être réprimandé celui qui, par soif de gain, « défrise ses propres frères ».

Tout en acceptant le principe du prêt à intérêt pour les prêts de production et en exigeant une application qui soit soumise aux normes qu'inspirent l'équité et la charité, le chef de file du courant calviniste constate qu'« il est bien malaisé de trouver au monde un usurier qui ne soit ravisseur et pillard, c'est-à-dire adonné à gain déshonnête et inique... Le but de telles manière de gens est de sucer le sang des autres[25] ».

Dans un commentaire des Psaumes (XV,5), Calvin résume ainsi sa pensée :

> Le sommaire de tout ceci, pour le faire bref, est que pourvu que nous ayons bien engravé dans nos cœurs cette règle d'équité, laquelle Christ nous prescrit : qu'un chacun fasse à ses prochains comme il voudrait qu'on lui fît, il ne faudrait point faire de longues disputes touchant les usures[26].

Quelques Jésuites emprunteront la voie tracée par Calvin[27]. Pour le reste, le discours officiel tient lieu de point de repère, même si, dans la pratique, on s'en soucie de moins en moins.

1.10 DE BENOÎT XIV À NOS JOURS. En 1730 le pape Benoît XIV envoie une directive aux ressortissants des États pontificaux dans laquelle il affirme que l'Église n'a pas à intervenir dans le débat sur le prêt à intérêt, dont il permet la pratique en s'en remettant au taux légal[28]. Pourtant, en 1745, le même pontife adresse aux évêques d'Italie la lettre encyclique *Vix Pervenit*,

---

24. DOUMERGUE, ouvrage cité, p. 679-690.
25. Cité par Doumergue, p. 683.
26. *Ibid.*, p. 684.
27. NELSON, ouvrage cité, p. 101-107.
28. MURRAY, ouvrage cité, p. 32.

dans laquelle il dit rapporter les avis de théologiens qu'il a consultés[29]. Il reprend l'enseignement traditionnel sur le prêt à intérêt identifié à l'usure tout en rappelant les titres extrinsèques légitimant que le prêteur réclame des compensations («profit cessant, dommage survenant, danger menaçant»). En 1830, le Saint-Office recommande de ne pas inquiéter les fidèles qui prêtent à un taux légal[30].

Socialistes et marxistes condamnent le prêt à intérêt[31]. J. M. Gatheron rappelle que «selon Marx, dans la société bourgeoise, ceux qui travaillent ne s'enrichissent pas et ceux qui s'enrichissent ne sont pas ceux qui travaillent[32]». Garriguet note d'autre part que les représentants de l'*École sociale catholique* regrettent que les anciennes interdictions soient tombées en désuétude, «car ils voient dans le prêt à intérêt une des principales causes du mal social dont nous souffrons et dans le retour aux prohibitions d'autrefois le plus sûr moyen de désarmer le socialisme et de lui enlever le meilleur des prétextes sur lesquels il fonde ses revendications». Et de citer Mgr Scheicher, affirmant que «la question de l'intérêt de l'argent est la grande question sociale, l'intérêt est la cause de la misère du peuple, car l'intérêt est un revenu qui s'obtient sans aucun travail et par l'exploitation du travail d'autrui[33]».

En 1861, l'archevêque de Montréal, Ignace Bourget, publie une lettre pastorale sur l'usure. Chez lui, le terme *usure* désigne un taux d'intérêt exorbitant. Le prêt à intérêt est légitime s'il est fondé sur les titres extrinsèques classiques: «profit cessant, dommage survenant, danger menacant[34]». La règle du taux légal n'est valide que si ce taux est en même temps raisonnable et modéré. La lettre se termine par une liste de conseils adressés aux emprunteurs[35].

Dans *Rerum novarum*, Léon XIII déplore les maux causés par «l'usure dévorante». Alphonse Desjardins, qui a fait de l'encyclique un objet de méditation, s'emploie à colliger des observations qui confirment le bien-fondé de la dénonciation formulée par Léon XIII. Il avait regroupé de nombreux faits qui «pouvaient établir sans équivoque l'étendue et la profondeur des ravages de l'usure parmi les classes laborieuses à la fin du

29. Pierre BIGO, *La doctrine sociale de l'Église*, Paris, PUF, 1965, p. 332-334.
30. Henri DU PASSAGE, « La doctrine (de l'usure) à partir du XVIe siècle » dans *Dictionnaire de théologie catholique*, t. 15, p. 2380. Aussi Garriguet, ouvrage cité, p. 44.
31. GARRIGUET, ouvrage cité, p. 44-45.
32. J. M. GATHERON, *L'usure dévorante*, Paris, Éd. ouvrières, 1963.
33. GARRIGUET, ouvrage cité, p. 45.
34. Ignace BOURGET, *Lettre pastorale de Monseigneur l'évêque de Montréal sur l'usure*, Montréal, Des presses de Plinguet & Cie, 1861, p. 19.
35. *Ibid.*, p. 25-27.

XIXe siècle[36]». Il voyait dans l'implantation de caisses populaires un moyen efficace de protéger les citoyens ordinaires contre les abus des usuriers.

1.11 LE NŒUD DU PROBLÈME. Une valeur *éthique* est sous-jacente à ce débat millénaire: celle de l'égalité entre les humains, menacée par le pouvoir oppressif de l'argent, quand ce pouvoir trouve à s'exercer sans frein dans des situations de détresse: celle du paysan qui ne peut acheter des grains de semence, celle du travailleur incapable de défrayer les coûts de l'alimentation ou du logement, celle de cet autre travailleur qui a perdu son gagne-pain. Bref, des cas de prêts à la consommation ou liés à la subsistance, où les capacités de remboursement sont souvent aléatoires. Dans de tels cas, les traditions juive, musulmane et chrétienne prônent la pratique de la solidarité, qui exige qu'on n'abuse pas de la situation de détresse dans laquelle se débattent des hommes et des femmes dépourvus de ressources. Sinon, on ouvre la porte à l'exploitation de l'homme par l'homme et on aggrave les inégalités sociales. Dans certains cas, on peut parler de nouvelles formes de servitude, comme cela se produit dans des pays du Tiers-Monde où les paysans endettés tombent entre les griffes d'usuriers sans scrupule[37].

Commentant un passage de l'Exode (22, 24) sur l'interdiction du prêt à intérêt, Arthur Rich explique que ce que l'on vise dans ce texte, ce sont des crédits de subsistance qui doivent assurer à l'emprunteur sa simple survie. «Lui demander (à cet emprunteur) un intérêt dans la situation de détresse qui est la sienne reviendrait à exploiter commercialement sa misère, à pratiquer l'usure, et aurait pour lui des conséquences désastreuses. Cette attitude contredirait à l'évidence l'humanité inspirée par l'amour selon laquelle chaque être humain sans exception peut avoir part aux biens de consommation nécessaires à son entretien. Elle ne pourrait pas non plus trouver de justification éthique[38]».

Dans une agriculture de subsistance, le paysan est placé en situation de détresse quand vient le temps de se procurer quelques outils rudimentaires, des grains de semence, ou qu'il risque de manquer du nécessaire pour traverser la période de soudure, celle qui sépare le moment des semailles de celui de la récolte. Il devient alors en situation de dépendance et vulnérable face au prêteur, ce qui s'est produit à plusieurs moments de l'histoire. Aussi, note Pirenne, «en prohibant l'usure pour motifs religieux, l'Église a rendu le plus signalé service à la société agricole du haut Moyen-Âge. Elle lui a épargné la plaie des dettes alimentaires qui a si douloureusement éprouvé

---

36. Cyrille VAILLANCOURT, Albert FAUCHER, *Alphonse Desjardins*, Lévis, Éd. Le Quotidien, 1950, p. 46.
37. Frances MOORE LAPPE, Joseph COLLINS, « Les cas désespérés » dans *L'industrie de la faim*, Montréal, Éd. de l'Étincelle, 1978, p. 30
38. Arthur RICH, *Éthique économique*, Genève, Labor et Fides, 1994, p. 243.

l'Antiquité. La charité chrétienne a pu ici appliquer dans toute sa rigueur le précepte du prêt sans rémunération et le *mutuum date nihil inde sperantes* s'est trouvé correspondre à la nature même d'une époque où, l'argent n'étant pas encore un instrument de richesse, toute rémunération pour son emploi ne peut apparaître que comme une exaction[39] ».

Protéger contre l'exploitation et aussi protéger contre le risque d'idolâtrie, contre le culte du Veau d'or. L'argent exerce une fascination, celle qui attire un Harpagon, un Séraphin ou un Shylock. La soif de possession, l'avarice, c'est « la forme la plus évidente du sous-développement moral[40] ». Saint Basile décrit ainsi cette fascination :

> Tu contemples ton or et tu n'as pas un regard pour tes frères. Tu connais toutes les espèces de monnaie et tu sais distinguer la fausse pièce de la vraie, mais ton frère dans le besoin, tu l'ignores totalement (*Hom.*, 6,4, Riches et pauvres, p. 71, PG, 31, 268).

> Le pain te devient or, le vin se fige en or, la laine se change en or. Tout commerce, toute pensée te produisent de l'or. Jusqu'à l'or lui-même qui enfante de l'or, fécondé par l'usure (*Ibid.*, p. 72, PG, 31, 269).

La domination du prêt à intérêt, quand celui-ci se pervertit en usure, chosifie les rapports humains et dévalue le travail par rapport à l'argent, ce qui est une caractéristique du capitalisme moderne. Aussi certains voient-ils dans l'apaisement du débat, à l'époque contemporaine, moins le signe d'un consensus moral enfin réalisé que la conséquence d'une démission morale et la victoire de l'argent. « L'Église et la bourgeoisie se sont constamment affrontées et opposées sur le problème de l'usure. Mais on est obligé de constater que cette opposition s'est résolue au bénéfice de la bourgeoisie. Malheureusement, l'Église a finalement accepté la pratique de l'usure, le prêt à intérêt. Au XXe siècle, l'usure est à la base de toute l'économie, et nul moraliste, nul théologien n'élève la voix pour la dénoncer et la condamner. On n'imagine mal ce qu'il adviendrait d'un conférencier du carême à Notre-Dame de Paris s'il prononçait un jour un sermon sur l'usure, dans le ton et la forme d'un saint Jean Chrysostome ou d'un saint Basile[41] ».

Il demeure que les moralistes ont eu de bonnes raisons de chercher à introduire des distinctions devenues impératives. On ne peut plus, dans une économie moderne, confondre les prêts de production et les prêts à la consommation ; ni accepter certains postulats, tels que l'argent stérile, ou l'argent considéré comme bien fongible ; ou que le prêt transfère la

---

39. Henri Pirenne, *Histoire économique et sociale du Moyen-Âge*, Paris, PUF, 1963, p. 100-101.
40. Paul VI, *Populorum progressio*, n° 19.
41. Gatheron, ouvrage cité, p. 385.

propriété. Il apparaît de plus en plus clairement que le prêt de production équivaut à une association en vue de la création de biens ou de services ; une idée, nous l'avons vu, qui est déjà prégnante chez Thomas d'Aquin[42].

On reconnaît de nos jours que le gain obtenu grâce au prêt à intérêt peut, à certaines conditions, constituer un profit légitime, donc un *revenu*, d'une certaine façon le *salaire* de celui qui fournit le *capital* en vue de la création de nouveaux biens ; lequel capital remplit bien sa finalité quand il est créateur d'emplois (*Laborem exercens*, n⁰ˢ 12, 14). L'intérêt sur le capital investi confirme sa légitimité morale quand il contribue ainsi à créer des emplois, en même temps qu'il s'inscrit dans la ligne du principe d'association.

Il faut distinguer entre le capital au service du travail et de la création d'emplois et le capital financier qui s'accroît par le moyen de ponctions pratiquées sur des individus en manque de biens fondamentaux et dont on exploite la situation de détresse. Ce sont là deux réalités distinctes. C'est la deuxième qui occulte des pratiques usuraires.

On a eu tort de confondre les deux processus. Il demeure qu'on avait raison d'entretenir de la méfiance à l'égard de la pratique du métier de prêteur et de l'accumulation de l'argent. Le fonctionnement de l'économie moderne confirme le bien-fondé de cette méfiance.

2. DE NOUVELLES RÉALITÉS

Le prêt à intérêt et l'usure continuent de préoccuper les moralistes. Des pratiques usuraires perdurent sous des formes traditionnelles, mais d'autres émergent qui empruntent des formes inédites. La problématique s'est complexifiée.

On posait jadis la question en termes de *relations courtes*, celles qu'entretiennent des individus entre eux et que l'on peut qualifier d'interpersonnelles. Il faut désormais ajouter les rapports institutionnels et structurels, qui suscitent des *relations longues*, et soulèvent des questions de *moralité structurelle*[43].

2.1 L'USURE ARTISANALE. L'usure, entendue comme la pratique de prêts abusifs concernant des biens de consommation, existe toujours dans sa forme artisanale. Des chrétiens œuvrant dans les milieux défavorisés en détectent la présence tous les jours. À Québec, des équipes pastorales ont mis sur pied un système de dépannage appelé «Prêts sans intérêt», en vue d'en freiner

---

42. Thomas d'Aquin, ouvrage cité, 2a 2ae, Q. 78, art. 2, ad 5.
43. Roger Mehl, *Pour une éthique sociale chrétienne*, Cahiers théologiques n° 56, Neufchâtel, Éd. Delachaux et Nestlé, 1967, p. 57 *ssq.*

l'essor[44]. On aide des gens endettés à se sortir des griffes de petits usuriers qui fonctionnent dans l'ombre et utilisent des méthodes musclées pour se faire rembourser des prêts effectués à des taux exorbitants. On incite en outre les candidats aux emprunts à se méfier d'un usage imprudent des cartes de crédit. L'initiative des « Prêts sans intérêt » connaît un taux de réussite remarquable. Les emprunteurs s'engagent sur parole à rembourser dans un délai déterminé. La proportion des remboursements frôle les quatre-vingt dix pour cent.

2.2 L'INFLUENCE DE L'ANTIQUE PRÉCEPTE. Dans un monde où prédomine l'obsession du profit maximal, prêter sans intérêt semble une incongruité. Pourtant, chez les gens ordinaires, il s'agit d'une tradition, d'une habitude. C'est une pratique fréquente chez de petites gens, entre étudiants, entre amis. On ne charge pas d'intérêt à l'étudiant qui emprunte pour boucler son budget en attendant l'allocation qui tarde à venir, ou à des connaissances qui ont des dépenses urgentes à effectuer. Le précepte, inscrit dans la tradition judéo-chrétienne, qui commande de ne pas exploiter la situation de détresse de son prochain, influence toujours les comportements, souvent à l'insu de ceux qui le mettent en pratique. Nombreux sont ceux et celles qui pratiquent le conseil « Prêtez sans rien attendre en retour » (*Luc* 6,35).

2.3 TAUX USURAIRES LÉGAUX. Si la pratique est admise de nos jours du prêt à intérêt à taux raisonnable, la question demeure de savoir comment on détermine un taux raisonnable. Car le taux légal n'est pas nécessairement raisonnable. Cette question nous oblige à quitter l'aire des relations courtes pour aborder l'espace des relations longues, le domaine de la moralité structurelle.

Prenons le cas des taux imposés aux détenteurs de cartes de crédit et posons au départ le principe qui veut que l'écart entre le taux imposé et le taux d'inflation soit raisonnable. Dans cette optique, il appert au premier coup d'œil que les taux actuels en vigueur frôlent la démesure ; une démesure dont les victimes sont les emprunteurs les moins nantis.

En effet, celui qui utilise une carte de crédit et qui est en mesure d'acquitter son dû à l'intérieur des délais prescrits échappe aux conséquences des taux d'intérêt fort élevés et légaux qui sont en vigueur dans l'usage de ces cartes. Mais celui qui n'a comme ressource qu'un revenu modeste et ne peut, à cause de quelque imprévu, rembourser à temps, subit une lourde pénalité. Et il y a fort à parier qu'en maints cas la pénalité compromet des besoins essentiels, des biens de nécessité. Dans cette optique, il apparaît manifeste qu'un taux qui oscille entre 15 % et 20 %, comme cela se voit de nos jours,

---

44. Jacques BILODEAU, *Prêts sans intérêt*, mémoire de maîtrise, Faculté de théologie de l'Université Laval, 1996.

revèle une pratique usuraire. On peut se demander ce qu'Alphonse Desjardins, préoccupé de combattre l'usure, dirait des taux imposés de nos jours aux détenteurs de la carte Visa Desjardins...

2.4 USURE STRUCTURELLE. Rien ne sert de gémir sur les taux légaux, nous dit-on, car c'est la loi du marché qui prévaut; une loi du marché qui serait comme une «loi naturelle» échappant à la volonté des individus.

Le gonflement des taux d'intérêt, qui provoque un énorme transfert de richesses en faveur des plus nantis, est-il si naturel qu'on le dit? Ne serait-il pas l'axe central d'un mécanisme d'usure structurelle à la source de la montée croissante des inégalités sociales?

Beaucoup le pensent. Un théologien et évêque, Robert Lebel, a posé la question au début des années 1980, alors que sévissait une crise économique entraînant des taux d'intérêt particulièrement élevés[45]. À son avis, on doit parler d'*usure* quand volontairement on fait grimper les taux d'intérêt pour combattre l'inflation et ainsi, dit-on, sauver le dollar, tout en provoquant le chômage et tout en sachant qu'on accule à la ruine des milliers de citoyens. Selon l'éminent théologien, il faut, pour résoudre certaines difficultés économiques, «des façons plus civilisées et plus chrétiennes que cette loi de la jungle où celui qui a le pouvoir économique défend son bien en faisant périr les autres[46]».

La politique économique axée sur la protection de la monnaie et la manipulation des taux d'intérêt accroît l'omniprésence financière et tisse un réseau qui tient à peu près tout le monde prisonnier, à l'exception de décideurs en coulisse qui font fortune en gérant les capitaux des autres, des agents économiques dont déjà, au début des années 1930, Pie XI dénonçait l'avarice et la cruauté[47]. D'une certaine façon, nous devenons tous, selon la journée et les circonstances, prêteurs et emprunteurs, créanciers et débiteurs, usuriers et victimes de l'usure. Quand une caisse de retraite achète des obligations gouvernementales offertes à un taux élevé, comme cela s'est produit par exemple au début des années 1980, elle amorce un processus qui, à long terme, va ressembler à ce qu'Alain Parguez appelle «l'esclavage pour dettes[48]». En qualité de contribuable, le bénéficiaire virtuel de la caisse de retraite qui s'adonne à des prêts usuraires devra acquitter des impôts et se priver de divers avantages sociaux afin d'éponger ladite dette. En ultime ressort, il est victime d'un processus qui devrait en théorie lui être bénéfique

---

45. Robert LEBEL, «Devant les taux d'intérêt usuraires» dans *La justice sociale comme bonne nouvelle*, Messages sociaux, économiques et politiques des évêques du Québec, publié sous la direction de Gérard Rochais, Montréal, Fides, 1984, p. 272-273.
46. *Ibid.* p. 273.
47. *Quadragesimo anno*, n°s 113-116.
48. Alain PARGUEZ, «L'esclavage pour dettes» dans *Relations* (avril 1995), p. 87-91.

et sur lequel il n'exerce aucune influence. La mécanique des interactions financières fonctionne au-dessus de sa tête.

La dette publique, qu'on brandit comme un épouvantail, se compose en grande partie (au moins à quarante pour cent, paraît-il), d'intérêts agglutinés à des intérêts déjà engrangés. Elle est donc largement le produit de l'*usure structurelle*. On connaît mal les créanciers. La rumeur veut, par exemple, que le principal créancier du gouvernement fédéral soit la caisse de retraite des enseignants de l'Ontario, actuellement victimes des coupures draconiennes que le gouvernement Harris impose aux milieux de l'éducation afin de réduire sa propre dette. On se demande : mais qui donc est gagnant dans un jeu pareil ?

Le mécanisme de l'*usure structurelle* explique en grande partie le problème de l'endettement des pays pauvres du Tiers-Monde, particulièrement ceux qui sont tombés dans le piège des emprunts faciles de capitaux extérieurs. Le cas du Mexique fournit une bonne illustration du processus. Le pays n'avait pas vraiment besoin de cet apport financier, mais la tentation était toute proche de s'approvisionner à des taux apparemment favorables. Dans la suite, les taux ont grimpé et le pays s'est enfoncé dans l'endettement. Analysant la genèse du processus, un expert en opérations boursières déclarait : « Je crois que les Américains ont délibérément poussé les Mexicains à s'endetter. Maintenant qu'ils les tiennent, ils n'ont plus besoin de l'Arabie saoudite. C'est très bien joué » (*Le Point*, 1er novembre 1982). Et quand est venue s'ajouter la crise du peso, les Américains ont profité de l'occasion pour mettre la main sur les ressources pétrolifères mexicaines. Ainsi se complétait la spoliation. On a là un exemple moderne d'asservissement pour raison de dettes.

Gonflée sans cesse par le cumul des intérêts, la dette du Tiers-Monde est hors de contrôle. Il est devenu impossible de rembourser le capital. « Il n'existe aucune chance que soit remboursé le principal de la dette d'un pays débiteur » (Henry Kissinger, dans *Le Point*, 23 juin 1984). En outre, pour rembourser une partie des intérêts, les pays endettés du Sud transfèrent de « l'argent neuf » dans le Nord. C'est maintenant le Sud qui finance le Nord, « à veines ouvertes[49] ». On effectue ce remboursement en puisant à même des ressources devant servir à satisfaire des besoins essentiels : on déréglemente les prix des produits de base, on réduit les salaires, on laisse se dégrader les équipements collectifs, etc. Par le biais de l'usure structurelle l'argent engendre l'argent et accélère le sous-développement.

Les Anciens avaient en horreur l'argent qui engendre l'argent (« Nummus non parit nummos »). De nos jours, la spéculation financière constitue

---

49. Michel BEAUDIN, « Endettement du Tiers-Monde : l'idole financière et sa violence sacrificielle » dans *La question sociale hier et aujourd'hui*, p. 501.

la matière principale des échanges internationaux : tantôt de l'argent propre, tantôt de l'argent sale, souvent de l'argent extorqué aux pauvres. «Si les transactions quotidiennes de devises sont de l'ordre de 1000 milliards de dollars, 15% seulement de ce total correspond à des échanges réels. Activités «légales» et «illégales» sont de plus en plus imbriquées, des fonds privés considérables sont accumulés anonymement, cependant que, profitant de la déréglementation, des mafias criminelles jouent un rôle croissant dans les sphères bancaires[50]». De l'argent qui produit de l'argent, de la spéculation sur les monnaies, des prêteurs anonymes qui accaparent à l'occasion des obligations gouvernementales, des opérations de prise de contrôle qui gonflent artificiellement la valeur des entreprises, des astuces qui font grimper les taux d'intérêt, de l'argent blanchi qui grossit les transferts de capitaux : immense marché qui envahit l'espace de l'économie moderne et relègue au second plan les activités vouées à la création de biens et services et au développement des peuples. L'usure de type classique est noyée dans un vaste mouvement de virevoltage de l'argent qui renforce la domination du capitalisme financier et dont le gonflement est devenu une fin en soi.

Ainsi s'imposent les nouveaux maîtres du monde. Nouveau profil du Veau d'or qui, tel celui que décrit le Livre de l'Exode, s'enrichit des dépouilles de ses adorateurs (*Exode* 32, 1-6). Adorateurs devenus des victimes, car la nouvelle idole a le goût des sacrifices sanglants[51]. Victimes silencieuses : on leur a fait croire que les lois de l'économie ne permettent pas que les affaires de ce monde puissent fonctionner autrement. Victimes du dieu de la fatalité (le *fatum*) et anesthésiées par la pensée unique, celle que débusque et dénonce Ignacio Ramonet[52].

CONCLUSION

Les réalités ont changé, les problématiques également, le problème éthique demeure, en plus grave et à l'échelle du monde. La production de biens et de services est un objectif important. Aussi celui que l'on désigne au moyen du syntagme *développement intégral et solidaire des peuples*. La poursuite de tels objectifs se situe-t-elle en convergence ou en conflit avec une économie axée sur l'argent, le profit maximal et la spéculation financière ? L'interdit du Deutéronome, celui du Coran, celui qu'a transmis jusqu'à nous la tradition judéo-chrétienne incitent à penser qu'il y a plutôt conflit que convergence.

---

50. Michel CHOSSUDOVSKY, « Dans la spirale de la dette » dans *Les nouveaux maîtres du monde*, Manières de voir n° 28, *Le Monde diplomatique*, novembre 1995, p. 47.
51. BEAUDIN, ouvrage cité, p. 497-533.
52. Ignacio RAMONET, « La pensée unique » dans *Le Monde diplomatique*, janvier 1995.

En proposant un compromis au sujet du prêt à intérêt, Jean Calvin avait en même temps conseillé la prudence face à l'idolâtrie de l'argent. Une prudence qui, de nos jours, semble avoir foutu le camp. Le désordre économique mondial, la croissance des inégalités, les graves failles humaines et sociales du capitalisme néolibéral, l'hégémonie du capitalisme financier débridé montrent que le fonctionnement de l'économie moderne contredit les exigences d'une économie sociale au service des personnes et au service du développement des peuples. Le temple de la Bourse, au cœur de « structures de péché », abrite le Veau d'or; ce n'est pas un lieu propice pour nos dévotions.

L'an 2000 annonce une année jubilaire exceptionnelle, une année de remise de dettes dans la lignée de celles qui marquaient la vie du peuple hébreu (*Lévitique* 25, 8-54), « une année de grâce du Seigneur » (*Luc* 4, 17). Une année tout indiquée pour l'abolition des diverses formes d'esclavage pour dettes et pour replacer l'économie au service des personnes, au service du développement intégral et solidaire de toute la famille humaine.

3. LECTURES

BEAUDIN, Michel, « Endettement du Tiers-Monde : l'idole financière et sa violence sacrificielle » dans *La question sociale hier et aujourd'hui*, Québec, PUL, 1993, p. 497- 533.

BERNARD, A., « La formulation de la doctrine ecclésiastique sur l'usure » dans *Dictionnaire de théologie catholique*, Paris, Letouzey et Ané, col. 2316-2336.

BIGO, Pierre, *La doctrine sociale de l'Église*, Paris, PUF, 1965, p. 7-34; 330-338.

BILODEAU, Jacques, *Prêts sans intérêt*, mémoire de maîtrise, Faculté de théologie de l'Université Laval, 1997.

BOURGET, Ignace, *Lettres pastorale de Monseigneur l'évêque de Montréal sur l'usure*, Montréal, Des presses de Plinguet & Cie, 1861.

CHOSSUDOVSKY, Michel, « Dans la spirale de la dette », dans *Les nouveaux maîtres du monde*, Manières de voir n° 28, *Le Monde diplomatique*, novembre 1995, p. 47-50.

DOUMERGUE, Émile, *Jean Calvin, les hommes et les choses de son temps*, tome V, Genève, Slatkine Reprints, 1969, p. 679-690.

DURANT, Will, *Histoire de la civilisation*, tome IV, Lausanne, Rencontres, 1963, p. 195-211.

DU PASSAGE, Henri, « La doctrine (de l'usure) à partir du XVIe siècle » dans *Dictionnaire de théologie catholique*, tome 15, col. 2372-2390.

GARRIGUET, L., *Prêt, intérêt et usure*, Paris, Bloud et Cie, 1907.

GATHERON, J. M, *L'usure dévorante*, Paris, Éd. ouvrières, 1963.

LE BRAS, Gabriel, « La doctrine ecclésiastique sur l'usure à l'époque classique » dans *Dictionnaire de théologie catholique*, tome 15, col. 2336-2370.

LAPPE Frances MOORE et Joseph COLLINS, « Les cas désespérés » dans *L'industrie de la faim*, Montréal, Éditions de l'Étincelle, 1978, p. 25-31.

LEMAIRE, André, « Usure » dans *Dictionnaire enyclopédique de la Bible*, Montréal, Iris Diffusion, 1987.

MEHL, Roger, *Pour une éthique sociale chrétienne*, Cahiers théologiques n° 56, Neuchâtel, Delachaux et Nestlé, 1967.

MURRAY, J. B. C., *The History of Usury*, Philadelphie, J. B. Lippincott and Co., 1866.

NELSON, Benjamin, *The Idea of Usury*, « From Tribal Brotherhood to Universal Otherhood », Chicago, University of Chicago Press, 1969.

PARGUEZ, « L'esclavage pour dettes » dans *Relations* (avril 1995), p. 87-91.

RICH, Arthur, *Éthique économique*, Genève, Labor et Fides, 1994.

VAILLANCOURT, Cyrille et Albert FAUCHER, *Alphonse Desjardins*, Lévis, Le Quotidien, 1950.

20 LES MULTIPLES FACETTES DE LA VIOLENCE

«Au moment de nous demander si
la révolution structurelle, dont le monde
a besoin, suppose nécessairement la violence,
il faut observer que la violence existe déjà,
et qu'elle est exercée, même quelquefois
à leur insu, par ceux-là mêmes qui la dénoncent
comme un fléau pour la société.»

(Dom Helder CAMARA,
Le Tiers-Monde trahi, p. 157-158.)

LA VIOLENCE ASSERVIT

« Il n'y a pas de violence qui libère : il n'y a que
des violences qui asservissent. La croissance de l'État
ne prépare pas la liberté mais une plus grande dictature.
Tout moyen aujourd'hui détruisant fût-ce *un* homme dans son
corps ou dans son âme, et serait-ce pour libérer un million
d'hommes, ne conduira jamais qu'à renforcer l'esclavage du
million d'hommes pour qui l'on travaille. »

Jacques ELLUL
Exégèse des nouveaux lieux communs, p. 297.

Facettes multiples, approches multiples : le domaine est vaste. On aura avantage, si on aborde ce thème dans le cadre d'un séminaire, de répartir les échanges en plusieurs étapes. Il faudra tenir compte aussi des points d'intérêt des participants. Certains seront préoccupés par la dimension psychologique du phénomène de la violence, d'autres par les conflits entre individus, d'autres par les macro-phénomènes et la dimension structurelle et institution-nelle, comme le crime organisé ou l'État policier. En contrepartie, il importe de faire une place à la non-violence, qui se veut une réponse à la fois éthique et efficace à la montée de la violence.

Nous faisons à peine allusion, dans cette réflexion globale, au phéno-mène de la guerre, que Gaston Bouthoul qualifie comme étant « le plus spectaculaire des phénomènes sociaux ». Le problème est immense : il mérite un traitement à part[1].

1. DÉFINITION DE LA VIOLENCE

1.1 « De façon générale, dans la société et dans l'exercice de la vie sociale, on peut dire qu'il y a violence chaque fois qu'une personne ou un groupe, constituant une force, use de moyens de contrainte pour obliger matériellement les autres à adopter des attitudes non voulues ou à accomplir des actes qu'ils n'auraient pas faits sans cela. Elle est une atteinte directe et voulue à la liberté, en utilisant la force ou la menace. Toute contrainte n'est pas violence, mais toute violence implique une contrainte[2]. »

1.2 « Nous réputerons violence toute initiative qui empiète gravement sur la liberté d'autrui, qui tend à lui interdire liberté de réflexion, de jugement, de décision et surtout, qui aboutit à ravaler autrui au rang de moyen ou d'instrument dans un projet qui l'absorbe et l'englobe, sans le traiter comme un partenaire libre et égal[3] ».

---

1. Voir chapitre 21. Aussi *Les chemins de la paix*, module 2 (cours télévisé THL — 18739), Université Laval, 1992.

2. Alain BIROU, *Vocabulaire pratique des sciences sociales*.

3. René RÉMOND, cité dans le collectif *Violences et sociétés*, Paris, Éd. ouvrières, 1968, p. 155.

1.3 Distinguer:

a)   violence physique et violence morale;
b)   actes de violence et états ou situations de violence.

Certains ont tendance à ne voir que les actes et mésestiment l'importance des états ou des situations (violence établie, silencieuse) qui provoquent les éruptions de violence.

2. L'INSTINCT DE DOMINATION

2.1 Vue sous l'angle de la psychologie, la violence s'enracine dans l'instinct de survie, un instinct qui, chez celui agresse, connote parfois l'insécurité, parfois le désir de posséder, ou encore le sentiment d'exister plus intensément, d'être plus en dominant les autres. L'instinct de survie explique aussi la rétorsion violente de celui qui est agressé.

2.2 Selon Erich Fromm, il y a lieu de distinguer une agressivité bénigne et une agressivité maligne. «La première est au service de l'individu et de l'espèce; elle est biologiquement adaptative et prend fin dès que la menace a cessé d'exister. La seconde est spécifique de l'espèce humaine et pratiquement inexistante chez la plupart des mammifères[4]».

2.3 La violence (physique, psychologique, morale) peut affecter plusieurs types de relations humaines:

— maître-esclave;
— patron-subalterne;
— conjoints;
— exploiteur-exploité;
— prédateur sexuel-victime;
— envers malades, vieillards, femmes sans défense, etc.

2.4 La violence acquiert une dimension surajoutée dans l'exercice d'un pouvoir à grande échelle: politique, économique, militaire, policier. Elle peut alors se pervertir en pathologie qui modifie les comportements collectifs.

Conjugués, le culte la violence, l'apologie de la force brutale et l'hégémonie des pouvoirs militaire et policier ont donné naissance à des macro-phénomènes qui ont fortement marqué l'histoire du xxᵉ siècle: les fascismes, le nazisme, le stalinisme, le maoïsme. Macro-phénomènes qui se sont mani-

---

4. Erich Fromm, *La passion de détruire*, Paris, Robert Laffont, 1975, p. 25. Cité par François Vaillant, *La non-violence*, Paris, Cerf, 1990, p. 26.

festés dans des sociétés où, pris individuellement, les citoyens témoignaient en temps ordinaire d'un comportement humain et civilisé.

3. TYPOLOGIE (QUELQUES EXEMPLES)

3.1 LA DOMINATION MILITAIRE. Elle s'appuie sur la contrainte des armes et la dissuasion. Elle crée une apparence de paix et assure parfois certains avantages d'une paix réelle. Exemples: *Pax romana, pax britannica, pax americana, pax sovietica*, etc. La paix ou l'apparence de paix résulte du sentiment d'impuissance ou de la résignation de la collectivité opprimée. Exemples: l'occupation du territoire palestinien par l'armée israélienne, la présence militaire chinoise au Tibet, celle de l'Indonésie au Timor-Oriental, etc.

3.2 LE TERRORISME. On le qualifie parfois de guerre sale. (Comme s'il existait des guerres propres...) On l'a aussi défini comme la guerre des pauvres et des désespérés, ce qui n'est pas toujours vrai.

La technique du terrorisme est ancienne. Samson, Gédéon et les frères Macchabée ont pratiqué le terrorisme. De même les coureurs de bois de la Nouvelle-France qui menaient des expéditions contre les colons de la Nouvelle-Angleterre. Tout comme les Juifs de l'Irgoun en lutte contre le pouvoir britannique, tout comme de nos jours les guerriers du Hamas, les Tupac Amaru au Pérou, la branche armée de l'IRA, le FIS en Algérie, etc.

Le terrorisme peut être aussi le fait de l'État. Ainsi, on peut qualifier de terroristes les bombardements contre des populations civiles sans défense, la dissuasion nucléaire, etc.

3.3 LA VIOLENCE STRUCTURELLE ET INSTITUTIONNELLE. C'est la violence silencieuse de l'oppression en place ou encore celle du désordre établi. Une violence de première instance, celle qui est à la source de la spirale de violence. Elle connote les «structures de péché». Exemples: l'esclavage, l'injustice structurelle du capitalisme sauvage, l'apartheid, la violence économique dont sont victimes les pays en voie de développement, l'asservissement des travailleurs agricoles dans le Tiers-Monde, etc.

3.4 L'INSURRECTION RÉVOLUTIONNAIRE. Elle est parfois non-violente, comme la révolution, qui en 1986, aux Philippines, a chassé du pouvoir le dictateur Marcos, ou encore les révolutions non-violentes qui ont marqué la fin du marxisme-léninisne en Europe de l'Est. Mais elle est le plus souvent violente et sanglante.

3.5 LA VIOLENCE URBAINE. Cette expression désigne la violence quotidienne et anarchique qui se développe dans les mégapoles, comme Rio de Janeiro, Mexico, Détroit, Caracas, Moscou. Les réseaux de commerce illicite, la drogue, les assassinats, les affrontements entre bandes armées, les brigandages y font partie de la vie de tous les jours. Comme une sorte de guerre civile diffuse, une version non officielle de la compétition, un sous-produit du capitalisme sauvage dans un monde où règne la loi de la jungle.

3.6 La répression policière. En maints cas, il s'agit d'une violence à la fois policière et militaire. Car nombreux sont les pays où l'appareil militaire sert moins à protéger la société contre des forces étrangères qu'à maintenir en servitude les citoyens eux-mêmes. La répression devient alors un outil du pouvoir qu'on utilise contre le peuple. Elle illustre de façon spectaculaire la violence institutionnelle.

La violence policière profite souvent de l'impunité que lui assure la connivence discrète de gouvernements étrangers ou de multinationales. Celles-ci obtiennent en retour un droit de mainmise sur les terres agricoles et les richesses naturelles.

À voir : *État de siège* et *Porté disparu* (films de Costa-Gavras).

3.7 La torture. On trouve encore de nos jours quelques scribes attardés pour gémir sur l'Inquisition comme s'il s'agissait d'une bavure historique inégalée, un sommet de la barbarie dans l'histoire de l'humanité.

Comparée aux goulags, aux camps de concentration, au génocide cambodgien, aux techniques modernes de torture en usage dans un grand nombre de pays, l'Inquisition, toute honteuse qu'elle fût, apparaît comme une bavure artisanale.

La contribution technique de pays avancés et le silence observé dans les chancelleries au sujet de la torture contribuent à sa persistance et à son expansion.

La torture est une réalité dramatique et mystérieuse, une tragédie humaine révélatrice d'une profonde dépravation morale, un symptôme de déshumanisation, une incarnation diabolique de l'esprit du mal.

3.8 Le suicide. La vie est un don. Elle n'est pas la propriété de qui en jouit. Elle revêt une dimension sacrée qui déborde l'aire du choix libre de chaque personne.

Cela dit, il demeure qu'il existe des situations (désespoir extrême, souffrances physiques ou morales indicibles) où des individus en arrivent à conclure qu'on a le droit de mettre fin à ses jours. Un choix qui relève de la moralité subjective mais qui ne met pas en question l'évaluation objective du geste posé.

À cause de son extrême gravité et de son caractère irrationnel, le suicide chez les jeunes soulève un questionnement spécifique. Si des jeunes, dont plusieurs appartiennent à des milieux favorisés, en arrivent à conclure que la vie ne vaut pas d'être vécue, il faut s'interroger sur les valeurs (ou les anti-valeurs) qu'on leur propose (ou qu'ils ont choisies) ; sur le modèle de société qui forme la trame de leur existence et sur l'idéal collectif (ou son absence) susceptible de donner un sens à leur existence.

3.9 L'AVORTEMENT. Quelle que soit l'opinion que l'on professe au sujet de la moralité de l'avortement, il demeure qu'il s'agit d'une forme de violence exercée contre la vie humaine en devenir. Le fait qu'il fasse l'objet d'une tolérance de la part de la loi civile ne lui enlève point son caractère violent, ni qu'il soit considéré comme inadmissible sous l'angle de la moralité objective.

3.10 LA VIOLENCE MÉDIATIQUE. La prolifération des représentations de situations et d'actes de violence dans les œuvres cinématographiques, les vidéocassettes, les livres et revues, et à la télévision fait l'objet d'un débat continu où s'affrontent des intérêts apparemment inconciliables: la liberté d'expression, la dignité de la personne, les valeurs familiales, la décence, l'écologie sociale, etc.

Question: la représentation de la violence est-elle génératrice de violence? Des experts affirment que oui, d'autres répondent négativement ou, le plus souvent, se réfugient dans la neutralité dite scientifique, estimant qu'aucune conclusion absolument certaine n'est possible dans ce domaine. Ce à quoi d'autres répondent qu'étant donné la gravité de l'enjeu, une forte probabilité suffit pour qu'on impose des règles qui balisent la diffusion des scènes de violence, d'autant plus que, dans la plupart des cas, la qualité artistique en jeu est dérisoire.

Il faut participer à ce débat, mais sans naïveté. La revendication de la liberté d'expression occulte souvent des intérêts financiers considérables. Des milliards de dollars sont en jeu. Beaucoup d'oeuvres cinématographiques qui glorifient la violence relèvent du rayon de la pornographie. Raison de plus pour ne pas céder trop vite devant l'argument de la liberté d'expression et celui du droit à la créativité.

Autre interrogation: quand un usage de la présumée liberté d'expression se confond avec la liberté de destruction des valeurs sociales, peut-on rester indifférent?

4. LA TENTATION DE LA VIOLENCE

4.1 La tradition éthique chrétienne a toujours reconnu le droit de rébellion, dans «le cas de tyrannie évidente et prolongée qui porterait gravement atteinte aux droits fondamentaux de la personne et nuirait dangereusement au bien commun du pays» (*Populorum progressio*, n° 31). Devant des situations graves de violence institutionnelle, on peut être tenté de recourir à la violence armée pour combattre l'oppression: un phénomène qui s'est répété dans plusieurs pays d'Amérique latine au cours des dernières décennies.

4.2 La multiplicité des expériences malheureuses incite de nos jours à aborder la question en termes d'efficacité plutôt que de légitimité. Les forces conservatrices et réactionnaires sont expertes en violence et en répression. Elles peuvent compter sur des équipements militaires et policiers sophistiqués. Dans un tel contexte, l'insurrection révolutionnaire risque d'entraîner des coûts humains fort élevés et de se révéler peu efficace. D'où la recherche d'autres stratégies.

4.3 Dans un essai intitulé *Contre les violents*, le philosophe et théologien Jacques Ellul dénonce la tendance de beaucoup de chrétiens à céder à la mode de la violence. Il soutient que ce n'est qu'en biaisant la signification du message chrétien qu'on peut en arriver à conclure de la compatibilité entre l'Évangile et le recours à la violence.

5. EFFICACITÉ DE LA NON-VIOLENCE

5.1 Le succès des régimes démocratiques (du moins de certains d'entre eux), montre que la coexistence pacifique d'idéologies et d'intérêts différents est possible, que les affrontements entre courants opposés n'impliquent pas nécessairement le recours à la violence, qu'il est possible d'établir des règles du jeu qui font place en même temps à la liberté, à la tolérance et aux divergences. Ces règles portent sur la liberté d'opinion et d'expression, le droit à la dissidence, le droit d'association, la manière d'exercer le pouvoir, le mode de désignation des titulaires, la durée des mandats, le contrôle des abus de pouvoir, les mécanismes qui pourvoient au renouvellement des mandataires, etc.

5.2 La pratique politique dans une saine démocratie prévient la tentation de la violence. Les premiers agents de la violence dans les pays en proie à des affrontements sanglants sont ceux qui faussent les mécanismes démocratiques, s'adonnent à la corruption, perpétuent les injustices structurelles.

5.3 Facteurs préventifs de la violence: la primauté du droit, la liberté d'expression, le respect des droits de la personne, le droit à la dissidence, un minimum de justice sociale, etc. Il arrive fréquemment que l'on déplore les phénomènes de violence sans s'interroger sur les causes qui en expliquent l'apparition.

5.4 La non-violence active, c'est-à-dire celle qui intervient de façon méthodique et responsable dans la recherche de moyens pacifiques, affiche un bilan positif, comme la révolution des oeillets au Portugal, les révolutions non-violentes en Europe de l'Est, le renversement du dictateur Marcos aux Philippines, en 1986.

5.5 La menace nucléaire et la guerre froide ont incité beaucoup de gens à approfondir les vertus du pacifisme et à explorer les avantages des alternatives non-violentes. Dans la célèbre lettre des évêques américains sur la paix[5], les auteurs rappellent que la tradition de la non-violence fait partie de l'héritage chrétien, non moins que celle qui légitime, sous certaines conditions, le recours à la guerre.

5.6 Le pacifisme peut être politiquement opérationnel. Au temps de la guerre froide, les nombreuses interventions des mouvements pacifistes ont contribué à accélérer les démarches entreprises en vue d'interdire la production d'armes nucléaires et de freiner la course aux armements. On ne peut, cela va de soi, mesurer avec précision l'influence de cette action pacifiste. On ne peut non plus en dénier l'importance.

6. PISTES DE RECHERCHE

6.1 LA BANALISATION DE L'HORREUR. Les drames se succèdent, une tragédie chasse l'autre. Il y a risque d'oublier des drames dont les médias ne s'occupent plus. Il y a risque aussi de s'habituer à l'horreur. Avec le drame éthiopien, on pensait avoir tout vu. De même après les horreurs perpétrées en Bosnie. Puis est venu le génocide rwandais.

La télévision peut avoir un double effet: nous conscientiser ou nous habituer à l'horreur. En certains cas, la fonction de conscientisation s'est révélée déterminante: elle a rendu incontournable l'intervention politique. Elle a forcé les instances internationales à bouger. On parle de l'indifférence de la «communauté internationale». Il faudrait plutôt parler du cynisme et des calculs mesquins de décideurs politiques et de diplomates qui se traitent mutuellement aux petits fours dans les chancelleries tout en remettant à plus tard les décisions urgentes. La communauté internationale des citoyens ordinaires n'est pas indifférente; elle se sent impuissante et comprend mal l'inaction ou la connivence des décideurs politiques. À cet égard, le «génocide annoncé» au Rwanda fournit un cas exemplaire[6].

6.2 LES GÉRANTS DE GOULAGS. Il y a ceux qui organisent et entretiennent les goulags, les camps de travail, les prisons vastes comme des villes. Il y a ceux qui torturent, il y a ceux qui les cautionnent, il y a ceux qui font des affaires avec les gérants de goulags comme si cela ne posait aucun problème.

---

5. «Le défi de la paix: la promesse de Dieu et notre réponse» dans *Documentation catholique*, n° 1856 (15 juillet 1983).

6. Voir Colette BREAKMAN, *Rwanda: histoire d'un génocide*, Paris, Fayard, 1994. Du même auteur: «Autopsie d'un génocide planifié au Rwanda» dans *Le Monde diplomatique*, mars 1995.

Voir les rapports annuels d'Amnistie internationale, les publications de l'Association des chrétiens pour l'abolition de la torture (ACAT) et l'information diffusée par *Pax Christi*. Une question à approfondir : peut-on faire des affaires avec des criminels à col blanc, partenaires intéressants dans certaines ententes commerciales ?

6.3 RACINES DE LA VIOLENCE. Multiples facettes, multiples sources. La violence dans les bidonvilles, dans les cités où fleurit l'apartheid social. Les premières victimes de la violence urbaine : les femmes et les enfants. Le nouveau prolétariat relié au monde de la drogue.

Dossier : évaluer le coût humain et social du désengagement de l'État dans le domaine de la prévention et dans l'aide aux « chiens perdus sans collier ». Des cas où l'obsession du déficit financier risque d'engendrer des déficits sociaux catastrophiques.

7. LECTURES

CAMARA, Dom Helder, « La violence, option unique ? » dans *Le Tiers-Monde trahi*, Paris, Desclée, 1968, p. 151-164.

Collectif, « Le défi de la paix : la promesse de Dieu et notre réponse », Lettre pastorale des évêques américains, *Documention catholique*, n° 1856 (24 juillet 1983).

Collectif, *Violence et sociétés*, Paris, Éditions ouvrières, 1968.

Collectif, *Pacijou*, Montréal, revue consacrée aux questions relatives à la violence, particulièrement à la violence médiatique. Plusieurs études portent sur les jouets militaires.

Collectif, *Bulletin d'information du Centre de ressources sur la non-violence*, publié à Montréal par le Centre.

DUFOUR, Xavier-Léon, « Violence » dans *Vocabulaire de théologie biblique*, 5ᵉ édition, Paris, Cerf, 1981, p. 1360-1366.

ELLUL, JACQUES, *Contre les violents*, Paris, Le Centurion, 1972.

HÉNAIRE, Jean, « Le médecin complice du tortionnaire » dans *AGIR, Revue d'Amnistie internationale* (février 1991), p. 12-13.

MONGIN, Olivier, « Les nouvelles images de la violence » dans *Le Monde diplomatique*, août 1996.

MONGIN, Olivier, « Interdire les films sanguinaires ? » dans Manières de voir (*Le Monde diplomatique*), mars 1997. Ce numéro contient plusieurs articles sur la violence médiatique.

MULLER, Jean-Marie, *Le défi de la non-violence*, Paris, Cerf, 1979.

MULLER, Jean-Marie, *Stratégie de l'action non-violente*, Paris, Seuil, 1981.

VAILLANT, François, *La non-violence*, Paris, Cerf, 1990.

VOLANT, Éric, « Le suicide : morale et droit » dans *Droit et morale : valeurs éducatives et culturelles*, publié sous la direction de Arthur Mettayer et Jean Drapeau, Montréal, Fides, 1987, p. 281-293.

21 CONSTRUIRE LA PAIX

« Il est une persuasion qui, à notre époque,
gagne de plus en plus les esprits, c'est que
les éventuels conflits entre les peuples ne doivent
pas être réglés par le recours aux armes,
mais par la négociation. »

(JEAN XXIII, *Pacem in terris*, n° 125)

LA « GUERRE JUSTE » EST OBSOLÈTE

« La désuétude de l'expression "guerre juste", même si elle ne
signifie pas un abandon de la doctrine traditionnelle, traduit
cependant un certain déplacement par rapport à la
problématique ancienne. Quand un pape comme Jean XXIII
rédige une encyclique entière sur la paix, *Pacem in terris*, sans
employer une seule fois l'expression "guerre juste", ce n'est pas
seulement parce qu'il la trouve inadéquate pour désigner une
doctrine qui, elle, n'aurait changé en rien. Personne ne s'y est
trompé : ce n'est pas seulement l'expression "guerre juste" qui
est absente de *Pacem in terris*, c'est la manière traditionnelle de
poser la question. La conscience morale contemporaine semble
moins sensible aux "valeurs" qui fondaient, aux yeux de nos
ancêtres, la légitimation de certaines guerres ; et, surtout, les
évolutions de la technologie militaire et du paysage
international ont déplacé les accents dans une doctrine qui
s'est élaborée dans un contexte tout différent. »

Christian MELLON
« Que dire de la "guerre juste" aujourd'hui ? »
dans *Actualiser la morale*, p. 198.

Le cheminement ici proposé offre l'occasion d'effectuer une synthèse du cours télévisé *Les chemins de la paix* (THL-18739, Faculté de théologie, Université Laval, 1992).

Tous possèdent un savoir, à la fois général et parfois un peu confus, sur ce macro-phénomène qu'est la guerre. Mais on ne sait que bien peu sur la substance du phénomène, ses causes, ses conditions d'émergence. L'histoire révèle une tendance généralisée à se résigner face à l'apparition de la guerre, comme si c'était une sorte de fléau inéluctable. «De la peste, de la faim et de la guerre, délivre-nous Seigneur», dit une antique invocation. On amalgame les trois fléaux comme trois fatalités similaires. Il existe, fort répandu, un sentiment d'impuissance face aux conflits armés, comme si on n'y pouvait rien pour en prévenir l'éclatement ou en freiner l'expansion.

Combattre les germes belligènes et promouvoir la paix sont pourtant des objectifs sociaux qui relèvent de la responsabilité de tous et chacun. L'acquisition d'un savoir opérationnel sur la guerre et la paix représente une tâche majeure et urgente de l'éthique sociale. Au fait, la construction de la paix, arrimée au projet de développement intégral et solidaire des peuples, s'impose comme la grande question sociale de notre temps.

DÉFINITIONS

LA PAIX : un état de stabilité sociale fondée sur la justice, où prévalent des rapports non-violents et civilisés entre nations ou entre groupes sociaux, ethnies, etc. Elle signifie plus que l'absence de guerre. Celle-ci toutefois n'est pas sans importance, car elle éloigne temporairement les maux liés à la guerre et elle accorde un délai pour la recherche de solutions propices à une paix véritable.

LA GUERRE : «Lutte armée et sanglante entre groupes organisés» (Bouthoul). «La continuation de la politique par d'autres moyens» (Von Bernhard). «La condition légale qui permet à deux ou plusieurs groupes hostiles de mener un conflit par forces armées» (Quincy Wright).

Ces définitions concernent la forme classique de la guerre. Par analogie s'apparentent à la guerre ou à la violence diverses formes de recours à la violence armée, par exemple le terrorisme, l'occupation militaire, etc.

Raymond Aron propose de distinguer la guerre offensive et la guerre défensive. Une guerre défensive peut prendre l'allure d'une agression dans le cas d'une « agression préventive » visant à éviter le pire. Ainsi en aurait-il été en 1936, selon Raymond Aron, si l'armée française s'était opposée à l'occupation de la Rhénanie, ce qui aurait entraîné la chute du pouvoir hitlérien et ainsi empêché le déclenchement de la Deuxième Guerre mondiale.

1. LA PAIX COMPROMISE

1.1 « Compromise » est un euphémisme, puisque dans beaucoup de pays la paix est actuellement détruite. De 1945 à 1990, on dénombre plus de 150 conflits armés dans le monde. Depuis 1990, de nouveaux affrontements s'ajoutent à la liste, tandis que de vieux conflits perdurent : Irak et Koweit, USA et Irak, guerre civile en ex-Yougoslavie, guerre civile au Soudan, guerre civile au Rwanda, état de guerre au Burundi, guerre civile au Zaïre, terrorisme en Algérie, lutte de libération au Chiapas, lente fin de la guerre civile au Guatemala, guerre civile au Sri Lanka, persistance de l'occupation militaire au Timor-oriental, au Tibet, dans les territoires palestiniens, etc.

1.2 La menace nucléaire. Elle est toujours présente, toujours aussi lourde de risques. À cette menace s'ajoute celle que représentent les armes chimiques et bactériologiques. Des pays qui ne possèdent pas l'arme nucléaire tentent de l'acquérir. Le vieillissement des installations nucléaires accroît les risques d'un déclenchement accidentel. Le refus de se débarrasser de ces installations laisse soupçonner l'intention de s'en servir un jour.

1.3 La fin de la guerre froide a engendré un sentiment de sécurité factice. Les germes de conflits qui prolifèrent à l'échelle du monde rendent précaire la paix qu'on goûte actuellement dans plusieurs pays. Il n'y a pas que la mondialisation des marchés ; il y a aussi celle des virus belligènes.

2. LE PHÉNOMÈNE GUERRE

2.1 « Si tu veux la paix, prépare la guerre », dit un antique adage romain. L'histoire enseigne que lorsqu'on prépare la guerre, on finit presque toujours par l'avoir. Au lieu de cet adage tordu, Gaston Bouthoul, le fondateur de la polémologie, propose celui-ci : « Si tu veux la paix, connais la guerre ». Car celle-ci, apparemment toute connue qu'elle soit, est en fait un phénomène insolite, dont on déchiffre difficilement les causes. Il arrive même, comme le souligne Bouthoul, que le déclenchement d'un conflit échappe à ceux qui croient en être les auteurs, comme si une sorte de nécessité de violence surgissait spontanément au terme d'un ensemble de décisions apparemment conscientes. La guerre apparaît comme une épidémie mentale alimentant une épidémie sociale.

2.2 Un cas de conflit dépourvu d'explication rationnelle est celui de la première Grande guerre (1914-1918). Selon Raymond Aron, la nature de ce conflit a échappé à tous ceux qui s'y sont engagés. André Maurois écrit: «C'était un acte de folie collective. La civilisation occidentale se suicidait. Unies, les puissances européennes dominaient le monde et lui assuraient la paix. Elles allaient ensemble vers plus de bonheur et de justice. Divisées, elles se perdaient. La guerre de 1914 fut une guerre civile. Un peu d'intelligence et de conciliation l'aurait facilement évitée[1].»

2.3 Les guerres introduisent parfois des fractures dans l'histoire des peuples et des civilisations. Exemples: les guerres puniques, la bataille de Lépante, la défaite des Plaines d'Abraham, les guerres napoléoniennes, la défaite de la Russie en 1917, les conquêtes coloniales, etc.

2.4 Origine des guerres. On ne décèle pas aisément les facteurs à l'origine de tel conflit spécifique. Il demeure que certains facteurs semblent intervenir plus que d'autres dans le déclenchement des guerres. Ainsi: les facteurs économiques, environnementaux, démographiques, psychologiques, culturels, politiques.

2.4.1 FACTEURS ÉCONOMIQUES. Le besoin de nourriture, l'instinct de survie, le désir de possession et la cupidité incitent à recourir à la violence armée. «Sans la justice, que sont les empires, sinon du brigandage en grand?» (saint Augustin). Au fait, les guerres économiques sont plus souvent le fait des riches que des pauvres. Les guerres coloniales furent l'œuvre de pays riches. Le militarisme des États-Unis à l'échelle du monde est guidé le plus souvent par des considérations économiques. Les riches recourent aisément à la violence armée quand leurs intérêts sont menacés.

2.4.2 FACTEURS ENVIRONNEMENTAUX. Selon le rapport de la CMED[2], les conflits portant sur l'allocation de ressources disponibles (comme «la guerre de la morue») se multiplieront dans un proche avenir, à moins de privilégier un autre modèle de croissance, à savoir celui du développement durable.

2.4.3 FACTEURS DÉMOGRAPHIQUES. Quand l'écart s'élargit entre une population en croissance rapide et les ressources disponibles, des tensions sociales surgissent, lesquelles, jointes à d'autres facteurs, sont propices à l'éclatement de la violence. Le facteur démographique a joué un rôle majeur dans la crise rwandaise, tout comme il exerce un impact dans la crise algérienne.

---

1. André MAUROIS, *Histoire de l'Allemagne*, Paris, Hachette, 1965, p. 254.
2. Commission mondiale sur l'environnement et le développement, *Notre avenir à tous*, (Rapport Bruntland), Montréal, Éd. du Fleuve, 1988.

2.4.4 FACTEURS PSYCHOLOGIQUES. Des auteurs mentionnent la peur, la fuite en avant, l'attrait du spectacle, la nécrolâtrie, l'instinct de puissance, la vanité impériale ou royale, la dignité frustrée, le syndrome de l'ennemi.

2.4.5 FACTEURS CULTURELS. Des penseurs, des poètes, des œuvres littéraires et cinématographiques, des évocations populaires ont glorifié la guerre. Des religions anciennes, des doctrines religieuses, des philosophes renommés en ont fait l'apologie.

2.4.6 FACTEURS POLITIQUES. La guerre fait partie de la géopolitique. Des calculs politiques et stratégiques présumément habiles sont à l'origine de conflits désastreux. Par son goût de la guerre, Louis XIV a conduit la France au bord de la ruine. L'empereur Napoléon a préparé sa propre chute en faisant de la guerre son principal outil politique. La violence hitlérienne est à l'origine de la Deuxième Guerre mondiale, qui a causé des millions de morts et provoqué la ruine de l'Allemagne. Le militarisme soviétique a préparé la chute du « socialisme réel ». L'aventure américaine au Vietnam a coûté la vie à des milliers de jeunes Américains. Autant d'effets de décisions politiques erronées, autant de produits de la fausse sagesse de stratèges à l'esprit tordu. La guerre est souvent le fruit de l'intelligence politique à la dérive.

2.4.7 Il y a donc lieu de discerner, parmi les facteurs belligènes, ceux qui relèvent d'une sorte de déterminisme et ceux où interviennent des décisions humaines. En ce cas-ci, la responsabilité, en démocratie, est partagée par tous les citoyens. Dans le cas de la guerre du Vietnam, ce sont des pressions populaires qui ont forcé les décideurs politiques à se remettre en question et à redresser la situation. En revanche, on peut reprocher aux citoyens des États-Unis et à ceux de la Russie de pécher contre la prudence politique en acceptant de confier à un seul homme, le président en exercice, le privilège redoutable et immoral de détenir la clef qui donne accès à l'arme nucléaire.

3. LA CULTURE D'ARMEMENT

3.1 Il a été question précédemment de facteurs culturels. Le rapport de la CMED parle de culture d'armement. L'expression désigne à la fois une manière de voir et des pratiques.

3.2 MANIÈRE DE VOIR. Composantes : la force est la garantie du droit, une nation sans armée est une nation sans prestige, l'armement garantit la paix, la guerre est une activité lucrative.

3.3 PRATIQUES. Composantes : militarisation, course aux armements, commerce des armes, recherche militaire, acculturation à la violence.

4. MILITARISATION ET SOUS-DÉVELOPPEMENT

4.1 Conséquences de la culture d'armement dans le Tiers-Monde : l'endettement des pays pauvres provient en bonne partie du processus de militarisation. On achète des armes sophistiquées qui servent le plus souvent à écraser les travailleurs et les paysans. Des gouvernements disposent d'un arsenal imposant alors que la population manque d'écoles, d'hôpitaux, de routes, de services sanitaires, d'eau potable.

4.2 La militarisation des pays du Tiers-Monde s'inscrit au cœur de la problématique du sous-développement. Elle connote les phénomènes de dérives du pouvoir et la question de l'endettement.

4.3 On ne peut séparer la question de l'industrie militaire dans les pays développés de celle de l'exportation d'armes dans le Tiers-Monde. La rentabilité de l'industrie militaire est fonction des ventes effectuées à d'autres pays. On ne peut éviter de se poser la question de l'utilisation des armes ainsi vendues ; pensons par exemple aux mines antipersonnel ou à ces hélicoptères qui servent à terroriser, voire à exterminer des travailleurs agricoles qui réclament justice. La connivence commerciale peut constituer un crime contre l'humanité.

5. CHOISIR LA PAIX

5.1 Choisir la paix est une option éthique qui peut être présente et vivante chez celui même qui fait la guerre. Jeanne d'Arc, forcée de livrer combat aux ennemis de la France, voulait la paix pour tous. À l'époque contemporaine, le choix de la paix s'effectue à partir d'une prise de conscience de l'inutilité politique de la guerre et des coûts humains, moraux et économiques de la violence armée.

5.2 Le choix de la paix est fondamentalement une option intérieure et personnelle, inspirée par le souci d'établir et de maintenir des rapports humains et civilisés entre groupes et nations. Il privilégie la paix obtenue par le dialogue et le respect du droit naturel, sans exclure l'éventualité, en situation de nécessité, d'un usage minimal de la force armée.

C'est un choix axial, c'est-à-dire fondamental et directionnel eu égard aux décisions et aux agirs personnels et collectifs, face aux situations conflictuelles et aux moyens qu'on met de l'avant pour solutionner les conflits.

Ce choix postule la primauté de la non-violence et la disqualification de la guerre et de la violence, perçues comme symptômes de régression morale et indices d'un retard de civilisation.

5.3 Le choix de la paix commande un engagement politique. « Qu'on le veuille ou non, la paix est une œuvre politique, puisqu'elle concerne la manière dont les hommes organisent les rapports entre sociétés, entre États »(Christian Mellon). Il ne suffit donc pas que des individus, des familles ou de petits groupes optent pour la paix et dénoncent la guerre. Il faut que les appareils politiques, les institutions nationales et internationales fonctionnent selon des règles morales et des normes juridiques qui contribuent au maintien de la paix.

5.4 INSTITUTIONS DE PAIX. Pour être efficace, l'action politique au service de la paix a besoin de structures, d'institutions. L'actualisation institutionnelle prend forme dans:

— des chartes et des énoncés de principes;
— des règles juridiques qui déterminent les rapports entre nations et à l'intérieur des nations;
— la diplomatie internationale;
— la structuration progressive d'une autorité mondiale préfigurée par l'Organisation des Nations Unies (ONU), les organismes gérés par celle-ci et les initiatives de paix dont elle est l'instigatrice (voir chapitre 10).

5.5 BILAN. La création de l'ONU, la Déclaration universelle des droits de l'homme, les arbitrages des conflits, les missions de paix, le travail des organismes internationaux (UNICEF, UNESCO, OMS, FAO, OIT): autant de réalisations qui composent un bilan positif. On ne peut nier toutefois certains échecs, attribuables à des interventions tardives et timorées, comme en Bosnie ou au Rwanda. Les missions de paix sont devenues des entreprises plus risquées à partir du moment où des forces en conflit se sont mises à traiter les intervenants onusiens comme des cibles, les utilisant même comme otages. Autre difficulté: la tendance des États-Unis à vouloir transformer l'ONU en instrument au service de ses intérêts. À noter aussi le cas de pays qui se moquent des résolutions adoptées par l'Assemblée générale ou le Conseil de sécurité.

Nonobstant les échecs et les obstacles, l'ONU marque un pas en avant dans l'histoire de l'humanité et dans la promotion de la cause de la paix.

6. LES ASSISES DE LA PAIX

Ce sont des conditions, des exigences dont la réalisation concourt à l'instauration d'une paix stable. « On construit la paix comme on construit une cathédrale » (Jean-Paul II).

La réflexion sur les valeurs et l'observation des faits incitent à mettre de l'avant un certain nombre de facteurs, de principes et de règles qu'on peut à bon droit qualifier d'*assises de la paix*. Ce sont:
— l'option pour la vie;
— l'impératif du désarmement;
— les quatre piliers: vérité, justice, solidarité, liberté;
— le respect et la promotion des droits humains;
— le dialogue et la négociation;
— les pratiques démocratiques;
— le développement intégral et solidaire;
— l'interconnexion développement-environnement-désarmement;
— l'ancrage éthique;
— l'éducation à la paix;
— la création d'une force de paix ayant pour mission d'intervenir dans les conflits.

7. SERVIR LA PAIX

«La paix se construit, nous sommes responsables de la paix» (Jean-Paul II). Dans la pratique, cela semble difficile. On a répandu l'idée que les affaires de guerre et de paix étaient l'apanage des décideurs politiques, des militaires et des experts. C'est pourtant un domaine où la participation démocratique (chapitre 22) peut et doit se tailler une place. L'avenir de toute l'humanité en dépend.

7.1 Il existe déjà des chantiers de la paix, des domaines où œuvrent beaucoup d'hommes et de femmes qui fournissent une contribution particulière en faveur de la paix. Quelques exemples:

— études de polémologie, dans la foulée des recherches de Gaston Bouthoul (IFP: Institut français de polémologie);
— Groupes spécialisés en études stratégiques: SIPRI (Institut international de la paix de Stockholm); GRIP (Groupe de recherche international sur la paix de Bruxelles); CQRI (Centre québécois de relations internationales, Université Laval); Groupe de recherche sur la paix (Université Laval);
— publications, documentaires et films sur la menace nucléaire, le commerce des armes, la violence exercée par des régimes militaires, les atteintes aux droits humains;
— éducation à la paix: contribution de la CSN, CEQ, Pacijou, Pax Christi, Option-paix, l'Université de la paix de Namur, les Semaines de la paix qui se tiennent dans les écoles secondaires du Québec, etc.;

— promotion des droits humains: Amnistie internationale, Pax Christi, l'ACAT, etc.;
— mouvements pacifistes;
— approche spiritualiste et promotion du dialogue, comme le Réarmement moral;
— l'élaboration et la promotion de solutions non-violentes, comme le Centre de ressources sur la non-violence;
— réponse à l'événement, par exemple campagne «un F-18 pour la paix»; manifestations des pacifistes américains contre la fabrication et l'entreposage des ogives nucléaires; manifestations contre le commerce des armes, foire ARM-X; lutte en faveur de l'interdiction des mines antipersonnel;
— les multiples initiatives des Églises chrétiennes.

7.2 VOIES À EXPLORER. Ce qui précède montre de nombreuses possibilités d'enclencher des initiatives, de poser des gestes concrets en faveur de la paix. Des moyens simples sont à la disposition des citoyens ordinaires; des moyens dont l'utilisation peut influer sur le cours des événements.

Que faire? Des exemples:

— l'investissement intellectuel. Scruter et démystifier les énoncés à la mode, du genre: «la guerre, c'est payant; l'industrie militaire crée des emplois; mieux on est armé, plus on vit en sécurité; la guerre et la violence font partie de la nature humaine, il y aura toujours des guerres», etc.
— mettre en lumière la promotion de la non-violence dans la tradition chrétienne;
— enquêter sur l'espace occupé par la recherche militaire dans les universités et les budgets des gouvernements;
— susciter des occasions de débat sur des thèmes reliés à la paix;
— étudier l'importance du volet militaire dans le budget du gouvernement du Canada;
— étudier le phénomène de l'acculturation à la violence et à la guerre par le truchement du cinéma et de la télévision;
— participer à des activités de groupes pacifistes, etc.

8. LECTURES

JEAN XXIII, Encyclique *Pacem in terris*.

ARON, Raymond, *Paix et guerre entre nations*, Paris, Calmann-Lévy, 1984.

BOUTHOUL, Gaston, *Traité de polémologie*, Paris, Payot, 1970.

BOUTHOUL, Gaston, *Avoir la paix*, Paris, Grasset, 1967.

BOUTHOUL, Gaston, *La guerre*, Paris, PUF, coll. Que sais-je?, 1978.

CMED (Commission mondiale sur l'environnement et le développement), *Notre avenir à tous*, Éd. du Fleuve, Montréal, 1988.

Collectif, *Pour la paix*, Montréal, Éd. Paulines, 1986. Messages de Paul VI et Jean-Paul II sur la paix.

Collectif, « Le défi de la paix: la promesse de Dieu et notre réponse », Lettre pastorale des évêques américains, 23 juin 1983, *Documentation catholique*, n° 1856 (2 juillet 1983).

JOBLIN, Joseph, *L'Église et la guerre*, Paris, Desclée de Brouwer, 1988.

MELLON, Christian, *Chrétiens devant la guerre et la paix*, Paris, Le Centurion, 1984.

MELLON, Christian, « Que dire de la "guerre juste" aujourd'hui ? » dans *Actualiser la morale*, publié sous la direction de Rodrigue Bélanger et Simonne Plourde, Paris, Cerf, 1992, p. 197-214.

MINOIS, Georges, *L'Église et la guerre*, Paris, Fayard, 1994.

O'NEILL, Louis, *Les chemins de la paix*, cours télévisé (THL-18739) Université Laval, 1992.

REGOUT, Robert, *La doctrine de la guerre juste de saint Augustin à nos jours*, Pedone, 1936 (réédition Scientia Verlag, Aalen, 1974).

22 LA PARTICIPATION DÉMOCRATIQUE

> « Le passage à la dimension politique
> exprime (aussi) une requête
> actuelle de l'homme : un plus
> grand partage des responsabilités
> et des décisions. »
>
> (PAUL VI, *Octogesima adveniens*, n° 47)

INTRODUCTION
1. UN GAIN HISTORIQUE
2. PARACHEVER L'ŒUVRE
3. LE DOMAINE DE LA RESPONSABILITÉ
4. LA PRIMAUTÉ DU POLITIQUE
5. LES CONTREPOIDS DÉMOCRATIQUES
6. LA SANTÉ DÉMOCRATIQUE
7. PISTES DE RECHERCHE
8. LECTURES

CHRISTIANISME ET DÉMOCRATIE

« Ce qui importe à la vie politique du monde et à la solution
de la crise de la civilisation n'est nullement de prétendre que le
christianisme serait lié à la démocratie et que la foi chrétienne
obligerait chaque fidèle à être démocrate : c'est de constater
que la démocratie est liée au christianisme et que la poussée
démocratique a surgi dans l'histoire humaine comme une
manifestation temporelle de l'inspiration évangélique. Ce n'est
pas sur le christianisme comme credo religieux et voie vers la
vie éternelle que la question porte ici, c'est sur le christianisme
comme ferment de la vie sociale et politique des peuples et
comme porteur de l'espoir temporel des hommes ; ce n'est pas
sur le christianisme comme trésor de la vie divine maintenu et
propagé par l'Église, c'est sur le christianisme comme énergie
historique en travail dans le monde. »

Jacques MARITAIN
Christianisme et démocratie, p. 43-44.

L'exercice ici proposé s'inscrit dans le prolongement des observations portant sur les vertus sociales (chapitre 4), les corps intermédiaires (chapitre 8), le levier politique (chapitre 9) et la communauté internationale (chapitre 10). En outre, il ouvre la voie à une réflexion sur les pratiques sociales (chapitre 23) et les manières de voir (chapitre 24).

L'analyse de l'actualité confirme la pertinence de mettre en lumière le bien-fondé et le devoir de la participation démocratique. On note dans plusieurs pays dits démocratiques une désaffection, parfois un mépris pour les institutions politiques. Des comportements déplorables, des failles et des échecs alimentent la déception, la morosité, l'indifférence, parfois la tentation du fascisme, si bien qu'on perd de vue l'importance du gain historique qu'a représenté le passage de l'autocratie à la démocratie. On en arrive aussi à perdre de vue le potentiel de changement social que véhicule la participation à la vie politique. Sans démocratie vivante, les projets les plus prometteurs de réformes sociales risquent de ne jamais voir le jour.

La démocratie de participation, c'est celle que Georges Burdeau appelle la démocratie gouvernante, qu'il distingue de la démocratie gouvernée (apparentée à la démocratie formelle) et de la démocratie consentante[1]. Dans la réalité, les régimes démocratiques incarnent, à des degrés divers ou à des étapes différentes de leur histoire, chacune des trois facettes.

1. UN GAIN HISTORIQUE

1.1 Des failles facilement identifiables font que l'on est enclin à critiquer sévèrement la démocratie. «Élections, piège à cons», disait le célèbre philosophe Jean-Paul Sartre, lui qui, paradoxalement, trouvait des vertus à la dictature stalinienne. «La démocratie, un bien mauvais système, mais le moins mauvais que je connaisse», aurait dit Churchill.

Les régimes démocratiques connaissent tous des avatars et, à cause de la liberté de l'information, leurs déficiences sont connues à l'échelle de la planète. Tandis que l'on met du temps à découvrir les failles et les vices de

---

1. Georges BURDEAU, *La démocratie*, p. 45-61.

la dictature. Le stalinisme, par exemple, a joui longtemps de la faveur de plusieurs intellectuels dits de gauche; on a longtemps ignoré ou feint d'ignorer les turpitudes du régime.

1.2 Le jugement sur la démocratie est souvent sévère chez ceux qui cultivent l'ignorance de l'histoire. Les dictatures et les régimes autocratiques ont fait des millions de victimes, mais cela est souvent méconnu, oublié ou passé sous silence. On entend dire parfois: «Ce qu'il nous faudrait, c'est un bon dictateur». Mais on le déniche où, le bon dictateur? «La dictature du prolétariat» ne le cède en rien aux dictatures de droite, comme l'a si bien démontré Soljenytsine. Tout pouvoir non contrôlé corrompt, c'est-à-dire qu'il corrompt d'abord le cerveau de celui qui est atteint par l'une ou l'autre des maladies du pouvoir. Les peuples asservis paient longtemps les séquelles de ces maladies[2].

1.3 Chose souvent ignorée: la démocratie peut revendiquer des racines chrétiennes, comme l'a démontré Jacques Maritain[3]. Paradoxe: nombreux sont les théologiens et les pasteurs qui ont partagé cette ignorance. Il a fallu attendre l'ère contemporaine pour qu'un document officiel de l'Église propose sans réticence le choix de la démocratie politique (Pie XII, Radio-Message, Noël, 1944)

1.4 Démocratie, gain historique. Le projet démocratique, jamais parfaitement réalisé dans les faits, réussit néanmoins à concrétiser en partie plusieurs objectifs éthiques dont l'impact favorable sur la vie en société est considérable:

— État de droit qui supplante l'arbitraire;
— égalité des citoyens devant la loi;
— liberté de pensée, d'opinion, d'expression;
— liberté religieuse;
— choix des gouvernants et contrôle de l'exercice du pouvoir;
— confrontations arbitrées et dialogue conflictuel non-violent;
— pluralisme positif;
— droit d'association;
— un espace pour le dynamisme et les initiatives des individus et des groupes;
— catalyseur de développement social et économique;
— consolidation de la paix sociale.

---

2. Voir P. Accoce et P. Rentchnick, *Ces malades qui nous gouvernent*, Paris, Stock, 1976. Aussi Arthur Comte, *Les dictateurs du xxᵉ siècle*, Paris, Robert Laffont, 1984; Roger-Gérard Schwartzenberg, *L'État-spectacle*, Paris, Flammarion, 1977.

3. Jacques Maritain, *Christianisme et démocratie*, New York, La Maison française, 1943.

Démocratie formelle et bourgeoise, dit-on; ou encore démocratie libérale et souvent bien peu sociale. C'est vrai, mais elle représente néanmoins une marche en avant de l'histoire. C'est un mérite de la classe bourgeoise d'avoir été le catalyseur de cette mutation historique. Une œuvre inachevée qu'il faut désormais compléter et perfectionner.

2. PARACHEVER L'ŒUVRE

2.1 «Unfinished business», concluent les évêques des États-Unis en parlant de la démocratie libérale américaine[4]. Œuvre inachevée parce que, disent-ils, le pouvoir de l'argent est prédominant, les pauvres absents des débats publics, les inégalités sociales en croissance continue. Dans une véritable démocratie, l'économie est au service des hommes et non l'inverse, soulignent-ils, précisant que dans une démocratie réussie, les règles suivantes guident la vie collective:

a) des institutions économiques au service de la dignité humaine;
b) la dignité humaine réalisée et protégée en communauté;
c) le droit de tous de participer à la vie économique;
d) des obligations particulières de tous les membres de la société envers les pauvres et les plus faibles;
e) la vie collective marquée par le respect des droits de l'homme;
f) la responsabilité morale de la société dans son ensemble envers la promotion de la dignité humaine et la protection des plus démunis[5]. «Dans une démocratie, le gouvernement est un des moyens qui nous permet d'agir ensemble pour protéger ce qui est important pour nous et pour promouvoir nos valeurs communes[6].»

2.2 Les évêques du Québec adoptent une façon de voir similaire. Ils prônent une participation qui vise la recherche de la démocratie économique. Il faut, disent-ils, baliser le débat sur l'économie pour s'assurer que celle-ci ne s'érige en objectif absolu alors qu'elle se situe au niveau des moyens[7].

Rappelant la primauté des droits économiques et sociaux, les évêques insistent sur la consultation et la concertation et réclament un grand débat public sur les choix de société. Pour eux aussi, il est manifeste que la démocratie telle que vécue de nos jours est une entreprise inachevée.

---

4. *Justice économique pour tous*, Lettre pastorale des évêques américains, Paris, Cerf, 1988.
5. Ouvrage cité, p. 33-36.
6. *Ibid.*, p. 36.
7. *Pour vivre la démocratie économique*, Comité des affaires sociales de l'Assemblée des évêques du Québec, 1er mai 1992.

2.3 L'achèvement souhaité s'inscrit dans la ligne de la démocratie sociale, concrétisée à travers un processus de démocratie économique. Ce dernier syntagme véhicule une double signification :

a) une gestion du politique qui subordonne le pouvoir économique et freine la tendance de ce dernier à devenir hégémonique et architectonique ;

b) un modèle social qui vise une répartition équitable de la richesse collective grâce à des mesures diverses (création d'emplois, impôt, propriété sociale, programmes sociaux, etc.) C'est à travers ces diverses mesures que la démocratie économique contribue à l'essor de la démocratie sociale[8].

2.4 L'ignorance, une perception inadéquate des enjeux, l'indifférence de certains citoyens, les pressions des pouvoirs économiques, le monopole que tentent d'exercer les appareils politiques sur les débats publics et les prises de décision : autant de facteurs qui nuisent au bon fonctionnement des institutions démocratiques.

2.5 Nombreux sont les pays où les maladies qui affectent la démocratie sont particulièrement graves : des décideurs ineptes, la corruption politique, des élections frauduleuses, l'influence du crime organisé, la violence étatique et policière, etc.

3. LE DOMAINE DE LA RESPONSABILITÉ

3.1 La démocratie ouvre un espace inédit pour l'exercice de la responsabilité, un domaine accessible à tous pour la pratique de la *prudence politique*. On a raison d'affirmer, en y mettant des nuances, qu'on a les gouvernants qu'on mérite. Nuances : par exemple, le scrutin uninominal à un tour rend plus difficile la liberté de choix qu'un mode de scrutin modulé par un certain dosage de proportionnalité. La responsabilité des citoyens ordinaires est également moindre là où des forces économiques exercent une influence indue sur le choix des électeurs.

3.2 La responsabilité trouve à s'exercer à divers paliers : à l'échelle de la nation, aux élections municipales et scolaires, au sein des associations patronales et syndicales, des ordres professionnels, des groupes populaires, etc.

---

8. Alain BIROU (*Vocabulaire pratique des sciences sociales*) critique l'opposition qui est faite entre la démocratie libérale et la démocratie économique. À ses yeux, la démocratisation du pouvoir économique est une condition nécessaire à la réalisation d'une authentique démocratie, mais celle-ci demeure toujours essentiellement politique. Sur la démocratie sociale, voir BURDEAU, ouvrage cité, p. 63-84.

La vie associative est une composante majeure de la vie démocratique (voir chapitre 9 et chapitre 16, section 4). Elle permet l'actualisation des talents, du bon vouloir et de la solidarité. Elle incarne la démocratie à sa base, dans des lieux d'engagement où la recherche du profit ne constitue pas la première règle d'action. Jeremy Rifkin y voit une caractéristique fondamentale de la démocratie américaine. « S'il fallait résumer par une caractéristique unique ce que signifie fondamentalement le fait d'être américain, ce serait notre capacité à nous rassembler dans des associations d'entraide bénévoles[9]. »

3.3 Conquis et dominés, les Québécois de jadis prirent conscience d'une double nécessité :

a) se regrouper en vie associative, une initiative à laquelle l'Église contribua en fournissant un encadrement et en proposant des objectifs ;
b) profiter du système parlementaire partiel, étriqué, que leur avait concédé le Conquérant en retour de leur loyauté à la Couronne britannique. À travers aléas et erreurs de parcours, ils ont utilisé les possibilités de la démocratie libérale pour évoluer progressivement en direction d'un pays qui leur appartiendrait. Responsables et solidaires : la voie qui conduit à la liberté et au progrès.

3.4 « La miséricorde passe par les structures » (L.J.Lebret). En démocratie, les choix de société, les réformes sociales, les modalités d'application de la justice sociale et de la justice distributive engagent de façon éminente la responsabilité personnelle (*Sollicitudo rei socialis*, n° 36). C'est chaque citoyen qui participe à la désignation de ceux et celles qui réforment, aménagent ou améliorent les institutions, les lois ; mais aussi de ceux et celles qui les détournent de leur finalité sociale, les dévalorisent, les pervertissent.

3.5 Des citoyens et citoyennes tentés par la réconciliation à tout prix déplorent les débats, les querelles, les campagnes électorales virulentes, les affrontements de factions, etc. Or ces phénomènes déplaisants font partie de la vie démocratique. C'est un des prix à payer pour l'exercice de la liberté, mais qui demeure préférable au bruit des mitrailleuses et aux affrontements armés. Les mécanismes démocratiques ne suppriment pas les conflits ; ils les civilisent.

3.6 Le suffrage universel marque une avance de l'histoire. Il rend le droit de vote égalitaire, que l'on soit instruit ou ignorant, pauvre ou riche, en prison ou en liberté. Il se fonde sur la présomption de l'existence chez tous d'un sens commun, d'une sagesse populaire et présume un certain souci généralisé du bien commun. On peut être analphabète et avoir une percep-

---

9. *La fin du travail*, p. 323.

tion plus juste du bien commun qu'un universitaire renommé. Nombreux furent les universitaires en Allemagne qui contribuèrent à porter Hitler au pouvoir alors que des travailleurs et de petites gens combattirent le dictateur[10]. Il demeure qu'il faut souhaiter chez tous ceux et celles qui exercent leur droit de vote un minimum de savoir politique, un discernement minimal des enjeux.

3.7 Des valeurs sous-tendent tout choix électoral. On peut opter pour le bien commun ou des intérêts particuliers, pour la justice sociale ou le maintien de privilèges, pour la démocratie économique ou le renforcement des inégalités, pour un changement positif ou le maintien de structures désuètes, pour une société plus humaine ou pour ce que Viviane Forrester appelle « l'horreur économique ».

4. LA PRIMAUTÉ DU POLITIQUE

4.1 Une tendance répandue dans les sociétés capitalistes incite à accorder préséance au pouvoir économique sur l'autorité politique. Une tendance que renforcent beaucoup de décideurs politiques en se soumettant sans réserve aux diktats des institutions financières, des maisons de courtage, etc. Cette soumission rend la démocratie plus acceptable aux pouvoirs économiques. « C'est parce que les gouvernants se soumettent à la dictature des marchés financiers que le régime démocratique s'étend sans entrave à travers la planète. Naguère tout projet démocratique était férocement combattu par les tenants du capital, alliés le plus souvent aux forces armées. Aujourd'hui, démocratie rime avec démantèlement du secteur d'État, avec privatisations, avec enrichissement d'une petite caste de privilégiés, etc.[11] ».

4.2 Beaucoup de pionniers de la démocratie libérale étaient des commerçants, des hommes d'affaires, des hommes de loi bien nantis, bref des bourgeois qui tenaient l'argent en haute estime. Mais ils n'en faisaient pas une finalité politique première. Ils savaient distinguer le domaine de l'économie de celui de la politique et tenaient à se définir avant tout comme des hommes libres, des citoyens, membres d'une cité humaine et politique, où, en principe du moins, les affaires et l'argent relèvent d'un domaine secondaire dans la définition des finalités politiques. On manifestait une estime particulière pour celui qui, à force de travail, d'ingéniosité et par des procédés honnêtes, réussissait dans les affaires, mais on ne faisait pas nécessai-

---

10. Karl STERN (*Le buisson ardent*, Paris, Seuil, 1953) rappelle que ce furent souvent d'humbles gens, sans prétention intellectuelle ou académique, qui furent les plus prompts à risquer leur vie en donnant asile à des Juifs pourchassés par la police nazie.
11. Ignacio RAMONET, « Chancelante démocratie » dans *Le Monde diplomatique*, octobre 1996.

rement de cette réussite et du pouvoir qui en résultait le critère de la sagesse politique.

4.3 La droite raison politique sous-tend l'idéal démocratique et forme le ciment qui, à quantités variables selon les individus, est censé présider aux activités politiques. Elle postule la primauté du dialogue et de la discussion entre citoyens égaux, et englobe dans ses préoccupations l'ensemble des problèmes qui concernent la croissance humaine et morale des individus. L'économie fait partie de cet éventail, mais elle n'est pas la finalité première. La confusion entre les fonctions et devoirs d'ordre politique et ceux d'ordre économique peut conduire à « la déchéance du pouvoir » (*Quadragesimo anno*, n° 117).

4.4 Dans leur for intérieur, les citoyens ordinaires rêvent d'une autorité politique qui soit vraiment politique, c'est-à-dire qui pratique l'art de gouverner en fonction de la masse des gens, du bien commun, à partir d'un projet de société, d'un idéal (Pensons à la parole célèbre : « Je me suis fait une certaine idée de la France ») ; donc une représentation du politique qui ne se confond pas avec la comptabilité nationale et qui dépasse les activités d'intendance.

5. LES CONTREPOIDS DÉMOCRATIQUES

5.1 La multitude et la grande diversité des associations qui assurent la vitalité des sociétés authentiquement démocratiques remplissent une fonction d'équilibre face au pouvoir politique et, en certains cas, face aux tendances hégémoniques des pouvoirs financiers. Certains groupes et certaines institutions jouent un rôle particulièrement important à titre de contrepoids démocratiques. Mentionnons : les syndicats, les groupes populaires, les médias, les universités, les communautés chrétiennes.

5.2 LES SYNDICATS DE TRAVAILLEURS. Léon XIII faisait confiance aux syndicats, tout en sachant que certains d'entre eux, à son époque, véhiculaient des idées jugées révolutionnaires concernant la lutte des classes, l'abolition de la propriété privée, etc. Il est arrivé que le discours syndical semblât excessif. La pratique a rarement dépassé un réformisme modéré. Le bilan de l'action syndicale est positif.

Apport démocratique capital : grâce au syndicalisme les travailleurs et travailleuses ont pris la parole, ont revendiqué des droits élémentaires, reconquis une dignité que le capitalisme sauvage avait foulée au pied, obligé à une redistribution plus équitable des fruits de la croissance, fait progresser le droit du travail, contribué à l'amélioration des conditions de vie des travailleurs, exercé des pressions en faveur des travailleurs non syndiqués, stimulé le développement économique et social, etc.

Au Québec, société conquise et dominée, les syndicats ont rempli et remplissent toujours une fonction sociale et politique d'envergure, une fonction que l'on peut qualifier de *libératrice*.

5.3 LES GROUPES POPULAIRES. Regroupement de citoyens, petites coopératives, journaux de quartier, associations féministes, associations étudiantes : des interventions à temps ou à contretemps, de la vitalité démocratique, des lieux d'exercice de la parole ; précieux fleurons de la vie associative.

5.4 LES MÉDIAS. Ils assurent la diffusion de l'information à l'échelle de la planète. La révolution de l'informatique accroît leur pouvoir. Des réussites parfois spectaculaires : la télévision a rendu proche de nous le drame éthiopien, celui du Rwanda, etc. Les drames occultés non publicisés risquent d'être cent fois plus sanglants. L'information gêne les dictateurs et les régimes policiers, qu'ils soient de droite ou de gauche. Des bribes d'information diffusées par Amnistie internationale ont suffi pour modérer les excès de tortionnaires et contribué à libérer des prisonniers politiques.

Deux obstacles majeurs : la concentration des moyens de communication et la mainmise des pouvoirs financiers. Une mainmise qui risque de tuer la crédibilité des médias. «La collusion entre les puissances industrielles et financières, d'une part, et les médias, d'autre part, réduit considérablement la crédibilité de ces derniers[12].» Autre obstacle : les médias sont de plus en plus assimilables à de grandes entreprises qui fonctionnent selon une logique capitaliste : marketing, publicité, profit. Ce qui n'est pas sans influer sur la manière d'établir les priorités, de transmettre l'information, de présenter les événements à contenu social, etc.

5.5 UNIVERSITÉS. On pourrait ici ajouter les cégeps et les instituts supérieurs d'enseignement et de recherche, les publications scientifiques, etc. Dans certains pays, on parle plutôt des «intellectuels».

Trois fonctions de l'université ont un impact sur la vie démocratique : l'approfondissement du savoir et sa diffusion, la participation aux débats publics, le service à la collectivité, celui que dispense par exemple un universitaire qui met sa compétence professionnelle au service de groupes populaires.

La contribution des universitaires à la vie démocratique est loin d'être chose aisée. L'université est, dit-on, un lieu de haut savoir, mais elle est aussi une entreprise qui a un urgent besoin de ressources financières, publiques ou privées. D'où la tentation d'y aller plutôt mollement dans le domaine de la critique sociale et dans les prises de position qui vont à contre-courant du discours dominant.

---

12. Ignacio RAMONET, «Médias en danger» dans *Le Monde diplomatique*, février 1996.

5.6 COMMUNAUTÉS CHRÉTIENNES. En utilisant cette expression, on pense particulièrement aux groupes de militants chrétiens, d'une part, et à des pasteurs et religieux, d'autre part, qui interviennent dans divers dossiers qui concernent la justice sociale.

La séparation de l'Église et de l'État a accru la distanciation avec le pouvoir politique et élargi l'espace de liberté pour les croyants. En outre, les communautés de base, proches des besoins quotidiens des petites gens, sont en mesure de tenir un discours critique et crédible concernant les problèmes de justice sociale, de pauvreté, de chômage, etc.

6. LA SANTÉ DÉMOCRATIQUE

6.1 La santé de la vie démocratique est fonction d'un certain nombre de conditions. Les unes sont préalables : l'État de droit, des institutions idoines, le respect de la liberté d'opinion, le droit d'association, le multipartisme, une presse libre qui assure le droit à l'information, etc. D'autres accompagnent l'exercice des droits démocratiques : les vertus sociales, un plancher de ressources, la diffusion de l'information, des débats publics, un droit de parole personnalisé.

6.2 LES VERTUS SOCIALES (voir chapitre 4). Dans l'enseignement social de l'Église, la réforme des mœurs occupe une place éminente. Nul doute que les qualités morales des citoyens et des décideurs politiques ont un impact sur les choix collectifs et la mise en application des réformes sociales. Il est plus aisé de réaliser des changements qualitatifs là où prédominent le souci de la justice sociale, le sens du bien commun, l'honnêteté personnelle, le désintéressement, l'esprit de solidarité.

6.3 UN PLANCHER DE RESSOURCES. Les hommes et les femmes obsédés par les soucis quotidiens et réduits à la pauvreté ont moins de temps pour réfléchir sur les questions politiques, même celles qui les concernent de près. La disponibilité de temps et de ressources dont jouissent les classes moyennes et la grande bourgeoisie leur facilite une participation plus intense et continue aux débats politiques.

6.4 DES DÉBATS PUBLICS. La démocratie n'est pas à son meilleur au sein des majorités silencieuses. Elle préfère que les choses se disent, qu'il y ait échange, débat, confrontation. Chez les Grecs, l'Agora fournissait l'espace idoine où se manifestait la vitalité démocratique. À l'ère moderne, multiples sont les lieux possibles de débats démocratiques : au Parlement, dans des rencontres publiques, dans les journaux, à la radio et à la télévision, dans les maisons d'enseignement. La multiplication des événements propices aux débats publics est un signe de santé démocratique (un défilé, une manifestation, des colloques, etc.).

Ce qui vaut pour la société globale vaut aussi pour les groupes intermédiaires, tels les syndicats, les corporations professionnelles, les associations de gens d'affaires; sans oublier les partis politiques, où l'on a parfois tendance, au nom de l'unité, à baliser sévèrement l'exercice du droit à la dissidence.

6.5 UN DROIT DE PAROLE PERSONNALISÉ. La liberté d'expression est un droit inégalement partagé en démocratie. Les décideurs politiques, les journalistes et les experts, les représentants patronaux et syndicaux exercent un quasi-monopole. Le propriétaire d'une entreprise de presse ou de télévision exerce indirectement son droit de parole en désignant les éditorialistes et les commentateurs de son choix. En revanche, la radio et la télévision d'État maintiennent un relatif équilibre dans la présentation de points de vue divers. Des revues à faible tirage et un journal indépendant tel *Le Devoir* (ou *Le Monde* en France) font entendre un autre son de cloche, font place à un discours alternatif.

Dans cet espace, le citoyen ordinaire occupe une place modeste. Il a peu l'occasion de s'exprimer. Pourtant, ce qu'il ressent et pense n'est pas sans importance pour l'avenir de la société. Dans les questions majeures, dit la Règle de saint Benoît, il est prudent de consulter tout le monde. On consulte le citoyen ordinaire au moment d'une élection ou d'un référendum. Mais on aurait avantage à l'écouter plus souvent. Il faut qu'il puisse se faire entendre dans les débats publics, les tribunes téléphoniques, le courrier du lecteur, etc.

7. PISTES DE RECHERCHE

7.1 PARACHEVER L'ŒUVRE. Explorer les mécanismes propices à faire transiter la démocratie dite formelle ou libérale en démocratie économique et sociale; explorer les moyens à prendre pour que les citoyens ordinaires se sentent vraiment concernés par les grands enjeux de société, puissent exprimer leur opinion au sujet de ces enjeux et deviennent des participants actifs à la vie démocratique.

7.2 ÉTHIQUE ET POLITIQUE. Il est important d'approfondir la question des rapports entre l'éthique personnelle et l'éthique politique, tant chez le citoyen ordinaire que chez les mandataires de la volonté populaire. Les vertus sociales influent sur les choix politiques et les projets de réformes sociales.

7.3 LE POUVOIR CONTRE LE PEUPLE. La confiscation du pouvoir par des dirigeants ineptes et corrompus est une tragédie qui affecte plusieurs pays, tant dans les pays avancés que dans le tiers monde. Voir *Le Monde diplomatique*, les publications d'Amnistie internationale, etc.

8. LECTURES

Pie XII, *Benignitas*, Radio-message de Noël 1944. Sur la démocratie.

Jean XXIII, *Pacem in terris.*

Paul VI, *Octogesima adveniens*. Sur la responsabilité politique des chrétiens.

Burdeau, Georges, *La démocratie*, Paris, Seuil, 1956.

Collectif, *Justice économique pour tous*, Lettre pastorale des évêques américains, Paris, Cerf, 1988.

Collectif, *Pour vivre la démocratie économique*, Message du 1er mai 1992, Assemblée des évêques du Québec.

Dion, Gérard et Louis O'Neill, *Le chrétien en démocratie*, Montréal, Éditions de l'Homme, 1961.

Maritain, Jacques, *Christianisme et démocratie*, New York, La Maison française, 1943.

O'Neill, Louis, « Le ministère de l'autorité » dans *Droit et morale: valeurs éducatives et culturelles*, Montréal, Fides, coll. Héritage et projet, 1987, p. 187-204.

Ramonet, Ignacio, « Chancelante démocratie » dans *Le Monde diplomatique*, octobre 1996.

PRATIQUES SOCIALES

NOTE PRÉLIMINAIRE

La section dite des pratiques sociales propose à la fois une récapitulation des étapes précédentes et des paramètres pour l'engagement social, celui-ci concrétisant en situation le vouloir éthique. À cet effet, on propose trois démarches:

1) un inventaire de pratiques sociales issues de la créativité d'individus et de groupes;
2) un regard sur les stratégies, les manières de faire;
3) une réflexion sur les sources du dynamisme social.

23

CHANTIERS D'HIER ET D'AUJOURD'HUI

« On n'est pas meilleur chrétien parce
que l'on pense ou parce que l'on imagine
mieux un avenir, mais bien parce que l'on agit
mieux et plus efficacement. »

(Joseph COMBLIN,
Théologie de la pratique révolutionnaire, p. 37)

ON PEUT CHANGER LES CHOSES

« Il faut refuser de nous laisser enfermer dans la fatalité qui consisterait à considérer comme normale la division du monde en "gagnants" et "perdants". Il demeure toujours possible pour les humains d'agir sur le cours des choses, quelles que soient les contraintes réelles dont il faille tenir compte. Cette conviction repose sur notre vision de la personne comme image de Dieu, sujet libre et responsable de son devenir. »

L'ASSEMBLÉE DES ÉVÊQUES DU QUÉBEC
Pour vivre la démocratie économique, Message du 1er mai 1992.

Pour les croyants de tradition chrétienne, les pratiques sociales sont insé-parables de la foi. Quand celle-ci s'enferme dans des activités religieuses sans inclure des responsabilités sociales, on doit conclure qu'il y a dérapage. Le bon Samaritain s'engage dans le Royaume de Dieu au moment où il secourt le voyageur blessé qui gît dans un fossé, tandis que le prêtre et le lévite ratent le rendez-vous spirituel parce que trop préoccupés d'activités religieuses. La parabole du Jugement dernier parle du salut accordé ou refusé sans même qu'il soit question de foi explicite. Le Royaume, c'est un espace pour l'action, à l'image du Père et du Fils, qui agissent sans cesse (*Jean* 5,17). Le bon serviteur est homme d'action. «Heureux ce serviteur que son maître en arrivant trouvera occupé» (*Luc* 12,43). Des propos qui valent pour tous les hommes et femmes de bon vouloir préoccupés d'humaniser et de civiliser le monde autour d'eux. Car nul ne sait les limites du Royaume. Beaucoup en font partie sans le savoir, d'autres croient en faire partie, mais se font illusion sur la qualité de leur appartenance.

Cette manière de voir ne rabaisse pas au second rang les penseurs et les contemplatifs, religieux on non. Ceux-ci, au contraire, apparaissent comme les agissants par excellence, à condition de ne pas confondre la vie de l'esprit et l'activité intérieure avec la fainéantise pieuse ou la rêverie brumeuse.

L'intériorité authentique a valeur d'un agir au plein sens du terme. Elle est la meilleure part que Marie s'est acquise et qui ne lui sera pas enlevée (*Luc* 10,42). Elle est une source d'énergie dont ont besoin les hommes et femmes d'action qui aspirent à devenir, de façon efficace, le sel de la terre et la lumière du monde (*Matthieu* 5,13-14).

1. DE TOUS TEMPS, DES PRATIQUES SOCIALES

1.1 De tous temps, la tradition judéo-chrétienne a inspiré une manière de voir particulière concernant les rapports entre les individus et les groupes qui composent la société (voir le chapitre 3). De tous temps en ont découlé des pratiques de portée humanitaire et civilisatrice. On décèle une trame historique continue, qui va de l'Alliance ancienne à nos jours, tissée de prises de position, d'initiatives et de pratiques sociales dont certaines ont particu-lièrement marqué le développement des sociétés: la revendication d'égalité, l'interdiction des pratiques usuraires, les normes déterminant le juste salaire, la dénonciation de l'exploitation des travailleurs, l'aide aux malades et aux pauvres, le rachat des esclaves, l'élaboration des lois sociales, les œuvres éducatives. Des pratiques tantôt nées de l'initiative individuelle, tantôt collectives et concrétisées dans des associations libres, des institutions, des ordres religieux, etc. On en dénombre au sein de toutes les Églises chrétiennes, par exemple l'Armée du salut, l'Auberivière, l'Arche, la maison de l'Alliance, Développement et paix, Caritas allemand, etc.

1.2 Une grande partie de la crédibilité et du prestige des Églises à travers l'histoire est imputable à ces réseaux étendus de pratiques sociales axées sur la charité, la solidarité et la justice. Certains n'y voient que des motivations intéressées, car pour eux, les êtres humains n'agissent que par intérêt, ici entendu au sens d'un intérêt matériel ou pécuniaire. Mais la moindre étude sérieuse des lignes de force de la tradition judéo-chrétienne met en lumière des valeurs supérieures qui sont à l'origine de ces comportements observables à toutes les époques et qui débordent les frontières ecclésiales proprement dites.

1.3 On peut parler d'un trait culturel. Celui-ci demeure présent et apparent, même quand les pratiques religieuses décroissent, même aux époques où l'appareil ecclésiastique sombrait dans la mondanité et dérogeait à sa mission. Face à la richesse de certains ordres religieux campe la pauvreté de saint François; contrastant avec la classe dominante d'évêques aristocrates et mondains du temps des rois dits « très chrétiens » émergent les figures de Vincent de Paul et de Jean-Baptiste de La Salle, et celles de milliers de croyants et croyantes anonymes, inscrivant dans le quotidien les traits de la solidarité évangélique. Aux jeunes qui crient au secours répond l'action d'un Dom Bosco et de centaines d'intervenants qui marchent sur ses traces. À l'époque où le capitalisme sauvage gonfle les effectifs du prolétariat industriel, les catholiques sociaux multiplient les initiatives que *Rerum novarum* approuvera et encouragera à titre d'authentiques manifestations d'une foi à l'écoute du monde.

2. LES BÂTISSEURS

2.1 D'un pays on peut rédiger l'histoire politique, l'histoire militaire ou encore l'histoire économique. On peut aussi faire l'histoire de ses pratiques sociales. Au Québec, celles-ci furent spectaculaires dès les origines et eurent pour initiateurs des personnages de haute stature : Marie de l'Incarnation, Marguerite Bourgeoys, François de Montmorency-Laval, Marguerite d'Youville, etc. Il y eut aussi les héros inconnus : ceux qui ont défriché, labouré, fondé des foyers dans des conditions plus que pénibles, les premiers instituteurs et institutrices, les religieuses hospitalières, etc. Héros, héroïnes oubliés qui ont établi les fondements et préparé la suite de l'histoire.

2.2 Au lendemain de la Conquête et dans les années qui ont suivi, la solidarité et la responsabilité sociale inspirent de multiples initiatives ; celles-ci ont fourni des points d'appui qui contribueront à la survivance du peuple québécois et vont amorcer la prise en main progressive de son destin. Quand adviendra la Révolution tranquille, celle-ci tablera sur un vaste héritage : un peuple de travailleurs et de travailleuses, un vaste réseau d'écoles primaires et secondaires, des écoles techniques, des collèges classiques, des écoles normales, des hôpitaux, des instituts familiaux, des caisses populaires, des coopératives, des établissements agricoles, des petites entreprises, des institutions financières alimentées par l'épargne populaire, etc.

2.3 Idéaltypes : Émilie Bordeleau et Blanche, immortalisées dans l'œuvre d'Arlette Cousture ; Menaud maître-draveur ; les personnages légendaires dont Gilles Vigneault a chanté la vitalité et le dynamisme ; des curés de paroisse remplissant le double rôle d'agents de pastorale et d'agents de développement ; les fondateurs de caisses populaires, de coopératives, de syndicats ; les fondateurs et fondatrices de multiples associations d'éducation et d'entraide, etc.

2.4 La créativité sociale, l'initiative dans le domaine économique et un déploiement extraordinaire d'énergies physiques et morales sont des composantes de la civilisation nord-américaine. Elles ont joué un rôle crucial dans la survivance et le devenir du Québec. Elles ont rempli la fonction de contrepoids dans un contexte de sujétion politique et de dépendance économique. C'est à partir de lui-même, puisant à des racines religieuses alimentant la résistance et la ténacité, que le peuple québécois a fabriqué les outils de son propre développement.

3. MODÈLES D'AUJOURD'HUI

3.1 Dans un monde sécularisé, les initiatives inspirées de la solidarité perdent souvent leur étiquette confessionnelle originelle. Des pratiquants et des non-pratiquants, des croyants et des incroyants militent coude à coude dans de nombreux mouvements. Un évêque participe à une corvée de Noël en compagnie de gens ne se réclamant d'aucune appartenance confessionnelle. Des religieux et des religieuses œuvrent dans l'anonymat au sein d'organismes dits neutres. Des travailleurs et travailleuses de toutes provenances idéologiques s'unissent pour sauvegarder leur dignité d'hommes et de femmes et défendre des intérêts légitimes. Le pluralisme idéologique et la laïcité ouverte marquent les nouvelles initiatives. On y expérimente la solidarité sociale ; on table sur ce qui unit au lieu de se préoccuper de ce qui divise.

3.2 Une caractéristique des nouveaux modèles d'engagement, c'est à la fois leur diversité et leur multiplicité. Voici, à titre d'illustration, quelques-uns des organismes privés ou semi-privés (la liste complète contient plus de SIX CENTS noms) recensés dans un bottin spécialisé, et qui œuvrent sur le territoire correspondant à l'une des régions administratives du Québec (région de Québec) :

Alcooliques anonymes, Maison d'Entraide l'Arc-en -ciel, l'Arche, Narcotiques anonymes, Roulotte Le Marginal, Maison de l'Auberivière, Villa Ignacia, Carrefour Ubald Villeneuve, Maison Revivre, YMCA, YWCA, Armée du salut, Maison Kinsmen, Maison de la famille de Québec, Espace pour le droit des enfants de Québec, Violence-Info, Carrefour familles monoparentales, Les Grands Frères et les Grandes Sœurs de Québec, Centre des femmes de la Basse-Ville, Centre international des femmes de Québec, Grossesse en détresse, Jonathan, La Jonction pour Elle, SOS Grossesse, SOS Violence conjugale, Viol secours, Service Barbara Rourke, Centre Cardinal-Villeneuve, Centre Louis-Hébert, Centre social Louis-Braille, Fondation Mira, Leucan, Maison Marc-Simon, Maison Michel-Sarrazin, Miels-Québec, Société Alzheimer, Centraide-Québec, Centre Multi-ethnique de Québec, Œuvres de la Maison-Dauphine, Organisation anti-pauvreté Québec inc., Petits frères des pauvres, Tel-Aide Québec, Sida-Aide, Bénévolat Saint-Sacrement, Popote de l'Amitié, Relais d'Espérance, Service d'aide à domicile des Sœurs de la charité, Hébergement Bon-Pasteur, Auguste Chiffonnier, Comptoir Emmaüs, Moisson-Québec, Ramoneur des pauvres, Sociétés Saint-Vincent-de-Paul, Service d'entraide du Patro Roc-Amadour, Vestiaire Saint-Sacrement, Centre Jean-Lapointe, Maison des jeunes de Sillery, Carrefour Jeunacte, La Villa des jeunes, Patro Laval, Alphabeille-Vanier, Scouts et Guides de Québec, Café des Arts, Action Chômage Québec, Auto-Psy, Association pour la défense des droits sociaux du Québec-métro, Sessions populaires pour l'engagement social au Québec, etc, etc.

3.3 On observe, au sein de plusieurs organismes, la présence d'anciens missionnaires coopérants, nantis d'une longue et vaste expérience acquise dans divers pays du Tiers-Monde. Le trait culturel dont il a été question antérieurement refait surface quand les anciens missionnaires reprennent contact avec le pays d'origine. Un même fil conducteur relie les engagements au service du développement des peuples et la participation aux initiatives locales.

3.4 Outre la mission spécifique que se donne chacun de ces organismes, ceux-ci remplissent la fonction d'amortisseurs sociaux. Sans la présence sur le terrain de milliers de ces agents sociaux bénévoles, il est plus que probable que le climat social se dégraderait rapidement et que le pouvoir politique aurait à affronter des soubresauts d'une particulière gravité.

4. UNE CERTAINE AMBIGUÏTÉ

4.1 La solidarité institutionnelle privée possède une efficacité qui lui est propre. Elle pallie des urgences et satisfait des besoins auxquels l'action étatique saurait difficilement répondre. Elle offre un lieu d'épanouissement à des énergies humaines et morales en réserve. Elle témoigne d'un degré tangible d'humanisme et de civilisation.

4.2 Cette solidarité remplit aussi un rôle de suppléance à l'égard d'une action étatique insuffisamment développée ou à court de moyens financiers. Ainsi en a-t-il été au Québec durant les décennies qui ont précédé la Révolution tranquille, alors que maintes activités d'entraide et de solidarité ont remédié à l'absence ou aux lacunes des institutions publiques, par exemple dans les domaines de l'éducation et des services de santé. Dans un pareil contexte, la solidarité a contribué à l'essor d'un modèle particulier de propriété sociale, à savoir, la propriété collective privée axée sur les services caritatifs et sociaux destinés en priorité aux plus démunis, telle la propriété sociale des communautés religieuses.

4.3 Il peut arriver que la multiplication des activités dites de bienfaisance pallie un dysfonctionnement de l'organisation sociale. Ainsi en fut-il à l'ère du capitalisme sauvage, alors que beaucoup d'œuvres de charité axaient leurs interventions en faveur des « pauvres travailleurs », c'est-à-dire d'ouvriers et d'ouvrières dont les bas salaires ne permettaient pas de subvenir à des besoins essentiels. Il y a répétition du phénomène quand on est obligé de multiplier les opérations de dépannage (comme les paniers de Noël) en période de croissance économique. Il est alors pertinent de souligner l'ambiguïté du processus d'entraide. Certains observateurs parlent du risque de la charité qui pallie l'absence de justice ou l'inefficacité politique.

4.4 Le néolibéralisme s'accommode bien de la multiplication des opérations de dépannage, grâce auxquelles les citoyens ordinaires tentent du mieux qu'ils peuvent de contrebalancer l'appauvrissement collectif et la montée des inégalités. C'est faire preuve de prudence politique que de s'interroger sur cet état des choses où la croissance de la richesse va de pair avec celle de la pauvreté des travailleurs et des moins nantis. État des choses qui risque de donner naissance à l'apartheid social.

4.5 Une authentique charité incite à accroître l'espace de la justice. Ainsi en arrive-t-on, dans une économie développée, à postuler le droit, pour tout citoyen, à des ressources minimales suffisantes pouvant satisfaire les besoins en matière de nourriture, vêtement, logement, santé et éducation. On élargit ainsi le domaine de la justice au lieu de simplement remédier partiellement aux conséquences de l'injustice.

4.6 Cela étant dit, demeure urgente et incontournable la nécessité d'initiatives inspirées par la solidarité (ou encore la charité) et qui visent à humaniser et à civiliser la vie en société. Face à des besoins pressants, on ne peut attendre le parachèvement des réformes structurelles nécessaires. Tout comme le bon Samaritain n'a pas attendu l'arrivée du service ambulancier avant de secourir le malheureux voyageur victime des brigands.

5. LE SOCIAL ET LE POLITIQUE

5.1 Entre le social et le politique, il y a à la fois différenciation et inter-relation. La société ne se réduit pas à l'État et aux instances politiques infé-rieures. L'activité sociale et l'activité politique occupent des domaines d'in-tervention distincts et interreliés.

5.2 L'action sociale est d'abord le propre d'individus ou de groupes inspirés par l'altruisme. L'État a comme responsabilité, s'inspirant du prin-cipe de subsidiarité, de respecter le pouvoir d'initiative de ces individus et de ces groupes. Se comportant ainsi, il se départit de tâches qui alourdiraient inutilement son fonctionnement. Un interventionnisme abusif aurait aussi comme effet de paralyser l'ensemble de la vie sociale. La paralysie des sociétés totalitaires résulte de l'interventionnisme étouffant.

Le principe de subsidiarité s'accommode d'un soutien financier adéquat de la part de l'administration publique, surtout dans le cas de groupes populaires œuvrant dans des milieux où les ressources sont rares. Un tel soutien financier se révèle à la longue économiquement rentable, car il évite aux instances publiques d'avoir à intervenir directement: une intervention qui risque parfois d'être coûteuse et peu efficace.

5.3 Le social a aussi ses limites. À partir d'un certain seuil, les dossiers deviennent politiques et tendent à confirmer l'axiome qui dit que «les problèmes de tout le monde sont des problèmes politiques». Dans une société moderne où l'on recherche l'équité et une relative égalité des chances, la création d'emplois, l'aide sociale, l'éducation, le logement social, les soins de santé, l'implantation d'équipements culturels appellent l'entrée en scène du pouvoir politique. On doit tenir compte du principe de subsidiarité, mais aussi du principe de solidarité; or il s'avère que, souvent, c'est par le truchement de l'action gouvernementale que la solidarité devient concrète (voir chapitre 9).

5.4 L'État doit se donner les moyens d'intervenir. On ne peut plaider le dénuement dans une économie en croissance. Le dépérissement de l'État, souhaité par des maîtres à penser de l'idéologie néolibérale, conduit à la démolition sociale et à un déficit humain aux conséquences incalculables.

5.5 En somme, les intervenants dans le domaine social sont divers:
— des individus et des groupes inspirés par l'altruisme;
— des citoyens qui appuient moralement et financièrement les groupes et institutions qui s'adonnent à ces pratiques;

— les administrations publiques (municipalités, etc.) ;
— l'État, responsable architectonique de la solidarité institutionnelle.

6. PISTES DE RECHERCHE

6.1 LA FOI INVENTIVE. Lire la vie des grands croyants qui furent en même temps des hommes d'action d'envergure : Vincent-de-Paul, Jean-Baptiste de La Salle, Le Père Lebbe, le cardinal Lavigerie, Dom Bosco, Thérèse Cabrini, etc. Observer la connexion entre la foi et l'efficacité sociale. Circonscrire le trait culturel qui forme le fil conducteur reliant entre elles ces expériences de vie.

6.2 LES BÂTISSEURS. Se familiariser avec l'histoire sociale du Québec. Voir comment des initiatives venues de la base ont grandement contribué à construire le tissu social et à structurer l'identité québécoise. Un peuple qui s'est comme inventé lui-même, par ses propres moyens, en attendant de se donner un pays.

6.3 SYNDICALISME ET ACTION SOCIALE. Les organisations syndicales ont joué un rôle important dans l'histoire du Québec, et ce, dès l'apparition du capitalisme industriel, au XIXe siècle. On aura profit à explorer ce volet de notre histoire collective, surtout que nombreux sont les hommes politiques et les faiseurs d'opinion qui ne cessent de faire le procès des syndicats et de leurs représentants. Se rappeler les multiples missions du syndicalisme : défendre les intérêts légitimes des travailleurs, appuyer les groupes populaires, promouvoir des politiques sociales progressistes, dialoguer et négocier avec le pouvoir politique, servir de contrepoids face au pouvoir financier.

7. LECTURES

Collectif, *L'Arc-en-ciel*, Bottin annuel de la Maison d'Entraide L'Arc-en-ciel, Québec.

Collectif, *Histoire du catholicisme québécois*, en trois volumes, sous la direction de Nive VOISINE, Montréal, Boréal, 1984.

DANIEL-ROPS, *Histoire de l'Église du Christ*, Paris, Fayard (14 vol.).

DANIEL-ROPS, *Monsieur Vincent*, Lyon, Éditions du Chalet, 1955.

DUMONT, Fernand, *Genèse de la société québécoise*, Montréal, Boréal, 1996.

GROULX, Lionel, *Notre grande aventure : l'empire français en Amérique du Nord : 1535-1760*, Montréal, Fides, 1976.

GROULX, Lionel, *Notre maître le passé*, Montréal, Granger, 1944.

GROULX, Lionel, *Une femme de génie au Canada: la vénérable mère d'Youville*, Montréal, Comité des fondateurs, 1957.

LACOURSIÈRE, Jacques, *Histoire populaire du Québec*, tome I, Sillery, Septentrion, 1995 (tome 2, 1996).

24 MANIÈRES DE FAIRE

«Il se trouve que l'absence d'option
est encore une option. S'abstenir, c'est
toujours favoriser le jeu de celui qui est en place,
ou du plus fort qui va s'y mettre.»

(L.J. LEBRET, *Action, marche vers Dieu*, p. 60)

CHOISIR SON CRÉNEAU

« Le combat contre la misère demande un engagement
sans réserve. Tous n'ont point cependant à combattre
toutes les formes de misère. Nul ne peut affronter la misère
sur tous les fronts. Chacun a son champ restreint
de bataille, selon les dons qu'il a reçus, selon sa taille
humaine, selon son intensité de charité. »

L.J. LEBRET, *Dimensions de la charité*, p. 66

Les bons sentiments ne suffisent pas pour garantir l'efficacité. Les enfants de lumière sont parfois moins avisés que les enfants de ténèbres (*Luc* 16,8). Un guide aveugle peut causer plus de tort que de bien (*Matthieu* 15,14). Dans l'enclenchement d'un engagement social opérationnel non seulement les intentions droites et le vouloir désintéressé, mais aussi la clairvoyance et une bonne dose de sagesse pratique ont un rôle à jouer. Il existe des attitudes, des approches, des manières de faire, des stratégies qui accroissent l'efficacité. Les moyens utilisés peuvent être modestes, sans éclat et néanmoins s'avérer efficaces, et cela parce qu'on a mis en pratique certaines règles d'action élémentaires.

Quelques manières de faire : choisir son camp, savoir pour mieux intervenir, se conscientiser et conscientiser les autres, exercer un regard critique, choisir son créneau, s'intéresser au politique, vivre des solidarités.

1. CHOISIR SON CAMP

1.1 Dans une démocratie, les idéologies sont multiples, les opinions sont diverses, les choix politiques aussi. Ce qui ne veut pas dire que tout est également bon et valable. Un citoyen intelligent et responsable ne peut être d'accord avec tout ce qui se dit, être accueillant de façon égale à tous les projets et à toutes les orientations. Le pluralisme n'implique ni l'adoxalisme, ni l'indifférence face aux choix proposés. La responsabilité sociale invite tantôt à exprimer son accord, tantôt à dire non et à proposer autre chose.

1.2 S'engager socialement, c'est prendre parti au cœur d'un combat social où l'on dénombre des alliés et des adversaires. Les uns et les autres ont le droit de choisir leur camp et méritent le respect, mais on n'a pas à être d'accord avec tous. Ce n'est pas vrai que « tout le monde il est beau, tout le monde il est gentil ».

On peut être tenté de ne pas choisir son camp à cause de l'incertitude des enjeux. En éthique, nous l'avons vu, la certitude absolue n'existe pas. Ne pas choisir, c'est souvent en fait opter pour le plus fort, pour l'ordre établi.

La neutralité est souvent piégée. Elle cache parfois un parti pris qui ne veut pas dire son nom. L'Évangile n'est pas neutre, les valeurs non plus. « La vie et la prédication de Jésus postulent la recherche incessante d'un nouveau type d'homme dans une société qualitativement différente[1] ». On ne peut se donner un tel objectif et être en même temps d'accord avec tout le monde.

1.3 Autre piège : la réconciliation. Celle-ci répond à un vœu cher à toute personne de bonne volonté. Mais son rôle ne peut être d'occulter le mal et de dispenser du devoir de réparation. Les victimes de l'injustice doivent accepter le désir de réconciliation des exploiteurs ou des oppresseurs qui reconnaissent leur faute et veulent réparer. On ne peut leur demander de se réconcilier avec le mal et ses conséquences.

Antonio Castro conteste une certaine façon de vouloir appliquer à l'Amérique latine la thèse de la réconciliation : « Nous ne pouvons pas nous réconcilier avec les corps de répression à la solde des exploiteurs, il faut plutôt les faire disparaître en tant que corps de répression. Nous ne pouvons pas nous réconcilier avec les exploiteurs, il faut plutôt faire en sorte qu'ils cessent d'être des exploiteurs, il faut créer une société nouvelle, où il n'y aura ni exploitation, ni privilèges payés par le sang des pauvres. Ici, toute réconciliation serait une fausse réconciliation, un péché[2] ».

1.4 La paix sociale est fragile quand elle s'appuie sur la résignation des victimes de l'injustice. La paix est le fruit de la justice. La paix messianique inclut la quête d'un monde plus juste. Pensons au signe messianique révélé par Marie de Nazareth, qui laisse éclater sa joie parce que le temps est venu où « Il a renversé les potentats de leurs trônes et élevé les humbles, comblé de biens les affamés et renvoyé les riches les mains vides » (*Luc* 1,52-53).

1.5 Jésus a apporté la paix, mais une paix conflictuelle (*Matthieu* 1,10 34). Ainsi en est-il du Royaume dans sa phase terrestre. Jésus a livré un combat social. Il n'a pas été l'ami de tout le monde. Il a enseigné le pardon des offenses (*Matthieu* 6,12), mais sans prêcher une réconciliation qui occulte l'injustice. Il n'a pas craint l'affrontement avec les pouvoirs de ce monde. Au fait, il est plutôt apparu comme un personnage prompt à la contestation, parfois déplaisant, pas toujours d'agréable compagnie. On peut imaginer ce que serait de nos jours son comportement dans quelque sélecte rencontre des divers gratins qui composent les establishments modernes, ou dans un colloque où l'on discute de droits humains, de l'exploitation économique ou sexuelle des enfants, de la pauvreté, des inégalités sociales, du commerce des armes, de pornographie, de violence médiatique, etc.

1.6 On parle de l'injustice qui est à l'origine du désordre établi. Il faut aussi mentionner l'ineptie ou encore la bêtise. Le mal social résulte souvent

---

1. Gustavo GUTIERREZ, *Théologie de la libération*, p. 239. Sur l'impossible neutralité, voir aussi FRANÇOIS BIOT, *Théologie du politique*, Paris, Éd. universitaires, 1972.

2. Antonio CASTRO, « Théologies de la libération » dans *La question sociale hier et aujourd'hui*, p. 483.

de l'imbécillité et de la sottise, du péché contre l'intelligence. Choisir son camp, c'est aussi chercher à contrer le pouvoir de décideurs ineptes qui ne savent pas ce qu'ils font et qui, lorsqu'ils quittent enfin la scène politique ou administrative, laissent aux citoyens ordinaires de lourdes factures qu'il faudra acquitter : gaspillage des ressources naturelles, pollution, déstructuration sociale, violence urbaine, déficit humain, etc.

2. LE SAVOIR LIBÉRATEUR

2.1 Une autre manière de faire, c'est l'investissement intellectuel. La science et la technique sont les clés de la croissance économique des sociétés modernes. Elles peuvent être des instruments de libération et peuvent aussi contribuer à l'asservissement collectif. Le savoir est libérateur pour qui le fait servir au progrès social.

2.2 Le capitalisme moderne honore et cultive le savoir. Il en a fait le moteur de la révolution industrielle et de la révolution technologique fondée sur l'informatique, laquelle est en train de transformer radicalement les modes de production, de distribution et de gestion. Il allie le pouvoir technologique et le pouvoir économique, visant, dans cette foulée, à exercer une certaine mainmise sur le pouvoir politique. La trilogie avoir-savoir-pouvoir est en train d'écrire une nouvelle page de l'histoire.

2.3 C'est dans ce contexte que sont appelés à intervenir les militants de l'action sociale et ceux et celles qui sont solidaires de leur engagement. Il s'agit pour les uns et les autres d'acquérir le savoir, d'approfondir et de structurer une nouvelle manière de voir inspirant un projet de société qui, par son humanisme et sa qualité civilisatrice, dépassera les horizons de la culture marchande.

2.4 Cette entreprise s'appuie sur des moyens modestes, pauvres, sur des ressources limitées. D'où le risque de se laisser impressionner par la panoplie des moyens dont disposent les forces dominantes et les adeptes du conservatisme social. Mais il devient alors nécessaire de se rappeler qu'il n'y a là rien de nouveau. Telle était la situation du jeune David face au puissant Goliath, celle de maints réformateurs au cours de l'histoire, celle des pionniers du syndicalisme, celle de ces petites équipes de catholiques sociaux qui, face à la montée du capitalisme sauvage au XIXᵉ siècle, élaborèrent une «science sociale catholique» et inventèrent de modestes outils d'intervention sociale.

2.5 La pensée est le commencement de l'action. Il faut multiplier les noyaux de réflexion sociale, les ateliers d'éthique. Il faut investir en intelligence et en savoir, accroître l'expertise en humanité, s'imposer une extension de compétence, ce qui veut dire, par exemple :

— s'initier à l'histoire des faits économiques et sociaux;
— apprendre à démystifier l'idéologie économiste érigée en dogme;
— dégager la composante humaine et éthique des dossiers économiques;
— acquérir l'expertise requise pour mieux combattre le fatalisme, la résignation, la culture du statu quo favorable au désordre établi;
— s'initier aux démarches intellectuelles propres à alimenter un regard neuf sur les questions sociales et économiques.

Ces quelques indications montrent qu'un vaste chantier attend les travailleurs intellectuels soucieux de faire servir le savoir à la libération et à la croissance humaine et sociale des collectivités. Il faut libérer le savoir du piège de la pensée unique pour qu'il devienne un instrument de libération.

3. LA CONSCIENTISATION

3.1 La parabole du bon Samaritain met en situation, d'une part, un commerçant qui se sent socialement concerné et, d'autre part, un prêtre et un lévite qui se considèrent étrangers à l'affaire. Le commerçant est conscientisé. Il se sent responsable face à l'homme blessé qui gît au bord de la route, victime des brigands. Chez lui, la sensibilité sociale enclenche la volonté d'intervenir.

3.2 Nombreux sont les événements qui nous interpellent: la suppression des emplois et la montée du chômage, les taux d'intérêt usuraires, la dette publique, l'appauvrissement collectif, le suicide chez les jeunes, l'exploitation sexuelle des enfants, la violence urbaine, la détresse du Tiers-Monde, etc. Aucun de ces dossiers ne doit laisser indifférent, même si, dans un premier temps, on se sent envahi par un sentiment d'impuissance, sans idée bien arrêtée sur la manière d'intervenir.

À l'opposé du sentiment d'impuissance, le sentiment d'être concerné et la conscientisation stimulent l'imagination et incitent à inventer des solutions.

Quand on étudie la vie et les réalisations de grands militants de l'action sociale, on constate que la sensibilité sociale a joué le rôle de catalyseur. Les moyens ont suivi, d'abord des moyens simples, ensuite des interventions plus structurées.

4. UN REGARD CRITIQUE

4.1 Comme il a été dit précédemment (voir chapitre 1), la fonction critique fait partie de la démarche éthique; une fonction qui inclut la vérification de la validité des postulats éthiques eux-mêmes et des normes en vigueur dans un contexte donné. Car on a naturellement tendance à faire siennes les manières de penser à la mode et les usages reçus.

La force de la tradition influence même des gens fort intelligents. Signalons, à titre d'illustration, qu'un esprit aussi brillant et libéral que Voltaire ne répugnait pas à s'enrichir grâce à la traite des Noirs et au commerce des armes. Cela faisait partie de son credo libéral. D'autre part, tout en glorifiant le savoir et la raison, il déplorait que les Frères des écoles chrétiennes s'adonnent à l'instruction des paysans, car cela, à son avis, pouvait les éloigner du travail agricole dont profitaient le seigneur de Ferney et ses semblables. Les manières de penser propres à son temps et à son milieu l'emportaient sur un sens critique habituellement à l'affût.

4.2 Le regard critique aide à discerner les préjugés dominants, les idoles à la mode, les faux postulats. Il ébranle les certitudes faciles et contribue à retrouver les véritables valeurs et enjeux.

L'exercice du regard critique n'est pas une entreprise facile dans un contexte où « la pensée unique » s'impose comme allant de soi. Chez beaucoup d'universitaires, d'intellectuels et de communicateurs, elle remplit la fonction de prémisse universelle, de critère indiscuté à partir duquel on porte un jugement sur les projets et les décisions des gouvernements, les revendications des travailleurs, les contestations populaires. « Des intellectuels sonnants et trébuchants[3] » mettent spontanément leur savoir au service du marché et de l'argent. L'idée d'une solidarité avec les plus démunis et les citoyens ordinaires ne semblent pas leur effleurer l'esprit.

4.3 De nos jours, la démarche critique occupe une place de plus en plus importante au sein des communautés chrétiennes. On parle spécifiquement de théologie critique. Les théologies de la libération incarnent le volet le plus connu de cette forme de théologie sociale. La distanciation pratiquée à l'égard des puissances économiques dominantes impartit au discours ecclésial une fraîcheur inédite et un style dérangeant auxquels beaucoup de croyants et de non-croyants sont peu habitués.

4.4 Parmi les idées à la mode qui méritent de faire l'objet d'une évaluation critique, il est pertinent de souligner les suivantes :

— les lois de l'économie sont naturelles et intangibles ;
— le néolibéralisme est l'unique voie d'avenir ;
— il est normal que le pouvoir économique dicte ses volontés au pouvoir politique ;
— l'économie déréglementée est une garantie de progrès social ;
— le libre commerce favorise la paix ;

___
3. Voir Philippe VIDELIER, «Des intellectuels sonnants et trébuchants» dans *Offensive du mouvement social*, Manières de voir, n° 35, *Le Monde Diplomatique*, septembre 1997.

— le libre commerce n'a pas à se préoccuper de valeurs morales et de droits humains ;
— les inégalités sociales sont naturelles ;
— celui qui veut travailler finit toujours par trouver un emploi ;
— les pauvres sont responsables de leur pauvreté ;
— le sort des pauvres relève de la charité et non de la justice ;
— les contraintes de la compétitivité dispensent de tenir compte des droits des travailleurs et des droits humains ;
— la recherche du profit maximal est un droit inaliénable, fondé sur le droit de propriété, lequel est absolu et exclusif.

5. CHOISIR SON CRÉNEAU

5.1 Un bref inventaire des pratiques sociales (voir chapitre 23) montre l'extraordinaire variété des agirs possibles. En démocratie, les voies sont multiples et diverses. Il y a place pour des initiatives individuelles, des actions solidaires, des techniques simples, des stratégies plus élaborées. L'histoire montre que des transformations sociales importantes ont parfois pris racine de façon inopinée, à partir d'une intuition, d'un événement catalyseur. « L'Esprit souffle où il veut » (*Jean* 3,8).

5.2 Au sein du corps social, les compétences, les talents, les dons sont nombreux et diversifiés. Les situations varient, de même les ressources et les disponibilités. Chacun ou chacune doit choisir le lieu et les modes d'engagement idoines, en fonction de ses talents, de son charisme, de sa disponibilité.

Disponibilité : s'entendre sur le mot. Se rendre disponible peut signifier, pour certains, simplement réduire la part d'activités plus ou moins superflues qui empêchent de réserver du temps pour des activités sérieuses. Pour d'autres, les choses sont plus compliquées, par exemple dans le cas de charges professionnelles ou familiales considérables. La disponibilité peut alors prendre la forme d'un appui moral, d'un soutien financier, etc.

Diversité des charismes. Nombreux sont les hommes et les femmes qui pratiquent un engagement discret. Ils ne sont jamais à l'avant-scène. Pour diverses raisons valables, ils ne participent ni à des activités d'associations, ni à des assemblées, ni à des manifestations. Mais on ne peut douter de la valeur de leurs convictions sociales. On peut toujours compter sur eux et elles, dans la discrétion.

5.3 Quelques exemples de manières de faire :

— Collaborer à la mise sur pied d'un syndicat, d'une coopérative d'habitation, d'un comité de protection des droits des immigrants, etc. ;

— accorder son soutien à des groupes populaires qui contestent des décisions politiques injustes envers les plus démunis;
— soutenir financièrement des groupes populaires;
— participer aux activités d'un atelier d'éthique;
— participer à une manifestation publique en solidarité avec des travailleurs, des chômeurs, des assistés sociaux;
— dénoncer les coupures dans les programmes sociaux;
— prendre position dans un texte, une lettre publiée dans des journaux;
— dans une tâche d'éducation, éveiller le sens social des jeunes, les conscientiser, les aider à analyser la réalité sociale, économique et politique;
— collaborer à l'organisation de débats publics, de colloques, etc.

5.4 Informer et communiquer. Ce dernier point revêt une importance majeure. Un atout capital dont disposent les grands manitous de l'idéologie dominante, c'est la mainmise étendue sur les moyens de communication. Une mainmise inquiétante[4], mais qui demeure néanmoins incomplète. En démocratie, il reste toujours des voies alternatives, des sentiers détournés, par où fait son chemin une autre manière de penser, une autre manière de faire. Il ne faut pas sous-estimer l'impact des moyens humbles: un dépliant sans prétention, un bref texte dans un bulletin paroissial, une lettre publiée dans un journal, l'organisation d'un cercle d'étude ou d'un colloque, la participation à un débat public: des initiatives discrètes mais non dépourvues d'impact. Se rappeler l'image du levain dans la pâte (*Matthieu* 13, 33).

Les grands réseaux d'information font, à l'occasion, une place à des initiatives qui contribuent grandement au travail d'information et de conscientisation. Il suffit parfois d'un seul reportage bien documenté sur un dossier chaud pour que des décideurs politiques ou économiques acceptent de bouger. La liberté journalistique est un antidote à la mainmise sur la propriété des médias.

6. LE CRÉNEAU POLITIQUE

6.1 Comme nous l'avons vu précédemment (chapitre 23), le social débouche inévitablement sur le politique. Comme dit l'adage souvent cité, (et un peu excessif) «les problèmes politiques sont les problèmes de tout le monde; les problèmes de tout le monde sont des problèmes politiques». Directement ou indirectement, le politique finit par rejoindre tout le monde. La profession d'apolitisme peut conduire à l'échec. On ne peut ignorer le créneau politique. «Tout ce qu'on gagne à se désintéresser de la politique, c'est d'être gouverné par des gens pires que soi» (Platon).

---

4. Ignacio RAMONET, «Apocalypse médias» dans *Le Monde diplomatique*, avril 1997.

6.2 Les manières de faire concernant le domaine politique sont multiples :
— porter attention aux débats politiques ;
— formuler des opinions et élaborer des propositions sur les questions d'actualité ;
— exercer son droit de vote ;
— adhérer à un parti politique et contribuer à son financement ;
— participer à une campagne électorale ;
— postuler une charge publique, etc.

6.3 On peut aussi intervenir indirectement dans un dossier particulier (voir chapitre 21). Ainsi font les groupes de pression, les groupes populaires, les syndicats, des universitaires, des éditorialistes, des leaders religieux, etc. Ce mode d'intervention est bénéfique pour la collectivité. Il réussit souvent à réorienter des choix politiques.

7. SOLIDARITÉ

7.1 Symbolique et porteur d'un message éloquent, le logo qu'affiche la CSN : un nœud résistant, fait de la force des multiples liens qui unissent les travailleurs. Un slogan complète le logo : « Comptons sur nos propres moyens ». La première ressource des travailleurs et du monde ordinaire, c'est celle qui réside en chacun et chacune, et dans la solidarité qui unit.

7.2 La solidarité permet l'intervention sociale et politique de citoyens ordinaires qui, autrement, n'exerceraient que fort peu d'influence sur le cours des événements. D'une telle solidarité les riches ont moins besoin car « la classe riche se fait comme un rempart de ses richesses et a moins besoin de la tutelle publique » (Léon XIII). Au fait, beaucoup de citoyens ordinaires, devenus conscientisés, veulent plus qu'une « tutelle publique » qui se penche sur le peuple. Ils développent une conception du pouvoir politique qui va au-delà de celle que préconisait le bon pape Léon. Regroupés en syndicats, en groupes populaires, en associations diverses, parfois en partis politiques, ils ambitionnent de transformer la démocratie dite formelle ou libérale en démocratie sociale. La « tutelle publique » ne leur suffit pas. Ils veulent avoir un mot à dire dans la façon dont on prétend exercer ladite tutelle ; ils veulent être participants aux décisions.

7.3 L'intervention politique est à la portée de chacun, à des degrés différents et selon des modalités variables. Grâce à un engagement politique multiplié, diversifié et marqué au coin de la solidarité, il deviendra de plus en plus vrai de dire qu'un peuple a les gouvernants qu'il mérite.

8. PISTES DE RECHERCHE

8.1 En 1996, dans une déclaration intitulée «Responsables et solidaires», l'Assemblée des évêques du Québec propose la création d'ateliers d'éthique. «Ouvertes à tout le monde, ces réunions auraient pour objectifs de mieux cerner les causes des misères de notre temps, d'identifier des valeurs porteuses d'humanité et de convenir de normes de conduite à la hauteur des nouvelles situations.»

Analyser le document et évaluer la possibilité de créer des ateliers d'éthique dans son milieu (Cégep, université, paroisse, etc.).

8.2 Voir comment des penseurs comme Galbraith, René Dumont, Gutierrez ou des collaborateurs du *Monde diplomatique* poursuivent efficacement une démarche à la fois critique et éthique face aux grandes questions d'actualité.

8.3 Le discernement. C'est là un mot clé qui guide la réflexion proposée dans l'encyclique *Octogesima adveniens*. Voir comment Paul VI propose la pratique du discernement dans l'analyse des idéologies et face à l'engagement politique (nᵒˢ 36 *ssq.*).

9. LECTURES

ALINSKY, Saul David, *Manuel de l'animateur social*, Paris, Seuil, 1978. L'imagination à l'œuvre sur le terrain. Techniques simples, résultats surprenants.

DUMONT, René, *Mes combats*, Paris, Plon, 1989. L'itinéraire d'un expert engagé sur le terrain. Un scientifique militant au service du développement.

Collectif, *Responsables et solidaires*, Déclaration de l'Assemblée des évêques du Québec, décembre 1996.

GALBRAITH, John K., *La république des satisfaits*, Paris, Seuil, 1992. Propos décapants d'un économiste irrévérencieux à l'égard du système en place.

GUTIERREZ, Gustavo, *Théologie de la libération*, Bruxelles, Lumen vitæ, 1974. Œuvre remarquable de théologie critique.

HIRSCHMAN, Albert, *Deux siècles de rhétorique réactionnaire*, Paris, Fayard, 1991. Un regard critique sur les poncifs qui, d'une génération à l'autre, émaillent le discours de l'idéologie dominante.

PAUL VI, *Octogesima adveniens* (1971), sur la responsabilité politique. Voir nᵒˢ 22 *ssq.*

25

AUX SOURCES DE L'EFFICACITÉ SOCIALE

« Le temporel s'illumine en proportion
de l'esprit qu'on y fait passer. Les porteurs d'esprit
ont justement pour tâche de l'en imprégner.»

(L. J. LEBRET, *Action, marche vers Dieu*, p. 56)

LE JUGEMENT DERNIER

«Alors le Roi dira à ceux qui sont à sa droite : "Venez, les bénis de mon Père, recevez en héritage le Royaume qui vous a été préparé depuis la fondation du monde. Car j'ai eu faim et vous m'avez donné à manger, j'ai eu soif et vous m'avez donné à boire, j'étais un étranger et vous m'avez accueilli, nu et vous m'avez vêtu, malade et vous m'avez visité, prisonnier et vous êtes venus me voir."
Alors les justes lui répondront : "Seigneur, quand est-il arrivé de te voir affamé et de te nourrir, assoiffé et de te désaltérer, étranger et de t'accueillir, nu et de te vêtir, malade ou prisonnier et de venir te voir ?" Et le Roi leur fera cette réponse : "En vérité, je vous le dis, dans la mesure où vous l'avez fait à l'un de ces plus petits de mes frères, c'est à moi que vous l'avez fait". »

MATTHIEU, 25, 34-40

Qu'on agisse individuellement ou en équipe dans la poursuite d'un objectif social, on n'atteint une efficacité authentique que si l'on s'appuie sur une assise intérieure, sur des valeurs et des convictions. «Le juste est comme un arbre planté auprès des cours d'eau; celui-là portera fruit en son temps et jamais son feuillage ne sèche; tout ce qu'il fait réussit» (*Psaume* 1, 3). La véritable efficacité s'enracine au-dedans des personnes, dans une intériorité enrichie de composantes spirituelles, conjuguée à une ouverture à la vie et au changement, incarnée dans une volonté sans cesse renouvelée par l'espérance. D'où la formulation, en guise de conclusion, de quelques réflexions de synthèse sur l'engagement social, proposées comme règles d'action: le dynamisme spirituel, la Parole libératrice, l'humanisme social, l'accueil au changement, la personne d'abord, l'espérance.

1. LE DYNAMISME SPIRITUEL

1.1 Étymologiquement, le terme «spirituel» désigne un souffle intérieur, l'esprit, un dynamisme vital qui, même quand il est inscrit dans la matière, dépasse celle-ci et la marque de son empreinte. Il qualifie aussi l'inspiration, l'élan intérieur qui imprime sa marque de façon notoire chez certains individus: des penseurs, des poètes, des personnes témoignant d'un attachement marqué à des valeurs humanistes, des saints.

On décèle les effets de ce dynamisme chez de grands saints, mais aussi chez des leaders populaires et des citoyens ordinaires qui se sont distingués par la qualité de leur engagement social.

1.2 Transformé par la foi, le dynamisme spirituel est présent, à un degré spécial, chez des croyants qui ont témoigné d'une efficacité sociale qui a marqué l'histoire, tels Vincent-de-Paul, Jean-Baptiste de La Salle, Jean Bosco, Françoise Cabrini, le Cardinal Lavigerie, Léon XIII, les pionniers du syndicalisme catholique, Colette Samson, etc.

1.3 On retrouve, de nos jours, sur le terrain, des militants sociaux travaillant en équipe, les uns confessant leur foi, les autres sans appartenance religieuse précise, tous mus par un même élan spirituel, une même sensibilité sociale. Ce sont des individus structurés intérieurement, pas des feuilles sèches qui virevoltent au gré du vent. Chez plusieurs, la foi s'appelle solidarité ; ils sont les anonymes qui, dans la parabole du Jugement dernier, prennent place à la droite du Père (*Matthieu* 25,31-46).

1.4 Où commence, où finit la foi ? Où commence, où finit l'Église ? Des questions pertinentes dans un monde de christianisme implicite, où le levain s'est dissous dans la pâte. Entre des évêques argentins inféodés à la dictature militaire et de jeunes étudiants qui risquaient leur vie pour un idéal social, où se situaient la vraie foi et la véritable Église ? Entre des militants socialistes épris de justice sociale et des chrétiens du dimanche allergiques à toute réforme, où campe la foi ?

La distinction entre foi et religion trouve ici à s'appliquer. La foi s'exprime dans des gestes et des comportements religieux, mais n'en est pas dépendante. Il lui arrive de prendre d'autres chemins. À l'inverse, la religion peut être grosse d'alluvions qui font obstacle à la vitalité de la foi. Les adversaires de Jésus étaient remplis de religiosité.

1.5 L'apparentement spirituel entre gens aux manières de penser divergentes n'implique pas un plein consensus sur les valeurs. Mais l'urgence signalée par « les signes des temps » (voir chapitre 2) peut inciter à établir les bases d'une action commune, alors même qu'on diverge sur certains dossiers (le divorce, l'avortement, l'homosexualité, la confessionnalité scolaire, etc.). On table sur ce qui unit sans occulter ce qui divise (voir chapitre 23).

1.6 Le dynamisme spirituel est fonction de ce que Paul Tillich appelle la dimension oubliée : celle de l'intériorité, celle où se confondent profondeur et dimension religieuse. « Être religieux signifie s'interroger passionnément sur le sens de notre vie et être ouvert aux réponses, même si elles nous ébranlent en profondeur... Une religion en sa véritable essence... s'identifie à l'être de l'homme pour tout ce qui met en cause le sens de la vie comme son existence même[1]. » À partir de cette intériorité qui ouvre sur la verticalité s'élaborent les choix de valeurs et les projets de société.

2. LA PAROLE LIBÉRATRICE

2.1 La tradition judéo-chrétienne véhicule un message de libération (voir chapitre 3). Le marxisme lui-même y a puisé, à travers la culture juive de son fondateur, des éléments précieux qu'il a malheureusement pervertis pour aboutir à une idéologie asservissante et aliénatrice (voir chapitre 13). Chesterton parle de « vérités chrétiennes devenues folles ».

2.2 En vertu même de l'économie de l'Incarnation, la libération spirituelle est inséparable d'une libération au sein du monde actuel. Une lecture

---

1. Paul TILLICH, *La dimension oubliée*, Bruges, Desclée de Brouwer, 1969, p. 49.

«spiritualisante» de l'Écriture peut aboutir à vider le message de libération d'une partie de son contenu. C'est un grand mérite de la théologie de la libération d'avoir remis en lumière l'interconnexion entre les différentes facettes de la liberté. Pour qui œuvre en vue de civiliser et d'humaniser la vie en société, l'économie et la politique, la pratique d'une lecture incarnée de l'Écriture se révèle éclairante et stimulante.

2.3 Nombreux sont les textes porteurs d'une dimension sociale: la libération des Hébreux du joug égyptien (*Exode* 1-15), la tentation de l'idolâtrie de l'argent (*Exode* 32), les dangers de l'idolâtrie du pouvoir (*1 Samuel* 8), la primauté de la norme morale sur les caprices du prince (*2 Samuel* 12), la dimension messianique de la libération (*Luc* 1, 51-53), l'annonce de la libération (*Luc* 4,16-21), la multiplication des pains (*Marc* 6, 30-44), la défense des opprimés (par exemple *Jean* 9), les dangers de la richesse (entre autres, *Marc* 10,17-27; *Luc* 12,13-21; *Luc* 16,19-30), la parabole du Jugement dernier (*Matthieu* 25,31-46), etc.

2.4 Plusieurs textes de l'Écriture ont subi un traitement qui en a déformé ou anesthésié la signification profonde, donnant ainsi lieu à des interprétations tordues dans le genre: «Mon Royaume n'est pas de ce monde... Il y aura toujours des pauvres parmi vous...Toute autorité vient de Dieu...», etc. Des exégèses aliénantes qui ont conduit certains (comme Marx) à conclure que la religion est l'opium du peuple.

3. HUMANISME SOCIAL

3.1 L'humanisme inscrit au départ la primauté de la personne humaine et des valeurs civilisatrices. Il est intégral quand il introduit la dimension verticale[2]. L'expression «humanisme social» véhicule la dimension solidarité, en ce sens que la véritable croissance humaine englobe, dans sa démarche, tous les hommes, peu importe le statut social ou économique, la race, etc. C'est dans cette optique que Paul VI parle de développement intégral et solidaire (voir l'encyclique *Populorum progressio*).

3.2 La tradition judéo-chrétienne, les valeurs sociales (voir chapitre 2), les expériences et les réussites des agents de changement ont peu à peu concrétisé l'idée d'un humanisme social; une idée porteuse d'un projet. On peut parler d'une philosophie et d'une pratique qui avoisinent l'approche religieuse, tout en prenant des distances à son égard. Car il est arrivé que celle-ci dérape, refusant à l'occasion des apports dont les racines chrétiennes étaient indéniables, comme les droits démocratiques, la liberté religieuse, etc.

---

2. Voir Jacques MARITAIN, *Humanisme intégral*, Paris, Aubier, 1936.

3.3 À retenir, parmi les composantes de l'humanisme social :
— le caractère sacré de la vie humaine ;
— la dignité et la primauté de la personne humaine ;
— le respect de l'intégrité physique et morale ;
— le plancher de ressources, condition de dignité, de liberté et d'exercice de la responsabilité ;
— l'égalité entre les individus et entre les peuples ;
— les droits sociaux ;
— les libertés démocratiques, incluant la liberté religieuse ;
— la croissance économique au service du développement humain ;
— l'accessibilité à la culture et aux valeurs spirituelles ;
— la primauté du politique sur l'économique.

3.4 À la lumière des points de repère susmentionnés, il apparaît claire-ment que plusieurs pratiques contemporaines vont à l'encontre de l'huma-nisme social. Exemples : la négation du droit à l'éducation et à la santé, l'appauvrissement structurel des masses allant de pair avec la richesse insolente de minorités privilégiées, l'asservissement des travailleurs dans le Tiers-Monde, les pratiques esclavagistes dont sont victimes des millions d'enfants dans le monde, les atteintes aux libertés civiques, la torture, les persécutions religieuses, la servitude de nations soumises à la domination étrangère, etc.

4. L'ACCUEIL AU CHANGEMENT

4.1 Il a été question, en introduction (chapitre 1), de conservatisme et de réformisme, avec l'expression d'une préférence pour l'éthique du change-ment. Toutefois, le changement auquel on est convié en éthique sociale ne se confond pas avec n'importe quelle mutation. On peut changer pour le mieux, mais aussi pour le pire. Par exemple, les changements technologiques sont ambivalents. Ils peuvent préparer aussi bien de nouvelles servitudes qu'ouvrir la voie à un progrès humain.
En contrepartie, le statu quo et le conservatisme comportent aussi des risques, parfois encore plus grands. Les retards sont souvent coûteux. « Quand une question est mûre, occupez-vous en, sinon elle deviendra pourrie », dit un adage populaire.
4.2 Dans l'optique sociale chrétienne, le changement conjugue la continuité et l'évolution. La continuité assure la sauvegarde des valeurs et des acquis. « On ne jette pas le bébé avec l'eau du bain ». D'autre part, l'évo-lution des conditions sociales commande des ajustements et de l'innovation.
4.3 L'éthique du changement aide à se distancier des structures caduques et des aménagements en place, ce qui devient impératif quand ceux-ci engen-

drent des distorsions sociales. Quand l'ordre établi consolide les inégalités, l'injustice et l'inefficacité, la recherche du changement devient une obligation morale.

4.4 Ici surgit la question : un authentique réformiste est-il inévitablement de gauche ? (Voir chapitre 11, par. 7.2). La réponse est complexe, car l'histoire montre que les gauches étiquetées, une fois hissées au pouvoir, glissent souvent et parfois rapidement sur la pente qui conduit au conservatisme social. La gauche, c'est plutôt un esprit qu'une étiquette de parti. Le dynamisme spirituel et la pratique d'un regard critique (voir chapitre 24) sont de bons indicateurs d'une volonté de changement.

5. LA PERSONNE D'ABORD

5.1 En lisant les Évangiles, on a l'impression que le projet du salut de l'humanité est une affaire qui se déroule sans plan, au hasard des rencontres avec des individus, les uns reliés au pouvoir, les autres ne représentant qu'eux-mêmes, de petites gens sans envergure à qui le Fils de l'homme accorde beaucoup d'attention et dont l'opinion et les choix semblent revêtir à ses yeux une importance cruciale. Chaque personne, la liberté et la responsabilité de chacune d'entre elles comptent. Pour le Christ, il n'existe pas de destin humain négligeable, et même celui des petites gens semble particulièrement important. Ce que concocte Hérode apparaît dérisoire (*Luc* 13, 31-33 ; 23, 8-9), tandis que la Samaritaine a droit à une communication théologique de haute portée ; le statut et la richesse de Simon le Pharisien ne l'impressionnent pas, tandis que la foi et la générosité de la femme pécheresse le touchent profondément (*Luc* 7,36-50) ; la richesse fait l'objet de propos méprisants et de mises en garde (*Luc* 16,1-30 ; 18, 18-28), alors qu'Il attache une grande importance aux deux sous de la veuve (*Luc* 21, 1-4). Le petit monde, les ressources modestes, le bon vouloir personnel, voilà ce qui compte. La foi, le potentiel humain, la force morale, le vouloir libre des gens ordinaires forment une assise importante du Royaume en construction.

On peut transposer cette manière de voir dans l'ordre social. Le mythe démocratique repose sur la valeur unique de chaque personne, sur le potentiel qu'elle véhicule, sur l'apport qu'elle est susceptible de fournir dans l'édification du corps social.

5.2 À force de parler de structures, de technologie, de pouvoirs, on risque d'oublier les personnes responsables, leurs projets, leurs capacités, leurs droits. On « se penche » à l'occasion sur leur sort, surtout s'il s'agit de pauvres, alors que leur participation active à la vie sociale est essentielle au parachèvement de la démocratie. Parler de gouvernement du peuple, c'est, au sens plénier, parler d'un peuple qui se prend en main, de citoyens responsables qui ont un mot à dire sur leur avenir, de gens qu'on ne peut réduire à des variables quelconques entraînées dans le tourbillon des aléas économiques et politiques.

5.3 Cette manière de voir acquiert de nos jours une importance accrue à mesure que l'économie sociale occupera un espace croissant dans l'organisation des sociétés post-industrielles. Car l'économie sociale fait appel de façon particulière aux talents, à la sensibilité sociale et au sens civique des citoyens. Elle offre un espace d'intervention où la qualité humaine des personnes joue un rôle primordial, où chaque personne est importante, autant celle qui reçoit des services que celle qui les dispense.

5.4 De cette manière de voir se dégage la règle du respect des personnes : une règle d'action qui se prête à de multiples applications :

a) la personne, sujet de l'économie ;
b) la personne du travailleur (dimension subjective du travail) ;
c) les personnes qui forment la famille, institution responsable de la transmission de la vie et de la première éducation du citoyen ;
d) le droit au savoir, à la culture et à l'information ;
e) le respect de l'intelligence des gens ;
f) le respect des droits sociaux.

5.5 Les déficits humains portent atteinte aux personnes. Il importe d'être attentif aux conséquences sociales et économiques des déficits humains. Il peut se produire un déficit humain perceptible chez des gens économiquement favorisés atteints de sous-développement moral. Mais il y a aussi le déficit humain d'individus et de groupes sociaux injustement privés de biens essentiels, que la pauvreté hypothèque lourdement dans leurs possibilités d'épanouissement et que menace la désespérance.

6. L'ESPÉRANCE

6.1 Espoir, espérance : certains préfèrent parler d'optimisme réaliste, de confiance dans la vie et dans la créativité des personnes. Il y a l'espoir dont vivent des hommes et des femmes libres qui décident de transformer le monde et deviennent des collaborateurs de l'agir providentiel, « *pars providentiæ* », selon la belle expression de saint Thomas d'Aquin[3].

6.2 « La foi que j'aime le mieux, dit Dieu, c'est l'espérance » (Péguy). De certains révolutionnaires, on a dit : « Ils ne savaient pas qu'ils recherchaient l'impossible ; c'est pourquoi ils ont réussi ». Espérance audacieuse, utopie créatrice, celle qui vise le « réel de demain » inscrit dans le virtuel d'aujour-

---

3. *Somme théologique*, 1a 2ae, Q.91, art. 2, c.

d'hui ; un virtuel qui a besoin, pour s'actualiser, de l'apport d'hommes et de femmes animés d'un bon vouloir, c'est-à-dire d'un vouloir ferme.

6.3 L'espérance est nécessaire pour qui doit affronter « les maîtres du monde », ceux qui possèdent l'argent, contrôlent l'information, manipulent le savoir et tentent de régenter le pouvoir politique ; ceux qui pensent désta- biliser les « utopistes » en leur servant deux arguments massue :

a) les « maîtres du monde » seraient les artisans de la réforme souhaitée, car le capitalisme triomphant et sans cesse en processus d'adaptation est la clé des lendemains qui chantent. La culture marchande, la mondiali- sation des marchés et la compétitivité (nouvelle loi de la jungle) seraient en train d'apporter le bonheur à l'humanité. Il suffit d'être patient, d'accepter les nécessaires sacrifices à court terme. Là résiderait la vraie raison d'espérer.

b) de grands malheurs s'abattront sur les infidèles qui pensent autrement que le conseille la pensée unique. À preuve les malheurs subis par les pays d'obédience marxiste. Les réformistes sont de dangereux utopistes qui ignorent les lois de l'économie, sous-estiment les coûts des chan- gements qu'ils proposent et manquent de réalisme.

Cette manière de voir est commune chez les faiseurs d'opinion, les experts à la mode et au sein de la classe politique. Face à ces coteries, les réformistes sociaux ressemblent aux soldats de Gédéon, au jeune David face à Goliath, au prophète Élie seul devant les prêtres de Baal. Il faut une espérance coulée dans le béton pour engager le combat dans de telles conditions.

6.4 Imprégnée de foi, l'espérance acquiert un dynamisme inégalé et devient, pour ainsi dire, invincible. C'est celle du croyant convaincu que la création est en attente de délivrance (*Romains* 8, 22), que le levain finira par soulever la pâte ; que l'Avent spirituel commence ici-bas, au cœur d'un uni- vers matériel ; que la Résurrection est la préfiguration de la victoire de l'Esprit qui change la face de la terre.

7. PISTES DE RECHERCHE

7.1 LA LECTURE SOCIALE DE L'ÉCRITURE. Le salut n'est pas que personnel, il s'inscrit aussi dans l'existence collective. Tirer de l'Écriture des textes qui en font la démonstration. Découvrir comment la recherche de Dieu est inséparable de l'expérience de la solidarité. Mettre en lumière les sources bibliques de l'éthique sociale. S'éclairer des commentaires de la Bible des communautés chrétiennes.

7.2 Le christianisme social. Théologie de la libération : une manière de remettre en lumière la dimension sociale du christianisme. Se familiariser avec des auteurs tels que Gutierrez, Boff, Dussel, Castro, etc.

7.3 Les raisons d'espérer. Dresser un inventaire qui légitime le témoignage d'un optimisme réaliste, par exemple : les nouvelles possibilités de la technologie et son impact sur la production de biens ; le progrès des valeurs démocratiques ; la diffusion de l'information en tant qu'outil de conscientisation ; les réussites de l'économie sociale de marché ; l'engagement des chrétiens au service du développement des peuples, etc.

8. LECTURES

La Bible des communautés chrétiennes, Société biblique catholique internationale, Montréal, Médiaspaul, 1994. Des commentaires intéressants qui aident à découvrir la dimension sociale des textes bibliques.

Antoncich, Ricardo et José Miguel Munarriz, *La doctrine sociale de l'Église*, Paris, Cerf, 1987, *Évangéliser à partir de la justice*, p. 263-280.

Gutierrez, Gustavo, *Théologie de la libération*, Bruxelles, Lumen vitae, 1974. Libération et salut (p. 151-187) ; rencontre avec Dieu dans l'histoire (p. 189-212) ; praxis de libération et foi chrétienne (p. 305-333).

Lebret, L. J., *Action, marche vers Dieu*, Paris, Éditions ouvrières, 1949.

Maritain, Jacques, *Humanisme intégral*, Paris, Aubier, 1936.

Tillich, Paul, *La dimension oubliée*, Bruges, Desclée de Brouwer, 1969.

EXERCICES

Les exercices ici proposés sont des outils de vérification des connaissances mis à la disposition du responsable du cours. Celui-ci peut les utiliser ou en fabriquer d'autres qu'il estimerait plus appropriés pour le groupe d'étudiants qui reçoivent son enseignement.

Il est souhaitable, quel que soit le modèle utilisé, d'offrir des choix, par exemple de répondre à trois questions sur quatre, etc. Il est également souhaitable que l'étudiant ait l'occasion de vérifier l'état de son savoir et aussi, par exemple dans les essais brefs, d'exprimer sa perception personnelle au sujet de questions faisant l'objet de débats et se prêtant à l'expression d'opinions divergentes. L'évaluation portera alors sur le degré de rigueur de l'argumentation.

Grâce aux exercices, le responsable du cours sera en mesure d'évaluer le degré de compréhension de la matière enseignée et d'effectuer, s'il y a lieu, des réajustements d'ordre pédagogique.

Un exercice de démarrage, proposé dès la première rencontre, fournit aux participants l'occasion de mesurer leur savoir général concernant les questions économiques et sociales. En certains cas, le score obtenu pourra obliger des participants à effectuer du rattrapage, par exemple dans le domaine de l'histoire des faits économiques et sociaux.

Les exercices qui s'inscrivent dans le déroulement du cours, dont certains se prêtent à un travail d'équipe, sont de trois sortes : des questions portant sur des points précis et requérant des réponses à la fois concises et précises ; des énoncés d'opinions soumis à des commentaires fondés sur des distinctions et des clarifications explicitées dans le déroulement du cours ; des essais brefs qui donnent à des étudiants plus avancés dans l'analyse des problèmes sociaux l'occasion d'exercer leur esprit de synthèse.

Dans la création de modèles d'exercices, le responsable du cours aura avantage à introduire des éléments inspirés de l'actualité économique et sociale, voire politique. En fait, les trois volets sont souvent indissociables.

EXERCICE DE DÉMARRAGE

1

Eu égard aux faits économiques et sociaux, indiquer une signification des dates suivants:
1215, 1763, 1776, 1789, 1848, 1871, 1891, 1917, 1940, 1949, 1950, 1961, 1963, 1967, 1981, 1989, 1991.

2

Décoder les sigles suivants:
AEQ, CECC, ALENA, CTCC, CSN, UCC, UPA, OMC, CPQ, FTQ, CSD, CEE, FMI, FAO, PNUD.

3

Eu égard aux faits économiques et sociaux, souligner brièvement la contribution des personnages suivants:
Basile le Grand, Thomas d'Aquin, Jean Calvin, Adam Smith, Vincent de Paul, Jean-Baptiste de La Salle, Pierre Joseph Proudhon, Karl Marx, Léon XIII, Jean Jaurès, Léon Blum, L .J. Lebret, Helder Camara, René Dumont, Milton Friedman, John K. Galbraith.

4

Eu égard aux faits économiques et sociaux, souligner brièvement la contribution des personnages suivants:
François de Montmorency-Laval, Marguerite Bourgeoys, Marguerite d'Youville, Jean Gérin-Lajoie, Alphonse Desjardins, Joseph-Papin Archambault, Laure Gaudreault, Thérèse Casgrain, Georges-Henri Lévesque, Gérard Picard, Joseph Bombardier, Maurice Roy, Gérard Dion, Georges-Henri d'Auteuil, Jacques Cousineau, Colette Samson, Adolphe Proulx, Michel Chartrand.

5

Indiquer deux questions d'actualité, d'ordre économique, social ou politique qui vous intéressent particulièrement et dont la dimension éthique vous préoccupe.

EXERCICES D'ÉVALUATION

Première catégorie

1

a) Comparer les termes *morale* et *éthique*.
b) Comparer les termes *éthique* et *éthologie*.
c) Décrire l'interrelation qui existe entre *l'éthique sociale* et les *sciences humaines*.
d) Distinguer les *relations courtes* et les *relations longues*.

2

a) Définir le *principe de subsidiarité*, avec exemple.
b) Définir le *principe de solidarité*, avec exemple.
c) Montrer brièvement comment les deux principes susmentionnés servent à baliser l'intervention de l'État dans le domaine socio-économique.

3

a) Mettre en lumière le *fil conducteur* qui guide la réflexion de Jean-Paul II sur le travail.
b) Répertorier trois textes bibliques qui privilégient la valeur *travail*.
c) La valeur *travail* est-elle présente dans toutes les cultures ?

4

a) Mettre en lumière la connexion qui relie le principe de la *destination universelle des biens* et celui du *droit de propriété privée*.
b) Le droit de propriété défini comme *exclusif et absolu* est-il conciliable avec la pensée sociale chrétienne ?

5

On dit de la *propriété privée* qu'elle est :
a) un fondement du droit au travail ;
b) un instrument de libération et de liberté ;
c) grevée d'une hypothèque sociale.
Démontrer brièvement le bien-fondé de ces trois énoncés.

6

Distinguer :
a) libéralisme économique et capitalisme ;
b) économie néolibérale et économie sociale de marché ;
c) socialisme et socialisation, selon *Mater et magistra* ;
d) vraie et fausse socialisation, selon *Laborem exercens*.

7

a) Le marxisme est-il d'abord une philosophie ou une théorie économique?

b) Le qualificatif «scientifique», en parlant du marxisme, s'appuie-t-il sur un fondement objectif?

c) Indiquer trois facteurs qui, selon Jean-Paul II, ont contribué à la chute des régimes communistes en Europe de l'Est?

8

a) Distinguer *violence établie* et *violence révolutionnaire*.

b) Montrer brièvement que la violence révolutionnaire soulève une question d'*efficacité* autant qu'une question de *légitimité*.

c) Quel phénomène Dom Helder Camara désigne-t-il quand il parle de *spirale de violence*?

d) Mettre en lumière brièvement l'efficacité de la non-violence.

9

a) Décrire le contexte historique qui prévalait au moment de la publication de *Pacem in terris*.

b) Indiquer quels sont, selon Jean XXIII, les signes des temps dont on doit tenir compte dans la détermination des droits et devoirs individuels.

c) Indiquer quelles sont, selon Jean XXIII, les conditions requises pour qu'une autorité mondiale puisse remplir efficacement sa mission.

10

a) Selon Jacques Maritain, la démocratie a des racines chrétiennes. Que vous en semble-t-il?

b) Distinguer la *démocratie de consentement* et la *démocratie de participation*.

c) Mettre en lumière l'utilité des *contrepoids démocratiques*.

d) Illustrer par quelques exemples l'impact des *vertus sociales* sur le fonctionnement des institutions démocratiques.

COMMENTAIRES

Dans une brève présentation (2-3 pages), l'étudiante ou l'étudiant est invité à analyser l'un ou l'autre des énoncés suivants, en confirmer ou en infirmer la validité, y ajouter une réflexion relative à la pertinence pratique dudit énoncé. Resituer, si nécessaire, l'énoncé dans son contexte historique.

1

«La miséricorde passe par les structures.»
  L. J. Lebret

2

«La paix et le droit sont mutuellement cause et effet l'un de l'autre: la paix favorise le droit et, à son tour, le droit favorise la paix.»
  Paul VI

3

«Il y a certaines catégories de biens pour lesquels on peut soutenir avec raison qu'ils doivent être réservés à la collectivité, lorsqu'ils en viennent à conférer une puissance économique telle qu'elle ne peut, sans danger pour le bien public, être laissée entre les mains des personnes privées.»
  Pie XI

4

«Socialisme religieux, socialisme chrétien sont des contradictions: personne ne peut être en même temps bon catholique et vrai socialiste.»
  Pie XI

5

«L'histoire témoigne sans équivoque de la relation qui unit liberté politique et marché libre.»
  Milton Friedman

6

«Le capitalisme ne peut s'effondrer, c'est l'état naturel de la société. La démocratie n'est pas l'état naturel de la société. Le marché, oui.»
  Alain Minc

7

«Le premier principe de la pensée unique est d'autant plus fort qu'un marxiste distrait ne le renierait point: l'économique l'emporte sur le politique.»
Ignacio Ramonet

8

«Pour les nations comme pour les personnes, l'avarice est la forme la plus évidente du sous-développement moral.»
Paul VI

9

«La violence existe déjà et est exercée, même quelquefois à leur insu, par ceux-là mêmes qui la dénoncent comme un fléau pour la société.»
Dom Helder Camara

10

«Le progrès des pauvres est une grande chance pour la croissance morale, culturelle et même économique de l'humanité.»
Jean-Paul II

ESSAI BREF

L'essai bref (8-10 pages) permet à l'étudiante ou l'étudiant d'élaborer une brève synthèse sur une question qui fait appel à diverses notions acquises et débattues dans le déroulement du cours. Le canevas proposé fixe les balises de l'exposé afin d'éviter qu'on se perde dans de vagues considérations tous azimuts.

1

LA CLÉ DE LA QUESTION SOCIALE

« Le travail humain est *une clé*, et probablement la clé essentielle, de toute la question sociale... » (Jean-Paul II)
La dimension *humaine* du travail incite à des choix éthiques prioritaires et exigeants face aux changements technologiques, aux opérations de restructuration imposées par le néolibéralisme triomphant, et au phénomène que Jeremy Rifkin appelle « la fin du travail ».

2

CHRÉTIENS ET SOCIALISTES

Dans les rapports entre chrétiens et socialistes, on discerne tantôt des attirances réciproques, tantôt des malentendus, tantôt des antagonismes parfois virulents, explicables en partie par diverses circonstances historiques. Pour l'avenir, le *discernement* est de mise, comme le conseille Paul VI, surtout que des voies nouvelles s'annoncent, qui se situent au-delà des idéologies connues.

3

BILAN DU « SOCIALISME RÉEL »

« ... Il n'y a pas de legs communiste. Il n'y a aucune idée utilisable. C'est une tragédie absolue. C'est inouï ! » (François Furet).

Le jugement est sévère, excessif même. À elle seule, la peur du communisme a forcé l'adoption de réformes sociales dans les pays capitalistes. Il demeure que le temps est venu de dresser le bilan de l'expérience communiste inspirée du marxisme, et ce bilan n'est pas rose. L'histoire des faits économiques et sociaux entérine la condamnation du communisme par Pie XI et les critiques que Jean-Paul II formule au sujet du « socialisme réel ».

4

DIMENSION SOCIALE DE LA FOI

« L'enseignement et la diffusion de la doctrine sociale de l'Église appartiennent à sa mission d'évangélisation; c'est une partie essentielle du message chrétien. » (*Centesimus annus*, n° 5).

Cette manière de voir trouve son fondement dans l'Écriture, et sa confirmation dans une multitude de pratiques sociales qu'on observe à toutes les époques de l'histoire de l'Église. En revanche, sa mise en application se heurte à des mentalités et à des comportements discordants que l'on peut observer dans les communautés chrétiennes et dans la société en général.

5

L'ENGAGEMENT SOCIAL

L'éthique sociale ne se résume pas à un discours qui réchauffe les bons sentiments. Il faut agir, et agir efficacement. Ce à quoi nous convie l'enseignement social chrétien. Des chantiers nouveaux s'offrent à nous. Il faut les explorer et chacun doit s'engager en fonction de ses aptitudes personnelles. Des ressources intérieures conditionnent la qualité et l'efficacité de cet engagement.

BIBLIOGRAPHIE

Accoce, Pierre et Pierre Rentchnick, *Ces malades qui nous gouvernent*, Paris, Stock, 1976.

Albert, Michel, *Capitalisme contre capitalisme*, Paris, Seuil, 1991.

Albertini, J. M., *Capitalismes et socialismes à l'épreuve*, Paris, Éditions ouvrières, coll. Économie et humanisme, 1970.

Alinsky, Saul David, *Manuel de l'animateur social*, Paris, Seuil, 1978.

Althusser, Louis, *Pour Marx*, Paris, Maspero, 1973.

Antoncich, Ricardo et José Miguel Munarriz, *La doctrine sociale de l'Église*, Paris, Cerf, 1992.

Aron, Raymond, *L'opium des intellectuels*, Paris, Calmann-Lévy, 1955.

Aron, Raymond, *Paix et guerre entre nations*, Paris, Calmann-Lévy, 1984.

Aubert, J. M., *Morale sociale pour notre temps*, Paris, Desclée, 1970.

Aubert, J. M., *Pour une théologie de l'âge industriel*, tome I, Paris, Cerf, 1971.

Aubert, Roger, *Le Pontificat de Pie IX dans Histoire de l'Église*, Bloud et Gay, coll. Fliche et Martin, nº 19, Paris, 1952.

Aubert, Roger et Michel Shooyans, *De « Rerum novarum » à « Centesimus annus »*, Conseil pontifical Justice et paix, 1991.

Babeau, André, *Le profit*, Paris, PUF, coll. Que sais-je?, 1972.

Barthélémy-Madaule, Madeleine, *Marc Sangnier*, Paris, Seuil, 1973.

Baum, Gregory, « Structures de péché » dans *Seul ou avec d'autres?*, Actes du 28ᵉ Congrès de la Société canadienne de théologie, Montréal, Fides, 1992, p. 221-235.

Bergounioux, A. et B. Manin, *La social-démocratie ou le compromis*, Paris, PUF, 1979.

Bernard, Michel, *L'utopie néolibérale*, Montréal, Renouveau québécois, 1997.

Besnard, Philippe, *Protestantisme et capitalisme*, Paris, Librairie Armand Colin, 1970.

Bieler, André, *Calvin, prophète de l'ère industrielle*, Genève, Labor et Fides, 1964.

Bieler, André, *Chrétiens et socialistes avant Marx*, Genève, Labor et Fides, 1982.

BIGO, Pierre, *La doctrine sociale de l'Église*, Paris, PUF, 1965.

BIGO, Pierre, *L'Église et la Révolution du Tiers-Monde*, Paris, PUF, 1974.

BIHR, Alain, «Moderniser sans exclure» dans *Le Monde diplomatique*, septembre 1994.

BIROU, Alain, *Vocabulaire pratique des sciences sociales*, Paris, Éditions ouvrières, coll. Économie et humanisme, 1966.

BLAIS, Martin, *L'œil de Caïn*, essai sur la justice, Montréal, Fides, 1994.

BOSC, René, *La société internationale et l'Église*, Paris, Spes, 1961.

BOUKOVSKI, Wladimir, *Cette lancinante douleur de la liberté*, Paris, Robert Laffont, 1981.

BOUTHOUL, Gaston, *Avoir la paix*, Paris, Grasset, 1967.

BOUTHOUL, Gaston, *Traité de polémologie*, Paris, Payot, 1970.

BOUTHOUL, Gaston, *La Guerre*, Paris, PUF, coll. Que sais-je?, 1978.

BRESSON, Yoland, «Instaurer un revenu d'existence contre l'exclusion sociale» dans *Le Monde diplomatique*, février 1994.

BURDEAU, Georges, *La démocratie*, Paris, Seuil, 1956.

CALVEZ, Jean-Yves, *Développement, emploi, paix*, Paris, Desclée de Brouwer, 1988.

CALVEZ et PERRIN, *Église et société économique*, tome I, Paris, Aubier, 1958.

CAMARA, Dom Helder, *Le Tiers-Monde trahi*, Paris, Desclée, 1968.

CHAUCHARD, Paul, *La fatigue*, Paris, PUF, coll. Que sais-je?, 1959.

CHENU, M. D., *Pour une théologie du travail*, Paris, Seuil, 1955.

CHENU, M. D., *Théologie de la matière*, Paris, Seuil, coll. Foi vivante, 1959.

CHENU, M. D., *La doctrine sociale de l'Église comme idéologie*, Paris, Cerf, 1979.

CHOSSUDOVSKY, Michel, «Dans la spirale de la dette» dans *Les nouveaux maîtres du monde*, Manières de voir, n° 28, *Le Monde diplomatique*, novembre 1995.

CLARK, Kenneth, *Le ghetto noir*, Paris, Robert Laffont, PBP, 1966.

COLLANGE, Jean-François, *Théologie des droits de l'homme*, Paris, Cerf, 1989.

Collectif, *Les droits de l'homme, ce que dit le pape*, Le Sarment, Paris, Fayard, 1990.

Collectif, *Entre la réalité et les valeurs, l'éthique économique*, Le Supplément, n° 176, Paris, Cerf, mars 1991.

Collectif, *La justice sociale comme bonne nouvelle*, Messages sociaux, économiques et politiques des évêques du Québec, 1972-1983. Recherche et présentation de Gérard Rochais, Montréal, Bellarmin, 1984.

Collectif, *Théologies de la libération*, Documents et débats, Paris, Cerf, 1985.

Collectif, *La question sociale hier et aujourd'hui*, Actes du colloque marquant le centenaire de *Rerum novarum*, Québec, PUL, 1992.

Collectif, *Le travail, quête de sens, quête d'emploi*, Cahiers de recherche éthique, n° 10, Montréal, Fides, 1984.

Collectif, *Jalons d'éthique et réflexions sur la crise économique actuelle*, Message de la Commission épiscopale des affaires sociales (Épiscopat canadien), 5 janvier 1983.

Collectif, «Le travail en mutation» dans *Communauté chrétienne*, n° 150, nov-déc. 1986.

Collectif, *Sans emploi peut-on vivre?*, Actes des Journées sociales du Québec, 1993, Montréal, Fides, 1994.

Collectif, « Crise du travail, crise de civilisation » dans *Revue Théologique*, Faculté de Théologie, Université de Montréal, 1997.

Collectif, (Avec L. J. Lebret), *Propriété et communautés*, Paris, L'Arbresle, 1947.

Collectif, *Initiation économique et sociale*, Lyon, Chronique sociale de France, tome II, 1954.

Collectif, *Initiation à la pratique de la théologie*, tome IV, Paris, Cerf, 1983.

Collectif, « Portrait de famille » dans *L'Église canadienne* (juin-juillet 1994).

Collectif, *L'Église et la question sociale, de Léon XIII à Jean-Paul II*, Montréal, Fides, 1991.

Collectif, *Le discours social de l'Église catholique de Léon XIII à Jean-Paul II*, Dossiers de la *Documentation catholique*, Paris, Le Centurion, 1985.

Collectif, *Histoire du mouvement ouvrier au Québec 1825-1976*, CSN-CEQ, 1979.

Collectif, *Justice économique pour tous*, Lettre pastorale des évêques américains, Paris, Cerf, 1988.

Collectif, (Groupe de Lisbonne), *Limites à la compétitivité*, Montréal, Boréal, 1995.

Collectif, « Le libéralisme contre les libertés », Cahiers « Manières de voir » n° 2, *Le Monde diplomatique*, avril 1988.

Collectif, *Le pouvoir de l'argent et le développement solidaire*, sous la direction de Michel Beaudin, Yvonne Bergeron et Guy Paiement, Actes des Journées sociales du Québec, 1995, Montréal, Fides, 1997.

Collectif, *Rapport secret au Comité central sur l'état de l'Église en URSS*, Paris, Seuil, 1980.

Collectif, *Le livre noir du communisme ; crimes, terreur, répression*, publié sous la direction de Stéphane Courtois, Paris, Robert Laffont, 1997.

Collectif, *Face au chômage, changer le travail*, Commission sociale de l'épiscopat français, Paris, Le Centurion, 1993.

Collectif, « Dossier : L'économie sociale » dans *Relations* (novembre 1997).

Collectif, *Le travail, quel avenir ?*, Paris, Gallimard, coll. Folio Actuel, 1997.

Collectif, *Le défi de la paix : la promesse de Dieu et notre réponse*, Lettre pastorale des évêques américains, *Documentation catholique*, n° 1856 (24 juillet 1983).

Collectif, *Violence et sociétés*, Paris, Éditions ouvrières, 1968.

Collectif, *Pacijou*, Montréal, Publication trimestrielle.

Collectif, *Bulletin d'information du Centre de ressources sur la non-violence*, publié à Montréal par le Centre.

Collectif, *Pour vivre la démocratie économique*, Message du 1er mai 1992, Assemblée des évêques du Québec.

Collectif, *Histoire du catholicisme québécois*, 3 volumes publiés sous la direction de Nive VOISINE, Montréal, Boréal, 1984.

Collectif, *Responsables et solidaires*, Déclaration de l'Assemblée des évêques du Québec, décembre 1996.

Collectif, *Dictionnaire de théologie catholique*, Paris, Letouzey et Ané.

COMBLIN, Joseph, *Théologie de la révolution*, Paris, Éditions universitaires, 1970.

COMBLIN, Joseph, *Théologie de la pratique révolutionnaire*, Paris, Éditions universitaires, 1974.

Commission mondiale sur l'environnement et le développement, *Notre avenir à tous*, Montréal, Éditions du Fleuve, 1988.

Congrégation pour l'éducation chrétienne, *Orientations pour l'étude et l'enseignement de la Doctrine sociale de l'Église dans la formation sacerdotale*, Rome, 1988.

Conseil de la famille, *Impact de certains aspects de la réforme de la sécurité du revenu sur les familles*, Québec, 1997.

Conseil pontifical de la famille, «Le travail des enfants» dans *Documentation catholique*, n° 2082 (21 novembre 1993).

CORM, Georges, *Le nouveau désordre économique mondial*, Paris, La Découverte, 1993.

CSN, *Le temps de travail autrement*, Montréal, Service de recherche, 1994.

COUILLARD, Dr Serge, *L'humanisation du travail dans l'entreprise industrielle*, Paris, Épi, 1973.

DANIEL-ROPS, Henri, *L'Église et les révolutions*, tome II, Paris, Fayard, 1960.

DANIEL-ROPS, Henri, *Monsieur Vincent*, Lyon, Chalet, 1955.

DANIEL-ROPS, Henri, *Histoire de l'Église du Christ*, Paris, Fayard, 14 volumes.

DE CESPEDES, Alba, *Sans autre lieu que la nuit*, Paris, Seuil, 1973.

DE CUELLAR, Javier Perez, «Les Nations Unies et le maintien de la paix», Discours prononcé à l'Université Laval, 30 mai 1990 (Service des communications, Université Laval).

DE JOUVENEL, Bertrand, *Du pouvoir*, Genève, Bouquin, 1947; coll. Pluriel, Paris, 1977.

DE KONINCK, Thomas, *De la dignité humaine*, Paris, PUF, 1995.

DE ROO, Rémi, *À cause de l'Évangile*, Ottawa, Novalis, 1988.

DESROSIERS, R. et D. HÉROUX, *Le travailleur québécois et le syndicalisme*, Montréal, Presse de l'UQAM, 1973.

DION, Gérad, «Propriété et pouvoir dans l'entreprise» dans *Revue Économie et Humanisme*, n° 143 (nov.-déc. 1962).

DION, Gérard et Louis O'NEILL, *Le chrétien en démocratie*, Montréal, Éditions de l'Homme, 1961.

DONNADIEU, Gérard, *Jalons pour une autre économie*, Paris, Le Centurion, 1978.

DOUMERGUE, Émile, *Jean Calvin, les hommes et les choses de son temps*, tome V, Genève, Slatkine Reprints, 1969.

DROZ, Jacques, *Le socialisme démocratique*, 1864-1960, Paris, Armand Colin, 1966.

DUFOUR, Xavier-Léon, «Violence» dans *Vocabulaire de théologie biblique*, 5e édition, Paris, Cerf, 1981.

DUMONT, Fernand, *Genèse de la société québécoise*, Montréal, Boréal, 1996.

DUMONT, René, *L'Afrique noire est mal partie*, Paris, Seuil, 1962.

DUMONT, René et Marcel MAZOYER, *Développement et socialisme*, Paris, Seuil, 1969.

DUMONT, René, *L'utopie ou la mort*, Paris, Seuil, 1973.

DUMONT, René, *Au nom de l'Afrique j'accuse*, Paris, Plon, 1986.

DUMONT, René, *Un monde intolérable: le libéralisme en question*, Paris, Seuil, 1988.

DUMONT, René (avec la collaboration de Charlotte PAQUET), *Misère et chômage. Libéralisme ou démocratie*, Paris, Seuil, 1994.

DUMONT, René, *Mes combats: dans quinze ans, les dés seront jetés*, Paris, Plon, 1989.

DUQUOC, Christian, *Jésus, homme libre*, Paris, Cerf, 1974.

DURANT, Will, *Histoire de la civilisation*, tome IV, Lausanne, Rencontres, 1963.

DURKHEIM, Émile, *Le socialisme*, Paris, PUF, 1971 (1928).

DUSSEL, Enrique, *Éthique communautaire*, Paris, Cerf, 1991.

ELLUL, Jacques, *Exégèse des nouveaux lieux communs*, Calmann-Lévy, 1966.

ELLUL, Jacques, *Contre les violents*, Paris, Le Centurion, 1972.

ETCHEGOYEN, Alain, *La valse des éthiques*, Paris, François Bourin, 1991.

ETCHERELLI, Claire, *Élise ou la Vraie vie*, Paris, Denoël, 1967.

FORRESTER, Viviane, *L'horreur économique*, Paris, Fayard, 1996.

FOURASTIÉ, Jean, *Essais de morale prospective*, Paris, Gonthier, 1966.

FOURNIER, Louis, *Histoire de la FTQ: 1965-1992*, Montréal, Québec/Amérique, 1992.

FRIEDMANN, Georges, *Où va le travail humain*, Paris, Gallimard, coll. Idées, 1963.

FRIEDMANN, Georges, *7 études sur l'homme et la technique*, Paris, Gonthier, 1966.

FRIEDMAN, Milton, *Capitalisme et liberté*, Paris, Robert Laffont, 1971.

FROMM, Erich, *La passion de détruire*, Paris, Robert Laffont, 1975.

FURET, François, *Le passé d'une illusion*, Paris, Robert Laffont, 1995.

GALBRAITH, John K., *L'économie en perspective*, Paris, Seuil, 1987.

GALBRAITH, John K., *La république des satisfaits*, Paris, Seuil, 1992.

GARAUDY, Roger, *Clefs pour Karl Marx*, Paris, Seghers, 1964.

GARAUDY, Roger, *L'alternative*, Paris, Éditions du Jour et Laffont, 1972.

GARRIGUET, L., *Prêt, intérêt et usure*, Paris, Bloud et Cⁱᵉ, 1907.

GATHERON, J. M., *L'usure dévorante*, Paris, Éditions ouvrières, 1963.

GAUDETTE, Pierre, *Les fondements de l'agir moral*, Québec, Université Laval, 1990.

GAUTHIER, Mᵍʳ Georges, *La doctrine sociale de l'Église et la CCF*, Montréal, École sociale populaire, 1934.

GIRARD, Michel, «Fric, famille et fisc» dans *La Presse*, 4 février 1994.

GORZ, André, *Réforme et révolution*, Paris, Seuil, 1969.

GORZ, André, *Adieux au prolétariat*, Paris, Galilée, 1980.

GORZ, André, «Bâtir la civilisation du temps libéré» dans *Le Monde diplomatique*, mars 1993.

GRAND'MAISON, Jacques, *Vers un nouveau pouvoir?*, Montréal, HMH, 1969.

GRAND'MAISON, Jacques, *La nouvelle classe et l'avenir du Québec*, Montréal, Stanké, 1979.

GROULX, Lionel, *Notre maître le passé*, Montréal, Granger, 1944.

GROULX, Lionel, *Notre grande aventure: l'empire français en Amérique du Nord: 1535-1760*, Montréal, Fides, 1976.

GUICHARD, Jean, *Le marxisme, théorie et pratique de la révolution*, Lyon, Chronique sociale de France, 1972.

GUINZBOURG, Evguenia, *Le vertige*, Paris, Seuil, 1967.

GUTIERREZ, Gustavo, *Théologie de la libération*, Bruxelles, Lumen vitæ, 1974.

HABERMAS, Jürgen, *Morale et communication*, Paris, Cerf, 1986.

HÉNAIRE, Jean, «Le médecin complice du tortionnaire» dans *AGIR, Revue d'Amnistie internationale*, février 1991.

HIRSCHMAN, Albert O., *Deux siècles de rhétorique réactionnaire: effets pervers, inanité et inopérance*, Paris, Fayard, 1991.

HOUTARD, François et André ROUSSEAU, *L'Église face aux luttes révolutionnaires*, Paris, Éditions ouvrières, 1972.

JACQUARD, Albert, *J'accuse l'économie triomphante*, Paris, Calmann-Lévy, 1995.

JARLOT, J., *Doctrine pontificale et histoire*, Rome, Presses de l'Université grégorienne, 1964.

JELLOUN, Tahar Ben, *L'homme rompu*, Paris, Seuil, 1994.

JOBLIN, Joseph, *L'Église et la guerre*, Paris, Desclée de Brouwer, 1988.

JONAS, Hans, *Le principe responsabilité: une éthique pour la civilisation technologique*, Paris, Cerf, 1990.

JOYAL, André, «Le travail partagé n'est pas fait pour une société du chacun pour soi» dans *Revue RND*, mai 1994.

KANAPA, Jean, *La doctrine sociale de l'Église et le marxisme*, Paris, Éditions sociales, 1962.

KÜNG, Hans, Projet d'éthique planétaire, Paris, Seuil, 1991.

LACOURSIÈRE, Jacques, *Histoire populaire du Québec*, Sillery, Septentrion, 1995-1996.

LALANDE, André, *Vocabulaire technique et critique de la philosophie*, Paris, PUF, 1960.

LANGLOIS, Richard, *Pour en finir avec l'économisme*, Montréal, Boréal, 1995.

LAPPE, Frances Moore et Joseph COLLINS, *L'industrie de la faim*, Montréal, L'Étincelle, 1978.

LEBRET, Louis-Joseph, *Action, marche vers Dieu*, Paris, Éditions ouvrières, 1949.

LEBRET, Louis-Joseph, *Dimensions de la charité*, Paris, Éditions ouvrières, 1958.

LEBRET, Louis-Joseph, *Développement = révolution solidaire*, Paris, Éditions ouvrières, 1966.

LEBRET, Louis-Joseph, *L'économie au service des hommes* (textes choisis et présentés par François MALLEY), Paris, Cerf, 1968.

LECLERCQ, Jacques, *Leçons de droit naturel*, Namur, Wesmael-Charlier, 1955.

LEFRANC, Georges, *Le socialisme réformiste*, Paris, PUF, coll. Que sais-je?, nº 1451, 1971.

LE GOFF, Jacques, «Des gadgets contre le chômage» dans *Le Monde diplomatique*, avril 1994.

LELOUP, J. et J. NÉLIS, *Hommes et machines*, Paris, Casterman, 1957.

LÉVY, J. Philippe, *Histoire de la propriété*, Paris, PUF, coll. Que sais-je? nº 36, 1972.

LEWIS, David et Frank SCOTT, *Un Canada nouveau*, Montréal, Bernard Valiquette, 1944.

MACCIOCCHI, Maria-Antonietta, *Pour Gramsci*, Paris, Seuil, 1974.

MARITAIN, Jacques, *Humanisme intégral*, Paris, Aubier, 1936.

MARITAIN, Jacques, *Christianisme et démocratie*, New York, La Maison française, 1947.

MARMY, Émile, *La communauté humaine*, Paris-Fribourg, St-Paul, 1949.

MARTIN, Patrice et Patrick SAVIDAN, *La culture de la dette*, Montréal, Boréal, 1994.

MARX, Karl, *Œuvres choisies*, Paris, Gallimard, coll. Idées, 1966 (2 tomes).

MEHL, Roger, *De l'autorité des valeurs*, Paris, PUF, 1957.

MEHL, Roger, *Pour une éthique sociale chrétienne*, Cahiers théologiques n° 56, Neuchatel, Delachaux et Niestlé, 1967.

MELLON, Christian, *Chrétiens devant la guerre et la paix*, Paris, Le Centurion, 1984.

MELLON, Christian, « Que dire de la guerre juste aujourd'hui ? » dans *Actualiser la morale*, publié sous la direction de Rodrigue Bélanger et Simone Plourde, Paris, Cerf, 1992.

MINOIS, Georges, *L'Église et la guerre*, Paris, Fayard, 1994.

MITTERRAND, François, *La rose au poing*, Paris, Flammarion, 1973.

MONGIN, Olivier, « Les nouvelles images de la violence » dans *Le Monde diplomatique*, août 1996.

MONGIN, Olivier, « Interdire les films sanguinaires ? » dans *Culture, idéologie et société*, Cahiers Manières de voir, *Le Monde diplomatique*, mars 1997.

MORAZAIN, André et Salvatore PUCELLA, *Éthique et politique*, Montréal, Renouveau pédagogique, 1988.

MOUGNIOTTE, Alain, *Éduquer à la démocratie*, Paris, Cerf, 1994.

MULLER, Jean-Marie, *Le défi de la non-violence*, Paris, Cerf, 1979.

MULLER, Jean-Marie, *Stratégie de l'action non-violente*, Paris, Seuil, 1981.

MURRAY, J. B. C., *The History of Usury*, Philadelphie, J. B. Lippincott & Co., 1966.

NELSON, Benjamin, *The Idea of Usury*, Chicago, University of Chicago Press, 1969.

NOVAK, Michael, *The spirit of democratic capitalism*, New York, Simon & Schuster, 1982.

O'NEILL, Louis, « L'idée de travail dans la théologie chrétienne » dans *Le travail, quête de sens, quête d'emploi*, Montréal, Fides, Cahiers de recherche éthique, n° 10, 1984.

O'NEILL, Louis, « Le ministère de l'autorité » dans *Droit et morale : valeurs éducatives et culturelles*, Montréal, Fides, coll. Héritage et projet, 1987.

O'NEILL, Louis, Le prochain rendez-vous, Québec, Éditions La Liberté, 1988.

O'NEILL, Louis, *Les chemins de la paix*, cours télévisé, (THL-18739) Université Laval, 1992.

O'NEILL, Louis, « Le travail, un service et un droit » dans *RDN*, mai 1994.

ONIMUS, Jean, *Quand le travail disparaît*, Paris, Desclée, 1997.

ORAISON, Marc, *Une morale pour notre temps*, Paris, Fayard, 1964.

PACKARD, Vance, *L'art du gaspillage*, Paris, Calmann-Lévy, 1962.

PAIEMENT, Guy, *L'économie et son arrière-pays*, Montréal, Fides, 1997.

PAILLET, Marc, *Gauche, année zéro*, Paris, Gallimard, 1964.

PARGUEZ, Alain, « L'esclavage pour dettes » dans *Relations* (avril 1995).

PARIZEAU, Alice, *Les lilas fleurissent à Varsovie*, Montréal, Pierre Tisseyre, 1981.

PARIZEAU, Alice, *La charge des sangliers*, Montréal, Éditions Pierre Tisseyre, 1982.

PERROUX, François, *Le capitalisme*, Paris, PUF, coll. Que sais-je ?, 1948.

PHILIP, André, *Histoire des faits économiques et sociaux*, Paris, Aubier-Montaigne, 1963.

PHILIP, André, *Les socialistes*, Paris, Seuil, 1967.

PIATNISKAIA, Ioulia, *Chronique d'une déraison*, Paris, Seuil, 1992.

PIETTRE, André, *Les trois âges de l'économie*, Paris, Éditions ouvrières, 1955.

PIETTRE, André, *Marx et marxisme*, Paris, PUF, 1966.

POLIN, Claude, *Le totalitarisme*, Paris, PUF, coll. Que sais-je?, n° 2041, 1982.

PORTELLI, Hugues, *Gramsci et la question religieuse*, Paris, Anthropos, 1974.

PRÉLOT, Marcel, *Histoire des idées politiques*, Précis Dalloz, 1970.

PROANO, Léonidas, *Pour une église libératrice*, Paris, Cerf, 1973.

PROUDHON, Pierre Joseph, *Qu'est-ce que la propriété?*, Paris, Flammarion, 1966 (1840).

PUEL, Hugues, *L'économie au défi de l'éthique*, Paris, Cerf-Cujas, 1989.

PUEL, Hugues, «Éthique et économique» dans *Actualiser la morale*, publié sous la direction de Rodrigue Bélanger et Simone Plourde, Paris, Cerf, 1992, p. 165-180.

RAMONET, Ignacio, «La pensée unique» dans *Le Monde diplomatique*, janvier 1995.

RAMONET, Ignacio, «Chancelante démocratie» dans *Le Monde diplomatique*, octobre 1996.

RÉGNIER, Jérôme, *Cent ans d'enseignement social de l'Église*, Bibliothèque d'histoire du christianisme, Paris, Desclée, 1991.

REGOUT, Robert, *La doctrine de la guerre juste de saint Augustin à nos jours*, Paris, Pedone, 1936, (réédition Scientia Verlag, Aalen, 1974).

REVEL, Jean-François, *La tentation totalitaire*, Paris, Robert Laffont, 1976.

RICH, Arthur, *Éthique économique*, Genève, Labor et Fides, 1994.

RICŒUR, Paul, *Histoire et vérité*, Paris, Seuil, 1955.

RIFKIN, Jeremy, *La fin du travail*, Paris, La Découverte, Montréal, Boréal, 1996.

ROCARD, Michel, *et al.*, *Qu'est-ce que la social-démocratie?*, Paris, Seuil, 1979.

ROCHAIS, Gérard, *La justice sociale comme bonne nouvelle*, Messages sociaux des évêques du Québec de 1972 à 1983, Montréal, Fides, 1984.

ROCHER, Guy, *Introduction à la sociologie générale*, Montréal, HMH, 1969.

ROSANVALLON, Pierre, *La crise de l'État-providence*, Paris, Seuil, 1992.

ROSANVALLON, Pierre, *La nouvelle question sociale*, Paris, Seuil, 1995.

ROUSSEAU, Félicien, *La croissance solidaire des droits de l'homme*, Montréal, Bellarmin, coll. Recherches, n° 29, 1982. Aux sources de la loi naturelle (p. 21-101); la promotion de la personne du pauvre (p. 224-270); la promotion de la personne de l'enfant et de la femme (p. 270-312).

ROUSSEAU, Félicien, *L'avenir des droits humains*, Québec, Anne Sigier et Presses de l'Université Laval, 1996. L'Église et la promotion de «droits proprement humains» (p. 329-359).

ROUSTANG, Guy, *L'emploi, un choix de société*, Paris, Syris, 1987.

ROY, Gabrielle, *Bonheur d'occasion*, Montréal, Boréal, 1993 (1945).

SAINT-GEOURS, Jean, *Pour une économie du vouloir*, Paris, Calmann-Lévy, 1976.

SAMPSON, Anthony, *ITT, État souverain*, Paris, Alain Moreau, 1973.

SAMUEL, Albert, *Le socialisme*, Lyon, Chronique sociale de France, 1981.

SARTIN, Pierrette, *Aujourd'hui, la femme*, Paris, Stock, 1974.

SCHUMPETER, J., *Capitalisme, socialisme et démocratie*, Paris, Payot, 1979 (1942).

SIMON, René, *Morale*, Paris, Beauchesne, 1961.

SIX, Jean-François, *Religion, Église et droits de l'homme*, Paris, Desclée de Brouwer, 1991.

SOLJENITSYNE, Alexandre, *La Maison de Matriona*, Paris, Julliard, 1966.

SOLJENITSYNE, Alexandre, *Le Premier Cercle*, Paris, Robert Laffont, 1968.

SOLJENITSYNE, Alexandre, *Le Pavillon des cancéreux*, Paris, Julliard, 1968.

SOLJENITSYNE, Alexandre, *L'Archipel du Goulag*, Paris, Seuil, 1974.

SOMBART, Werner, *Le bourgeois*, Paris, Payot, 1966 (1913).

SORMAN, Guy, *Le capitalisme, suite et fin*, Paris, Fayard, 1994.

STEINBECK, John, *Les raisins de la colère*, Paris, Gallimard, 1971 (1939).

SUAVET, Thomas, *Actualité de L. J. Lebret*, Paris, Éditions ouvrières, coll. Économie et humanisme, 1963.

SULLEROT, Évelyne, *Histoire et sociologie du travail féminin*, Paris, Gonthier, 1968.

THOMAS, Albert, *Histoire anecdotique du travail*, Paris, Association «Le souvenir d'Albert Thomas», 1961 (3e édition).

TILLICH, Paul, *La dimension oubliée*, Bruges, Desclée de Brouwer, 1969.

TREMBLAY, Jean-Guy, *Le travail en quête de sens*, Montréal, Paulines, 1990.

URIBE, Armando, *Le livre noir de l'intervention américaine au Chili*, Paris, Seuil, 1974.

UTZ, Arthur, *La documentation sociale de l'Église à travers les siècles*, Documents pontificaux du XVe au XXe siècles, Paris, Beauchesne.

UTZ, Arthur et Alain SAVIGNAT, *Relations humaines et société comtemporaine*, écrits et allocutions de Pie XII, Paris - Fribourg, Saint-Paul, 1956.

VAILLANCOURT, Cyrille et Albert FAUCHER, *Alphonse Desjardins*, Lévis, Le Quotidien, 1950.

VAILLANT, François, *La non-violence*, Paris, Cerf, 1990.

VERNON, Raymond, *Les entreprises multinationales*, Paris, Calmann-Lévy, 1973.

VILLENEUVE, Florent, «L'économie sociale: un virage à maîtriser» dans *Projet de société et lectures chrétiennes*, publié sous la direction de Camil Ménard et Florent Villeneuve, Montréal, Fides, 1997.

VILLERMÉ, J., *Tableau de l'état physique et moral des ouvriers employés dans les manufactures de coton, de laine et de soie* (textes choisis et présentés par Yves Tyl), Paris, UGE, coll. 10-18, 1971.

VOLANT, Éric, «Le suicide: morale et droit» dans *Droit et morale: valeurs éducatives et culturelles*, publié sous la direction de Arthur Mettayer et Jean Drapeau, Montréal, Fides, coll. Héritage et projet, n° 37, 1987.

WACKENHEIM, Charles, *La faillite de la religion d'après Karl Marx*, Paris, PUF, 1963.

WEBER, Max, *L'éthique protestante et l'esprit du capitalisme*, Paris, Plon, 1964 (traduction française ; 1ere édition 1904-1905).

WEIL, Simone, *Oppression et liberté*, Paris, Gallimard, 1955.

WILLARD, Claude, *Le socialisme de la Renaissance à nos jours*, Paris, PUF, 1971.
ZINOVIEV, Alexandre, *Nous et l'Occident*, Lausanne, L'Âge d'Homme, 1981.
ZINOVIEV, Alexandre, *Homo sovieticus*, Paris, Julliard et L'Âge d'Homme, 1983.